O FUTURO DA AMÉRICA

Obras de Simon Schama publicadas pela Companhia das Letras:

Cidadãos — Uma crônica da Revolução Francesa
O desconforto da riqueza — A cultura na época de ouro: uma interpretação
O futuro da América — Uma história
Paisagem e memória

SIMON SCHAMA

O futuro da América
Uma história

Tradução
Carlos Eduardo Lins da Silva
Donaldson M. Garschagen
Rosaura Eichenberg

Copyright © 2008 by Simon Schama

Grafia atualizada segundo o Acordo Ortográfico da Língua Portuguesa de 1990, que entrou em vigor no Brasil em 2009.

Título original
The American future — A history

Tradução
Carlos Eduardo Lins da Silva (parte I)
Donaldson M. Garschagen (parte II)
Rosaura Eichenberg (partes III e IV)

Capa
João Baptista da Costa Aguiar

Imagens de capa
Ver p. 423

Preparação
Cacilda Guerra

Índice remissivo
Luciano Marchiori

Revisão
Márcia Moura
Isabel Jorge Cury

Dados Internacionais de Catalogação na Publicação (CIP)
(Câmara Brasileira do Livro, SP, Brasil)

Schama, Simon
    O futuro da América : uma história / Simon Schama ; tradução Carlos Eduardo Lins da Silva, Donaldson M. Garschagen, Rosaura Eichenberg. — São Paulo : Companhia das Letras, 2009.

    ISBN 978-85-359-1432-0

    1. Estados Unidos — História 2. Estados Unidos — Relações exteriores 3. Nacionalismo — Estados Unidos I. Título.

09-02213   CDD-973

Índice para catálogo sistemático:
1. Estados Unidos : História 973

[2009]
Todos os direitos desta edição reservados à
EDITORA SCHWARCZ LTDA.
Rua Bandeira Paulista 702 cj. 32
04532-002 — São Paulo — SP
Telefone (11) 3707-3500
Fax (11) 3707-3501
www.companhiadasletras.com.br

Para Nick Kent e Charlotte Sacher,
companheiros de aventura, sem os quais este
livro teria sido impensável, impossível...

Ele é apenas um pobre americano que, olhando para este campo, não sente dentro de si uma reverência mais profunda pelo passado daquela nação nem um propósito mais alto de fazer com que o futuro da nação se erga ao nível do seu passado.

Theodore Roosevelt, discursando em
Gettysburg, no Dia da Memória de 1904

A história, ao lhes avaliar o passado, irá lhes garantir julgar o futuro.

Thomas Jefferson,
Notes on the state of Virginia (1787)

Sumário

Prólogo: Valsa de Iowa. 13

PARTE I: GUERRA AMERICANA 39

  1. Dia dos Veteranos: 11 de novembro de 2007 41

  2. A luta pela cidadela: os soldados e os Pais Fundadores 50

  3. Drop Zone Café, San Antonio, Texas, 3 de março de 2008 73

  4. Os sofrimentos do romano. 78

  5. Assumindo partido 91

  6. Pai e filho 98

  7. O intendente-geral, 1861-4. 107

  8. John Rodgers Meigs, vale do Shenandoah,
     verão e outono de 1864 122

  9. Montgomery Meigs e Louisa Rodgers Meigs,
     outubro de 1864-dezembro de 1865 125

 10. Washington D. C., fevereiro de 2008. 130

 11. Hamilton *resurrexit* 135

12. Guerra americana: Rohrbach-lès-Bitche, Linha Maginot próximo a Metz, 10 de dezembro de 1944 148

PARTE II: FERVOR AMERICANO 151

13. Atlantic City, agosto de 1964 155

14. Salvo. 164

15. Raven, Virgínia, 2008 175

16. Providence 180

17. "Considerando-se que Deus Todo-Poderoso criou o espírito livre..." 189

18. O pecado nacional 205

19. Jarena Lee. 216

20. A soberania da voz. 227

21. Domingo de Páscoa, 2008, Igreja Batista Ebenezer, Atlanta 240

22. Grandes esperanças brancas? 244

23. Ruleville, Mississippi, 31 de agosto de 1962 248

PARTE III: O QUE É UM AMERICANO? 253

24. Crepúsculo, Downing Street, junho de 2008. 255

25. O Cidadão Coração-Partido: França, agosto de 1794 260

26. A ameaça alemã. 276

27. Chicken Club, sul do Texas, julho de 2008 282

28. O problema dos imigrantes no Texas 285

29. A ameaça alemã — de novo 303

30. A importância de Fred Bee. 308

31. Grace sob pressão. 325

32. O Corão de Jefferson. 339

PARTE IV: ABUNDÂNCIA AMERICANA 345

33. Rodando de tanque vazio? 347

34. Os campos de morangos, 1775 357

35. Caminho Branco, 1801-23 361

36. 1893 376

37. A igreja da irrigação 383

38. A casa fantasma 392

39. Incremente este gramado 400

40. Moinhos de vento 407

Bibliografia 413

Agradecimentos 419

Créditos 423

Índice remissivo 427

Prólogo
Valsa de Iowa

Posso dizer com exatidão — acrescente ou tire um minuto ou dois — quando foi que a democracia americana ressuscitou, pois eu estava lá: 19h15, horário central dos Estados Unidos, 3 de janeiro de 2008, distrito 53, Escola Secundária Theodore Roosevelt. Posso dizer com segurança porque estava conferindo regularmente o meu relógio, e, além disso, não dava para não ver o grande relógio da escola, com sua velha face branca que tem sido o objeto do ódio e da saudade de várias gerações de adolescentes. Imagino que um visitante de outro mundo — de Londres, por exemplo — teria achado que não havia nada de muito especial acontecendo na zona oeste de Des Moines naquela noite. Minivans encostavam no posto de gasolina Kum & Go, como de costume; homens corpulentos em jaquetas volumosas moviam-se ruidosamente enquanto enchiam o tanque de seus veículos. Sacos de sal eram arrastados pelo átrio, o plástico brilhando sob a luz fria alaranjada. Depois de vários meses de manobras e falatório de autopromoção, era chegada a hora de os eleitores de Iowa revelarem seu julgamento sobre quem eles achavam que deveria ser o 44º presidente dos Estados Unidos. Eles iriam, segundo os escribas da mídia, "separar o joio do trigo", e os nativos de Iowa gostam de uma boa joeira.

Mas não era como se um cartaz pendesse do céu frio anunciando um DIA

HISTÓRICO. As calçadas não estavam cobertas de panfletos de campanha descartados, nem as vitrines do centro gritavam, a cada três lojas, HUCKABEE na sua cara. Ninguém, que eu tenha ouvido, buzinava por Hillary. Depois de alguns dias dirigindo regularmente por Des Moines, o único que encontramos segurando um cartaz na esquina foi um solitário devoto do libertário Ron Paul, esquelético e cabeludo como um João Batista invernal, que aclamava seu herói no centro da cidade deserto. De vez em quando um carro dava uma buzinada ao passar, e o paulino sacudia o cartaz, e em seguida o apoiava no chão para esquentar o peito com os braços. Aí, ele dava alguns pulos para manter o ânimo e impedir que o sangue congelasse no cérebro.

Portanto, embora de trás das janelas dos carros um bocado de acenos alegres de "estamos em evidência" se dirigisse aos forasteiros, Iowa talvez fosse simplesmente muito frígida para o entusiasmo do voto. Assim, eu disse a Jack Judge, o motorista da equipe, enquanto os cinegrafistas e o diretor filmavam sob o vento cortante umas lindas cenas de restolhos congelados de milho: "Importante, hein, Jack?". Jack tirou a boina, afastou uma mecha de cabelo grisalho da testa enrugada, ergueu os óculos que mantinha em uma corrente em volta do pescoço, deu um bafo nas lentes, desembaçou-as com um lenço de papel e declarou: "Muito importante". Jack era a pessoa certa para aquela pergunta, pois ele próprio tinha sido mais ou menos um político. Menino de fazenda de Melrose, município a oitenta quilômetros ao sul do estado, ele teve de crescer depressa para substituir o pai, que havia perdido os dedos em um acidente com uma máquina de ceifar e debulhar milho. Jack cuidava dos porcos, das ovelhas e das galinhas, colhia o milho e a soja manualmente, e transformava madeira em tábuas de cerca da melhor maneira que podia. "A gente tinha água corrente", ele ria, "daquele tipo que você tinha que correr para pegar com o balde." Ele já estava com 73 anos, mas ainda era firme e atraente; era só bater o olho em seu rosto honesto para ver um homem que faria de tudo pela família e pela comunidade.

Um dia, na baixa temporada de 1960, com os campos congelados como agora, um jovem senador de Boston, de origem irlandesa, veio até Melrose, cidade sem nenhuma importância, mas localizada ao norte, no caminho de quem vai para Des Moines. E sem Des Moines — e sem Iowa — em geral ninguém consegue ser candidato a presidente. O senador parou em um café por pouco tempo, mas o suficiente para Jack observar os cabelos charmosamente desgrenhados, as sardas atraentes, os gracejos e as caretas alegres para as câmeras. Ao redor de Kennedy, homens que falavam rápido, com seus chapéus de feltro, puxavam ansiosamente cigarros do maço enquanto sacudiam jornais abertos ou enfiavam moedas nos telefones públicos. O candidato já havia percorrido vários quilômetros em Iowa naquele inverno, mas em Melrose ele esbanjou tanta espontaneidade, como quem derrama mel sobre panquecas, que Jack Judge simplesmente resolveu na hora ajudar na campanha. Embora as letras "a" em staccato curto das palavras do senador dessem a impressão de que ele não estava falando inglês, pelo menos não do jeito que Jack estava acostumado a ouvir, não se poderia duvidar de sua esperteza nem de seu apetite por ação e por poder, o que teria, em circunstâncias normais, provocado suspeitas em Jack. Mas dessa vez, por alguma razão, não provocou.

Todos na família Judge sempre foram democratas, até onde eram capazes de lembrar, educados e instruídos na velha tradição populista do Meio-Oeste, o tipo de política do pregador religioso de interior, que não hesitava em culpar o dinheiro das grandes metrópoles pelos males das cidades pequenas. E, como eles eram o celeiro do país, também não tinham nenhuma vergonha de esperar do governo alguns favores para as pequenas propriedades com problemas: empréstimos a juros baixos, preços decentes pelo milho e pela carne, mercados garantidos. Para eles, tudo bem que o candidato viesse de um mundo completamente diferente, desde que fizesse algum esforço para entender o deles: as manhãs cruas antes de o sol nascer, a miséria desolada da seca que fazia as poucas folhas nos pés de milho inclinar e definhar como papéis esfarrapados, o peso de não poder esquecer o encontro com o gerente do banco antes do outono. Apesar dos isqueiros longos e da elegância sedosa, FDR sempre olhara por eles, como ficava claro com a AAA (Administração de Ajustamento Agrícola); e Harry Truman, de Missouri, era quase como um deles. Eles queriam ter gostado de Adlai Stevenson, por ser de Illinois, mas Adlai, com seu ar intelectual de Princeton, se expressava de uma forma tão esnobemente superior que acabara se tornando uma candidatura difícil de vender, sobretudo na disputa com Ike, o herói de guerra.* Quanto a Kennedy, o interessante é que, embora não fosse

---

* FDR: iniciais pelas quais era conhecido o presidente Franklin Delano Roosevelt, que governou o país de 1933 a 1945; Harry Truman: sucessor de Roosevelt após sua morte, governou de 1945 a 1952; Adlai Stevenson: candidato do Partido Democrata, derrotado pelo republicano Dwight Ei-

menos urbano que Stevenson, ele conseguia fazer com que sua inteligência parecesse uma esperteza familiar e prática, como o colegial arrogante que podia debater na quinta-feira e jogar futebol na sexta. Portanto, ninguém se indispôs contra sua forma jovial de dizer "sei como resolver isto e aquilo", especialmente quando ele se sentava para ouvir as histórias sobre os tempos difíceis, e quando prometia fazer tudo que estivesse ao seu alcance para ajudá-los a manter as fazendas de suas famílias. Eles sabiam que todos os políticos falavam dessa forma quando estavam lutando por votos, mas este parecia realmente sincero. E ele próprio cheirava um pouco a dinheiro, ao que ninguém tinha muita objeção.

Assim, Jack Judge foi trabalhar na campanha de Kennedy dirigindo sua velha caminhonete pelas alegres e esburacadas estradas secundárias que levavam a Moravia e Promise City, a Mystic e Plano, participando de comícios pela candidatura do católico de Boston que ainda era considerado o azarão na corrida contra o vice-presidente Nixon. Jack ouviu muita choradeira, com razão, de pessoas que alegavam que ninguém tinha condições financeiras de comprar um trator, agora que custava tão caro, que não era possível sobreviver economicamente com menos de mil acres, e que então era apenas uma questão de tempo até que acabassem tendo de dizer sim a algum grande agronegócio faminto por terra. E Jack compreendia aquelas pessoas que, por orgulho, não iam direto ao governo pedir ajuda, mas estavam em uma situação tão difícil que queriam ouvir propostas sendo oferecidas. Então, dava a essas pessoas alguma coisa em que se agarrar, uma esperança de que alguém em Washington estaria disposto a lhes dar atenção. Tanto Jack Judge sabia ouvir as pessoas e responder do jeito que o povo do lugar gostava de ouvir, que acabou conquistando a confiança dessa gente com o passar dos anos, e assim as pessoas passaram a lhe perguntar abertamente, quando se encontravam nas lojas de sementes, por que cargas-d'água ele próprio não se candidatava a alguma coisa. Após anos colocando-se timidamente em segundo plano, Jack acabou aceitando a sugestão e candidatou-se a um cargo, do jeito que faz a democracia ser uma coisa verdadeira: gastando 65 dólares em cartazes de "Vote em Judge" e elegendo-se vereador da sua cidade.

---

senhower nas eleições presidenciais de 1952 e 1956; Ike: apelido pelo qual era conhecido Eisenhower, presidente de 1953 a 1961. (N. T.)

"E como é que foi, Jack?"

"Ah, eu até gostei daquilo, mas, sabe, todo mundo leva tudo para o nível pessoal. Se um sujeito tinha algum problema no semáforo, ou com o cachorro do vizinho, ele me ligava, completamente bêbado, ou até vinha esmurrar a minha porta como se fosse o caso de a gente declarar uma guerra."

Jack riu uma daquelas longas risadas que se ouvem nos cafés da manhã em Iowa.

"Então por que você acha que desta vez é importante?"

"Diabos, você sabe tão bem quanto eu que o país está na pior, nem sei quando o vi tão mal assim."

Não era apenas o contínuo rufar amortecido dos tambores pelos rapazes interioranos de Iowa que seriam homenageados em serviços fúnebres no campo de futebol da escola secundária, ou pelos que saíam mancando de ambulâncias com sorrisos de cortar o coração enquanto suas mães se acabavam por dentro para conseguir conter o choro. Não, não era apenas isso que deixava Jack Judge furioso, mas era o furacão Katrina com as imagens na televisão de cadáveres de americanos boiando nas superfícies empoçadas. Era a polícia de Gretna, Louisiana ("Cidade pequena, coração grande", segundo o website municipal), apontando suas armas para as pessoas que tentavam cruzar a ponte do Mississippi para fugir do perigo, desesperadas para encontrar algum lugar onde pudessem apenas tomar um banho e passar a noite. Era o presidente, que afinal descia de helicóptero no meio da calamidade, terrivelmente atrasado, e que negava com cara feia que alguém pudesse ter percebido a tempo que os diques estavam prestes a se romper (muitos perceberam e tentaram avisar a quem se dispusesse a ouvi-los). E então o presidente sorria um sorriso largo enquanto apoiava o braço ao redor dos ombros do diretor da Agência Federal de Emergência, que deveria cuidar daquela confusão, e o parabenizava por ter realizado um "excelente trabalho". Aquilo deixara Jack Judge de estômago virado. Como a maioria dos americanos, ele ficava furioso quando as coisas não funcionavam direito, inclusive as obrigações óbvias de decência.

Atualmente, Jack se preocupava com seu garoto, o neto que ele criou depois que a mãe se perdeu nas drogas. O menino era muito bom na parte acadêmica da escola secundária, mas seu talento verdadeiro era a luta livre: tinha nível de campeão estadual. Ele foi à luta (como Jack gostava de dizer) e conseguiu abrir caminho para todas as faculdades dos seus sonhos em Iowa. Portanto, essa questão já estava resolvida, mas Jack às vezes acordava no meio da noite preocupado com o que poderia acontecer depois; se o rapaz seria recrutado para o serviço militar obrigatório, que poderia voltar a existir caso o país continuasse mandando tropas para tudo quanto é lugar, ou que tipo de trabalho ele conseguiria fazer na área rural de Iowa, onde a economia tanto na cidade quanto no campo ia ladeira abaixo.

E quem, entre os candidatos democratas, Jack achava que poderia cuidar do futuro de seu neto e do país? "Obama", ele disse, o que de certa forma me surpreendeu. "Parece-me um cara com os pés no chão." "Obama: um cara com *os pés no chão*?", duvidei, maravilhado, ao lembrar as tiradas agudas do senador de Illinois, com sua mentalidade lógica cortante, forjada na Escola de Direito de Harvard, combinada a uma adquirida cadência de gospel e linguagem corporal meio malandra. Não exatamente o tipo de pés no chão que costumava empoleirar-se nos bancos das lanchonetes de Des Moines. Mas eu estava equivocado sobre o tipo de lugar que Des Moines era na verdade. E me dei conta de que, se as pessoas como Jack Judge estivessem se encantando agora como ele próprio se encantara em 1960, aquela noite iria ser muito interessante.

Mas quão diferentes esses *caucuses** de Iowa seriam dos de outros anos eleitorais, ainda ninguém sabia. Tanto entre republicanos quanto entre democratas, e também entre aqueles que não pertenciam oficialmente a nenhum dos dois partidos, já era lugar-comum dizer que a eleição de 2008 selaria o destino da direção política a ser tomada pelos Estados Unidos, e também pela maior parte do resto do mundo. Os republicanos tinham ficado abalados pela incapacidade dos 150 mil soldados no Iraque e no Afeganistão de assegurar a "missão cumprida" alardeada no discurso prematuro de vitória do presidente George W. Bush a bordo do USS *Abraham Lincoln* em 1º de maio de 2003. Por mais que se repetisse a ladainha de que depois do Onze de Setembro a única opção era a vitória ou a capitulação aos terroristas, os que realmente acreditavam nela se esvaíam. Alguns deles, como o ousado senador por Nebraska e

---

* *Caucus*: reunião de filiados ao diretório local de um partido político, feita para indicar seus representantes à convenção estadual, a qual indicará o preferido do estado para ser candidato do partido à presidência da República. Os representantes se comprometem a apoiar o aspirante que tiver a preferência da maioria dos filiados conforme decidido em cada *caucus*. (N. T.)

herói do Vietnã Chuck Hagel, por exemplo. Ele rompera com a linha de seu partido e tivera um acesso de indignação, acusando a administração de enganar a nação ao traduzir a dor e a ira decorrentes do Onze de Setembro em guerra contra uma ditadura que não tinha nada a ver com o ataque, e que até então já havia custado 4 mil vidas de americanos, um número cinco vezes maior de gravemente feridos, 100 mil iraquianos mortos, um rombo fiscal de 10 bilhões de dólares por mês, e nem remotamente tinha final à vista. Até mesmo os governistas mais leais reconheciam que a impopularidade da guerra e do presidente havia contribuído para a perda da maioria no Congresso nas eleições parlamentares de 2006. Congressistas com posições conservadoras de linha dura, como Mike DeWine, em Ohio, George Allen, na Virgínia, e Rick Santorum, na Pensilvânia — normalmente favoritos nas eleições de meio de mandato presidencial — perderam suas cadeiras; Santorum, pela maior diferença registrada em seu estado em vinte anos.

Enquanto sentiam o chão movendo sob seus pés, os republicanos não sabiam ao certo como se posicionar diante do país. Repudiar seus oito anos de administração estava fora de questão, mas manter certa "distância" parecia prudente. O máximo a que alguns candidatos se permitiriam chegar, como o senador John McCain, por exemplo, era admitir que houvera alguns "erros" de planejamento, tanto antes quanto depois da invasão, mas sempre insistindo na necessidade de "manter o curso", já que a única alternativa, "fugir ainda no lucro", proposta pelos democratas, era vergonhosa e irresponsável. Mas quando, nos debates na tevê, o candidato mais à direita, o deputado texano Ron Paul, acusou o presidente, o vice-presidente Dick Cheney e o secretário de Defesa, Donald Rumsfeld, de passarem a perna na nação lançando-a em um conflito literalmente interminável, e de usurparem poderes inconstitucionais para calar a oposição, deu para sentir através da tela uma suada mudança de peso. Alguns políticos se esforçaram para mudar o assunto em direção a outra ameaça com potencial de enervar os patriotas: a imigração ilegal. Outros, como o ex-governador de Massachusetts Mitt Romney, jogaram lenha na fogueira ao retorquir às perguntas sobre o fechamento de Guantánamo defendendo o aumento da prisão e de seus poderes de interrogatório.

Para os democratas, a eleição de 2008 seria o bálsamo em Galahad depois de quase trinta anos de sofrimento agudo. A ascendência conservadora inaugurada por Ronald Reagan havia sido interrompida pelas vitórias de Clinton em 1992 e 1996, mas para muitos, dentro do partido, essas foram vitórias de Pirro diante da avalanche republicana nas eleições de meio de mandato de 1994, quando a oposição ganhou o controle do Congresso, determinada a corrigir o que chamavam de aberração eleitoral, lançando mão de todas as máquinas de obstrução a seu alcance para frustrar as iniciativas do presidente. O processo de impeachment contra Clinton não havia ajudado. Nem o fato de a Suprema Corte ter entregado a Casa Branca ao candidato derrotado no voto popular. Os democratas pareciam condenados, em um futuro previsível, ao rótulo de liberais perdedores, afastados do sentimento do coração do país. A coisa pareceu piorar ainda mais quando, desprezando a noção debilitante de que deveriam reconhecer a estreiteza de sua vitória, George W. Bush e Dick Cheney passaram a agir como se tivessem um mandato triunfante.

E foi isso, mal sabiam os democratas (e eles certamente não sabiam mesmo), que acabou se tornando exatamente o que eles precisavam. A roda da sorte girou apenas uma ou duas casas. Quase não se ouviu o seu ranger. E tome arrogância. Os republicanos fizeram tudo o que queriam, e conseguiram o que foram buscar, só que não exatamente do jeito que imaginavam: uma batalha ilusoriamente rápida que se transformou em uma guerra infindável e impossível de vencer; um governo tão destituído que se tornou incapaz de atender com alguma competência aos desastres naturais que viriam a ocorrer (inclusive porque boa parte do efetivo da Guarda Nacional estava servindo no Iraque); cortes de impostos regressivos que substituíram o superávit de Clinton por déficits tão colossais que o futuro de programas de previdência social e saúde pública foi colocado em risco, no exato momento em que a geração baby-boom mais ia precisar dele. Para coroar isso tudo, o partido dos negócios, comprometido fazia tanto tempo com a desregulamentação, parecia estar presidindo a mais grave crise financeira desde a Depressão, depois que os bancos perderam ou cancelaram dívidas de bilhões de dólares de inadimplência de hipotecas.

Os democratas sabem que na verdade não é suficiente tirar o corpo fora enquanto apagam disfarçadamente do rosto o sorriso de "não fomos nós" e se apropriam dos ganhos do desgosto (embora no atual momento isso até que lhes serviria bem). Como os republicanos, eles também sentiram a mudança nas correntes marítimas e, como eles, também sentiram (e sentem) a incerteza ideológica quanto à direção a tomar para seguir a maré. Mas passaram a falar menos defensivamente sobre a integridade do serviço público, sobre a recuperação do senso de comunidade nos Estados Unidos, sobre uma versão da história da nação e da sua condição presente que de certa forma foi encoberta pela longa supremacia do individualismo exacerbado.

Às vezes, parece-me que, para seu próprio bem, deveríamos aposentar a palavra "narrativa" dos cursos de pós-graduação, dos analistas políticos, doutores de imagem, de qualquer um que não narre de verdade. Mas, talvez, não ainda. Histórias dos Estados Unidos a partir de perspectivas opostas aguardam para ser recontadas. Meu palpite é que será o mais irresistível contador de histórias, o melhor historiador, que levantará o braço em frente ao presidente da Suprema Corte, em janeiro de 2009.* Mas, então, eu penso que não serei eu essa pessoa?

A história que O Candidato contava à multidão republicana bem-vestida e bem penteada no almoço do dia da convenção do partido no quartel-general da Corporação Kum & Go era a dele próprio, uma vez que a estratégia padrão da campanha política moderna requer que o filme biográfico seja a plataforma. "Eu sou os Estados Unidos", diz o texto, "eu sou você", ou melhor, "a pessoa que você quer ser, e os Estados Unidos que você quer ver, não sou?"

Mitt Romney precisava desesperadamente de uma história, já que a alternativa seria a de outros a fazerem por ele, e nesse caso a história acabaria sendo inevitavelmente sobre seu mormonismo. Mas Mitt possuía precisamente o antídoto narrativo para dissipar suspeitas, ou seja, aquele do empresário cabeça-dura e coração mole, especialista em reviravoltas (as Olimpíadas de Inverno, a Commonwealth de Massachusetts), que foi pondo no mundo rapazes prolíficos e uniformemente bonitos, que por sua vez fizeram o mesmo, o que resultou em bebês inacreditavelmente lindos, colocados todos juntos nos braços de vovô Mitt no palco, e que pareciam estar em choque momentâneo, como se tivessem sido repentinamente privados de sorvete sem nenhum motivo, mas que mesmo assim conseguiam não cair no choro. Aquilo era um milagre de verdade, ou então o sorvete estava atrás do palco. Mas não dava para não gostar do vovô Mitt, tão sensacionalmente despojado diante dos Estados Unidos. Seu topete lustroso e escuro erguia-se do topo da cabeça; seu sorriso orto-

---

* É o presidente da Suprema Corte dos Estados Unidos quem recita o juramento presidencial ao presidente eleito do país na cerimônia de posse. (N. T.)

donticamente imaculado brilhava, a linha da cintura apertada revelava o físico bem preparado; as mangas arregaçadas até os cotovelos já estavam prontas — para o quê, exatamente? Para abrir a porta de sua própria limusine? Romney usava frases completas com um charmoso tom de autodepreciação, uma combinação vitoriosa especialmente em uma elegante capital de estado como Des Moines. Teve até mesmo a coragem de citar diante da multidão republicana o historiador de Harvard David Landes, que ele considerava (equivocadamente, a não ser no sentido gladstoniano) um liberal clássico, mas cuja excepcional teoria de que as culturas políticas produzem economias, e não o contrário, Romney achava certíssima. Sua própria cultura era pura e ávida iniciativa, e, como se o quisesse demonstrar, movia-se ao redor da plataforma em econômicos passinhos curtos, como que dizendo "deixe-me dar um jeito nisso". Atrás de si, a grande Tribo de Romney parecia ter se multiplicado misteriosamente em um grupo ainda maior de loiros e bebês enquanto o comício prosseguia, de modo que o círculo ao redor de Mitt ia se fechando cada vez mais até que finalmente se tinha a impressão de que ele girava em si mesmo ao som da valsa de Iowa. Um passinho pra cá, outro pra lá, gira, inclina-se para a plateia, sorri.

> Iowa, Iowa, inverno primavera verão e outono.
> Venha ver. Venha dançar comigo
> A liiinda valsa de Iowa.*

A multidão o aclamava. Ele era o seu Homem. Ele era o futuro. Ele era os Estados Unidos. No meio da aglomeração, perguntei aos dois filhos (de doze e de catorze anos) de Kristin, uma professora da Universidade de Boston, o que eles mais queriam ver assegurado pelo presidente Romney ao futuro do país, ao que eles responderam, com assustadora rapidez e certeza, "ah, um orçamento equilibrado". Você consegue entender o que eles querem dizer, embora cortar impostos até o osso, como o candidato recomendava, não parecesse, a

---

* Refrão da canção popular "The Iowa waltz" [A valsa de Iowa], composta e gravada originalmente pelo violonista Greg Brown em 1981. Ela ficou tão famosa que houve uma tentativa frustrada de torná-la o hino oficial do estado. (N. T.)

curto prazo, ser a melhor maneira de atingir esse objetivo. Mas deixe Ryan e Scott à vontade na multidão, pensei, porque o Penteado já se deu bem.

IF THE PEOPLE ARE DISINTERESTED, MORE ON! [se as pessoas estiverem desinteressadas, sigam em frente!], dizia o cartaz preso com fita adesiva na parede do quartel-general de Hillary como orientação aos cabos eleitorais que trabalham de porta em porta. Como já havia ficado claro que Des Moines era um lugar intelectualmente vigoroso, o professor prestativo dentro de mim sentiu-se compelido a apontar como uma confusão com os prefixos "dis" e "un" poderia expor a campanha a desagradáveis mal-entendidos;* espíritos maldosos se referindo alegremente às ligações de Hillary com diversos grupos de interesse. Assim, eu disse qualquer coisa, de modo educado e sem nenhuma malícia. O conselho desinteressado não foi bem-vindo. "Ah", disse a chefe de campanha, os olhos se estreitando um pouco por trás dos óculos de metal; um suspiro abafado porém perceptível de fastio movendo-se através do suéter. "Nós *já* discutimos isso e o dicionário diz AMBOS...?" Ela usou uma inflexão interrogativa, no estilo da fala dos adolescentes, só que não era uma pergunta. Em algum lugar dentro de mim, meu lado pedante berrou silenciosamente em protesto e recolheu-se.

Quatro horas da tarde e definições precisas de dicionário não estavam em alta na agenda do Comando e Controle da campanha de Hillary. As horas e minutos voavam e havia corpos a serem lançados no frio e para os *caucuses* — eram 1700 pelo estado afora; uma frota de transporte a ser mobilizada; democracia básica garantida por jipes Cherokee e Volkswagen. Alexis de Tocqueville teria amado tudo isso. O edifício de blocos de concreto cinza, de um único andar, era dividido em dois aposentos compridos e estreitos, ambos guarnecidos com mesas sobre cavaletes, latas de Diet Pepsi consumidas pela metade e

---

* O autor faz uma brincadeira com as palavras *disinterested* e *uninterested*. Pelo uso tradicional, *disinterested* significa que a pessoa não tem interesse, no sentido de ser beneficiada ou prejudicada, no resultado de alguma coisa; *uninterested* significa que não tem interesse no sentido de curiosidade ou motivação, aquele que é indiferente. Apesar da desaprovação intelectual, as duas palavras vêm sendo usadas indistintamente. O autor também brinca com o fato de que a campanha de Hillary Clinton era vista como a que recebia mais apoio dos "grupos de interesse", no sentido de grupos politicamente poderosos. (N. T.)

voluntários, na maioria mulheres: suéteres de estudante e jeans de marca; o brilho de uma presilha dourada prendendo um cabelo lustroso. Muitas dessas mulheres, em júbilo diante da perspectiva de uma sra. presidente, vieram voando de Beverly Hills, de Connecticut e dos bairros elegantes de Chicago, onde já haviam trabalhado para Hillary; levantaram dinheiro e em troca puderam vê-la quando chegou para abrir a torneira da inspiração, o que ela certamente consegue fazer, sobretudo em uma sala com cinquenta pessoas ou um pouco mais. Sorri com autenticidade, olha nos olhos espontaneamente, ouve com atenção. Já vi tudo isso em ação e, acredite, isso constrói credibilidade.

Mas não havia muito sinal do magnetismo da candidata no comitê de Hillary nesse fim de tarde em Des Moines. Nem mesmo nas fotografias nas paredes, a não ser por algumas pequenas fotos da Candidata em escolas e lanchonetes junto com voluntários e idosos que tentavam parecer deleitados em seu jantar de madrugadores interrompido pela campanha. O que havia era trabalho árduo de última hora — números de telefone riscados, localidades conferidas no mapa — e uma equipe de cinegrafistas atropelando-se no meio de cabos e microfones, de modo que em vista das circunstâncias nem era de surpreender que tivéssemos levado uma gelada. Eu teria me sentido praticamente do mesmo jeito. Mencionar nomes famosos da BBC também não ajudou muito a derreter o gelo. Uma americana-asiática de Chicago, alta e de brincos elegantes, inclinada contra a parede, pernas confortavelmente enfiadas em botas escuras e lustrosas que pareciam nunca ter tocado a sujeira congelada de Des Moines, olhava-me de cima a baixo com ar de divertido desdém, como se me desse os parabéns por eu ter conseguido acesso à campanha que ela já considerava, como fez questão de deixar bem claro, da candidata vitoriosa. Nem todo mundo estava tão convencido disso. "Como você acha que vão indo as coisas?", perguntei ao rapaz pálido de cabelos enrolados que chefiava a assessoria de imprensa da campanha, em cujo rosto não se via a expressão de autocongratulação imerecida que se estampava na face de Brincos de Chicago. "Ah", ele exclamou, lançando um sorriso vitorioso, porém tristonho, "muito bem." Mas foi a pausa prolongada a acompanhar o sorriso contínuo que deu um sentido de que não havia, na verdade, nada mais a ser dito nem muito mais a ser feito. Nathan sofria para não dar a impressão de que estava tudo enrolado. Mas ele tampouco achava que estava desenrolado.

Ao deixar o QG de Hillary, encontrei por acaso Lanny Davis, a quem vi trabalhando nos bancos de telefones na sala 2. Lanny era o epítome da lealdade aos Clinton na tempestade e na bonança, e os desafios que enfrentou como conselheiro apologista e defensor com frequência haviam esbarrado na tempestade. Sua história com Rodham-Clinton* vem dos tempos da Faculdade de Direito de Yale, onde ele conheceu Hillary, e vendo-o falar com grande intensidade pelo telefone, escavando a lista de números como uma toupeira apressada, tinha-se a impressão de que estava apaixonado por ela. Imagens do passado projetavam o CDF rejeitado enquanto um cabeludo de Arkansas, de sorriso conquistador, cercava Hillary na biblioteca da faculdade. Tanto tempo se passou, e Lanny ainda queria ser o bravo escudeiro de Hillary, sir Lanny da Lâmpada Inextinguível. Ele havia escrito um livro intitulado *Scandal: how gotcha politics is destroying America* [Escândalo: como a política do "Te peguei!" está destruindo os Estados Unidos], que refletia, em tom ofendido, sobre os anos em que conservadores pitbulls tentaram derrubar Bill Clinton por causa de suas atitudes e ideologia libertinas, sem falar na maneira elástica com que prestavam testemunhos sob juramento que prejudicavam um governo eficiente. Depois de oito anos de incompetência não clintoniana, Lanny estava ansioso por uma era de Política Nova: debates de alto nível sobre verdadeiros Assuntos. Certamente, isso me fez pensar enquanto o observava na direção da máquina de mobilização. Veremos.

Na soleira da porta, ele estendeu a mão amistosamente e apresentou-se. O que Lanny queria conversar comigo, assim que vestiu seu sobretudo de advogado e enfrentou o frio, era sobre... história; não a história que ele esperava estar fazendo naquela noite, mas a de alguns dos assuntos sobre os quais eu havia escrito: Rembrandt, Robespierre, Churchill. Lanny Davis, eterno estudante de pós-graduação, queria um seminário de calçada mais que outra Diet Pepsi. Ou seria o dedilhar monótono da velha máquina de bajulação clintoniana? Eu passei pela mesma experiência, mais de uma vez, com Bill, a indagação urgente sobre o *meu* trabalho, como se isso fosse mais importante do que, digamos, o ataque aos fundamentalistas ou à dívida nacional. Por um momento, confrontado por um Lanny que mal piscava, e que necessitava tão terrivelmente saber sobre Caravaggio, tive o mesmo ímpeto morno de presun-

---

* Rodham é o sobrenome de solteira de Hillary Clinton. (N. T.)

ção indecente, seguida de vergonha e incredulidade. E, exatamente como seu Mestre da Casa Branca, antes mesmo de você levar o banho de água fria e se recompor do choque, Lanny já estava longe. Havia exércitos de senhoras esperando para serem apresentadas a Volkswagens, muito trabalho a ser feito antes que o dia pudesse ser declarado terminado, e ele abria caminho pelo estacionamento, seus Oxfords bem engraxados pisando com vivacidade entre as traiçoeiras lâminas de gelo negro.

Mais tarde, no crepúsculo de Des Moines, as rajadas de vento já eram penosamente cortantes. O solitário apóstolo de Ron Paul havia desistido da luta desigual contra a natureza e dobrava sua bandeira no bagageiro de uma caminhonete encardida. Folhas secas sopravam na calçada misturando-se a caixas de sanduíche descartadas, rodopiando sobre o pavimento congelado como rolos de mato que são levados pelo vento na primavera.

A escuridão trouxe um pulsar agitado do tráfego dos motoristas que voltavam para casa. De vez em quando um trailer, carregando uma antena parabólica no teto, passava em direção ao centro da cidade, onde a imprensa estava reunida. Mas isso seria da mesma maneira em todos os anos, quaisquer que fossem os candidatos. Esse era o serviço normal da mídia. Então, eu me esforcei para conter um senso de antecipação teatral. Talvez a sensação que eu tinha tido do renascimento americano fosse mais meu próprio desejo do que qualquer outra coisa.

E não havia nada de especial no local da convenção que gritasse: "HISTÓRIA!". A escola secundária tinha o nome de Theodore Roosevelt. Mas o sinal de "bem-vindos", o cavalo dando pinotes e o vaqueiro acenando com o chapéu, numa alusão aos anos em que Teddy fez parte da Cavalaria Voluntária dos Estados Unidos, estavam mais para John Wayne, cuja cidade natal, De Soto, ficava a poucos quilômetros da saída da capital. O edifício era grandiosamente antiquado; não era daquelas construções de blocos e vidro que se veem por toda a paisagem suburbana americana, mas uma escola construída com tijolos sólidos. O pé-direito era alto, os longos corredores com seus painéis de madeira nas paredes eram largos e os pisos cheiravam a cera. Três *caucuses*, dois democratas e um republicano, aconteceriam ali, por volta das sete. Já eram seis horas, e não havia muita coisa acontecendo na sala designada para o distrito 53. Umas poucas mesas expunham a literatura de campanha de cada um dos candidatos; em algumas dessas mesas havia militantes, em outras não; noutras, estavam formulários de filiação ao partido para pessoas recém-chegadas poderem preenchê-los, o que as qualificaria imediatamente para votar. A maior parte da movimentação, como previsível, era gerada pelo pessoal de televisão, que montava suas câmeras em direção à frente das salas. Eram 18h25, e as pessoas começavam a pingar, vindas dos escritórios, casas e restaurantes; a maior parte era de idosos, todos brancos.

Cinco ou dez minutos depois, a cena havia mudado. Os pingos se tornaram uma torrente, que virou uma inundação, como se ônibus carregados de eleitores tivessem chegado ao estacionamento todos de uma vez. A sala de aula sonolenta transformou-se em um mercado político do Meio-Oeste; militantes assediavam os votantes e sentavam-se com os indecisos para conseguir a sua adesão. E assim foram chegando: alguns nem tão brancos, gente de todas as idades, inclusive famílias com crianças pequenas que vestiam camisetas de campanha. Papel de desenhar e creions haviam sido colocados à disposição das mais novas, e algumas se grudavam neles enquanto seus irmãos adolescentes dedilhavam Game Boys. O local se encheu de conversas sobre a guerra, sobre seguro-saúde e sobre o abuso amistoso da administração Bush e de tudo que ela forjara. (No corredor da convenção republicana, havia menos interesse em defender o presidente do que nos estilos diversos dos candidatos à sua sucessão: a franqueza inteligente e acessível de Mike Huckabee, o pastor evangélico batista que por algum motivo os conservadores suspeitavam de liberalismo enrustido, e o maneirismo mais corporativo de Mitt Romney.)

Às 18h45 já não havia nenhum assento disponível nem mesmo lugares para se ficar em pé no distrito 53, e pessoas continuavam chegando aos borbotões. Os formulários já tinham terminado nas mesas de filiação e eram substituídos o mais rapidamente possível por fotocópias providenciadas pela administração da escola. Militantes do partido vinham conversar comigo em alegre descrença. Eles nunca tinham visto nada igual. Uma convenção que em 2004 havia chegado a oitenta pessoas, dessa vez provavelmente chegaria a trezentas ou quatrocentas, um padrão que se repetiria por todo o estado de Iowa e pelo resto do país enquanto as prévias partidárias prosseguissem. Muitas das pessoas com quem conversei nunca haviam ido a uma convenção; muitas eram independentes, e todas achavam que neste ano deveriam fazer com que suas vozes fossem ouvidas. E, como distritos eleitorais eram simplesmente a expressão política de bairros residenciais, eles eram todos vizinhos, mesmo que essa fosse a primeira vez que se encontrassem. Eles frequentavam as mesmas lojas, seus filhos estudavam nas mesmas escolas, sentavam-se nos bancos das igrejas e sinagogas locais e evidentemente se sentiam unidos em um ato comum de cidadania.

Embora o sistema de *caucus* fosse uma invenção moderna, suas raízes eram antigas e profundas no solo americano. Mesmo antes da revolução, como observou o historiador Sean Wilentz, sociedades combativas de artesãos e de mecânicos já desafiavam a escolha de seus presumidamente melhores ao votar em seus próprios candidatos para conselhos municipais. Esses hábitos de desacato persistiriam até finalmente dar origem às sociedades republicanas que tornaram a democracia jeffersoniana possível. Na década de 1830, o hábito de escolhas e votações locais já não se restringia às cidades desafiadoras, mas se estendia até o mundo das fronteiras. Mesmo antes de se tornar um estado, em meados do século XIX, Iowa já tinha esse tipo de encontro em que se misturavam mercados e palanques. Vinham para a cidade, em suas charretes e carroças, agricultores e ferreiros autodidatas, ambiciosos advogados de vilarejos, que examinavam os políticos e suas propostas tão judiciosamente quanto os cavalos e porcos em exposição. No meio da confusão de curandeiros itinerantes, pregadores, barracas de torta quente, pessoas que arrancavam o dente ou que aparavam a barba, o povo falava abertamente sobre o que o afligia. Enquanto bandas tocavam, opositores xingavam-se uns aos outros, um herói da Guerra do México cantava a plenos pulmões, outros riam e zombavam. Valentões estavam atentos em busca de algum otário com quem beber ou a quem transformar em seu aliado. Era a democracia de fronteira, estridente e rebelde, que ou encantava ou horrorizava os visitantes europeus.

No passado, provavelmente, também tinham aparecido cerimoniosos fanfarrões de chapéu de feltro que gostavam mesmo era de Assumir o Comando da Situação. Inevitavelmente, então, o professor aposentado (apesar de não estar de chapéu), organizador sindical e importante figura local do partido, o pequeno e verborrágico Jim Sutton, tentou fazer o *caucus* Estabelecer-se em torno de um discurso aos recém-chegados sobre a justa reivindicação de Iowa de ser o primeiro estado no país a se pronunciar sobre os candidatos à presidência. Iowa, ele entoou, nunca teve uma guerra. Tropas canadenses aparentemente nunca se sentiram tentadas a cruzar a fronteira (embora, caso essa possibilidade tivesse sido aventada às tribos indígenas nativas, sua resposta talvez pudesse ter sido diferente). E Iowa estava, ele prosseguiu, "exatamente no meio de tudo" — demograficamente, politicamente... e assim por diante. Um dos prazeres dos *caucuses* democratas de Iowa era a liberdade de não ter que ouvir discursos. O pressuposto era de que as posições dos candidatos já eram bem conhecidas e, no caso de não serem, estavam explicadas nos panfletos entregues às pessoas quando chegavam à sala. Mas ninguém contava com Jim e seu entusiasmo professoral. No momento em que ele caracterizava Iowa como a Suíça da América (menos os Alpes) e prosseguia com uma análise comparativa, certo desassossego já se tornava audível e a meu ver poderia se transformar, caso Jim passasse a fazer comparações, por exemplo, com sistemas federais no Canadá ou na Bélgica, em uma cena desagradável, talvez em uma multidão de linchadores, mesmo considerando o caráter extraordinariamente amistoso dos cidadãos de Des Moines. Ele pagou o preço. Uma moção foi feita para substituir Jim, que era o presidente provisório do *caucus*, por um presidente permanente. Jim, com espírito cívico, ofereceu-se voluntariamente para substituir a si próprio. Mas não deu muito certo. Desesperados, outros se apresentavam e, embora ele exigisse uma recontagem desde que uma multidão de mãos levantava-se para o teto, Jim, com uma expressão de aturdida resignação, se conformou, e o *caucus* propriamente dito afinal foi em frente.

Às sete da noite, as portas foram fechadas, exacerbando a sensação de excitamento da multidão. As pessoas estavam agora suspensas em uma câmara de decisão; um pequenino, porém distinto, átomo no organismo da democracia americana, que dali a dez meses iria estabelecer um novo poder. Eles sentiam o momento: avós judias, estudantes adolescentes, mulheres empresárias e doutores. América. Cada grupo de "preferência", quanto à sua identificação com os candidatos, era conduzido a uma mesa localizada na sala, como se fossem times escolares: Hillary no canto da direita, Obama à esquerda, Bill Richardson e John Edwards nos dois cantos do fundo; o restante (Biden, Kucinic, Dodd) em posições definidas mais amorfamente. Um buraco teria de ser aberto (de alguma forma) no centro morto da sala para onde os Indecisos deveriam mover-se para poderem ser assediados por Persuasores de todos os campos em direção aos quais eles poderiam se inclinar. Haveria uma contagem inicial de pessoas, daí os Indecisos e aqueles que haviam se comprometido com candidatos que possuíam números inviáveis se redistribuiriam entre os líderes restantes. Comparado ao sistema anônimo de colocar papéis dobrados na fenda de uma urna ou apertar um botão atrás de uma cortina, e comparado à baixa temperatura dos hábitos eleitorais na Inglaterra, o processo era surpreendentemente direto; face a face; vozes elevadas; apertos de mãos; cabeças que balançavam em aquiescência ou em discordância. Era emocionante, e o processo verdadeiro ainda nem havia começado.

Dada a jubilosa solenidade do momento, o presidente do evento poderia com certeza ter encontrado palavras melhores para dar início aos procedimentos do que "vamos *cha-cha-char*". Mas não importa. Deram 19h15, e as pessoas se levantaram da cadeira, saíram dos locais onde se encontravam, da melhor maneira possível, no meio do maior caos, em direção à sua "preferência". Por um momento, tinha-se a impressão de estar em um acampamento de verão: alegria de adolescente, um monte de gritos de "POR AQUI!", risadinhas constrangidas. Mas havia também os professores, de cenho franzido, como Líderes de Time, abrindo caminho pela aglomeração. Logo após a confusão e o atropelo, descerrou-se certo clima de total cerimônia. Os votantes do distrito 53 estavam, afinal, literalmente assumindo posições; apoiando alguma coisa ou alguém. Havia sido assim também nos *comitiae*, as assembleias locais da República romana, como Cícero nos diz em *Pro Flacco* [Em defesa de Flaco], quando propostas de votar sentado haviam sido derrotadas como uma tentativa de introduzir a decadência grega nos procedimentos. Cidadãos que verdadeiramente apoiavam alguma coisa ou alguém se manifestavam visivelmente e sem corar diante de seus vizinhos e assumiam as consequências sociais. E, por um momento, os Joões e Marias pareciam dissolver-se na longa e maravilhosa história da liberdade cívica.

Os "grupos de preferência", unidos em volta da sala, se examinavam uns aos outros; contagens de cabeças eram feitas rapidamente. E então ficou óbvio que algo surpreendente ainda acontecia. O canto do lado esquerdo, de apoio a Obama, ainda não havia se organizado em um grupo coeso. Alimentava-se ainda de uma espiral humana ambulante: de múltiplas pernas, como o dragão do Ano-Novo chinês ou uma fila lenta de conga que se arrastava e abria caminho ininterruptamente em direção ao canto esquerdo, que teve de se expandir ao longo do comprimento da parede para poder absorver os que iam chegando. Muito mais tarde na longa campanha, perto da primária da Pensilvânia, a equipe de Hillary alegou que ela não se dera muito bem nos *caucuses* anteriores porque a organização de Obama estava repleta de uns brutamontes agressivos que intimidavam as pessoas para se juntar a eles. Mas não foi isso que aconteceu nessa primeira noite no *caucus* do distrito 53. Foi a expressão física da escolha. O rosto da capitã de distrito de Hillary, a quem eu já havia visto mais cedo naquela tarde, dava a impressão de total exaustão. A maioria das pessoas em seu campo estava sentada; havia muito espaço ali, espaço para dar e vender.

Ainda não terminara. Pessoas que tinham apoiado competidores menos expressivos, já considerados "inviáveis", estavam livres para se redistribuir junto com os Indecisos no meio da sala. Havia não mais do que talvez uma dúzia deles tentando ouvir as propostas rivais. Mas uma quantidade de apelos cruzava a sala — e, olhando-se para a folia que se desenrolava no canto de Obama, tinha-se a tentação de desertar para aquela que era, em todos os sentidos, a festa mais divertida. Uma loura de uns vinte anos, de roupa justa e provocante, repórter de uma rede de notícias, tinha conseguido entrar, depois de muito implorar, dentro do *caucus*, um ou dois minutos depois de as portas se fecharem. Ela mal havia acabado de entrar quando um estudante secundário do último ano, ruivo e caloroso, foi se aproximando e engatou logo uma conversa entusiasmada e alegre em que fazia comparações de sistemas de saúde. Na primeira rodada ele ficou com ela no canto de Hillary. Então, sem parar de falar, foi se afastando do grupo como se tivesse descoberto que havia ali algum tipo de vetor de contágio social. De vez em quando ele conseguia desgrudar o olhar do objeto de sua obsessão e o transferia, com um ardor ainda maior, para o lado de Obama. Finalmente, não aguentou mais. Caiu fora e tomou o rumo deles. "Fica com a gente", gritou a loura, "você disse que ficaria." "É, desculpe, mas eu tenho que fazer isso. A gente se vê mais tarde?" "Ah, CLARO", ela replicou.

A contagem final foi feita no estilo militar: cada partidário falava o número seguinte até o grupo terminar. Essa era uma maneira econômica de contar os grupos, mas também tornava a noção de voto — uma voz gritada — poderosamente literal. Assim, a vox populi de Des Moines se fez ouvir: tias idosas, tenores de escola secundária, motoristas de táxi barulhentos, advogados ruidosos: "VINTE E TRÊS, VINTE E QUATRO...". Quando chegamos aos 186 de Obama (e aos 116 de Edwards e 74 de Hillary), a magnitude do que tinha acabado de acontecer era inescapável. Mas teria sido talvez de alguma forma uma peculiaridade do distrito 53, onde Obama havia feito uma campanha mais intensa do que em outros lugares? Segui pelo corredor até a reunião do distrito 54, na sala de assembleia. Eles tinham acabado de fazer a sua contagem, e a distribuição de votos havia sido quase idêntica àquela que eu tinha visto. Isso porventura aconteceria do outro lado da rua, do outro lado do estado: centenas de milhares de Jack Judges querendo alguma coisa diferente na política americana; uma restauração democrática?

Do outro lado da sala, os republicanos estavam reunidos em um evento menor e menos agitado, com frequentadores que aguentavam a leitura dos discursos de todos os candidatos — que não eram poucos. Alguns, como John McCain, praticamente não participaram dos eventos de Iowa, jogando, astutamente como haveria de se revelar, em New Hampshire, onde desde a campanha de 2000 consolidara-se um respeito duradouro pelo estilo e crenças idiossincráticas do senador. A verdadeira escolha era entre Romney, o porta-estandarte dos conservadores notáveis do partido, e o pastor não ortodoxo Mike Huckabee. Embora o número de votantes mal chegasse a um terço dos democratas, Huckabee ganhou de Romney quase pela mesma margem de 3 para 1 com que Obama ganhou de Hillary.

Não era preciso ser um gênio, muito menos um analista da mídia, para perceber o que estava acontecendo em Iowa: uma rejeição populista da atividade política de costume, das ortodoxias dominantes. O *New York Times* tinha apoiado Hillary Clinton. Iowa votara em Obama. Os palpiteiros conservadores dos programas de debates haviam ungido Romney como o porta-bandeira de suas causas — apoio total à guerra; compromisso de derrubar a legalização do aborto; cortes de impostos profundos e permanentes, escritos em letras de sangue — e alertado contra a afabilidade de Huckabee, da qual não podiam depender. Os republicanos de Iowa aos montes deram seu voto a Huckabee. E o segundo colocado, também por uma clara margem, foi o outro dissidente do grupo, Ron Paul, que também fora tratado pela maioria dos republicanos nos debates de televisão como uma criatura de outro planeta, que com seus ultrajantes ataques ao presidente Bush (que segundo ele merecia o impeachment) não tinha nada a fazer no mesmo pódio que eles. Mas para os fiéis republicanos, que haviam visto seu partido desaparecer dentro dos bolsos de oligarcas e administradores autonomeados, gente como Ron Paul e Mike Huckabee era um atrativo ideológico. Gostei de imaginar o apóstolo barbudo das ruas gargalhando diante da televisão naquela noite.

No centro de imprensa da cidade: palpiteiros televisivos, arrumando a gravata diante das luzes quando os resultados chegavam de todas as partes do estado confirmando, de fato, a ocorrência de um pequeno terremoto, não sabiam o que dizer diante de suas profecias arrasadas. Mas o que significava isso: Ron Paul, que não passava de uma piada, com mais votos que Mitt? Houve muita cabeça sacudindo no ar, muito conselho pretensioso do tipo "o senador Obama ainda tem um longo caminho pela frente" — o que era inegável, mas não era a notícia da noite. O meio jornalístico levou a coisa no plano pessoal, como se os eleitores tivessem dado uma ferroada em todos eles com sua recusa em aceitar os truísmos que haviam ensaiado por vários meses: a formidável invencibilidade da campanha de Hillary; as sólidas fileiras de notáveis do partido que haviam se declarado a favor dela; a conta bancária saliente; os astutos guerreiros de campanha; e também a esperteza gerencial de Mitt Romney; sua atitude presidencial, que transparecia na televisão e nos comícios; o apelo junto a outros segmentos do partido, como os independentes e os patriotas do grupo do prefeito do Onze de Setembro, Rudy Giuliani. Mas tudo isso, aparentemente, significara muito pouco ou nada. Teria sido precisamente esse desfile de sabedorias convencionais, essa construção de inevitabilidades, o objeto do repúdio dos republicanos?

À medida que o telão do centro de imprensa prosseguia mostrando as contagens, ficou dramaticamente claro que, o que quer que estivesse acontecendo, acontecia com números nunca vistos antes. Distritos rurais ou urbanos, não fazia diferença; o comparecimento, mesmo em estados politicamente ativos como Iowa, estava agora duas ou três vezes mais alto. Em primárias que seriam realizadas em outros estados, os números da eleição seriam ainda mais surpreendentes. Em Nevada, em 2004, cerca de 10 mil pessoas tinham votado nas primárias; em 2008, os números chegaram a 110 mil. Esse foi o real aumento repentino, de fato importante, de uma democracia popular agindo como se pudesse mesmo fazer acontecer uma alteração de poder. E aconteceu de uma forma que Tocqueville teria reconhecido como autenticamente americana: uma fuga da armadilha do gerenciamento, da trivialidade da dominância do dinheiro e da publicidade televisiva, das teorias prediletas do rádio e da imprensa, das manipulações arrojadas dos profissionais de campanha. Isso aconteceu por meio da recuperação do contato direto, da transparência dos encontros de bairro; da conversa cara a cara; das mãos estendidas; do som de vozes que não precisam pedir desculpas; precisamente da demonstração de escolha que não se sente na obrigação de pedir desculpas, algo impensável em sociedades onde a democracia era questão de forma e não de substância, e onde a manifestação pública das suas preferências seria muito provavelmente percebida por aqueles que iriam retribuir a você de um modo que você preferiria não aceitar. Ou poderia ser até pior. No exato momento em que os eleitores de Iowa tentavam persuadir uns aos outros, os do Quênia tentavam matar uns aos outros.

Nos terraços eletronicamente reluzentes do centro de imprensa, uma repórter da televisão espanhola tentava expressar ordenadamente suas ideias e revelar aos seus telespectadores a magnitude do que estava acontecendo. Mas ela não conseguia. Por repetidas vezes, sua língua tropeçava em "Huckabee" ou "Obama" até que suas rodas verbais começavam a girar e já não havia mais esperança de tirá-la de seu fosso verbal. Ela não era a única em sua incerteza. Em todos os cantos da gaiola da mídia, jornalistas golpeavam freneticamente seus monitores, reescrevendo os truísmos de validade expirada, enquanto o clima ia se tornando malcheiroso de suado descrédito.

Que o pessoal de Obama não havia se dado conta da mudança dos acontecimentos, ficava claro por causa da completa ausência de qualquer tipo de medida de segurança na entrada do Partido da Vitória. Nenhum portão, nenhuma revista, nada que barrasse a entrada no local da folia. Todos os candidatos programaram esses eventos, para dar uma injeção de ânimo nos desanimados ("Isto é apenas o começo"), para permitir que as tropas tivessem um momento de exultação — ou para fazer o "Primeiro, quero agradecer minha mulher e meus filhos..." antes de curvar-se diante da plateia. Mas fluiu o rio transbordante da Nação Obama para dentro do centro de convenções de concreto brutalmente modernista: alunos negros com camisetas em amarelo-vibrante prontos para a farra; idosos brancos que davam a impressão de ter acabado de chegar de um fim de semana na fonte da juventude de Ponce de León; estudantes universitários balançando os braços erguidos; e um grande número de outras pessoas que não entravam nem em uma nem em outra dessas categorias. De cima da escada rolante, vinham os gritos em falsete que são — peculiarmente — os gritos de vitória dos americanos, a algazarra que precedia os rostos e corpos. Não havia nada para comer nem para beber nessa festa, nem uma lata de Coca-Cola ou um saco de minipretzels. Mas as multidões exultantes alimentavam-se de uma concentrada dieta de alegria.

No lado de dentro, o local balançava e ofegava, dançava e batia palmas. O canto gospel o havia transformado na igreja do momento dos verdadeiros crentes, e a congregação — pois Iowa não é um estado conspicuamente negro — era mais ou menos como o resto do país: gente de todos os tamanhos, raças e gerações. Quando Obama apareceu, ele parecia mais delgado e mais vigoroso do que na televisão, o cabelo curtinho como sempre, marcando a linha do crânio como se ele tivesse certeza de que os americanos já estavam prontos para conhecer o seu conteúdo. Aquela porção dos americanos certamente estava.

Quando o tumulto barulhento e seus múltiplos obrigados cessaram, as primeiras palavras de Obama imediatamente demonstraram a astúcia de sua retórica: "Eles disseram que este dia nunca chegaria", a voz baixando no final da frase, em simulada descrença. "Eles" incluía todos os que de fato tinham achado um absurdo improvável que um afro-americano de 46 anos, que cumpria seu primeiro mandato como senador, pudesse ter uma chance, ainda que remota, de ser o indicado do partido, ainda mais à presidência; que a América já havia tido dificuldade suficiente com a perspectiva de ter uma mulher na Casa Branca, quanto mais um negro. Mas "eles" estava evidentemente reservado para todos os que haviam acreditado que qualquer idealismo capaz de florescer — os apelos para erguer a política acima da rançosa correnteza de demonização partidária para propor um engajamento com os verdadeiros problemas que afligiam o país — acabaria, tão certo como dois mais dois são quatro, como apenas mais uma ingênua nota de pé de página, iludida e estéril, de verdades mais duras; a trituração inexorável das alavancas do poder. Obama continuava a repetir "eles", as pessoas que acreditavam que "este país estava desiludido demais para poder se unir em torno de um propósito comum", de modo que naquele momento eram os sabichões que pareciam tolamente não americanos. A multidão vivenciou aquele momento de reafirmação — do quê? Da democracia americana, cujos sinais vitais, ao menos naquela noite, eram fortes. Mas também da força viva da história.

Movendo-se em direção à conclusão de seu discurso, Obama fez questão de juntar, naquela grande tenda de saltitante júbilo, o passado com o presente, a memória aproximando-se do futuro impaciente. Para dentro da festa, marcharam os fantasmas honoráveis, as gerações da revolução, "um bando de colonos erguendo-se contra um império"; a geração que lutara na Segunda Guerra Mundial e as gerações dos direitos civis que, energizadas pela esperança, tinham acreditado em si próprias a ponto de "sentarem-se à mesa do almoço, empunharem com coragem as mangueiras contra incêndio e marcharem de Selma a Montgomery pela causa da liberdade".* E naquele momento — por alguns instantes — eu desliguei; o som circunstante ficou inaudível, e eu estava em outro lugar: na época de Selma, 1965. Tinha um bom motivo para me lembrar daquele massacre cruel como se tivesse acontecido bem diante dos meus olhos, pois no ano anterior eu estivera na Virgínia, tropeçando nas margens da luta pelos direitos civis. Eu havia visto o presidente Johnson vencendo a convenção nacional do Partido Democrata, em Atlantic City, em um ambiente de fúria agonizante quando uma delegação negra de Mississippi tentara em vão substituir, como delegados do seu estado, os brancos mais leais ao partido.** A ira de Johnson diante daquela atitude audaciosa e suas manobras no sentido de assegurar que aquilo nunca mais acontecesse foram um momento ruim. Ele precisava dos democratas brancos do Sul, racistas ou não, para obter seus votos no colégio eleitoral. Um ano mais tarde, em 1965, Johnson fez algo diferente: foi para a televisão para falar, como disse em sua primeira frase, "pela dignidade do homem". Mas, quando Obama evocou o pas-

---

* Alusão às marchas organizadas em 1965 pelo reverendo Martin Luther King Jr., da pequena cidade de Selma, Alabama, à capital, Montgomery, para reivindicar que se assegurasse o direito de voto aos cidadãos negros. Apenas 2% da população negra de Selma tinha título de eleitor na época. As duas primeiras marchas foram reprimidas com violência pela polícia estadual, por ordem do governador George Wallace. Mas a Justiça Federal garantiu aos manifestantes o direito de concluírem o caminho de 86 quilômetros, o que ocorreu na terceira tentativa, em 25 de março de 1965. (N. T.)

** O autor usa a expressão "*yellow dog democrat*", que na gíria política americana designa eleitores que sempre votam nos candidatos do Partido Democrata. A origem é o ditado de que é preferível votar num cachorro amarelo a votar no partido adversário. Durante o século XIX e na primeira metade do século XX, a expressão era mais usada para designar os eleitores democratas da região Sul do país. (N. T.)

sado, do que mais me lembrei no discurso foi Lyndon Johnson fazendo algo semelhante, ao citar aqueles momentos em que o "destino" e a história se juntam — "assim foi em Lexington [...] da mesma forma em Appomattox Court House [...] e de novo em Selma".*

Toda a contemporaneidade parecia impregnada de história. Quando Obama falou sobre substituir a divisão partidária entre "estados vermelhos" e "estados azuis" pelos Estados Unidos resgatados, era impossível não lembrar o discurso de posse de Thomas Jefferson, depois da amarga eleição de 1800 que (após 36 votações na Câmara dos Deputados) finalmente o levou ao poder, no qual ele declarou que "toda diferença de *opinião* não é uma diferença de *princípio*" e que "somos todos republicanos, somos todos federalistas".**

Não é surpreendente que uma nação que começou querendo que tudo, inclusive a política e o sentimento nacional, fosse totalmente novo venha a precisar, no entanto, do espelho do tempo para ver a si própria, olhar para fora e para trás no tempo para ter uma ideia do objetivo de seu próprio futuro? Se o lamento de Gore Vidal pelos "Estados Unidos da Amnésia" ainda for verdadeiro para os vários americanos que são regularmente postos em evidência por entrevistadores que perguntam a eles, microfone na cara, em que século, mais ou menos, a guerra civil aconteceu, é igualmente verdade que, para aqueles que ainda consideram a si mesmos cidadãos, participantes ativos, o hábito de dar uma olhada no espelho do tempo para ver o caráter de seu ego presente e futuro é difícil de quebrar.

---

* Em Lexington, Massachusetts, ocorreram as primeiras batalhas da Guerra da Independência, em 19 de abril de 1775; Appomattox Court House é um vilarejo próximo à cidade de Appomattox, Virgínia, onde os confederados se renderam formalmente à União, pondo fim à Guerra de Secessão, em 9 de abril de 1865. (N. T.)

** Os dois grandes partidos políticos em 1800 eram o Democrata-Republicano (mais conhecido como Republicano), cujo candidato foi Thomas Jefferson, e o Federalista, que concorreu com John Adams, que disputava a reeleição. Jefferson teve 61% dos votos populares, mas não obteve a maioria necessária dos votos do colégio eleitoral, o que transferiu a decisão para a Câmara dos Deputados, conforme determinava a Constituição. (N. T.)

PARTE I
GUERRA AMERICANA

1. DIA DOS VETERANOS: 11 DE NOVEMBRO DE 2007

"Os Estados Unidos nunca foram uma cultura guerreira."

Só porque foi Dick Cheney quem disse essa frase, isso não faz dela automaticamente uma inverdade, mesmo em um Dia dos Veteranos no Cemitério Nacional de Arlington, um ano antes da eleição. Um vice-presidente impenitente batendo no peito em arroubos de patriotismo não era exatamente o que as pessoas, muito menos os próprios veteranos, queriam ouvir naquele momento. Corpos de jovens americanos não paravam de chegar à seção 60, no pé do morro gramado. Escavadeiras de cor mostarda permaneciam estacionadas em fila, com suas garras de metal erguidas, prontas para cavar. De vez em quando, a cada hora aproximadamente, podia-se ouvir o suave ruído de cascos de cavalo se aproximando nos altos e baixos do parque do cemitério, antecipando a visão das carretas de canhão com a arma invertida. Em quase todos os dias de semana, a cada hora, mais ou menos, esses pequenos desfiles tristonhos fazem as honras funerárias enquanto ônibus de turistas são desviados para rotas alternativas, em direção ao Túmulo do Soldado Desconhecido ou ao de John Fitzgerald Kennedy. Mas, se você caminhar pelos verdes vales de

Arlington, você vai pegar jovens soldados da 3ª Infantaria se aprontando para seu próximo dever, operando as empilhadeiras que içam os caixões para cima das carretas. Outros fumam silenciosamente um cigarrinho atrás dos plátanos, antes de vestir os cavalos e seguir para os cerimoniais. Longe, em Samarra e Helmand, Mosul e Kandahar, um número muito maior de corpos mutilados e eviscerados, não americanos, é preparado da melhor maneira possível, sem o benefício das bandeiras ou dos tambores. Só os lamentos soam iguais.

Mas em Arlington, no Dia dos Veteranos de 2007, no anfiteatro do memorial não se ouvia nenhuma choradeira, exceto a de crianças pequenas, debatendo-se contra o cativeiro do colo das mães. Cheney pronunciava as frases piedosas com estudada quietude, a voz caindo no final de cada sentença, como se evitar a fala histriônica fosse por si só um sintoma de que falava a verdade. Talvez a recomendação de Theodore Roosevelt de "falar com suavidade e carregar porrete grande" esteja emoldurada em cima de sua escrivaninha de vice--presidente. Quando acontecia de um bebê soltar um daqueles gritos que pareciam rebimbar de uma coluna à outra, Cheney dava uma olhada para cima, conferia a nova linha no teleprompter, e prosseguia impassível para a próxima homilia, como um tanque passando por cima de um gato.

Estava quente naquele dia 11 de novembro, e o humor no anfiteatro era alegre. Os raios de sol refletindo sobre capas e casacos vermelho-cereja transformavam os fuzileiros veteranos num grupo de duendes animados. O som dos metais da grande orquestra era de um repertório clássico leve, e a procissão de cores dentro do anfiteatro era idêntica à de um desfile de qualquer escola secundária, exceto pelos muitos anos dos porta-estandartes. Jaquetas de motoqueiro com tachas pontiagudas, decoradas com insígnias do Vietnã — "Falcões do Inferno", "Sopro do Dragão" — envolviam os corpos pançudos de velhos soldados, mas por trás das bandanas de outrora o ar ameaçador de metaleiro e sua mágoa justificadamente ruidosa já haviam se perdido. Agora, eles eram apenas peças vivas no museu de uma guerra da Idade da Pedra, os feridos ambulantes da Sha-Na Na-ção.* Mais discursos tediosos se seguiam; mais Andrew Lloyd Webber se esganiçava; e o "serviço" voluntário que era homenageado se transformava rapidamente em uma granola social: "veteranos que

---

* Referência ao grupo Sha Na Na, que se especializou em reviver músicas, danças e estilos originais do rock dos anos 1950. Estava na moda na época da Guerra do Vietnã. (N. T.)

prestavam assistência às comunidades", mais semelhantes à guarda costeira ou aos escoteiros; nada a ver com bombas e balas. Se o Iraque e o Afeganistão acabaram não sendo um piquenique, o Dia dos Veteranos em Arlington certamente se parecia com isso.

Mas os Estados Unidos têm dois dias específicos de memória militar: um, quando as folhas estão caindo, e outro quando elas se espalham em total esplendor primaveril. Criado depois da guerra civil, o Dia da Memória dos Mortos em Combate era originalmente conhecido como o Dia da Decoração, devido ao hábito espontâneo das viúvas de decorar os túmulos com coroas de flores brancas. Em 1868, o comandante do Grande Exército da República, general John Logan, decidiu institucionalizar o Dia da Memória — para os mortos tanto da União quanto da Confederação — e determinou que esse dia seria na terceira segunda-feira de maio. Na maior parte do país, o Dia da Memória é o marco inaugural do calor. Vendas de garagem estendem suas pechinchas em mesas na calçada. Os homens dão início ao seu ritual tribal de acender o carvão da grelha em seus primeiros churrascos ao ar livre. A carne vai para a chapa, latas de cerveja são abertas e espumam, aqui e ali pequenos tratores ceifam os gramados suburbanos. Mas, mesmo que as filas de espectadores nos desfiles sejam pequenas, a recordação faz parte da vida da cidade pequena americana. Em Sleepy Hollow, Nova York, onde uma estátua homenageia os "honestos milicianos" que capturaram o espião britânico Major André em 1780, cerca de uma dúzia de veteranos, alguns deles sobreviventes octogenários de Pearl Harbor e da Normandia, seguiam atrás da banda escolar de garotas, que marchavam com suas botas negras brilhantes, minissaias pregueadas pretas e jaquetas escarlates, estranhamente reminiscentes dos casacos-vermelhos britânicos que os "honestos milicianos" haviam vencido. A banda assassinou "Sloop John B" (uma escolha desconcertante) e "God bless America", e uma procissão sem fim de caminhões de bombeiro de cidades vizinhas seguia em fila, cada um com suas insígnias heráldicas (Gancho e Escada da Conquista 46), até o desfile chegar a um florido Parque "dos Patriotas" (assim chamado por causa da Guerra da Independência). Lá, entre cães e bebês e tias e esposas, os dignitários fizeram algo surpreendente: eles se conectaram com a história. O comandante da Legião Americana local, um sobrevivente da Segunda Guerra Mundial, leu a íntegra da *Ordem Número 11* do general Logan, de 1868, como se ela tivesse acabado de ser emitida, tropeçando um pouco sobre seus grandes voos de retórica lincolniana, clamando pela perpetuação do sentimento de ternura por aqueles homens "cujos peitos se fizeram barricadas entre nossos inimigos [ou seja, outros americanos] e nosso país". O tom lincolniano foi sustentado quando o prefeito de Tarrytown leu uma versão abreviada do Discurso de Gettysburg, embora o porquê de ele achar que precisava encurtar um discurso que tinha apenas quatrocentas palavras permaneça um mistério. Os mortos daquele imenso massacre e o presidente com sua cartola foram convocados de novembro de 1868 ao dia do churrasco ao ar livre de 2008, para se juntarem e se misturarem aos velhos soldados do Vietnã em seus chapéus de guarda. Mas isso foi apenas um floreado vazio? Era mais seguro e mais fácil invocar Gettysburg e Antietam* do que falar nos 25 soldados americanos mortos apenas no mês anterior no Iraque e no Afeganistão?

No cemitério de Sleepy Hollow os túmulos de cada geração de soldados estavam recebendo pequenas bandeiras americanas plantadas na terra ao lado deles. O mesmo acontecera no Cemitério Nacional de Arlington, onde cada um dos 260 mil ou mais túmulos recebia a decoração e um guarda postado nos campos no fim de semana do Dia da Memória, para garantir que nem a chuva nem o vento nem a maldade premeditada os perturbassem. Um desses túmulos tem mais significado para mim do que uma data de morte ou um nome aleatório. Kyu-Chay foi alguém cuja presença brilhante eu posso invocar com muito mais facilidade do que sua morte, que ocorreu em algum lugar nas montanhas cinzentas do Afeganistão. Seu pai e sua mãe são donos de uma tinturaria na pequena cidade onde moro, no interior do estado de Nova York, e, como é costume entre as famílias coreanas, os filhos — dois meninos — ficavam sempre próximos.Quando Kyu estava de licença do Forte Bragg, eu o via, ajudando no balcão, entregando camisas e ternos, vestido em seu uniforme: um cara grande e luminoso, com as mangas enroladas até a altura dos bíceps, no estilo do Exército, imergindo energicamente no fundo da loja, em meio às prateleiras, como se estivesse patrulhando. Isso era mais ou menos tudo o que sabia sobre Kyu até que um dia, no início de novembro de 2006, entrei na tinturaria e a encontrei lotada de flores brancas: no balcão, no chão,

---

* Referência à primeira batalha da guerra civil travada em território do Norte, nas proximidades da cidade de Antietam, em Maryland. Foi a batalha de um só dia em que mais morreram soldados na guerra: 23 mil. (N. T.)

escoradas contra a parede, lírios, crisântemos, rosas, todas brancas, uma pálida mortalha estendida enquanto as máquinas pulsavam negligentemente atrás do balcão. No meio de um dos buquês, fora colocada uma fotografia de Kyu com sua boina, um largo sorriso em seu grande rosto honesto. Embaixo da foto, uma notícia dizia que o sargento fora morto enquanto liderava uma missão no Afeganistão. Seu pai, Sam, e sua mãe, ambos de olhos fundos e curvados de dor, ainda trabalhavam na loja, mais para não serem tragados pela loucura, pensei, do que para assegurar o ganha-pão. Eles são pessoas bastante formais, assim, eu não tinha certeza se era adequado demonstrar meus sentimentos; mas, quando o fiz, Sam inclinou-se para a frente, entregando-se ao abraço oferecido, encolhido em angústia silenciosa, os ombros trêmulos.

Kyu-Chay foi sepultado na seção 60 em Arlington, que no Dia dos Veteranos, em deferência à privacidade das famílias na dor, ficou fechada aos visitantes. Mais ou menos um mês depois — um ano após sua morte —, voltei para procurá-lo. Não havia lugar suficiente na lápide padrão para sua história, que era, à sua maneira, excepcional, especialmente para um sargento paraquedista, mas era também classicamente americana. Kyu-Chay nasceu em 1971 na antiga cidade de Daegu, Coreia do Sul, contemplada de cima pelo monte Palgongsan, mas cresceu consciente de que sua cidade e sua família escaparam por pouco de serem arrasadas pelas forças da Coreia do Norte e da China no perímetro Pusan, em 1950. Vinte e cinco anos depois, Sam e a esposa levavam consigo seu sentido de grato pertencimento até o vale do baixo Hudson. O irmão mais velho, Kyu (o mais novo tinha o mesmo nome), era intelectualmente superdotado e trabalhava arduamente. A faculdade e escola de direito estaduais abriram-se para ele. Mas então, em 2001, depois do Onze de Setembro, Kyu-Chay fez algo não muito previsível para um americano-asiático de primeira geração em ascensão, mas profundamente enraizado na relação de imigrante com sua nação adotiva: alistou-se no Exército. Com toda a sua inteligência, ele era o tipo de material para oficiais com que o Exército dos Estados Unidos sonha, mas Kyu-Chay tinha algo em particular que queria fazer: tornar-se um especialista na decifração de códigos, em uma instituição em que essa especialidade estava notoriamente em falta. Para preparar-se para sua missão no Iraque, ele se tornou um arabista fluente; e, antes de ser enviado ao Afeganistão, adicionou aos seus conhecimentos o pashto e o farsi. Ele era mais ou menos tudo o que se poderia querer de um sargento paraquedista: coragem física casada com inteligência vigorosa. Havia um propósito prático em seu aprendizado: a tradução de mensagens interceptadas faz a diferença entre a vida e a morte, e a evidente falta de arabistas na CIA, no verão de 2001, provou-se letal. Kyu-Chay estava determinado a entender o inimigo aceitando o desafio de aprender sua língua, sua cultura e sua fé. Mas ele também quis aprender árabe para poder homenagear, com uma empatia estudada, aqueles que poderiam ser amigos e aliados. Talvez seu maior ato de tradução tenha sido pegar sua complexa história cultural e usá-la contra duas formas de alheamento: o hábito americano de acreditar que, se o inglês fosse gritado alto o suficiente em um bloqueio rodoviário ou em uma estação policial, as pessoas acabariam Entendendo a Mensagem, especialmente se aquele velho e confiável auxiliar de ensino, um rifle armado, fosse acrescentado à sessão instrutiva. Além disso, se sermões sobre democracia fossem proferidos em intervalos regulares, conforme crê a visão oficial, o resto do mundo algum dia se igualaria ao estilo de vida americano. No entanto, o conhecimento duramente conquistado por Kyu-Chay era dirigido igualmente contra o alheamento do absolutismo teocrático: uma cultura na qual a obrigação de aniquilar a dissidência é exaltada como o seu mais alto dever. Em uma trilha de montanha, ele perdeu a vida ao confrontar aquele absolutismo.

Ao voltar da seção 60 pelo campo de pedras, algo que eu deveria ter percebido antes sobre elas me chamou a atenção. Quase toda lápide de soldado tinha inscrito em seu lado oposto o nome de uma esposa: "Daisy, sua mulher, 1888-1941"; "Margaret Mayfield, 1911-83" — mas nunca, que eu tenha encontrado, "Fulano de Tal, seu marido". Ocasionalmente, os nomes dos filhos estavam inscritos na mesma face da lápide, embora o modesto formato e tamanho prescritos na era moderna quase impossibilitem um tipo de sepultura de família em uma única lápide. Mas os filhos, algumas vezes dolorosamente jovens, jazem próximos aos soldados. Para historiadores da morte e da memória militar, como Drew Faust, a necessidade de reunir famílias de militares na morte, a partir da guerra civil, tem sido um hábito peculiar americano. Em outros impérios e nações mais apaixonadamente guerreiros, como Prússia e Japão, a separação da família era frequentemente assumida como uma medida de devoção marcial à pátria. O acampamento e a caserna tornavam-se a família; a casta militar se sobrepujava aos apegos sentimentais ao coração e ao lar, e o comandante dinástico era o patriarca supremo a quem o soldado alegremente oferecia sua vida. Na Inglaterra vitoriana, o regimento era a família, e o aprendizado da separação para as aulas de oficial começava o mais cedo possível com o colégio interno. Em sociedades de recrutamento mais brutal, como a Rússia imperial, a atividade de soldado era uma extensão da servidão; a entrega do não-livre a uma sujeição de sacrifício sem limite.

Mas não nos Estados Unidos, onde durante grande parte dos primeiros cinquenta anos da vida da nação um exército de voluntários era uma presença insignificante, pouco mais do que 10 mil para o território continental de uma República que se expandia rapidamente. Em tempos de emergência, como a "rebelião do uísque" (contra os impostos aplicados à bebida) de 1791 ou a guerra de 1812 (contra a Inglaterra), o Exército regular era suplementado pela mobilização da milícia do Estado e por um crescimento temporário dos alistamentos. Mas foi somente durante a guerra civil que milhões de homens foram arrancados de seus lares, lojas e fazendas e lançados em marchas lamacentas em campos de massacres, distantes de tudo que fosse familiar. O número de cartas escritas para casa por soldados, que em muitos casos mal tinham os rudimentos da alfabetização, é testemunho de como era percebida a não-naturalidade do exílio marcial, a almejada suposição de que a separação de seus entes queridos seria temporária: "Quero dimais ver você e as crianças e se a guerra não acabar muitu logo vou pra casa de licensa [...]", escreveu o agricultor Hillory Shifflet para sua mulher de seu acampamento no Tennessee em 1862. Toda semana, Shifflet recebia de Jemima, da área rural de Ohio, não apenas cartas, mas também comida e fotografias, luvas e botas. Em janeiro do mesmo ano, George Tillotson, um homem alistado de Nova York, escreveu para a esposa: "Você não pode imaginar o quanto eu daria daqui para casa e quanto mais eu daria para ver a nossa casa [...] mas então eu suponho que a satisfação vai ser mais doce por causa da espera". Sua saudade de casa era tão grande que, embora ele não quisesse "insinuar que lamento ter me alistado [...] talvez seja provável que eu não me aliste novamente, para ser franco eu não acho que faria isso de novo". Tillotson teve sorte o suficiente por ter conseguido voltar vivo para casa depois que deu baixa no Exército. Mas centenas de milhares tiveram menos sorte. E é por isso que "Johnny vem marchando para casa novamente", escrita pelo líder de banda Patrick Gilmore em 1863, para alegrar sua inconsolável irmã Annie no exato momento em que ficava claro que não se reuniriam em breve, permaneceu para os soldados a mais pungente das canções da guerra civil, nada de glória nem de aleluia. Foi para as incontáveis famílias para as quais Johnny nunca voltou marchando para casa que a União estabeleceu cemitérios de guerra como um ato de reparação doméstica. Maridos e esposas, pais e filhos, que foram separados pela guerra, podiam finalmente reunir-se no longo sono da morte.

O responsável pelo início dessa prática benevolente — Montgomery C. Meigs, intendente-geral do Grande Exército da República — foi ele próprio enterrado em 1892 (com 75 anos) no alto do monte Arlington na seção 2, onde o cemitério começava. E, como deveria ser, sua família também foi enterrada na pequena área gramada em torno da lápide monumental, mas de corte simples. Os sogros de Meigs, os Rodgers, que provinham da mais distinta família naval do início da República, estão enterrados nas proximidades, fazendo daquele lote uma grande reunião doméstica, como num jantar dominical. A esposa de Montgomery Meigs, Louisa Rodgers Meigs, está voltada para o caminho que leva ao cume do morro, e sob sua sombra maternal jaz, no túmulo mais impressionante de Arlington, seu filho de 23 anos, John Rodgers Meigs, morto em emboscada por tropas confederadas na primeira semana de outubro de 1864 no vale do Shenandoah. Esculturas tumulares personalizadas estão quase que totalmente ausentes em Arlington. O truísmo reiterado por Dick Cheney no Dia dos Veteranos de que "somos uma democracia defendida por voluntários" se materializa no igualitarismo despojado das pequenas lápides simples e arqueadas, cada uma com não mais de 45 centímetros de altura, que dominam o cemitério. Mas, mesmo antes da exigência de um projeto regulamentado, Montgomery Meigs encomendou uma estátua de seu filho muito menor do que o tamanho natural. Sob um pequeno pedestal, a escultura de apenas noventa centímetros dos pés à cabeça, aproximadamente, está escondida da vista geral, enfiada em um espaço raso entre o túmulo de sua mãe e o caminho.

Há alguma coisa a respeito daquele túmulo de bronze que parece comoventemente não resolvida: um conflito doloroso entre o desejo dos pais de recordar o filho ao mesmo tempo como homem e como criança. John Meigs, promovido precocemente a major de engenharia, jaz exatamente como foi encontrado na estrada Swift Run Gap, à beira da floresta: deitado de costas, botas para o ar, envolto em sua capa, o revólver Colt ao seu lado. Esse é o cadete de West Point que, apenas um ano antes, havia se formado como primeiro da classe; o oficial e patriota sobre quem seu orgulhoso e dilacerado pai escrevera em seu diário: "Fez por si próprio um nome em seu país", e que "com a idade de dezenove anos lutou com distinção na primeira batalha de Bull Run em 21 de julho de 1861". Agora o jovem herói estava caído, "um mártir da liberdade". Mas então há o outro Johnnie Meigs, o rapaz de bochechas redondas fotografado de novo e de novo por seu pai em seu uniforme cinza de cadete, uma mecha de cabelo caindo na testa, ou de sobrancelhas franzidas em juvenil concentração enquanto observa um espécime científico, o "querido e precioso John" de sua mãe. Esse é o menino, colhido na flor dos anos, um emblema do massacre autoinfligido dos inocentes da América. Pouco antes do início das hostilidades, Meigs fez a previsão de que, se a guerra chegasse a acontecer, seria conduzida "temperadamente e humanamente". Quando seu filho morreu, assassinado a sangue-frio, ele acreditava, por covardes guerrilheiros confederados disfarçados em uniformes da União, Meigs mudou de ideia.

O anverso do túmulo, a face em que o nome do intendente-geral está inscrito, está voltado para a direção oposta, para o norte, para o pórtico dórico da Casa de Arlington. Essa casa é pura história do estado de Virgínia, uma ligação direta entre as duas conflagrações americanas, a guerra que fez a América e a guerra que quase a desfez. O homem para quem a Casa de Arlington foi construída foi o neto adotivo de George Washington, George Washington Parke Custis. O homem mais conhecido por viver na mansão, o senhor das plantações que se estendiam do morro até o vale, lavradas por escravos, foi o genro de Custis, Robert E. Lee. E foi seu companheiro de graduação em West Point, Montgomery Meigs, que no verão de 1864 sugeriu que aquele local idílico (que as famílias de Lee e Meigs haviam usufruído juntas em reuniões sociais) se transformasse em um campo-santo. Lee, que tinha sido o superintendente de West Point de 1852 a 1855, havia, aos olhos de Meigs, violado o código de "Dever, Honra e Pátria" de sua adorada academia, ao aceitar o comando do Exército confederado, uma traição constituída pelo fato de que Lee também recebeu da União a oferta de ocupar o mesmo posto. Outros formandos de West Point que Meigs conhecia bem — Joseph Johnston, James Longstreet, Braxton Bragg — juntaram-se a Lee. Um dos sangues novos mais alardeados da academia, Jefferson Davis, outro dos antigos amigos e mentores de Meigs, tornou-se presidente dos Estados Confederados da América. Ainda mais perverso aos olhos de Meigs, Pierre Beauregard deixou, na verdade, seu posto de superintendente na academia em 1861 para unir-se aos rebeldes, ou, como Meigs sempre os chamava, aos "Traidores".Teriam todos esses homens esquecido que a fortaleza no despenhadeiro era chamada de "A Escola da União" e seus formandos, "Os Filhos da União"? Mas foi a traição do proprietário de escravos Lee que mais envenenou os sentimentos de Meigs. Lee havia quebrado a casa da união americana. Agora Meigs faria tudo o que estivesse ao seu alcance para garantir que a casa de Lee, onde seis de seus filhos haviam nascido, se tornaria permanentemente inabitável. Se o traidor um dia retornasse, ele e seus familiares seriam forçados a dormir "na companhia de fantasmas". Estudioso da literatura clássica, Meigs conhecia o costume romano de jogar sal nas terras do inimigo para fazê-las estéreis para sempre (e citou isso a seus superiores quando, por exemplo, eles estavam considerando a maneira como tratariam a cidade portuária de Charleston, Carolina do Sul). Agora, ele se tornaria implacavelmente romano. Em agosto de 1864, fez com que 26 soldados da União, que haviam sido enterrados perto da velha senzala da propriedade de Lee, fossem trazidos para o pórtico da Casa de Arlington como se fossem visitantes prestes a oferecer seus respeitos e enterrados novamente ao lado dos jardins de rosás da esposa de Lee.

2. A LUTA PELA CIDADELA: OS SOLDADOS E OS PAIS FUNDADORES

Montgomery Meigs levou a traição de Lee para o plano pessoal porque 24 anos antes, no verão de 1837, os dois tinham trabalhado juntos nas águas escuras do Mississippi. Sua tarefa, como jovens formandos de West Point e oficiais do Corpo de Engenheiros do Exército, era pesquisar o rio desde as corredeiras de Des Moines até o novo porto fluvial de St. Louis e fazer recomendações para a melhoria da navegação. A necessidade era urgente, pois barcos a vapor haviam revolucionado as possibilidades de tráfego fluvial, e portos como o de St. Louis, então com pequena capacidade de operação na cidade de cerca de 5 mil habitantes, estavam perfeitamente localizados para capitalizar a oportunidade. Na junção do Missouri e do Mississippi, a principal matéria-prima do Baixo Sul — algodão descaroçado nas máquinas de Eli Whitney — seria armazenada e vendida a compradores dos centros industriais do Norte e do Leste. Maquinarias e manufaturados do Norte seriam por sua vez carregados em barcos a caminho do Sul e do Oeste para Memphis, Natchez e Nova Orleans. St. Louis era também um dos pontos de intersecção para a via férrea Conestoga de vagões cobertos que se dirigiam ao Oeste, carregando com eles tudo que fosse necessário para construir uma nova terra americana na região dos prados: madeira, bois de carga, serrotes, arados, enxadas, camas, potes e panelas. St. Louis acabara de ser declarada, com otimismo, um "Porto de Entrada para os Estados Unidos", mas a geografia americana era notória por não colaborar com os sonhos de empreendimento. Rio acima, no Mississippi, as pedras das corredeiras de Des Moines tornavam a navegação perigosa, ao passo que, rio abaixo, ilhotas sufocadas por entulhos próximas a St. Louis ameaçavam as embarcações de encalhe na maré baixa ou de alagamento caso uma tempestade repentina forçasse a água para dentro do canal estreito.

"É *incrivelmente* quente, aqui", Lee escreveu para sua esposa — 36 graus à sombra. Quente ou não, os dois tenentes, Lee e Meigs, remavam sua canoa no riacho enganosamente lento, desenhando seu curso caprichoso e fazendo sondagens enquanto os mosquitos os devoravam. O relatório de Lee recomendava que fosse dinamitado um caminho na parte alta do rio e que fossem construídos diques feitos com empilhamentos envelopados de pedras e galhos que peneirariam boa parte dos entulhos sem forçar a corrente para muito longe de seu curso regular. Uma pequena barragem diagonal a St. Louis levaria para longe boa parte do lodo, fazendo com que a correnteza abrisse um canal mais profundo para as embarcações navegarem quando o rio estivesse baixo. Mapas bonitos e detalhados foram desenhados, dados recolhidos, recomendações feitas para uma pequena frota de dragas que fariam periodicamente a limpeza da passagem. Os dois homens — de temperamentos marcadamente diferentes; Lee, o bonitão de barba escura desde aquela época já de modos grandiosos; Meigs, nove anos mais novo, cerca de 1,85 metro de altura, pálido e muito culto, vigoroso beirando a arrogância — foram forçados a uma proximidade constante e intensa. Eles compartilharam cabanas de troncos, conversaram com os chippewas,* acomodaram-se em quartos fétidos em St. Louis, onde uma água esbranquiçada pendia do teto em flácidas faixas mofadas, e onde odores misteriosos venciam a colônia que o elegante Lee havia trazido em sua mala de viagem. Embora o intenso e incansável Meigs tivesse

---

* A terceira maior nação indígena dos Estados Unidos. (N. T.)

deixado Lee pouco à vontade, a amizade dos dois nasceu naqueles dias. Embora Lee tivesse achado aquele lugar inteiro, "ganhar mulheres" à parte, "uma decepção dos infernos", ele esportivamente adaptou-se, e os dois camaradas caçaram perus selvagens a cavalo, no estilo do Missouri, e pescaram lampreias "de quase um metro de comprimento", monstruosamente feias, mas de bom sabor.

Até alguém autoconfiante como Lee não podia deixar de observar com grande cuidado Montgomery Meigs, a quem considerava, inteligentemente, um "anfitrião [de homens] em si mesmo". Depois de se formar em quinto lugar em West Point, em 1836, Meigs fora designado brevemente para a artilharia, mas em seguida o transferiram para o Corpo de Engenheiros do Exército, considerado em todos os sentidos a elite militar. Ele tinha 21 anos, a pele ainda macia, mas já com a fisionomia imperial e os olhos escuros que haveriam de se tornar a perdição dos mortais menores que ousassem se colocar no caminho das virtudes públicas que vinham necessariamente com o velho nome de Meigs.

A crônica da dinastia Meigs acompanha a história da América. O patriarca, Vincent Meigs, viajou de Dorset, Inglaterra, com sua esposa, Elizabeth, em 1636, para o território que se tornaria Connecticut. Deve ter sido a política radical da religião inglesa que os forçara a cruzar o Atlântico, pois, trinta anos depois, Vincent e Elizabeth receberam puritanos regicidas, que haviam votado pela execução do rei Charles I e que estavam subsequentemente sendo chamados para responder por isso nas cortes da Restauração. O bisavô de Montgomery foi o primeiro Return Jonathan Meigs, um nome que coloriu a sobriedade cristã da família com um pequeno romance inofensivo. No início do século XVIII, em Middletown, Connecticut, um jovem Meigs fora repetidamente rejeitado pelo objeto de seu ardor, uma tímida garota quacre. Tristemente resignado com seu destino, ele estava montando em seu cavalo quando, como era sua prerrogativa, a jovem abruptamente mudou de ideia, chamando-o com um grito de "*Return* [Retorne], Jonathan Meigs". Fixada em seu coração como a frase que mudou sua vida, ele se sentiu compelido a chamar o primeiro fruto de sua feliz união de Return Jonathan, o qual, com um nome que exigia explicações diárias aos estranhos, não teve escolha senão a de tornar-se, realmente, um herói.

Em 1777, dois anos já adentro da revolução, Return Jonathan Meigs marchou para Quebec com Benedict Arnold (ainda a estrela brilhante do Exército Continental e não o detestado vira-casaca em que se transformou em 1780). Mas seu regimento americano não conseguiu desalojar os britânicos e ocupar o Baixo Canadá. A estrela de Arnold repentinamente se apagou, e o tenente Return Jonathan foi levado como prisioneiro. Liberado em uma troca, Meigs não perdeu tempo em vingar sua sorte anterior: liderou 170 homens em um ataque anfíbio contra um reduto britânico em Sag Harbor, em Long Island, em maio de 1777. Era o tipo de ação de guerrilha que virava tema das lendas da Guerra da Independência, mas que, na crua realidade, raramente acontecia conforme os planos. O raro sucesso do ataque a Sag Harbor fez crescer a reputação do jovem oficial na mesma proporção em que a de seu antigo general, Benedict Arnold, despencava para a infâmia. Mas a fama de Meigs foi ricamente merecida. Em retaliação pela queima de fazendas de patriotas pelos casacos-vermelhos em Danbury, Connecticut, Return Meigs juntou uma entusiasmada e indignada companhia de milicianos locais, entre os quais vários soldados com grande conhecimento das águas velozes do canal de Long Island e também das florestas e campos localizados ao longo de sua costa. A essa tropa, Return Jonathan acrescentou sua própria companhia de voluntários treinados, e a pequena força remou através do canal em pequenos barcos, pegando os britânicos de pijamas (literalmente, em alguns casos). Doze dos navios de Sua Majestade foram queimados e oito levados prisioneiros, sem nenhuma perda do lado dos americanos. Gratos, o Congresso Continental e o general Washington presentearam Return Jonathan com uma espada de honra por sua bem-vinda demonstração tanto de competência tática como de coragem pessoal. Meigs foi tão afetado por esse voto oficial de confiança que resolveu levar seu nome a sério e retornou ao combate, comandando um regimento sob o "Louco" Anthony Wayne e atacando de surpresa as barricadas britânicas na batalha de Stony Point em julho de 1779.

Return Jonathan Meigs era, então, o protótipo do patriotismo americano de todas as ações, o que acabou por fazer dele um homem irrequieto quando a paz chegou. Sem poder aguentar a rotina repetitiva das estações como fazendeiro em Connecticut, ele partiu em direção ao noroeste como pioneiro em

Ohio, onde plantou uma nova ramificação de Meigs e se tornou tão importante que estabeleceu os primeiros regulamentos de posse de terra para os colonizadores que chegavam; e contava-se (pois os Meigs eram loucos por esse tipo de história) que os regulamentos foram inscritos no tronco de um velho carvalho, às margens do rio Ohio. Mas RJ ainda não tinha terminado. Em 1801, ele foi designado pelo presidente Jefferson como agente governamental para a nação cherokee na sua terra ancestral, onde fica hoje a parte oriental do estado do Tennessee e o oeste da Geórgia. Ele nunca mais se mudou, embora os cherokees, como veremos, não tenham tido a mesma sorte.

Como era inevitável, houve um Return Jonathan Júnior, que fez tudo o que pôde para ficar à altura da reputação do pai e para fazer o nome da família o mais confiável possível, primeiro ao lutar, e depois ao tratar com os índios. A recompensa por sua maneira mais ortodoxa de abrir caminho na Federação americana foi significativa, e Return Jonathan Jr. tornou-se, sucessivamente, próspero advogado de Ohio, deputado estadual, juiz da Suprema Corte de Ohio, governador (responsável pela defesa da fronteira contra os britânicos na guerra de 1812), senador dos Estados Unidos e finalmente — um cargo para não se menosprezar naqueles primeiros tempos de diligências regulares — presidente do correio dos Estados Unidos.

Seu irmão mais novo, Josiah, seguiu um caminho mais intelectual, ensinando matemática, astronomia e "filosofia natural" na faculdade local, Yale, antes de publicar a *Connecticut Magazine*, principalmente, suspeita-se, para favorecer velhos colegas de classe como Joel Barlow e Noah Webster, que tinham pretensões literárias, um empreendimento que rápida e previsivelmente levou Josiah à beira da ruína. Voltando-se para o direito, onde seu irmão havia se dado tão bem, Josiah cometeu outro erro ao defender corsários aprisionados pelos britânicos nas Bermudas, uma atitude que o levou a ser processado por traição, e que compreensivelmente fez com que a vida de professor de matemática parecesse de repente muito atraente. Yale o aceitou de volta e deu-lhe anos de assídua respeitabilidade, da qual ele se despediu de novo, migrando para o Sul para tornar-se o segundo presidente da nova Universidade da Geórgia, na cidade de Athens, nas margens do rio Oconee, não muito longe dos velhos amigos de sua família: os cherokees.

Havia então agora os Meigs do Norte e os do Sul, e, como que seguindo o destino da nação, essa generosa distribuição geográfica haveria de criar problemas para a futura paz do clã. O filho de Josiah, Charles, pai de nosso Montgomery, nasceu nas Bermudas durante os desastrados tempos de advocacia do pai a favor dos bandidos marítimos, mas foi educado como um bom democrata jeffersoniano em Athens. Formado em medicina em Princeton e na Universidade da Pensilvânia, Charles Meigs mudou-se de volta para o Sul, em Augusta, para estabelecer-se na prática de obstetrícia, um curso nada convencional para um jovem médico, mas onde encontrou sua vocação, pois enquanto estudava a anatomia do útero Charles escreveu vários volumes sobre a prática do parto. Qualquer que tenha sido sua utilização pelo público em geral, o trabalho de Charles, pelo que tudo indica, não causou nenhum dano à sua própria família, pois dez crianças nasceram para os Meigs, e pode ser que Charles tenha feito ele mesmo o parto de seu filho Montgomery, em 1816. Infelizmente a constituição do médico o predispunha a sofrer de "febre biliar", que agravava sua tendência à melancolia romântica.

Mas havia uma doença sulista que a esposa de Charles, Mary Montgomery, não podia tolerar: a escravidão. Em deferência às fortes opiniões de sua esposa, o obstetra e ela levaram a família de volta para o Norte, para Filadélfia, onde Monty foi educado, em um ambiente culto porém turbulento, na rua Chestnut. Dos oito meninos e duas meninas da família, apenas Monty parecia deslocar mais do que seu próprio peso. Grande, desajeitado, obstinado, foi chamado (por seus próprios pais) de "tirânico com os irmãos, muito perseverante na obtenção de tudo que deseja, logo se cansa de seus brinquedos; destruí-los parece que lhe causa tanto prazer quanto possuí-los primeiro; não fica aborrecido consigo mesmo por tê-los quebrado [...] muito inquisitivo sobre o uso de tudo, fascinado de ver diferentes máquinas trabalhando, parece entender suas operações diferentes quando explicam a ele e não as esquece [...]". Resumindo, como Lee indicaria mais tarde, Monty Meigs foi, desde o começo, uma pessoa difícil e, com toda a sua curiosidade pelas coisas mecânicas, "sem muito gosto por aprender". Nem a Escola Franklin nem um breve período na Universidade da Pensilvânia deram conta de dominar o temperamento complicado. Já idoso, Meigs afirmou não ver nessa descrição nada que ele reconhecesse em si próprio. Ele estava errado. O que Montgomery precisava, assim seus desesperados pais pensaram, era uma instituição que convertesse toda a energia descoordenada em algo patrioticamente utilizável. O que soava quase que exatamente como a Academia Militar dos Estados Unidos em West

Point. Pois não havia nada como ela para atrelar a inquietude dos jovens à sólida tarefa de construir a América continental.

Quando Montgomery Meigs chegou, em 1832, West Point, assentada a setenta metros de altitude nas montanhas da margem ocidental do rio Hudson, era uma coleção espalhada de quartéis de tijolo de dois andares, sendo o telhado convencional do frontão triangular a única concessão ao ornamento clássico, além de mais algumas poucas casas separadas para os instrutores. Havia uma pequena área para revista das tropas e, na beira do despenhadeiro, uma plataforma de onde canhões leves apontavam na direção do rio. Foi essa posição que determinou a localização de West Point e sua importância. A oitenta quilômetros de Manhattan, rio acima, a academia assentava-se exatamente no ponto onde o rio fica estreito e faz uma curva pronunciada. O local era e, apesar da visão do reator nuclear de Indian Point, ainda é bonito o suficiente para tirar da cama os artistas nas manhãs de primavera, quando os primeiros raios de luz perolada começam a envolver o vale. A primeira "escola" reconhecida de pintores apaixonados pela luz na América o adotou como o seu romântico Reno ianque, com suas ilhotas verdejantes e pares de falcões de cauda vermelha que cruzam as correntes de vento. Antes que o impacto total do canal Erie se fizesse sentir, trazendo criação e alimentos de Ohio, o vale do baixo Hudson era uma região onde as velhas florestas de freixo e carvalho haviam sido derrubadas para dar lugar a pastos de ovelhas e gado. À sombra da floresta secundária que renasceu das ruínas da original, você pode caminhar pelas linhas do muro de pedras que é tudo o que restou daquele mundo de pastos e rebanhos que há muito já se foi. Quando Meigs veio para West Point, modestos vilarejos de mercado como Cold Spring começavam a multiplicar-se com suas igrejas, escolas, hospedarias e lojas. Seus estaleiros ficavam cheios de barcaças a vela e barulhentos barcos a vapor, e seu pequeno mundo era agitado pelos negócios da América.

Lá em cima, no seu poleiro de falcões, West Point era mais ou menos inexpugnável, fato esse que não passou despercebido durante a Guerra da Independência. Ter o comando do estreito pescoço de rio significava que seus canhões controlariam a passagem entre o interior do estado e a cidade de Nova York e as colônias do meio-Atlântico,* o lago George e a rota para o Cana-

---

* Pensilvânia, Nova York, Nova Jersey e Delaware. (N. T.)

dá. O domínio da garganta do Hudson, no entanto, também oferecia o potencial de isolar a Nova Inglaterra dos pontos ao sul. O lado que dominasse o forte na colina teria o controle dos destinos da América. Com uma aguda consciência de sua importância estratégica, George Washington colocou ali um regimento de "inválidos": homens cujos ferimentos ou enfermidade os tornavam incapazes para a batalha, mas que poderiam manejar os canhões, de modo que nessa primeira ocupação militar o local era tanto um forte quanto um hospital para convalescentes. Impedidos em Saratoga de cortar a resistência americana em duas, os britânicos precisavam apoderar-se de West Point de alguma forma e, em 1779, o vira-casaca Benedict Arnold, em troca da interessante quantia de 20 mil libras, ofereceu-se para dá-la de bandeja às forças de Sua Majestade. Em 1780, Arnold, o legendário veterano de campanhas, de cuja lealdade nenhum general americano duvidava, assegurou o comando do posto; teria realizado seu plano e talvez conseguido acabar com a revolução, se não tivesse sido exposto na captura do espião britânico Major André, que tinha em seu poder documentos que revelavam suas intenções.

A primeira academia militar dos Estados Unidos foi, assim, construída em um local cheio de memórias patrióticas, um local que olhava para o passado para criar um futuro nacional. O jovem Meigs não podia deixar de notar esse fato no seu primeiro ano como "calouro". Esse foi também o último ano da superintendência de Sylvanus Thayer (classe de 1808), que havia feito mais do que qualquer outro para dar a West Point seu caráter de instituição científica e técnica de peso. Entre o toque da alvorada e o anoitecer, entre a primeira marcha de treinamento até o apagar das luzes, os dias dos cadetes eram totalmente ocupados por instruções de matemática, química, engenharia, desenho mecânico, e até mesmo um pouco de geologia e de história. O francês era obrigatório, mas não para que os cadetes pudessem mergulhar nos poetas da Plêiade ou em Racine, mas memorizar os livros didáticos que Thayer havia importado da École Polytechnique de Paris.

"Dever, Honra, Pátria" era o credo da academia, e na maior parte do tempo os cadetes abraçavam todos os três, exceto quando escapavam da refeição de batatas, pão e feijão com gordura de porco para ir ao estabelecimento de Benny Havens, em Buttermilk Falls, cerca de 1,5 quilômetro ao sul. Lá eles podiam usufruir de uma boa caneca de gemada quente com aguardente e flertar com as garotas locais. Algumas vezes, tanto a bebida quanto as garotas eram levadas clandestinamente à escola, o que fez Thayer, em um momento de raiva depois de uma agitada comemoração do Quatro de Julho, proibir o consumo de álcool, com as consequências previsíveis. Na véspera do Natal de 1826, uma festa com outro tipo de gemada alcoólica, na qual um jovem de Mississippi, Jefferson Davis, era o cabeça da arruaça, foi interrompida pelo oficial do dia. Se ele fosse às últimas consequências, Davis e seus seguidores avisaram, teriam de atirar nele.

Davis e sua confraria haviam violado o código de honra que exortava os cadetes à virtude abnegada. Por "Pátria" entendia-se a União, mesmo para tipos como Davis, que talvez já tivessem sentido que seu verdadeiro país era o Sul. A academia era frequentemente conhecida como a "Escola da União", e os cadetes como o "Bando da União". Mas era o primeiro artigo do juramento que era mais carregado como o etos particular de West Point. Pois "Dever" significava o dever de respeitar a Constituição dos Estados Unidos; seus oficiais graduandos faziam um juramento de lealdade a ela que, diferentemente de outros lugares, não se dirigia à pessoa de um príncipe soberano. A obrigação constitucional de subordinar os militares aos guardiões civis da democracia estava inculcada em cada um dos cadetes, e ainda está. É por isso que pode haver rebeliões de gemadas em West Point, mas nunca uma conspiração de golpes militares. Em muitas partes do mundo — na Europa, Ásia e América Latina — a solidariedade da escola militar tem levado oficiais a crer na sua superioridade coletiva sobre políticos civis. Mas não nos Estados Unidos. Embora tenha havido vários presidentes-soldados americanos no século XIX, muitos deles oriundos de West Point, eles deixaram para trás suas espadas e uniformes (mas não suas histórias de guerra) quando partiram para as campanhas eleitorais. John McCain, um cadete naval de Annapolis, fará o mesmo. Por dois séculos, West Point tem sido uma sentinela contra, e não a favor do poder marcial. Mas essa era, então, exatamente a intenção do homem que a fundou em 1802 e que, em 1811, declarou que "a paz tem sido o nosso princípio, a paz é o nosso interesse e a paz tem guardado para o mundo esta única planta de governo livre e racional que existe hoje no planeta".

Esse mesmo homem, alto, ossudo e dotado de uma mente refinada, de pé na sala de estar de sua espaçosa vila na Virgínia, desafiou seu convidado, não tão alto, mas dotado de uma mente igualmente refinada, para um jogo de adivinhação. Apontando para os três bustos de notáveis que se alinhavam ao lado de uma parede, Thomas Jefferson perguntou a Alexander Hamilton se ele reconhecia a identidade "dos três maiores homens que o mundo já havia produzido". Houve uma longa pausa, durante a qual Jefferson deve ter sorrido, como fazia sempre que se considerava superior. Antecipando-se ao fracasso de Hamilton, o anfitrião então revelou que se tratava de Bacon, Newton e Locke, os patriarcas do Iluminismo, ao qual ele havia associado sua própria linha intelectual. Perguntado sobre quem *ele* achava que havia sido o maior entre os maiores, Hamilton levou algum tempo antes de responder, com acentuada despreocupação: "Evidentemente... Júlio César".

A West Point de Jefferson foi fundada para negar aos Estados Unidos seus Césares (dos quais, Jefferson suspeitava, Hamilton poderia aspirar a ser o primeiro) e para assegurar a permanente vitória do liberalismo sobre o militarismo. Somente um dos seus maiores, Douglas MacArthur, superintendente logo após a Primeira Guerra Mundial, chegou a flertar com o poder marcial, a ponto de deixar de obedecer a ordens civis, ou pelo menos era disso que seu presidente, Harry Truman, suspeitava. Foi MacArthur quem introduziu discussões políticas sistemáticas no currículo matinal da academia, então ele só podia culpar a si próprio caso seus alunos lessem bem o suficiente para saber que um general vitorioso tinha que se submeter ao comandante em chefe civil. Muito mais típico tem sido o outro tipo de graduando de West Point, o de Dwight Eisenhower, comandante de uma invasão liberadora, reitor da Universidade Columbia antes de ser presidente dos Estados Unidos, e que alertou seu país contra a ameaça representada pelo "complexo industrial militar" às liberdades que figuram no altar da Constituição.

Quando fui a West Point fazer uma palestra, pouco depois do início da Guerra do Iraque, os cadetes e eu conversamos sobre a *História da Guerra do Peloponeso*, de Tucídides. Os intensos debates que precederam a fatal expedição a Siracusa, que marca o grande clímax preventivo do trabalho, deixaram uma profunda impressão. Ninguém naquela sala de aula quis fazer o papel de Alcebíades, o vanglorioso guerreiro que levou o império ateniense à autodestruição. Ocorreu-me, então, que West Point seja talvez a única academia militar do mundo programada para ter tais sentimentos conflituosos sobre a guerra. Mas sua identidade como empreendimento jeffersoniano de educação nacional — a escola que se imprimiu no jovem e impressionável Meigs — somente se definiu após uma feroz batalha entre as noções opostas de Hamilton e Jefferson sobre o papel que o poder militar deveria desempenhar na vida da nação americana.

Pego no meio daquele debate, o primeiro comandante em chefe tinha ele próprio muitos conflitos sobre como uma nação nascida em uma guerra deveria lidar com o assunto no futuro. O batismo de fogo de Washington enquanto jovem havia sido nas campanhas do Exército britânico contra os franceses e seus aliados indígenas, mas ali ele testemunhou de perto o desprezo habitual com que oficiais como o general Braddock tratavam os milicianos e voluntários coloniais, muitos dos quais tinham usado seu próprio dinheiro na compra de equipamentos para defender o Império Britânico. O desdém de Washington, ao contrário, era pelos regimentos mercenários que os governos e parlamentos britânicos usavam para impor leis e impostos impopulares na América. Era lugar-comum entre políticos patriotas americanos, herdado dos escritores da comunidade inglesa do século XVII, que "exércitos ministeriais", como eram chamados na época, eram instrumentos de déspotas, servis a seus senhores e brutais com todos os demais. Derrotá-los era um trabalho louvável, não apenas para a América, mas para as liberdades do mundo. O oposto dos "ministeriais" eram os cidadãos-voluntários, dolorosamente provocados, que somente pegariam em seus mosquetes na defesa do lar e da terra. Tais homens, na mente deles mesmos, eram sempre cidadãos em primeiro lugar e soldados em segundo. Sua luta era, no limite, *contra* a ideia de soldados, e eles somente entraram nessa pelo objetivo expresso de ter as tropas aquarteladas na defesa da cidadania longe de suas cidades e vilarejos. Uma vez que esse propósito tivesse sido conquistado, não havia nenhum outro objetivo para se manter em armas. Mas a confiável espingarda deveria estar sempre em ordem para que os desprezíveis ministeriais nunca se sentissem tentados a arriscar a sorte novamente.

Vem daí a importância simbólica, em vez de militar, do primeiro "tiro ouvido pelo mundo" em 19 de abril de 1775, quando as hostilidades começaram de fato nas pequenas cidades de Lexington e Concord, a oeste de Boston. Lá, o quadro heroico de cidadãos comuns — agricultores, ferreiros e estalajadeiros —, lutando nas áreas comunitárias e na ponte Concord para frustrar as tentativas dos ministeriais de apoderar-se de munições, foi literalmente vivenciado. Foram essas notícias que levaram Return Jonathan Meigs e milhares de outros correndo para Boston em 1775. Assim, deveria ter sido natural para Washington haver celebrado os *minutemen*, milicianos de Massachusetts prontos a atacar a qualquer minuto, ou os *shirtmen*, seus equivalentes da Virgínia, como os patriotas que ganharam a guerra. Mas boa parte de sua experiência como comandante na Guerra da Independência desmentiu aquele mito. Milícias eram notoriamente difíceis de disciplinar; rápidas para mobilizar, mas ainda mais rápidas para sumir. Alexander Hamilton, um membro favorito do grupo pessoal de Washington, que ele chamava de sua "família", reconheceu em seu "Federalist Paper 25" que "a milícia americana, no curso da última guerra, tem erguido pelo seu valor em numerosas ocasiões monumentos eternos para sua fama". Mas, ele acrescentou, "os mais corajosos deles sentem e sabem que a liberdade de seu país não poderia ter sido estabelecida somente pelos seus esforços". Hamilton sabia que o gênio estratégico de Washington e a aliança francesa tinham acabado por contar mais do que o ardor patriótico. Ele havia mantido ligações próximas com muitos dos estrangeiros que tinham vindo para a América. Sua admiração se estendia não apenas ao mais famoso deles, o marquês de Lafayette, mas a figuras instruídas em armas na Europa, como o barão prussiano general Friedrich Wilhelm von Steuben, que publicou o primeiro manual de treinamento e exercícios para as tropas americanas. Em Yorktown — a batalha que pôs fim à guerra —, Hamilton soube por experiência própria o quanto foi crucial a escavação de minas e túneis, estratégia aprendida diretamente dos textos do Velho Mundo e que permitiu às tropas americanas chegar perto dos britânicos sitiados. "Guerra", ele escreveu no mesmo texto "é ciência." Não seria antiamericano ir à escola para aprendê-la.

Mesmo aqueles que não o apreciavam muito concordavam com Hamilton nesse ponto. Ainda em 1776, um guerreiro dos mais improváveis — John Adams —, que, no entanto, podia observar em Massachusetts, sua terra natal, o quão dura a guerra pela independência haveria de ser, propôs o estabelecimento de uma academia militar para treinar oficiais que seriam chamados em tempos de emergência. Ninguém — pelo menos ninguém no Congresso em condições de financiar a ideia — prestou muita atenção, e alguns até atacaram a ideia como sendo incompatível com as liberdades americanas. Depois que a guerra terminou, em 1783, Hamilton dirigiu um comitê para estudar o estabelecimento militar em tempos de paz para a nova República, mas sabia que sempre teria que enfrentar uma sólida oposição no Congresso para qualquer coisa ambiciosa. O exército voluntário foi reduzido de volta a pouco mais de mil homens. Mas o presidente Washington e mais seu general-de-brigada de artilharia e primeiro secretário da Guerra, também por algum tempo proprietário de livraria em Boston, Henry Knox, continuaram a se preocupar intensamente com o que o país pudesse necessitar para estar preparado no futuro. E, por mais que eles detestassem admitir, a segurança dos Estados Unidos começou a enfrentar desafios tanto domésticos quanto externos. Os cinco anos seguintes puseram a realidade do governo federal americano em teste com os ataques aos coletores de impostos e arsenais — na rebelião de 1786 de Daniel Shay, no oeste de Massachusetts, e na "rebelião do uísque", de 1791, a oeste de Alleghenies, onde os alvos foram os coletores de impostos que tentavam cobrar as taxas sobre bebidas alcoólicas.Washington convocou as milícias para conter as rebeliões, mas não estava muito confiante quanto à lealdade dos soldados nas regiões descontentes. Foi necessário trazer milícias de outras regiões para lidar decisivamente com os rebeldes. O presidente reconheceu com tristeza o irônico paralelo com o que havia ocorrido antes da revolução, com seus casacos azuis agora fazendo o papel do opressor. A diferença, ele assegurou a si próprio e ao país, era que dessa vez os impostos estavam sendo coletados em nome de um governo eleito. (Mas é claro que a mesma coisa estava sendo dita pelos parlamentos britânicos nas décadas de 1760 e 1770.)

Washington não tinha nenhuma intenção de que os soldados americanos fossem usados contra seus cidadãos conterrâneos, a não ser que eles tivessem rejeitado fidelidade ao governo eleito dos Estados Unidos. E ele tinha experiência suficiente quanto à ameaça à liberdade representada por "exércitos a postos" e, portanto, mantinha a esperança de que a política externa dos Estados Unidos permaneceria afastada das guerras da Europa. Assim, a tentação de criar um grande exército seria evitada para sempre. O instinto era jeffersoniano: a crença de que, se de algum modo os americanos pudessem virar-se para o oeste e preocupar-se com suas próprias fazendas, poderiam usufruir para sempre de ininterruptas bênçãos de paz e liberdade. Mas o lado pragmático, hamiltoniano, de Washington sabia que essa era apenas uma esperança ingênua, pois era improvável que o maquiavelismo das potências europeias se deixasse abater só porque os Estados Unidos haviam grandiosamente declarado uma Novus Ordo Seclorum (Nova Ordem dos Séculos) na nota de 1 dólar. Tampouco era provável que os europeus restringissem suas maquinações ao velho continente, pois havia muito em jogo quanto a oportunidades novas de fazer dinheiro onde eles já estavam firmemente alojados no Canadá, México, Flórida e Louisiana, sem falar na riqueza açucareira do Caribe. Mesmo supondo que os Estados Unidos ficassem por algum tempo numa posição puramente defensiva (e havia muitos, inclusive Henry Knox, que achavam que, no final das contas, uma coocupação britânica e americana da mesma massa de terra era irrealista), o crescimento demográfico natural do país iria provocar conflito com as outras potências do continente. Consideráveis exércitos franceses e britânicos já estavam estacionados em suas respectivas Índias Ocidentais, tentando conter rebeliões de escravos e descontentamento crioulo; suas forças navais ainda eram presenças formidáveis nos oceanos, capazes de trancar o comércio exterior americano e bloquear seus portos, se assim o quisessem.

Embora acorrentado financeiramente pelo Congresso, Henry Knox era totalmente a favor de prontidão militar, a começar com uma escola que formaria as futuras gerações de competentes artilheiros, engenheiros e oficiais de cavalaria e infantaria. Os dois coronéis — Hamilton e Knox — perdiam-se em pequenas rixas sobre ordens de patente, mas ambos concordavam que suas experiências militares pessoais faziam deles melhores juízes sobre o que era necessário para a sobrevivência dos Estados Unidos do que os avarentos do Congresso. Hamilton e Washington trabalharam juntos no último discurso que o presidente proferiu no Congresso em dezembro de 1796, que incluiu seu desejo de estabelecer tanto uma universidade nacional como uma academia militar nacional. Pessoalmente, Washington duvidava que o Congresso algum dia financiasse isso.

Ele estava certo. Mas a ideia não desapareceu por completo. Já no início da década de 1790, West Point fora mencionado como um local possível para tal escola. Knox havia comandado a artilharia ali e Alexander Hamilton na verdade estava no forte quando a conspiração de Benedict Arnold foi frustrada. Para Hamilton, na época, estava completamente correto que esse deveria ser o lugar onde gerações de cadetes americanos seriam instiladas com o imperativo da vigilância. Que lugar melhor para profissionalizar a necessidade de prontidão militar, virtude sem a qual, segundo Hamilton, a independência da República seria pouco mais do que uma declaração no papel? Se o Congresso banisse o estabelecimento e treinamento de um exército em tempo de paz, Hamilton escreveu, os Estados Unidos "exibiriam então o mais extraordinário espetáculo que o mundo jamais vira, o de uma nação incapacitada por sua Constituição de preparar-se para a defesa antes que fosse de fato invadida". Era um bom argumento, mas também era verdade que por temperamento ele tinha certo gosto pelas armas. Quando menino nas Índias Ocidentais, ele havia sonhado em ser soldado do império, e durante toda a vida mantivera o mesmo traço impulsivo que afinal tornou sua morte, em um duelo, não de todo surpreendente. O amigável Washington não era cego a essa diabrura potencial de Hamilton, mas era difícil para ele ir contra o tenente-coronel que, baioneta na mão, conduzira o ataque aos redutos britânicos em Yorktown, manobra que comprovadamente fora decisiva para o fim da guerra.

Alexander Hamilton não era apenas um homem de ação e risco. Sua carreira após a guerra, tanto no cargo de secretário do Tesouro, em Washington, como fora dele, foi dedicada a imaginar como os Estados Unidos (as duas palavras cujos pesos eram, para Hamilton, problematicamente ponderados) se fariam no mundo. Para Jefferson, a República deveria ser um maravilhoso organismo novo totalmente despoluído dos hábitos atávicos e costumes desvirtuados dos velhos. Ela resistiria à tendência que as nações, mesmo as que ostentavam pedigree parlamentar, como a Grã-Bretanha, tinham de escorregar inexoravelmente para a corrupção e a tirania oligárquica. E isso significava que não haveria nenhuma necessidade de exércitos profissionais de qualquer tamanho e dever-se-ia, na verdade, sempre suspeitar de seu potencial de conspiração política. Não se haveria de prestar atenção nas fatigadas lições do passado que insistiam que países, como os homens, não poderiam jamais curar-se de sua habitual selvageria. Os Estados Unidos tinham nascido para refutar o cinismo de que começar de novo era uma utopia e para provar como era totalmente possível viver como uma República de homens livres e ainda ser uma força moral no mundo. A guerra era ao mesmo tempo a necessidade funcional e o hábito costumeiro de aristocracias e despotismos. Livre-se de uns e você terá se livrado dos outros. O advento da Revolução Francesa e o próprio testemunho de Jefferson em Paris só confirmaram a sua crença de que uma mudança vigorosa de despotismos para democracias removeria a necessidade de guerra — exceto, como último recurso, para defender a liberdade.

Hamilton ouvia todo esse otimismo jeffersoniano, que ele considerava ingênuo, e virava os olhos. Que Jefferson se entregasse o quanto quisesse a seus entretenimentos filosóficos, se isso lhe agradava, mas que não o fizesse, Hamilton pensava, às custas da segurança americana. Era tolice infantil imaginar que a virgindade política dos Estados Unidos seria proteção suficiente contra os predadores que rondavam os oceanos e cruzavam os continentes com exércitos de dezenas e centenas de milhares. Jefferson e os cavalheiros que pensavam como ele não teriam visto no que haviam se transformado as pretensões ditas pacíficas da revolucionária "*République une et indivisible*", a "*grande nation*" que, ao mesmo tempo que declarava que a conquista era o esporte obsoleto dos tiranos, conseguira de certa forma ocupar — e saquear — boa parte da Europa ocidental? Sua guerra para "defender a liberdade" tinha se transformado num pretexto transparente para um império.

Hamilton queria urgentemente que sua nação crescesse. Diferentemente do relutante cofederalista John Adams e de seu amargo inimigo político Jefferson, ele não via nada de mais em olhar para a maior de todas as histórias de sucesso: o Império Britânico, como um modelo exemplar de poder. O que — fora seu infeliz momento de coerção americana e a tendência de seu soberano para perder o juízo de vez em quando — havia de *errado*, realmente, no Estado britânico? A resposta era nada! A Grã-Bretanha havia tido a sabedoria de aceitar sua derrota e concentrar-se na consolidação de seu poder onde importava — contra os franceses no Canadá e na Índia; nos oceanos. Bom para o sr. Pitt! Para Hamilton, não era necessário dizer que havia certos instrumentos de importância econômica e militar sem os quais era impensável ou, de qualquer maneira, inviável uma posição como grande potência: a possibilidade de contrair dívida nacional e uma casa da moeda, as quais, como secretário do Tesouro de Washington, ele resolveu estabelecer nos Estados Unidos. Hamilton percebeu também que, embora muitos comentaristas caracterizassem a França do velho regime como uma estrutura com muito peso no topo e pouco na base, a verdadeira máquina de puro poder do Estado estava na Grã-Bretanha. Seus coletores de impostos e taxas — recursos sem os quais nem a mais virtuosa das repúblicas poderia sobreviver — fervilhavam sobre o país, eles próprios virtualmente um exército.

E além disso havia a Academia Militar Real de Woolwich — uma coisa ruim e mesquinha, como eram as escolas militares, e sem a menor pretensão de aparentar uma Prússia britânica. Mas Woolwich ainda oferecia os rudimentos de instrução nas ciências militares, e pode ser que Hamilton tivesse ouvido falar de passos que estavam sendo dados para expandir a educação nas armas de forma mais sistemática. Ou talvez Hamilton olhasse para a impressionante agressividade da República francesa e soubesse que ela não tinha nada a ver com o élan republicano (como Thomas Jefferson, que nunca tinha dado um tiro com uma arma nem num momento de ira, ingenuamente imaginava) e muito mais a ver com os incentivos de pilhagem e poder que Bonaparte abertamente oferecia a seus soldados. Pelo menos, pode ser que ele tenha dito, existe um cidadão-general que não tem conversa fiada. Mas, de seus amigos franceses na Guerra da Independência, ele também teria ficado sabendo que nenhum dos espetaculares sucessos da República francesa no campo de batalha poderia ter acontecido sem uma classe de oficiais pré-revolucionários intensivamente educados na tecnologia militar. Por que deveriam os Estados Unidos, abençoados como eram por todas as maneiras de tal aprendizado prático, negar a si próprios uma escola onde rapazes talentosos pudessem criar uma elite comparável de oficiais com mentalidade científica? Meritocracia era poder. Nisso, pelo menos, Jefferson e Hamilton poderiam concordar.

Mas o Congresso continuava determinando que esses lugares eram inconsistentes com os "princípios do governo republicano". (E que eles custariam à nação um dinheiro que não tinham como pagar.) Em vez de ser uma academia de cidadãos-soldados virtuosos e de mente democrática, era muito mais provável que tal escola acabasse por formar uma casta militar de comportamento aristocrático, separada e com desprezo pela sociedade civil. Pior ainda, tal lugar poderia colocar a si mesmo nas mãos de algum autodenominado herói com más intenções em relação à República. Esses pensamentos horrorizados, que parecem tão pouco naturais agora, faziam parte da intensa guerra de princípios que dividiam os políticos da jovem nação americana. Federalistas como Hamilton não tinham medo do poder e acreditavam que a nação nunca conseguiria sobreviver sem o seu exercício vigoroso, que dispensa pretextos e escusas. Republicanos antifederalistas, campeões dos direitos dos estados como Jefferson, acreditavam que, se o poder do governo não fosse estritamente confinado pela Constituição, seria o fim da democracia. Para ambos os grupos, que se opunham, a luta acerca da cidadela sobre o rio Hudson era uma luta sobre o futuro da América.

E então, quase que repentinamente, o debate tornou-se menos um seminário de teorias abstratas sobre o futuro da América, e mais um curso intensivo sobre as espinhentas realidades da política externa. Essa perda da inocência começou com um desenvolvimento que não deve ter sido realmente uma surpresa. O Tratado Jay, regularizando as relações com a Grã-Bretanha e assinado em 19 de novembro de 1794, foi recebido pela França republicana, que lutava naquele momento uma guerra feroz contra os britânicos, como um repúdio ingrato da aliança que tornara possível a criação dos Estados Unidos. Os americanos fizeram o possível para apresentar o Tratado Jay como uma liberação. Mas, na visão do governo francês, ele foi uma chocante violação da solidariedade republicana. Como os dirigentes em Paris achavam que, nessa luta de vida e morte pela sobrevivência das revoluções populares, todos que não estavam com eles estavam contra eles, o Tratado Jay não era apenas a traição das promessas americanas de nunca negociar uma paz em separado, mas, na verdade, uma aliança com seu mais mortal inimigo.

Esse foi um momento em que a distância da América, que Washington assumira como sendo uma bênção, não serviu bem ao entendimento diplomático. Se os Estados Unidos tivessem tido uma melhor compreensão da impossibilidade da neutralidade no que havia se tornado uma guerra mundial de ideologias, talvez tivessem feito uma pausa em sua pressa em desarmar-se. Por outro lado, fazendo justiça a Washington e a John Adams, que sucedeu a ele como presidente em 1797, dada a inquietude daquela guerra total, deveria a liberdade diplomática dos Estados Unidos ser mantida para sempre refém daqueles engajamentos anteriores? Se sim, os federalistas argumentaram, eles teriam meramente mudado de senhores coloniais. Ameaças e gritarias vindas dos franceses como consequência do Tratado Jay fizeram com que os olhos dos americanos se abrissem. Ilusões sobre o altruísmo com que a França se prontificou a liberar a América eram agora julgadas como sentimentais. Em vez disso, a sua atitude como um todo ficou parecendo menos uma desinteressada expedição pela liberdade e mais um exercício da manipulação imperial francesa.

As maneiras com as quais a França então procedeu para fazer os Estados Unidos pagarem por sua temeridade só confirmaram para Hamilton, Adams e os federalistas que eles haviam tomado a decisão correta ao assinar o Tratado Jay. Enquanto tentavam freneticamente construir os primeiros navios da

Marinha dos Estados Unidos, contavam com a Marinha Real para derrotar a *marine* francesa em águas americanas. Essa acabou se revelando uma aposta ruim, pois a Marinha Real não iria se colocar em dificuldade para proteger navios mercantes americanos de ataques franceses. Se o que os americanos buscavam era a benevolência armada da Coroa, eles não deveriam ter se separado dela, em primeiro lugar. O que aconteceu em seguida foi uma selvagem guerra no mar, ainda que não declarada, entre a França e os Estados Unidos, e numa escala que o governo dos Estados Unidos mal poderia ter antecipado. De maio de 1796 a março de 1797, cerca de trezentos navios mercantes foram capturados por piratas e navios de guerra franceses.

Por um tempo, aquilo foi o que mais tarde viria a ser chamado de uma "quase-guerra". Mas a guerra real parecia apenas uma questão de tempo. No furor patriótico que dominou a Costa Leste, o presidente Adams, cabeça sedosa e rotunda, bancava o valentão usando espada na cinta, como uma mistura de Mr. Pickwick e Napoleão. Pela única vez desde o início da Guerra da Independência, Adams ouviu o aplauso ensurdecedor das multidões americanas. Por algum tempo, o presidente ficou de cabeça virada pelo toque dos clarins e se comportou de acordo. Sob a alegação de que uma nação de imigrantes se preparando para a guerra deveria ficar alerta contra espiões e quinta-colunas, Adams e os federalistas começaram a tomar certas liberdades. Em 1789, uma "Lei de Estrangeiros" deu ao governo direito de executar prisão e deportação sumária. O tempo de naturalização para obter cidadania foi aumentado de cinco para catorze anos (havia mais do que um simples traço de xenofobia em Adams, que nunca deixou de pensar em Hamilton como um "estrangeiro"). Uma "Lei de Sedição" do mesmo ano transformou em ofensa criminal caluniar ou até atacar o governo dos Estados Unidos ou seu presidente. E, ainda, Adams enviou ao Congresso um projeto de lei para financiar a formação de um exército voluntário. Federalistas linha-dura queriam 20 mil dólares e Hamilton, 30 mil. O Congresso deu-lhes 10 mil. No mesmo projeto de lei, providências foram tomadas para o financiamento de um grau modesto de instrução militar. Somente quatro professores deveriam ser enviados para educar os cadetes já estacionados em West Point na engenharia de minas e túneis e coisa parecida. Mas já era um começo.

Embora tudo isso tenha acontecido por iniciativa de John Adams, que Hamilton desprezava como um egotista irascível, ele concordou que era algo necessário para o bem-estar do país. Hamilton começou a pensar na nova força como, em algum sentido, o "seu" exército, e pela boa razão de que Washington havia sido persuadido a voltar da aposentadoria para comandá-lo, pois ele era a única pessoa que poderia silenciar as dúvidas em torno da neutralidade política do Exército. Mas Hamilton havia conseguido se tornar o segundo em comando, logo após Washington; e, dado que o grande homem já estava avançado em anos e com uma saúde incerta, isso significava que ele poderia vir a ser o comandante. O cérebro fértil de Hamilton então começou a marchar rapidamente. Legiões, divisões, uniformes, treinamentos, foram todos definidos no papel e enviados ao secretário da Guerra, McHenry. Hamilton também delineou um currículo completo para os cadetes de West Point: quatro anos, metade dos quais seria passada em comum em uma "Escola Fundamental" (pesada em ciências mecânicas, mas também com uma saudável dose de história e geografia) e o resto em qualquer subdivisão militar a que o cadete fosse destinado: cavalaria, infantaria, artilharia ou engenharia. Ele tinha em mente cerca de duzentos cadetes ensinados por seis diretores e dezoito professores. Mais importante de tudo: oficiais já na ativa seriam convocados a alternar-se na academia.

Nenhum desses planos se materializou do jeito que Hamilton havia imaginado. Guerreiro de última hora, Adams ficou nervoso de repente com a ideia de entrar em guerra com a França. Pode ser que o espetáculo de homens armados à la Hamilton, brotando pelo campo de batalha como a colheita do dente do dragão de Jasão, o tenha feito parar para pensar. Do outro lado do mundo, a aniquilação da Marinha francesa por Horatio Nelson, na baía de Aboukir, na foz do Nilo, em 1º de agosto de 1798, e o subsequente abandono de seu exército por Napoleão no Egito, seguido pelo *coup d'État* que o tornou primeiro cônsul, evidentemente fez com que uma guerra no Atlântico deixasse de ser prioridade. Ele já estava enfrentando um novo ataque da coalizão de monarquias. Com a ameaça da guerra com a França dissipando-se, a necessidade de um novo exército para Hamilton também desapareceu. A morte de Washington, em 1799, pôs um fim à história de uma vez. O que permaneceu, no entanto, no início de 1800, foi o plano para a academia aprovado por Adams, que fora sempre um entusiasta da ideia. O Congresso, por outro lado, estava menos feliz. Havia rumores sobre seu potencial não democrático por parte dos antifederalistas. E, para Thomas Jefferson, a coisa toda cheirava a cesarismo hamiltoniano.

Thomas Jefferson havia ficado perplexo com a crise da guerra e com o que Adams e Hamilton, de suas respectivas maneiras, haviam feito dela. Jefferson havia sido o agente dos Estados Unidos em Paris nos anos iniciais da revolução e, embora tivesse testemunhado alguns dos piores abusos da "ditadura da virtude" jacobina, emocionalmente ele nunca foi capaz de desligar a Revolução Francesa do desabrochar da história da era matinal da liberdade. Foram os franceses que se viram forçados a se defender contra os monarcas das potências da coalizão e que corporificaram o que, em 1793, ele disse ao enviado francês aos Estados Unidos, Edmond Genet: "Pela lei da natureza, o homem está em paz com o homem até que alguma agressão é cometida, a qual, pela mesma lei, autoriza um a destruir o outro como seu inimigo". Para Jefferson, esse fato sozinho explicava o porquê de a França ter se transformado em um Estado beligerante, onde as liberdades individuais haviam sido lamentavelmente restringidas pela necessidade de segurança. Forçado a escolher entre os franceses e os britânicos, ele não tinha a menor dúvida sobre quem eram os verdadeiros inimigos da liberdade. A anglofilia dos federalistas, especialmente de Hamilton, ele acreditava, era tudo parte de seu projeto de introduzir nos Estados Unidos o governo executivo daquela potência fortemente armada contra a qual os americanos haviam lutado durante sua revolução, o que faria da independência uma vitória de Pirro. Para Jefferson, Henry Knox, que fundara uma "Ordem de Cincinnati", associação hereditária de ex-oficiais, estava introduzindo uma aristocracia militar no país, talvez até uma monarquia, com um segundo rei George reinando de Mount Vernon.* Tendo se tornado pela Constituição o vice-presidente de Adams (embora tenha se transformado em líder da oposição às políticas dele),** Jefferson achou que a usurpação de poder representada pelas leis de Sedição e de Estrangeiros pressagiava a morte da América livre.

Jefferson não foi um pacifista ingênuo. Mas, de todos os Pais Fundado-

---

* Mount Vernon era onde ficava a casa de George Washington. (N. T.)

** Jefferson concorreu contra Adams na eleição presidencial de 1796, e ficou em segundo lugar tanto na votação do colégio eleitoral quanto no voto popular. À época, a Constituição previa que o segundo colocado era automaticamente eleito vice-presidente. (N. T.)

res, ele era o mais fortemente imbuído daquele tipo de idealismo filosófico do século XVIII que via a guerra como o esporte dos tiranos. Em 1775, havia sido incumbido pelo Congresso de articular a defesa da insurreição, o que levou o rei a soltar seus mercenários sobre praias e fazendas indefesas. Em seu esboço da Declaração de Independência, Jefferson fazia George III aparecer como um Gêngis Khan hanoveriano: "Ele pilhou nossos mares, devastou as nossas costas, queimou nossas cidades e destruiu a vida de nosso povo". O monarca britânico e seus sicofantas governantes haviam planejado estratagemas ainda mais abomináveis: o armamento de indígenas e, o pior de tudo para o proprietário de plantações de Monticello,* um flerte cínico com uma rebelião de escravos. E, diferentemente dos registros de guerra de Hamilton, Jefferson tinha ficado no lado pontiagudo de sua baioneta, forçado abruptamente a fugir de Monticello em 1781, quando uma companhia de cavalaria anexada (entre todas as humilhações!) a um regimento comandado por Benedict Arnold ameaçou sua casa.

Para Jefferson, portanto, a revolução havia sido uma guerra para acabar com a guerra, pelo menos nas Américas. Mais tarde, em 1812 — em meio à feroz beligerância na América e na Europa, no ano em que Washington e a Casa Branca do presidente James Madison foram queimadas pelos britânicos —, Jefferson desejou que chegasse o dia em que o meridiano atlântico se tornasse "a linha de demarcação entre guerra e paz. No lado de cá [...] nenhuma hostilidade, o leão e o cordeiro deitarão juntos". Ele admitia que algumas situações poderiam surgir em que a guerra se tornasse inevitável, mas os estadistas americanos deveriam utilizar o arbítrio das armas somente depois de exaurir todos os recursos concebíveis da diplomacia. Se de fato a guerra se tornasse inevitável, todo esforço teria de ser feito para moderar seu barbarismo. Prisioneiros deveriam ser tratados com humanidade, todo pensamento de tortura descartado, sofrimento de civis evitado. As guerras deveriam ser limitadas em dimensão e tempo, pois se não o fossem, consumiriam as liberdades estabelecidas pela Constituição. A febre de guerra de 1798-9 havia sido uma lição ilustrativa, pois, enquanto a Constituição concedera claramente ao Congresso a autoridade de declarar a guerra e fazer a paz, os federalistas ti-

---

* Nome da propriedade rural de Jefferson. (N. T.)

nham usado sua maioria simples para usurpar, para o Executivo, boa parte daquele poder. Para Jefferson, aquilo era um terrível mau presságio. Ele poderia imaginar todas as formas de pretextos, trombeteados a favor da guerra e que reduziriam a América a não mais do que um esquálido aventureiro militar com um governo autoritário e pesadamente endividado, que drenaria todos os seus recursos. Fora por essa América moralmente deformada que os patriotas tinham vertido seu sangue? A crise da guerra contra a França havia sido uma coisa próxima. O "novo exército" de Hamilton e a escola de guerra associada a ele haviam sido adagas apontadas para o coração da democracia republicana. A única maneira de assegurar que tais loucuras sinistras não ocorreriam sucessivamente seria tirar do poder os federalistas e seu presidente, John Adams, e substituí-los por democratas-republicanos, que seriam confiáveis no sentido de evitar guerras opcionais e todo o aparato vampiresco de impostos e débitos que vinham com elas. Como presidente, Jefferson de fato entrou em guerra contra países corsários do Magreb norte-africano e mandou navios para Argel e Trípoli. Mas ele sempre acreditou que essa ação havia sido uma resposta defensiva a ameaças mortais à navegação comercial, a linha vital da América. Os objetivos da guerra norte-africana eram limitados: a libertação de cativos americanos, uma ação que deixaria claro aos sultões e governantes otomanos que os Estados Unidos não seriam reféns de piratas glorificados. Por que, então, com toda essa aversão ao embrião de um estabelecimento militar, Jefferson se tornou o fundador de West Point? Em sua cabeça, tudo fazia perfeito sentido. Ao fazer-se responsável por tal escola, ele poderia imunizá-la contra a avidez pela guerra associada aos federalistas, assegurando que seu corpo docente e seus oficiais fossem confiáveis democratas, comprometidos a submeter-se aos poderes civis. Em vez de se tornar o núcleo de uma casta oficial antidemocrática no interior da República, uma víbora no coração da liberdade, os graduandos de West Point seriam o oposto daquilo: os tutores de cidadãos em armas. Jefferson queria que seus oficiais graduados fossem para o interior do país para preparar e instruir as milícias estaduais no que se referisse à artilharia e à construção de fortes, prevenindo assim a necessidade de exércitos profissionais grandes e ameaçadores. Se isso fizesse com que os oficiais se parecessem mais com professores do que com soldados, bem, essa era também a ideia. Para Jefferson, West Point era um elemento em sua ambição de educar a América para o mundo moderno. Isso significava menos teologia e clássicos e mais ciência e tecnologia. Enquanto ele lutava para ter sua Universidade da Virgínia lançada e financiada, West Point poderia ser criada — em uma escala modesta — como uma miniuniversidade, equipada para ensinar matemática, química, geologia, arquitetura e, claro, engenharia. Se uma academia militar pudesse funcionar como uma moderna universidade, ela poderia dar aos estudantes o tipo de educação que os equiparia para outras vocações mais civis do que a eterna e autogeradora busca das armas. E criaria um núcleo de treinamento de guardiões que se levantariam contra quaisquer ameaças à liberdade civil. Essa foi a West Point que Jefferson estabeleceu em 1802. O financiamento do Congresso, e, portanto, sua escala inicial, era extremamente modesto. Não haveria ninguém rondando pelas imediações em bazófia hamiltoniana uniformizada. Os cadetes — todos os doze — estariam vestidos em cinza sóbrio. Eles seriam rigidamente tutelados e mantidos nos mais altos padrões de excelência acadêmica e técnica, e treinados na sua obrigação de honrar a Constituição e o comandante em chefe civil. Nas suas fileiras, não seriam cultivados Napoleões americanos. Jefferson nomeou como primeiro superintendente o matemático Jonathan Williams, a quem havia conhecido em Paris quando ele era o secretário de Benjamin Franklin. Williams não tinha a menor experiência militar, o que fazia dele, para Jefferson, o melhor dos candidatos, já que West Point deveria ser mais uma escola e menos uma academia de guerra. Quando o superintendente Williams disse que "nossa estrela-guia não é apenas uma pequena escola de matemática, mas um grande estabelecimento nacional [...] devemos ter sempre em mente que nossos oficiais devem se tornar homens de ciências", Jefferson só podia aplaudir. Qual seria a vocação da "longa fila cinza" de cadetes? Eles seriam construtores da nação, os engenheiros da democracia. Na mente jeffersoniana, é sempre só *para* isso que serve o Exército.

3. DROP ZONE CAFÉ, SAN ANTONIO, TEXAS, 3 DE MARÇO DE 2008

"Mas não é para isso que serve o Exército", disse o general aposentado quando perguntei a ele se os militares poderiam ter feito mais para consertar o Iraque que haviam destruído se tivessem cuidado de sua infraestrutura. Uma ponte ou outra teria sido boa coisa. Mas por anos, depois da queda da estátua de Saddam, a sociedade civil no Iraque permaneceu destruída. Somente algumas horas de eletricidade eram geradas para as cidades; menos petróleo estava sendo bombeado para refinarias e cidades do que na época da ditadura. Ruas e avenidas eram locais de assassinato, mesquitas eram perigosas até em dias sagrados, e os hospitais estavam com falta de médicos e medicamentos básicos. Os profissionais de que o país necessitava desesperadamente tinham fugido em massa para a Síria e para a Jordânia, onde novas universidades estavam sendo criadas para os exilados. Bilhões de dólares destinados à reconstrução do Iraque, dentro de malas, haviam desaparecido sem explicação, e ninguém parecia achar que isso fosse algo importante. Jornais de prestígio expressaram seu espanto e depois deram de ombros e seguiram em frente. Empresas de construção que receberam contratos sem licitação desistiram das obras depois de receber os pagamentos iniciais. O governo americano, que começara sua administração declarando que não faria construção de países, tinha iniciado a maior experiência desse tipo. Mas, após derrubar o regime que estava no seu caminho, o governo descobriu que não fazia a mínima ideia de como estabelecer um Estado para sucedê-lo, já que era filosoficamente contra a administração pública. Mas agir como a parteira de uma democracia num país que desconhecia esse conceito "não era obrigação do Exército", repetiu o general, dando um sorriso de alta voltagem e tomando um gole de seu café mexicano de domingo de manhã.

O general Alfredo "Freddie" Valenzuela e eu estávamos sentados no restaurante de brunch preferido dos veteranos locais, em San Antonio, Texas, a "cidade militar" da América. A irmandade era hispânica: homens filhos de trabalhadores em fazendas na fronteira, que se alistaram ainda adolescentes e, em alguns casos, subiram muito e rapidamente na carreira. Eles comiam *chiquiles* — ovos com *jalapeño* — e, como se isso não fosse picante o suficiente, estavam adicionando Tabasco, para dar um pouco mais de entusiasmo ao café da manhã. Os bloody marys, sem aipo, eram grátis. Os filhos dos veteranos, bonitos e bem-sucedidos, sentavam-se com as famílias e tentavam ficar de olho nos seus próprios filhos, brincando de luta no outro lado da sala. A maioria dos clientes era do 82º Regimento de Paraquedistas, e as paredes do lugar, que parecia uma cabana, estavam cobertas de fotografias dos lugares onde eles haviam pulado: Anzio, Normandia, Arnhem, a batalha do Bulge. Na maioria das fotografias antigas, eles posam para a câmera; os braços sobre amigos, mulheres ou namoradas. Mas alguns dos soldados olham para a frente como se a lente os tivesse chamado para a briga e eles estivessem esperando para ver quem iria ser o primeiro a se render. O lugar estava cheio de charme masculino durão: homens bronzeados e bonitos que envelheceram contando histórias nas mesas como se fossem cartas de baralho e mantendo o bom humor quando perdiam. Sua dureza tinha tudo a ver com os lugares de onde vieram; os *barrios* e os *pueblos*; o esforço para ganhar respeito e distinção; o orgulho desavergonhado de ter, no fim, conseguido as duas coisas. Apelidos de saudação e reconhecimento eram gritados por cima da cabeça de suas mulheres, à medida que mais meninos entravam pela porta — o *"Menino China!"*, que usava um Cristo dourado pendurado no pescoço, mãos sobre a cabeça, um Jesus paraquedista, havia treinado a população nung para combater as guerrilhas vietcongues; outro do grupo, "Joe Pulador" Rodríguez, tinha saltado mais de 6 mil vezes como instrutor e em combate.

No meio do bom humor, o afável general Valenzuela, que havia enfrentado as FARC na Colômbia e, portanto, não tinha como ser pusilânime, relutava em voltar aos assuntos incômodos sobre os quais conversávamos. Mas ele deixou claro que John McCain, que havia sofrido no corpo a história da guerra no Vietnã, era o seu tipo de presidente. Perguntei sobre a atitude displicente de McCain ao dizer que, se fosse necessário, os Estados Unidos ficariam no Iraque por mais um século. "Ah", disse Freddie, os olhos negros alegres com o conhecimento do jeito *cavalier* de falar dos militares, "o que ele quis dizer é que nós não podemos simplesmente levantar e ir embora. A estratégia de saída em sessenta dias não funcionará." "Então ficarão até quando, exatamente, general?" "Até as coisas estarem mais sob controle." "E como iremos saber que esse dia chegou? O Exército não pode ficar protegendo geradores e poços de petróleo para sempre. Você próprio disse isso." Uma grande nuvem por um momento escureceu o aspecto ensolarado do general. "Nós precisamos nos retirar com honra", ele disse após uma longa pausa. "Nós precisamos reconstruir nossas alianças. É duro. É duro." Depois disso, o seu sorriso simpático voltou.

Na noite anterior, eu vira Valenzuela rodeado de amigos no baile de gala de reunião dos veteranos. Bandas *mariachi* faziam serenatas ao lado de mesas de homens com próteses nas pernas e ganchos no lugar das mãos, mas que mesmo assim levavam as mulheres para a pista de dança, entre a carne grelhada e o sorvete de sobremesa. Perto do bar, meninos que haviam lutado recentemente em confrontos contra o Talibã no Afeganistão estavam sendo iniciados na fraternidade da memória pelos titios sobreviventes de Khe Sanh e da ofensiva do Tet.* O convidado de honra era o general Ricardo Sánchez, nativo de San Antonio, um menino pobre que conseguiu chegar ao comando das forças no Iraque. Mas o que deve ter parecido uma promoção dos sonhos para um general de três estrelas se tornou um pesadelo. O Iraque não podia ser consertado. Gente demais — insurgentes sunitas, milícias xiitas, iranianos — tinha interesse em manter o país quebrado. Para piorar, foi durante o comando de Sánchez que as imagens de sadismo de Abu Ghraib foram divulgadas ao mundo: Lynndie England puxando um prisioneiro com uma guia de cachorro. Como ele assinou um memorando com as formas "aceitáveis" de interrogatório (criado para impedir, não para autorizar, a tortura), foi Sánchez que levou a culpa pelas atrocidades. Dois anos depois, após esforços desencontrados de mudá-lo para uma posição ou outra, Sánchez se deu conta de que ele era um constrangimento e se aposentou, com um terrível ódio pendendo sobre sua cabeça. Mas, para os saltadores do 82º Regimento, ele era um irmão e um filho (mesmo não sendo da mesma divisão), e, quando ele propôs um brinde "às mulheres", todos brindaram e responderam com urros.

Ver o general Sánchez brincando com a multidão tirou o pouco apetite que eu tinha pelo bife com batatas. Eu esperava que o seu discurso fosse cheio de camaradagem regimental com a qual ele poderia passar a uma autoabsolvição, com o apoio da compreensão de seus companheiros. Eu estava certo sobre o apelo à honra militar e errado sobre o resto. Notas de inquietação surpreendente apareceram em seus comentários. Ele não atacou os Civis que Não Entendem Como as Coisas São no Campo de Ação. Em vez disso, fez um apelo para o comparecimento eleitoral, para cada um votar por quem achasse que poderia oferecer ao país prudência, sabedoria e força em um momento difícil. "Mandem uma mensagem", disse o general; mas a mensagem deveria mostrar, simplesmente pela quantidade de pessoas que a mandassem, que, se os homens no governo (especialmente os que nunca estiveram no Exército) estavam enviando jovens para matar e morrer, deviam algo mais para explicar ao

---

* Duas das principais e mais sangrentas batalhas da Guerra do Vietnã. (N. T.)

país o motivo do sacrifício. Entoar frases como "Onze de Setembro" e "lutando contra os terroristas lá para não ter que enfrentá-los aqui" não satisfazia mais aos soldados, tanto no campo de ação quanto na hora do voto.

E lá estava ele, de novo, no Drop Zone Café, uniforme de gala e medalhas substituídas por calça jeans e camisa xadrez, engolindo seu café da manhã numa das mesas do lado. O instinto que me forçava a falar com ele lutava com o instinto que me dizia "você está louco?", e enfim venceu. Sentei-me no banco e me apresentei. Sánchez é um homem atarracado, com olhos escuros muito separados entre si e um nariz largo, como uma marmota da campina com óculos fumê. Ele não poderia ter sido mais amigável. Mas, afinal de contas, esse é um homem que precisa de amigos pela pior razão, para não mencionar leitores, porque, inevitavelmente, um livro estava para ser lançado, *Wiser in Battle: a soldier's story* [Mais sábio na batalha: história de um soldado], a auto-absolvição que ele deixou de fazer no baile. Ainda assim, eu me surpreendi com a colérica hostilidade contra seus antigos superiores na administração Bush que ele estava disposto a colocar sobre a mesa. Eu mal tinha começado a provocá-lo sobre o fracasso do planejamento para o período posterior à guerra quando ele se encarregou de terminar minha frase: "Nenhuma estratégia real, nada de nada, além de chegar a Bagdá". Era bastante conhecido o fato de que Sánchez mal conversava com o governador civil Paul Bremer (que sem dúvida também terá seu dia como autor) e que os dois não tinham concordado em praticamente nada que se referisse a como os militares poderiam ter ajudado a construir a infraestrutura bem como à maneira de lidar com os rebeldes em Faluja.

"Era sua tarefa, então, construir as fundações de um Estado eficiente? Fazer a engenharia?", perguntei. "Como não poderia ser?", ele disse, levantando o olhar do seu prato, "já que todo mundo cuja tarefa era essa estava fazendo um trabalho tão ruim?" Portanto, Sánchez não estava entre os que achavam que o Exército só servia para lutar. Não tive que arrancar a história dele. Sem provocação, saiu a lista de honra de 1945, muitos dos quais nomes egressos de West Point: Bradley, Eisenhower, Marshall, Clay; os generais que *fizeram* mesmo a estratégia da paz tanto quanto a da guerra, generais que não tinham medo da governança. "Eles eram visionários", Sánchez disse melancolicamente, "mas, que diabo, eles eram profissionais, soldados de verdade, que sabiam no que estavam se metendo, que sabiam como fazer as coisas funcionarem, uma democracia, por exemplo." "Não aconteceu desta vez, não foi?", acrescentei gratuitamente. "Não aconteceu", ele disse.

Assim, em retrospecto, essa foi uma guerra que *tinha* de ser lutada a qualquer custo?, perguntei. Não deviam ser essas as únicas guerras pelas quais os Estados Unidos deveriam pensar em sacrificar seus filhos? Ele baixou o olhar, deu uma garfada no ovo, então olhou para mim e disse "Claro". Não sei a qual das duas perguntas ele estava respondendo.

4. OS SOFRIMENTOS DO ROMANO

Os Meigs eram jeffersonianos leais. Como não seriam? Eles estavam por toda a América — proprietários rurais em Ohio, comerciantes na Geórgia, médicos na Filadélfia. Eles compartilhavam da visão de seu país como um novo sistema político no mundo, o primeiro verdadeiro "império da liberdade", como Jefferson havia colocado. A dificuldade de reconciliar poder, liberdade e justiça não arrefeceu sua energia patriótica, embora Mary Meigs, a mãe de Montgomery, temesse pela União caso seus parentes sulistas apoiassem a expansão da escravidão para aquele império da liberdade.

O idealismo de West Point permaneceu em um dos aspectos fundamentais da instituição: seu compromisso com a engenharia civil, além da militar. Sylvanus Thayer havia resistido à ideia de ensinar a matéria junto com as ciências das fortificações e de balística, mas o Conselho de West Point, escolhido no espírito de Jefferson, insistiu na questão. E a academia se tornou a única escola de tecnologia e engenharia, sendo os membros da elite de cada classe instruídos por Dennis Hart Mahan, que, como Thayer, tinha tido uma educação americana e europeia antes de entrar para o Corpo de Engenheiros do Exército dos Estados Unidos. Foram os egressos de West Point que construíram a América, física e materialmente, nesse período — o sonho de Jefferson de um império da liberdade estendendo-se para oeste que se tornava uma real possibilidade, por meio dos mapas de pesquisa pioneiros, da construção de estradas, pontes e canais; a dragagem de ancoradouros, a proteção de portos das ameaças naturais e estrangeiras. Fora o sentido de vocação patriótica que fizera Montgomery Meigs aguentar os odores repugnantes e o calor feroz de St. Louis em 1837: a convicção de que ele era o centurião-engenheiro da América, na distante fronteira provincial, os *limnes*, criando e guardando a nova Roma com tanta integridade e incansável zelo quanto os antigos. Dez anos mais tarde ele ficaria sabendo das façanhas de Lee e outros irmãos-oficiais de West Point na Guerra do México, para onde o general Winfield Scott levou a matança. Mas Meigs assegurou a si próprio que o trabalho pacífico no qual ele estava engajado traria mais felicidade a seu país do que a aniquilação do Exército mexicano, a espoliação de seu povo e a anexação do Texas.

Esta era a voz de West Point, segundo Meigs: a ética plantada por Jefferson para os soldados americanos — a sustentação da vida, reparando o tecido social destruído e construindo-o de novo — era parte da missão militar tanto quanto as lições de como matar. Só na América um corpo de engenheiros civis era instituído como a mais alta elite do Exército. No website do Corpo de Engenheiros do Exército dos Estados Unidos, o espírito de Lee e Meigs no Mississippi ainda vive, atualizado pelas imagens de restauração dos diques na Louisiana e da construção de pontes (em todos os sentidos) no Afeganistão. Em anos recentes, a corporação, com menos recursos, tem tentado se desincumbir de suas históricas responsabilidades, desde que passou a sofrer do mesmo tipo de "otimização" (um termo usado sem nenhum traço de ironia pelos grandes engenheiros de rios da nação)* que atinge outros ramos do governo. Ironicamente, então, justamente o ramo das Forças Armadas que poderia ter feito a presença americana mais bem-vinda no Iraque tem sido o mais depauperado de fundos, que estão sendo destinados para os exercícios mais puramente militares. Os vencedores de guerra vêm sendo vistos, até muito recentemente, como auxiliares opcionais. Um dano similar ao Corpo de Engenheiros tem sido levado a cabo no próprio país, onde cerca de uma centena de represas, diques e barragens pelos quais ele tem responsabilidade de manutenção foi classificada como em sério risco de ruptura. Quando fica aquém das altas expectativas dirigidas a ele, seja em Nova Orleans ou em Bagdá, a sensação de baixo desempenho é registrada com dolorosa agudeza no lugar onde começou, na região montanhosa do Hudson. Se você entrar em uma classe de West Point, a maior probabilidade é encontrar moças e rapazes de dezenove anos atracando-se com a hidráulica, não com a balística.

---

* O autor brinca com a palavra *streamline*, que pode significar tanto "otimizar" como "fluxo d'água". (N. T.)

Esse, com certeza, foi o tipo de tenente que Montgomery Meigs se tornou nos anos que se seguiram à sua expedição ao Mississippi junto com Lee: um mestre do teodolito e também da ordenança. No caminho de volta de St. Louis, Meigs havia cruzado as montanhas Alleghenies de trenó, viajado na nova estrada de ferro Baltimore e Ohio, e feito o resto de barco e a cavalo. Ele sabia exatamente o que era preciso para levar a ideia americana através do continente, e ainda mantinha a fé de que isso era possível. Nunca teria ocorrido a ele que a vocação de um exército não era a democrática construção de uma nação, a começar pela sua própria.

Isso não impedia que um forte elemento militar fizesse parte de seu trabalho, pois segundo acreditavam os oficiais americanos, havia um inimigo, vingativo e obstinado, que ainda desejava causar mal aos Estados Unidos: o irreconciliável Império Britânico. Embora seja difícil imaginar isso agora, a fronteira canadense, no final da década de 1830 e na de 1840, era instável e imprevisível. Os nacionalistas americanos mais militantes reivindicavam a fronteira noroeste inteira até os 54 graus de latitude, no limite com o Alasca russo, uma presunção com a qual os britânicos não tinham a menor intenção de concordar. Desde a tentativa, na guerra de 1812, de tomar o Baixo Canadá, os britânicos tinham todos os motivos para serem vigilantes com os desígnios americanos quanto à colônia, especialmente enquanto houvesse rebeldes canadenses buscando o apoio de tropas americanas. Apesar da neutralidade oficial americana, pequenos conflitos ocasionalmente se transformavam em verdadeiras batalhas, captura de navios nos rios e lagos e ataques e retaliações através da inconstante fronteira. Enquanto os limites fronteiriços ainda não estivessem estabelecidos, o Congresso nem tentava pôr fim às ações nem queria provocar os britânicos para uma terceira grande guerra americana. O que era necessário, em ambos os casos, eram fortalezas, e em 1841 o Congresso finalmente aprovou o financiamento de uma série delas ao longo de toda a fronteira norte.

Esse foi o primeiro posto importante de Montgomery Meigs depois do Mississippi. Após o trabalho com Lee, o Corpo de Engenheiros o mandou de volta para Filadélfia, o que lhe permitiu reunir-se com sua família. Em meio aos confortos domésticos — jardins, músicas ao piano, passeios —, Meigs se apaixonou. Louisa Rodgers era graciosa e alegre, em vez de convencionalmente bonita. Fotografias tiradas por seu sagaz marido-fotógrafo revelam um rosto forte e atraente — um nariz e um maxilar poderosos, compleição morena e grossos cachos negros. Louisa era vivaz e forte como sua mãe, Mary; seu avô, o comodoro John Rodgers, foi o mais famoso herói naval da história americana, depois de John Paul Jones.* Eles se casaram, logo e com frequência vieram os filhos, e em 1841 Meigs levou a família para o noroeste, às margens do rio Detroit, no limite da zona de guerra britânica. Lá, Meigs passou oito anos construindo o Forte Wayne, assim chamado em homenagem ao "louco Anthony Wayne", o general sob cujas ordens seu bisavô, Return Jonathan Sênior, havia servido em Stony Point — e que havia tomado Detroit dos britânicos. Aquele inimigo ainda parecia estar nos portões dos Estados Unidos. Mesmo se suas tropas cruzassem os lagos e dispersassem suas modestas forças fronteiriças, eles nunca conseguiriam, Meigs pensou, tomar o Forte Wayne. Tudo o que ele havia aprendido com Mahan em West Point — a ciência da fortificação romana e francesa, especialmente o trabalho do genial conselheiro de Luís XIV, Sebastien Vauban — foi parar em sua formidável estrutura. Construído com material primitivo e econômico — terra compactada e fachada de cedro, em vez de alvenaria —, seu formato em estrela, tirado do classicismo de Vauban, permitia a projeção de bastiões de artilharia em cada uma de suas pontas salientes. Tendo em mente o hábito dos britânicos de queimar e arrasar tudo que encontravam pelo caminho, Meigs fez da caserna uma fortaleza interior: suas paredes, de pedras calcárias do local, possuíam cerca de 55 centímetros de espessura. A caserna, ornamentada e com frontão em grande estilo paladiano-americano, ainda está lá, na margem do rio, no final da avenida Livernois, em uma área de difícil acesso da cidade. Propriedade da cidade de Detroit, suas portas são abertas aos domingos durante o verão, para as simulações teatrais da guerra civil.

Assim, enquanto seus irmãos-oficiais de West Point empurravam o império americano para o sul, abrindo caminho a fogo e sangue até os "muros de Montezuma", na Cidade do México, Meigs se tornava capitão Meigs, o Vauban americano, desconhecido no mundo, mas adquirindo rapidamente uma reputação de competência e integridade na engenharia tão sólida quanto o Forte Wayne. Em Washington, o Corpo de Engenheiros do Exército sabia de

---

* Herói naval da Guerra da Independência, em especial por causa dos ousados ataques que liderou contra embarcações da Inglaterra em águas inglesas. (N. T.)

tudo sobre o formidável Meigs: sua aversão a subornos e comissões, que já eram parte rotineira da construção na fronteira, sua onisciência, seus olhos de águia e sua paixão pela minúcia. Nada que fosse duvidoso passava despercebido por sua inspeção escrupulosa. Foi nessa época que Meigs começou a preencher pequenos cadernos verdes in-oitavo e in-duodécimo com observações enciclopédicas, desenhos e recortes colados com tudo que passava na sua frente — topografia, detalhes de arquitetura, problemas de suporte das estruturas, os costumes e aparências desta e daquela tribo indígena, o estado de estradas e canais locais —, em um manuscrito veloz que, para alguém que estava sempre aceitando mais trabalho, nunca era rápido o suficiente, o que o fez utilizar, a partir de 1853, o sistema Pitman de taquigrafia, que para o historiador é mais difícil de ler do que sua escrita por extenso. No entanto, a confiança percorreu o longo caminho para superar a falta de legibilidade. Já perto do fim da guerra civil, o general Sherman assinou uma ordem dizendo que "o manuscrito deste relatório pertence ao general Meigs e eu, portanto, o aprovo, mas não consigo lê-lo". Os cadernos de Meigs estão cheios de notas sobre a rotina de trabalho árduo de supervisão de escavações e de fundações, alvenaria e carpintaria, suportes de telhado, vigas e roldanas; mas eles também revelam um escrúpulo raro para a época na anotação de cada carregamento de material e de todos os contratos de cada dia de trabalho. Nos anos dourados da pechincha, Meigs era firme: sábio ao lidar com a astúcia dos agentes de terra, fabricantes de armas, vendedores de madeira, capitães de barcos, qualquer um que buscasse uma oportunidade de fazer dinheiro, não somente por parte de funcionários da extensão do governo, mas dos imigrantes das novas fazendas da América, as multidões que buscavam encontrar um lar que fosse estável e seguro. Eram a boa-fé e o crédito da República, ele achava, que estavam em jogo em tais assuntos. Se o Exército dos Estados Unidos não fosse confiável, quem seria então?

Essa reputação de integridade Meigs levou consigo para Washington, em 1852, junto com sua aumentada família. Ele não estava bem de vida. O salário do Exército era baixo, e as perspectivas de promoção obscuras e lentas. Por isso, foi obrigado a viver na casa de sua sogra viúva e da filha dela, Jerusha, na rua H. Mas a família extensa deve ter ajudado, quando, no outono de 1853, dois dos filhos de Montgomery e Louisa morreram de "inflamação no cérebro" (talvez meningite viral); primeiro, Charles, de oito anos, depois Vincent, de dois, cujo nome homenageava o patriarca da família. Ambos os pais ficaram prostrados de dor. Louisa colocou a dela para fora aos gritos, e Monty, como faria depois novamente, cerrou as mandíbulas e atirou-se ao trabalho de criar Washington.

Ele tinha apenas 36 anos e estava fora do comando ativo, mas em poucos anos se tornaria uma das pessoas de poder na cidade, em parte, pelo menos, porque nunca se vangloriava do conhecimento de si próprio. O Exército foi designado pelo Congresso para cuidar de boa parte da construção da cidade, que crescia rapidamente, para mantê-la longe das garras dos oportunistas, que vicejavam como sanguessugas naquela que era uma das mais formidáveis oportunidades de contratos no país. O presidente Zachary Taylor, o insubordinado e vigoroso herói da Guerra do México, mal tinha acabado de tomar posse quando começaram a circular histórias, a maioria verdadeiras, de que membros de seu próprio gabinete notoriamente estavam roubando. Washington era uma oportunidade de ouro para enriquecimento rápido, pois era consenso que a cidade necessitava de melhorias drásticas. Boa parte dela ainda em obras, a cidade parecia cair aos pedaços, caótica, suja e perigosamente insalubre; cerca de 40 mil habitantes viviam ali, um quarto deles era de negros, quase todos livres. Visitantes estrangeiros que chegavam para ver o funcionamento da democracia americana (ou para confirmar suas altivas ironias a respeito dela) quase sempre comentavam sobre a disparidade entre a realidade e a grandiosidade de seu projeto original: largos bulevares para passeio abrindo a vista ao longo dos quilômetros entre a casa do presidente e o Capitólio, espaçoso o bastante para invocar a ideia da chegada de uma nova Roma no mundo. Mesmo em 1850, a única verdadeira avenida era a Pensilvânia, o restante se reduzira a caminhos de terra para carruagens, separados por grama grossa, na qual gansos, vacas e porcos se alimentavam alegremente. Depois de um período de chuvas, tudo se transformava em um pântano lamacento através do qual as senhoras tentavam abrir caminho, junto aos patos, para pegar os ônibus de doze lugares, onde se sentavam e tentavam se colocar a salvo das mascas voadoras de cuspe com tabaco que eram um risco regular na cena americana.

O grande inimigo das pretensões de Washington à dignidade de metrópole eram as doenças. Quaisquer que fossem as outras virtudes do local escolhido por Pierre l'Enfant, às margens do rio Potomac, ele simplesmente deixou de notar o quão fétido o entorpecido rio se torna na primavera e no verão;

83

e os planos ambiciosos de L'Enfant de abrir canais acabaram por criar no país a mais rica oportunidade de proliferação de mosquitos. Os cursos de água da cidade que L'Enfant havia imaginado como a Roma americana, adornados por fontes saudáveis, uma cascata caindo do alto da colina do Capitólio até a avenida Pensilvânia, ficavam obstruídos por restos mortais de ratos, cães, cavalos e, nem tão ocasionalmente, de pessoas. A cólera, que havia sido um risco operacional para todos que iam trabalhar em Washington na década de 1830, ainda fazia visitas periódicas. E em julho de 1850, de acordo com a conclusão dos médicos legistas, a cólera *morbus* fez a sua mais distinta vítima, o presidente dos Estados Unidos.

Que Zachary Taylor tenha sido atingido em frente ao Monumento a Washington, nas festividades da Independência, em 4 de julho, só tornou o desastre ainda mais impressionante. Era um dia excessivamente quente; por alguma razão, o presidente estava usando um casaco pesado e bebeu uma grande quantidade de água gelada (complementada, segundo disseram alguns, por leite gelado). Quando voltou à Casa Branca, ele teve um colapso, mergulhou em um tremor febril e em seguida na inconsciência, despertando somente para declarar, o que foi impressionante, que "eu realmente não me surpreenderia se isso viesse a causar a minha morte". Em 9 de julho, sua previsão se confirmou. Alguns historiadores especularam que Taylor pode na verdade ter morrido de insolação, mas cólera foi o veredicto oficial dos médicos-legistas. E a morte do presidente por beber água poluída foi o mais forte incentivo para o Corpo de Engenheiros, designado para o trabalho de providenciar um novo suprimento de água para a capital, aceitar o desafio. Quando o primeiro escolhido pelo Exército morreu — talvez também de cólera —, a operação foi entregue a Meigs, para quem isso teve um significado histórico e também pessoal. Sua cidade natal, Filadélfia, tornara-se famosa pela pureza das fontes de água potável, sem dúvida bem-vinda pelo pai, médico, de Meigs. Mas para ele o desafio não era tanto igualar a conquista de Filadélfia, mas sim demonstrar aos seus compatriotas e aos zombeteiros europeus que a democracia do povo era capaz de fazer tanto quanto Roma havia feito por seus cidadãos. Comissionado pelo Congresso para escrever um relatório, ele estudou com afinco a obra de Sextus Julius Frontinus, o aristocrático mestre romano da hidráulica, e seu grande sistema de aquedutos. No relatório "escrito a galope" e entregue em 55 dias, Meigs declarou que era um escândalo que "os cidadãos mais honrados da nação" tivessem de sofrer com o calor e a poeira do verão de Washington, e abrandar a sua sede somente com água perigosamente impura. O remédio seria sem dúvida ambicioso e, portanto, caro, mas o Congresso deveria pensar com grandeza quando se tratasse do bem comum, pois "a água deve ser gratuita como o ar e sempre suprida pelo governo".

E, também, um suprimento confiável de água aliviaria o cidadão de outro terror constante: o do fogo e de sua dependência de brigadas particulares que poderiam ou não vir em socorro de uma casa em chamas, e as quais poderiam ou não encontrar água suficiente para conter o incêndio e resgatar aqueles que se encontrassem presos do lado de dentro! Se o sistema funcionasse como Meigs esperava, poderia até sobrar um pouco para as fontes espetaculares que fariam da cidade a verdadeira nova Roma do ocidente. Uma hidráulica fundamental mostraria à América e ao mundo

> que os governantes escolhidos pelo povo não são menos cuidadosos com a segurança, saúde e beleza de sua capital do que os imperadores que, depois de escravizarem sua nação pelas suas grandes obras, conferiram benefícios sobre a cidade que, sua traição [aos ideais republicanos] quase esquecida, faz com que seus nomes sejam lembrados com respeito e afeição por aqueles que ainda bebem a água suprida pelos seus magníficos aquedutos.

A retórica confiante deu certo. O Congresso aprovou a enorme soma de 100 mil dólares. Em novembro de 1852, o até então desconhecido capitão Meigs, de 36 anos, foi designado pelo secretário da Guerra do presidente Pierce. O líder arruaceiro da rebelião da gemada quente de anos antes, em West Point, Jefferson Davis, do Mississippi, foi quem deu apoio a Meigs contra seus muitos críticos. Meigs poderia ter usado bombas a vapor, mas optou pelo jeito romano: a lei da gravidade e um cano condutor, a partir das Grandes Cataratas do Potomac. Um conduto de aproximadamente 2,70 metros de diâmetro carregaria água desde o vale de Cabin John e do arroio Rock até um reservatório em Georgetown. Dessa forma, a cidade de 60 mil habitantes receberia cerca de 250 milhões de litros por dia — uma vez e meia a quantidade disponível para a Londres vitoriana!

Durante todas as fases da obra, Montgomery Meigs estava em seu elemento, duelando em sua mente egotista com o legado de Frontinus e de César. A obra *tinha* de ser boa e duradoura, pois "ela contém o meu cérebro". Além do conduto em si, duas pontes assombrosas precisavam ser construídas: a primeira, um arco de alvenaria, de 67 metros de distância única (na época o mais longo do mundo), com uma altura de dezessete metros sobre o vale de Cabin John; a segunda seria uma ponte de ferro ao mesmo tempo aqueduto e viaduto, com 61 metros de comprimento sobre o arroio Rock (ambas belamente ainda de pé). Para Meigs, a provisão de água pura era uma autêntica conquista americana, o tipo de guerra que se deve lutar. No dia do início das obras, em outubro de 1853, que contou com pás cerimoniais, ele escreveu em seu diário em tons lapidares: "Em silêncio e sem ostentação, foi iniciada a grande obra. A qual é destinada, eu confio, a despejar água saudável na capital de nossa União durante os próximos mil anos. Que eu viva para poder completá-la e ligar meu nome imorredouramente a uma obra que é maior em seus resultados benéficos do que toda a glória militar da Guerra do México". Para o caso de ele não viver a tempo de completá-la, Meigs não teve nenhuma vergonha de estampar seu nome, como Brunel,* em imensas válvulas de ferro utilizadas no aqueduto. Em 4 de janeiro de 1859, a água começou a ser levada à cidade pelo aqueduto de Meigs, e ele escreveu em seu diário:

> Deus seja louvado por fazer de mim o instrumento desse grande bem para a cidade, por ter me dado a saúde, a temperança e a paciência e o conhecimento para conseguir, em meio a ataques, tão grande bem [...] nunca mais se acabarão em chamas as casas dos pobres por falta de meios para extingui-las [...] e os pobres e os criados serão agora aliviados do trabalho insalubre de carregar água dos poços nas ruas cobertas de neve no inverno.

Uma fonte operava agora no parque do Capitólio, bem em frente ao Congresso, e, embora tenha ficado desapontado por ela fazer a água subir somente nove metros no ar, Meigs com frequência colocava-se em frente ao seu *jet d'eau*, pois "ela parece espirrar alegria no ar [...] proclamando sua chegada para o uso livre do enfermo e do saudável, rico e pobre, culto e simples, velho

---

* Isambard Kingdom Brunel (1806-59), engenheiro britânico que revolucionou a engenharia civil do século xix. (N. T.)

e novo, por gerações e gerações que [...] se levantarão e me abençoarão". Era como se ele já soubesse que poderia estar no lado receptor de maldições.

Era um vício ou uma virtude o fato de o governo americano ter começado a se sentir constrangido pela imundície de suas acomodações, da face que ele oferecia para o mundo? Era esse repentino apetite por esplendor um sinal de arrogância democrática ou de amadurecimento? Qualquer que fosse o caso, senadores, deputados, presidentes, todos queriam magnificência rapidamente, e foi assim que Montgomery Meigs tornou-se o Homem Indispensável, e o Exército dos Estados Unidos, os batalhões de construção. Esta tinha que começar com o Capitólio e com o primeiro risco: fogo. Em 1851, a Biblioteca do Congresso, que continha a grande coleção de livros doados por Thomas Jefferson, queimou inteira. O milagre foi não ter levado o Congresso — um pavilhão com asas laterais cobertas por uma modesta cúpula de madeira e cobre projetada por Charles Bulfinch — junto com ela. Mas o fogo foi tido como um sinal — se é que alguém precisava disso — de que o Capitólio precisava tanto ser aumentado como reforçado contra a destruição. Os legisladores tornavam-se cada vez mais conscientes do escárnio derramado sobre a cúpula, que se parecia, como disse um crítico impiedoso, "com um açucareiro entre dois bules de chá".

Um arquiteto de Filadélfia, Thomas U. Walter, foi designado para projetar e construir a extensão das asas e uma nova cúpula, mas na primavera de 1853 Meigs recebeu a incumbência de supervisionar a obra, o que, sendo Meigs como era, significava mais do que mera supervisão; na verdade, seus próprios projetos e preocupações foram impressos na obra. A primeira preocupação — como ele ainda estava lendo os antigos — era com a acústica. Meigs estava preparado, no começo, para deixar boa parte do exterior para Walter, mas as questões relativas à melhoria da acústica constituíam para ele, assim como toda a sua engenharia, desde a raiz, como bom jeffersoniano que era, a democracia republicana trabalhando politicamente. A falta de audibilidade, ele pensou, privilegiava os fanfarrões e fazia discriminação contra o José da Silva do século XIX, o homenzinho que fora enviado para Washington para fazer ouvir a sua voz com tanta autoridade sobre os assuntos do dia quanto a dos famosos oradores, como Daniel Webster e John Calhoun.* Legislação

---

* Daniel Webster (1782-1852): político e orador da América colonial na Nova Inglaterra; John

ruim ou mal analisada, projetos de lei comprometidos por não terem sido examinados devido a interesses pessoais eram o resultado daquela falta de audibilidade. Um voto *era uma voz*! Mas a transformação da acústica das câmaras exigia uma coisa que Meigs já sabia que seria impopular — fechá-las para a luz e a ventilação natural. Para lidar com as objeções, projetou um sistema de ar quente bombeado a vapor — um ancestral do aquecimento central comum — e foi cauteloso com a iluminação a gás uniformemente difundida.

Nada disso foi suficiente para contentar os que não gostaram da decisão, sobretudo porque a enorme cúpula de Meigs, mais de trinta metros mais alta que a original de Bulfinch, era perfurada por janelas nos planos de Walter. Mas Meigs, que havia estudado cuidadosamente as seções e planos de Brunelleschi para a cúpula do Domo de Florença, em especial a construção de uma estrutura interna para a cúpula, e também a catedral St. Paul, projetada por Christopher Wren, rapidamente passou a pensar em si próprio, e não em Walter, como o verdadeiro arquiteto. Um estado de taciturno conflito envenenou o relacionamento entre o arquiteto e o engenheiro. Enquanto Pierce foi presidente, Meigs teve sua autoridade superior mantida por Jefferson Davis. Os dois, e depois as duas famílias, criaram laços sociais de proximidade. Mas após James Buchanan ter assumido o poder, em março de 1857, o novo secretário da Guerra, John B. Floyd — durante um tempo fracassado plantador de algodão e ex-governador da Virgínia —, virou-se decisivamente para o lado de Walter. Floyd tinha seus motivos para não gostar de Meigs, e esses motivos não tinham nada a ver com arquitetura e quase tudo a ver com dinheiro. Meigs fora por muito tempo um espinho na vida de lobistas e empreiteiros. Quando a Câmara dos Deputados quis retirar a responsabilidade pelos edifícios públicos do Exército para dá-la às empresas privadas, Meigs lutou contra a decisão e ganhou. Frustrada em sua tentativa, uma facção do Congresso, a maioria democratas do Sul, tentou transferir as obras do Departamento da Guerra para o Departamento do Interior, e isso também foi contestado por Meigs. Assim que se tramava uma nova manobra para favorecer o clientelismo e o lucro acima do bem público, Meigs se colocava no meio do caminho. A inflação da escala de trabalhos de forma que somente figurões pré-selecio-

---

Calhoun (1782-1850): vice-presidente da República de 1825 a 1832, quando renunciou para se eleger senador, função na qual se tornou célebre pelos dons oratórios. (N. T.)

nados pudessem se candidatar foi encerrada. Pequenas empresas que venciam as licitações naquela base mas aumentavam seu preço depois que os contratos haviam sido assinados tornaram-se o alvo especial de seu desprazer e processos criminais. Meigs sabia que sua teimosia nesses assuntos e sua recusa superior de jogar conforme as regras de costume haviam atraído para ele o ódio de muita gente em Washington. Propinas lucrativas estavam sendo perdidas para a retidão mal conduzida. Mas, modelando-se grandiosamente no estilo ciceroniano de homem honesto, ele achou que não tinha nenhuma opção exceto manter-se fiel aos seus princípios.

O impasse entre Floyd e Walter, de um lado, e Meigs de outro, tornou-se tão sério que as obras do Capitólio pararam completamente por quase dois anos, entre janeiro de 1858 e novembro de 1859, e, quando retomadas, o foram com muito rancor. Como vingança contra aquela obstrução toda, Floyd maliciosamente interferiu na admissão de John, filho de Montgomery, em West Point. Uma cena operística se sucedeu. Meigs entregou uma carta a Floyd sugerindo (embora fingindo esperar que não fosse o caso) que havia sido a diferença entre os dois que levara Floyd a se opor à entrada de John na academia, ostensivamente com poder presidencial. Floyd leu a carta ali mesmo e ficou lívido de raiva. Meigs resolveu usar a autoridade de que dispunha e disse que "ele tinha muitas vezes me ferido penosamente e me causado grande prejuízo". Floyd disse que preferia se demitir a ver John Meigs admitido na academia. Os dois poderiam ter matado um ao outro naquele momento. Em vez disso, Meigs foi direto para Buchanan, que, como sempre, deu a impressão de estar muito sobrecarregado e reticente quanto às boas intenções de Floyd. No final, porém, John foi admitido e Meigs o levou pessoalmente ao vale do Hudson.

Mas, embora tivesse vencido aquela batalha, ele sentia que a satisfação seria temporária. "O secretário vai acabar comigo se puder", Meigs escreveu. "Tenho cumprido o meu dever e ele irá, tenho confiança, descobrir que perseguir um homem honesto é morder uma lima contra Deus."* Em outubro de

---

* Referência à fabula "A serpente e a lima", de Esopo, em que uma serpente vai à casa de um ferreiro e crava os dentes em uma lima, conseguindo apenas machucar a si própria. A moral da história é que uma pessoa honesta é como a lima; por mais que os caluniadores tentem, não conseguem prejudicá-la. (N. T.)

1859, Floyd deixou claro que Meigs teria de deixar todos os seus postos. Um ano depois, com uma eleição se delineando, a situação se oficializou. Meigs foi demitido de todos os seus altos postos — o aqueduto, o Capitólio e a reconstrução do correio. Banido para a fortaleza tropical de Dry Tortugas, a mais de cem quilômetros de distância, a oeste, de Florida Keys, Meigs deveria supervisionar ali a obra do incompleto Forte Jefferson. O forte de tijolos havia sido iniciado em 1846, quando foi decidido que o país precisava de um bastião oceânico contra um ataque da Marinha espanhola, durante a Guerra do México. Mas aquela contingência agora parecia exótica e o posto não podia ser mais remoto. Parecia o fim da carreira do romano. Floyd deleitou-se com a humilhação. Quando Meigs pediu recursos para completar o forte, ele zombou do "camarada pestilento que arruma confusão aonde quer que vá", e que absurdo era pedir dinheiro para defender um "amontoado de pedras". Ouvindo a notícia em West Point, seu filho mais velho, John Meigs, escreveu com indignada lealdade de adolescente em defesa do pai: "Este é um bonito lugar para se mandar o talento a quem foi confiado pelo Congresso da nação o gasto de milhões de dólares".

Mas o exílio de Meigs, em vez de punição tornou-se mais um retiro, onde, quando não estava batendo com seu bastão nas plataformas de canhões do Forte Jefferson, ele aproveitava para relaxar um pouco. Vestindo as pantalonas brancas das ilhas, caminhava pelas praias, olhando embevecido "as ondas se quebrarem em grandes mapas de luz". Ele observava os pelicanos mergulharem para pegar peixes; enchia os pulmões com o ar do oceano e sua mente sempre ativa com questões que de repente se tornaram agradavelmente importantes: caranguejos, por exemplo, em todas as suas variedades tropicais: "caranguejos-ermitões, de garras vermelhas e roxas, de pernas pintadas mas com corpos encouraçados", "caranguejos de haste, caranguejos-violinistas, caranguejos que mal se movem, caranguejos de ferrões velozes como aranhas, caranguejos que vivem na face vertical de um muro e pulam como pássaros de um poleiro para o outro". Algumas vezes ele ia passear ao longo do mangue que se debruçava sobre a praia, seus pés na água salgada, com grupos de pequeninos caranguejos engatinhando sobre seu casaco e camisa, excitando sua imaginação científica. Mas o Meigs naturalista não conseguia tirar a mente de seus dois lares mais do que o engenheiro banido. Sua casa em Washington, ele sabia que estava segura e à espera de seu retorno; a casa mais ampla da União, por outro lado, estava ameaçada de iminente destruição. Ele começou a pensar e a agir em parábolas. Um dia, andando pela praia, encontrou um caranguejo-ermitão com a carapaça quebrada e, no espírito do Corpo de Engenheiros, decidiu reconstituir sua habitação. O caranguejo foi levado para casa junto com uma carapaça vazia que Meigs considerava ser uma acomodação adequada e, aí, o crustáceo foi gentilmente empurrado de uma para outra. "Ele prontamente aceitou o novo lar."

E, então, o mundo o chamou de volta. Pouco mais de um mês depois de Meigs ter sido enviado para o Sul, Abraham Lincoln foi eleito presidente. No início do ano de 1861, seu maior inimigo, John Floyd, da Virgínia (seu estado ainda não estava formalmente separado), foi alvo de rumores de desvio de armas e munições para os confederados do Sul e indiciado por fraude e malversação de recursos públicos.

5. ASSUMINDO PARTIDO

A piada era que John Floyd estava de fato mordendo uma lima. Ele estava aguentando firme até o fim em Washington, abandonado pelo débil e hipocondríaco presidente Buchanan, lutando contra processos criminais, em dúvida se sua situação iria melhorar ou piorar se desertasse para a Confederação. Meigs, enquanto isso, velejava nos recifes de corais em sua escuna olhando para as tartarugas com uma sensação revigorada de patriótica utilidade, seu tônico sempre poderoso. Pois, se a guerra estivesse mesmo para acontecer — e era difícil encontrar quem, após a eleição do republicano Lincoln, imaginasse que ela não viria —, então os fortes federais do Sul — do Sumter em Charleston ao Pickens e ao Pensacola na Flórida, até o forte de tijolos das Tortugas — seriam todos reféns dos confederados. Era difícil obter notícias nas ilhas, mas havia um rumor de que o estado de Louisiana planejava levantar uma força voluntária de 10 mil homens, sendo que alguns seriam enviados ao Forte Jefferson. Mas, sem reforço da União, só os homens que coubessem em um mero barco de pesca já seriam suficientes para tomar o forte, Meigs escreveu para Washington.

Em fevereiro de 1861, ele já sabia do indiciamento de Floyd por "aviltar [...] a virtude pública" e de sua própria vindicação e reconvocação. Mas, quando não estava tomando notas zoológicas ou supervisionando a construção do Forte Jefferson, Meigs estava meditando sobre a trágica necessidade de uma guerra americana que ele nunca imaginava que seria chamado a lutar. E como não iria? A razão para a guerra estava bem diante dele, ali nas Tortugas: a faina exaustiva dos 25 escravos que haviam sido importados de Florida Keys para trabalhar no forte. Meigs havia chegado a essa conclusão devagar, de modo relutante, certamente não como um abolicionista exaltado e não como alguém que já havia afiado a lâmina de seu sabre para a guerra civil. O ataque violento do abolicionista militante John Brown contra o arsenal do país em Harpers Ferry, em outubro de 1859, que resultou em quinze mortes, foi considerado por Meigs como a aventura mal conduzida, se não criminosa, de um quase-lunático. Isso era uma demonstração, escreveu em seu diário, de como um pequeno bando de fanáticos pode perturbar ou até destruir a paz de um país. E Bob Lee (como ele o chamava) havia feito um excelente trabalho para esmagá-los. Mas, a caminho da Flórida, no final de outubro de 1860, Meigs fez uma visita a seu irmão mais novo, Henry, em Columbus, Geórgia, e tudo mudou.

Os Meigs, claro, tinham uma longa conexão na Geórgia por meio de Return Jonathan Sênior. O antigo território dos índios cherokees e creeks, no leste da Geórgia, ao longo da linha do Alabama, havia se transformado no condado de Muscogee, e sua primeira cidade, nas margens do rio Chattahoochee, recebeu o nome de Columbus em 1828 quando alguém acabara de ler o livro de Washington Irving, *The life and voyages of Christopher Columbus* [Vida e viagens de Cristóvão Colombo]. Em pouco tempo, Columbus se tornou um centro de manufatura de algodão, com seu maior moinho situado à beira do rio Chattahoochee, cujas cachoeiras de doze metros de altura eram utilizadas na produção de energia para os moinhos de farinha e de algodão. No meio do rio ficava a doce ilhota de Magnólia, onde a fragrância de jasmim e a abundância de bosques sombreados e de barbinos fizeram dela um irresistível local de namoro. Casais apaixonados remavam até lá nas noites de verão para trocar carícias de amor. Em uma das clareiras do bosque de perfume adocicado esteve o casal de namorados Henrietta Hargreaves Stewart e Henry Vincent Meigs, quinto filho do obstetra de Filadélfia que fora um dia da Geórgia. Depois de casados, o pai de Henrietta fez de Henry o gerente do seu moinho de Chattahoochee. Havia oportunidades para se fazer dinheiro na Geórgia. Dólares amadureciam sob o sol como pêssegos gordos. Algodão cru era embarcado das plantações escravocratas até as fábricas, penteado, fiado e cardado. Henry Meigs transformava algodão cru em tecidos para serem enviados para o resto do país ou para Liverpool. Estaria tudo isso para se acabar agora, Henry preocupava-se, só porque uns malucos do Norte não entendiam nada sobre o Sul? Inquieto e ansioso, Henry foi para Washington e confidenciou a Montgomery suas apreensões. Monty olhou para o irmão mais novo e julgou-o um "sujeito triste" por estar tão dividido nas suas lealdades. Mas agora Henry dava, evidentemente, apoio total ao Sul inflexível. Quando a conversa à mesa se virou inevitavelmente para a eleição que se aproximava, Henry protestou com veemência contra os "fanáticos" do Norte, que sabiam sobre escravidão tanto quanto de revelação celestial e do reino dos céus, e também contra o governo federal, que estava se metendo em assuntos que não eram da sua conta. Se um presidente "constitucional" fosse eleito e refreasse os fanáticos, ótimo; mas, se Lincoln fosse a escolha do povo, então os campos do país ficariam "vermelhos de sangue". Enquanto ouvia o irmão, Meigs sentiu em si, com aumentado furor, o horror que sua mãe sentia pela escravidão. Como seu irmão se atrevia a dar uma de santo enquanto o Moinho Clapp girava suas rodas e o sangue dos escravos misturava-se à água na corredeira do rio? Como Henry se atrevia a escrever para o pai deles, Charles, exultante porque os céus sobre Columbus brilhavam com os fogos que celebravam a secessão da Carolina do Sul? "Pode um povo inteiro estar tão iludido como você parece achar que o Sul está?"

De repente, a identidade de seus amigos e inimigos tornou-se distinta na mente de Montgomery Meigs. Ela era a mesma que a dos amigos e inimigos dos Estados Unidos da América. Ele se lembrou de que Floyd, seu adversário-vilão, havia provocado aplausos entusiasmados dos fanáticos da Virgínia ao prometer, quando governador, que faria o embargo de mercadorias de todos os estados livres que não restituíssem os escravos fugitivos a seus donos! Que valentia! Que exercício de confiança pública! Meigs ficara sabendo de muitos de seus velhos camaradas de West Point, cadetes e depois oficiais, que haviam jurado solenemente o código da escola de Dever, Honra e Pátria e agora o violavam planejando trair a União. O que esses homens, esses traidores, inclusive seu próprio irmão Henry, imaginavam estar defendendo? O direito constitucional dos estados de seguir seu próprio rumo? Para Meigs, isso era o mais desprezível e transparente dos sofismas. O porquê de os estados estarem se separando é que era a verdadeira questão: o futuro da América; se o futuro corresponderia às nobres promessas de Jefferson de liberdade e igualdade, preservadas pela Declaração de Independência, ou seria embaçado para sempre pela odiosa hipocrisia da conveniência econômica. Quando a crise chegou a um ponto sem retorno, Meigs escreveu que a escravidão "não é algo que os homens criaram para garantir liberdade de ação, de expressão e de pensamento, e a consciência deveria ser cultuada sob pena de dissolução de sua organização política e sociedade". Sentado em sua escrivaninha na cidadela de Forte Jefferson, com a luz quente do Atlântico escaldando as paredes, diante de um pensativo e preocupado Montgomery Meigs surgiu a pesada aparição da história americana, passado, presente e futuro; a grande causa pela qual os Meigs haviam lutado desde o tempo do velho Return Jonathan, e lutariam de novo, se a causa fosse verdadeira e digna do sacrifício. Essa era. Não muito depois, Meigs a chamaria de "guerra santa". Ele podia ver os dois caminhos do destino americano esticando-se diante dele naquele lugar e naquele momento. Ambos eram necessariamente fatídicos. O caminho de sangue e fogo jamais deveria ser trilhado sem um profundo exame moral. As guerras americanas, ele pensava, no espírito do idealismo jeffersoniano, nunca deveriam ser uma opção. Mas o caminho da acomodação aos escravocratas que iriam para sempre manter o país refém para pode impedir que sua desprezível instituição fosse eliminada pela democracia, era indigno da causa pela qual Return Jonathan havia lutado: uma República de liberdade. Ele nunca poderia viver com uma América tão aviltada eticamente.

> Serei eu o oficial de alguma republiqueta desprezível, uma Bolívia [...] ou Geórgia [...] em vez do servo de um povo que estende o seu império de um oceano a outro, tocando os confins do Ártico e também da zona tórrida, um povo grande em empreendimento, ciência, artes e comércio e em armas, [tudo] isso porque é livre?
>
> Tudo isso terá que terminar para que a escravidão, e não a liberdade, possa ter maior preponderância?
>
> É a escravidão mais forte que a liberdade? Ou será que o Todo-Poderoso, que puniu Israel por desejar um rei, nos pune porque alardeamos a liberdade e, no entanto, encorajamos, apoiamos ou toleramos até a escravidão? Meu coração adoece só de pensar nessa perspectiva [...]

Em 4 de março de 1861, chamado de volta e com sua dignidade resgatada, Meigs assistiu à posse de Abraham Lincoln, presidida pelo presidente da Suprema Corte Roger Taney, no pórtico leste do Capitólio. A fachada ainda estava coberta pelos andaimes da reconstrução de Meigs. Como a própria União, Lincoln estava em perigo desde o momento em que subiu as escadas, protegido pelos guardas supridos pelo general Winfield Scott. Alto, esquelético e desajeitado, Lincoln parecia um homem improvável para a hora. Até aquele momento, Meigs não tinha nenhuma grande opinião sobre o congressista de Illinois. Como quase todos da família, ele havia votado no velho rival de Lincoln, Stephen Douglas, que concorrera pelo Partido Democrata, e que eles achavam evidentemente um homem superior. Mas o grande discurso de Lincoln, confirmando que, embora o governo federal se abstivesse de interferir na "propriedade" da escravidão, não toleraria a "destruição de nosso tecido nacional", causou profunda impressão sobre Meigs. Depois da contemporização covarde da administração Buchanan, era surpreendente ouvir da boca de um político uma inteligência filosófica aguda, a serviço de todas as crises possíveis e resoluta em expor diante do povo exatamente o que estava em jogo: a vida ou a morte da experiência democrática americana. Embora o novo abolicionista Meigs desejasse que Lincoln tivesse sido mais direto acerca da incompatibilidade entre escravidão e a democracia da União, ele concordava de todo o coração com a sua premissa de que "a ideia central da secessão é a essência da anarquia. Uma maioria mantida sob o controle e as limitações da Constituição e sempre mudando com facilidade com as mudanças deliberadas das opiniões e sentimentos populares é a única forma de soberania verdadeira de um povo livre. Quem quer que rejeite isso cai necessariamente na anarquia ou no despotismo". Meigs foi também conquistado pela eloquência clássica da modéstia de Lincoln, duas qualidades que raramente andam juntas, além da fibra moral com a qual ele claramente depositou as responsabilidades pelos resultados do que estava por vir diante de seus concidadãos: "Em *suas* mãos, meus insatisfeitos concidadãos, e não nas minhas está a importante decisão da guerra civil. O governo não vai investir contra vocês. Vocês não podem participar de um conflito sem serem vocês próprios os agressores. Vocês não prestaram nenhum juramento diante dos céus para destruir o governo, enquanto eu prestei o mais solene deles para preservar, proteger e defender o governo".

Durante meses, Meigs ansiou pelo aparecimento de um líder que por um lado tentasse evitar a beligerância, mas por outro não encolhesse diante da possibilidade da guerra para salvar a América. Na peroração arrojada de Lincoln, evocando "as místicas cordas da memória, estendendo-se de cada campo de batalha e do túmulo de cada patriota a todo coração vivente por toda esta ampla terra", esperando pelo retorno dos "melhores anjos de nossa natureza", ele ouviu o eco do instinto da família Meigs, que via a democracia americana no longo arco de sua história. "Foi um discurso nobre", ele escreveu para seu pai na Filadélfia, tornando-se ele próprio shakespeariano enquanto flutuava na integridade solene das palavras de Lincoln.

> Não houve desperdício de tempo com trivialidades e chavões; ele se agarrou imediatamente a seu assunto e nenhum homem poderia duvidar de que ele estivesse realmente falando sério. Nenhum ponto foi omitido [...] a doença do corpo político foi analisada, seu caráter e remédio foram apontados e cada frase caiu como um martelo que fixa os pregos que sustentam os estados. Gentil e conciliatório, ele ainda não deixou nenhuma fresta para a traição. A guerra, eu temo que virá, mas será conduzida humanamente [...]. Se eles morderem, morderão uma lima. Ele defenderá e protegerá a propriedade pública [...] imporá as leis [...] e mais uma vez a liberdade de expressão e a liberdade da pessoa serão a regra, e não a exceção [...]. As pessoas à minha volta aplaudiam a cada frase [...] alguns tinham a fisionomia obscura e se retiraram. A traição encolheu-se à invisibilidade e a lealdade ergueu-se à luz do dia.

A partir daquele momento, Meigs tornou-se um devoto de Lincoln, obstinado em servir, mas sem saber ao certo como fazê-lo. Por mais de uma década, ele havia sido uma coisa das mais anômalas, um soldado de Washington, e de baixa patente, também, ainda capitão Meigs, pois a promoção era terrivelmente lenta no Corpo de Engenheiros. Mas sua patente oficial era a única coisa inconsequente sobre Meigs. Ele havia falado diretamente com três presidentes, estava para se tornar o confidente do quarto; fora substantivo no Congresso e nos gabinetes e, mais importante do que qualquer uma dessas coisas, tornara-se a personificação das virtudes públicas que andavam meio raras na capital e que seriam, se as coisas piorassem, muito necessárias: integridade, competência e resolução. Montgomery Meigs entendia de dinheiro, entendia de metalurgia e — isso havia se tornado importante de repente — entendia de fortalezas, ao norte e ao sul. Ele as havia construído, provido de homens, armado, inspecionado e defendido. Enquanto mais e mais estados votavam por se separar da União, as fortalezas cresciam em importância na mente da administração. O status do Sumter na baía de Charleston era o mais próximo de tornar-se um *casus belli*. A Carolina do Sul havia sido a primeira a deixar a União, mas mesmo antes da separação, no final de dezembro, sua delegação no Congresso havia exigido a evacuação das forças federais. Enquanto o equivocado Buchanan, cujo último discurso no Congresso havia castigado os "fanáticos do Norte" em um tom semelhante ao de Henry Meigs, continuava no cargo, alguma forma de acomodação a respeito de Sumter ainda parecia possível. Um arranjo informal de distanciamento recíproco, pelo qual a Carolina do Sul se abstinha de bombardear o forte para capturá-lo em troca de não se tomar nenhuma iniciativa para reforçá-lo, foi acertado durante uma reunião entre as partes. Mas, em janeiro de 1861, o comandante da guarnição, Robert Anderson, importou 75 homens de outra fortaleza, uma ação que os carolinianos entenderam como uma violação do arranjo anterior. Seriam necessários cerca de 20 mil homens para mantê-lo, concluiu o idoso comandante da União, general Scott, e então se preparou para uma retirada.

A humilhação foi passada para o presidente recém-chegado. Para Lincoln, o status do Sumter e de outros fortes do Sul que passariam para controle confederado — Pickens na ilha de Santa Rosa, na Flórida, próximo a Pensacola; Jefferson nas Tortugas e Forte Taylor em Key West — era tanto matéria de simbolismo nacional como de estratégia militar. Ele teria gostado de enviar reforço a todos eles, se pudesse, desde que um bloqueio naval do Sul era parte importante da "Grande Estratégia" do general Scott para uma guerra de cerco e estrangulamento. A avaliação sombria de Scott o persuadiu de que o Forte Sumter, afinal de contas, teria que ir. Lincoln deixou bem claro que não cederia o resto como se os Estados Unidos simplesmente aceitassem o *fait accompli* de sua divisão. O que estava em jogo era mais do que *amour-propre* nacional. A Confederação era agora fato, com dez estados já separados e a Virgínia prestes a segui-los. Em fevereiro, Jefferson Davis havia sido eleito presidente provisório, e tinha levado um grupo de egressos de West Point com ele.

Se Sumter tinha de ir, Lincoln estava determinado que Pickens permanecesse com a União. William Seward, o novo secretário de Estado de Lincoln, ciente da expedição de Meigs para as Tortugas, pediu seu conselho. Meigs, ansioso para partir, deu abertamente sua opinião em um encontro com Seward e Lincoln — uma expedição de socorro a Forte Pickens que desembarcaria homens e bloquearia o ancoradouro contra ataque de barcos por terra. Mas como Washington estava tão insegura, fervilhando de espiões, o Exército e a Marinha perdendo contingentes diariamente para a Confederação, Meigs achou melhor que a missão permanecesse em segredo para que não acabasse desencadeando um ataque confederado a Pickens. Lincoln queria que Meigs estivesse lá pessoalmente, o que deu a Montgomery a oportunidade de mencionar a delicada questão de sua baixa patente para tal missão. Sua promoção entrou nos trilhos.

Depois de anos como oficial de escritório, Meigs estava entusiasmado com sua convocação para imediata ação secreta. Ele se absteve de informar sua esposa, Louisa, que ficou sabendo apenas que ele estava de viagem para Nova York. Assim que chegou lá, Meigs determinou que um vapor do Arsenal da Marinha do Brooklyn se tornasse um navio de guerra e partiu para o Sul em um navio civil requisitado. Manter a missão em segredo do Departamento da Marinha foi difícil, mas nada que Meigs não pudesse dar um jeito de resolver. Seu próprio navio alcançou o navio de guerra, e atracou na ilha de Santa Rosa na segunda semana de abril. Rapidamente, ele conseguiu estacionar uma tropa de mil homens, com mais mil em guarda, o porto agora bloqueado e protegido contra ataques por barco. Mas não havia nada que Meigs pudesse fazer para impedir que a artilharia dos confederados atacasse o forte a partir do continente. Quando ele se preparava para partir de volta para Nova York, ouviu o som das tropas abrindo fogo contra o forte. Isso não deu a ele nenhuma alegria. "O início de uma guerra civil não é algo leve para se ver e pensar, eu vi claramente o meu dever, que era reforçar o forte e resgatar meus conterrâneos aqui aprisionados das mãos e do poder dos rebeldes e traidores, eu não pude ver a abertura do fogo senão com grande pesar. No entanto eles deverão vir em breve e Deus proteja o correto [...]."

6. PAI E FILHO

"O país está em chamas", escreveu Meigs em um registro de apenas uma linha em seu diário. E ele também se sentia da mesma forma; os sentimentos à solta. Louisa, que ainda tinha receios sobre o conflito, escreveu para o filho John que não estava entusiasmada com a ideia de assumir o lado do "extremo norte [...] e tal fraternidade" que parecia arrastar o país para o caos por causa de algum tipo de satisfação virtuosa. Louisa também não sabia o que fazer com a mudança que se operara em seu familiar e confiável "Mont". Primeiro, desapareceu para Deus sabe onde sem nenhuma explicação. E depois ele se tornou uma pessoa assustadora para se conviver. "Sua alma parece estar em chamas com tanta indignação com a traição daqueles homens perversos que tramaram a terrível conspiração para derrubar nosso governo [...]. Ele fica com uma aparência tão horrivelmente dura quando fala sobre a rebelião que eu não gosto de olhar para ele [...]." Certamente, engenharia civil não era mais suficiente para amenizar a tempestade de indignação que o percorria quando ele pensava no que havia sido feito de seu país, e a desgraça que havia caído, especialmente, sobre a instituição à qual ele estava mais profundamente ligado e à qual ele havia confiado seu filho mais velho: West Point. Praticamente um quarto dos graduados de West Point havia se atirado à traição, e na amarga primavera de 1861 Meigs sentiu a inimizade deles, o colapso do seu *esprit de corps* acadêmico em todo lugar a que fosse. O comandante da bateria que atirou contra o Forte Pickens foi Braxton Bragg, da turma apenas um ano atrás da de Meigs em West Point, portanto bem conhecido dele naquele pequeno mundo. Joseph Johnston (turma de 1829, a mesma de Meigs) trocou a honra de intendente-geral dos Estados Unidos pelo mesmo posto na Confederação. E Johnston e Pierre Beauregard, superintendente de West Point, estavam no comando de regimentos que reuniam tropas na Virgínia para ameaçar a própria capital, Washington; traidores de West Point preparavam-se para tomar *sua* Washington, para acampar no parque do Capitólio e beber das fontes que ele havia criado para matar a sede dos bons republicanos. Meigs sentia-se pessoalmente afetado. E também havia Lee, por cuja galanteria e honra afetadas Meigs tinha o maior desprezo, mas cuja sombra o perseguia todos os dias. A casa de Lee ficava no alto de Arlington, e, caso fosse capturada por Johnston e Beauregard, possibilitaria que de lá se abrisse fogo diretamente contra Washington e na verdade até contra a casa do presidente! Uma moradia conectada inseparavelmente à memória de George Washington seria tomada como a cidadela da traição com o expresso objetivo de destruir o que os Pais Fundadores haviam construído tão dolorosamente: a união dos livres. Comparado a

Washington, o que era Lee? Alguém que havia emporcalhado seu ninho. Em 22 de abril de 1861, uma semana depois de Lincoln haver solicitado 75 mil voluntários, Lee aceitou o convite para comandar as forças confederadas. Meigs foi implacável. Qualquer oficial que tivesse violado seus votos solenes jurados em West Point ou na academia naval de Annapolis (fundada em 1845) deveria ser privado de direitos civis, sujeito ao confisco de suas propriedades e deportado. Mas para líderes renegados como Lee, Johnston, Bragg, Jefferson Davis e Beauregard isso não seria suficiente. Eles eram pessoalmente responsáveis por liderarem o povo do Sul ao fogo e ao massacre. Eles teriam para sempre sangue nas mãos. Eles "deveriam ser postos formalmente fora do caminho, se possível por sentença de morte, se capturados".

Uma boa parte de Meigs queimava ao levar essa fúria ao campo de batalha. Mas ele também sabia que não fora nenhum conhecimento profundo de táticas que o recomendara como conselheiro do presidente. Tanto Seward como Lincoln sentiram em Montgomery Meigs a formação de um tipo que ainda não havia aparecido na história dos Estados Unidos — o administrador de guerra. Qualquer que fosse a duração do conflito, ele aconteceria em uma escala inimaginável para a geração de Washington e Return Jonathan Meigs. Os confederados haviam feito planos para um exército de 100 mil homens; em maio, eles já haviam conseguido alistar esse número e sob Joseph Johnston, seu novo intendente-geral, esperava-se que estabelecesse uma economia de comando capaz de botar as mãos em todas as riquezas dos onze estados. Quando os fortes Sumter e Pickens foram atacados, a União tinha planos ambiciosos projetados por Winfield Scott para tomar o controle do Mississippi, cortando a Confederação em duas partes, a oeste, bloqueando Charleston e Savannah, mas isso era tudo que havia. Artilharia e munição tinham sido drenadas para o Sul pelos desleais; alfândegas, arsenais e portos no Sul haviam sido tomados. Praticamente não havia uniformes, barracas, cobertores, rações nem, o mais importante de tudo, animais: as mulas que deveriam puxar as carroças, cavalos para os soldados e artilharia, gado para servir de comida nas marchas inevitavelmente longas. Estava tudo por fazer, virtualmente do zero.

E o que Meigs tinha de especial que dava a impressão de que poderia ser o homem à altura do desafio? No que dependesse dele, nenhum dos muitos oportunistas em busca de lucros que se enfileiravam diante das portas da União conseguiria explorá-la naquele momento de dificuldade: cartéis que tentavam comprar navios e transportes fluviais a preços baixos e depois alugá-los ao governo a preços exorbitantes; pessoal da estrada de ferro que queria cobrar uma taxa sobre o transporte de homens e munições; até vendedores de cavalos que tentavam vender ao Exército animais em más condições a preços extorsivos. Meigs, pensava-se, trataria com rédea curta esses desonestos como o fizera com os empreiteiros de Washington: seriam tratados com a severidade necessária. Ele tinha uma compreensão da engenharia de guerra como poucos: construção de pontes, corte de estradas, abertura de túneis, fortificações. Mas havia outra coisa que Seward e Lincoln sentiram em relação a Montgomery Meigs: uma indignação honesta traduzida em frieza eficiente; alguém que havia perdido de uma hora para outra toda a paciência com afetações infantis de galanteria militar; alguém que parecia saber o que estava por vir, quatro anos antes de Sherman tê-lo dito.

Nem todo mundo compartilhava dessa opinião. O secretário da Guerra, Simon Cameron, por exemplo, foi contra a indicação de Meigs. Para Cameron, Meigs era um major irregularmente promovido que gostava de impor seu ponto de vista, um zé-ninguém que havia brincado com água e fontes e conseguido inimizades desnecessárias em uma cidade pragmática como Washington. Ele não era o tipo de pessoa que entendesse de negócios. Mas Cameron foi vencido pelo presidente e pelo gabinete e, no dia 13 de junho, Meigs foi formalmente nomeado para o cargo que havia sido de Joseph Johnston, o de intendente-geral da União. Ele tinha 46 anos, e o trabalho duro de uma vida estava para começar.

Meigs agora era general-de-brigada, embora ainda sem experiência direta com tiros. Mas isso estava prestes a mudar. Em julho, mais de um quarto de milhão de homens haviam se juntado ao Exército da União, e Meigs lutava para conseguir uniformes para eles. Poderia ser de qualquer cor — marrom, azul, verde, cinza (muitos dos primeiros soldados federais foram para o campo de batalha usando cinza, como os seus inimigos confederados). Eles precisavam desesperadamente de botas, cobertores, barracas e armas. De todas as maneiras, os confederados pareciam mais bem preparados. Henry, o irmão de Montgomery, estava suprindo as tropas sulistas com casacos e camisas de sua própria fábrica de Columbus, Geórgia! Os dois irmãos estavam, então, em uma corrida por uniformes. O mais velho iria vencer, mas isso não era uma certeza em 1861. Não era de espantar, então, que Meigs se opusesse a qualquer ofensiva precipitada contra o Sul que pudesse depauperar o Exército da União de linhas e depósitos de suprimentos que mal haviam começado a ser construídos. Que venham os rebeldes até nós, ele aconselhou a Lincoln (que, surpreendentemente, adquiriu o hábito de pedir conselhos estratégicos periodicamente a seu intendente-geral). Mas com Joseph Johnston estabelecido no vale do Shenandoah com 12 mil homens e Beauregard a menos de 48 quilômetros de Washington com outros 20 mil, um estado de Maryland hostil ao Norte e a imprensa confederada ruidosamente ansiosa para expulsar Lincoln e o governo da capital, uma irresistível pressão popular e política exigia de Lincoln que detivesse a ofensiva rebelde em seus próprios trilhos. O editor do *New York Tribune*, Horace Greeley, o mais influente jornalista do país, insistia numa marcha imediata, convencido de que os soldados confederados eram uma turba indisciplinada que mal teria condições de sobreviver ao seu primeiro contato com um verdadeiro exército. Mas o comandante designado para a missão, Irvin McDowell, conhecia bem seu oponente. Ele e o general-de-brigada confederado haviam sido contemporâneos em West Point, e McDowell não estava com nenhuma pressa de avançar. As tropas estão verdes, ele disse ao veterano Winfield Scott. As deles também estão, foi a réplica.

Elas não vieram tão verdes quanto John Rodgers Meigs. No dia 2 de julho ele havia chegado em casa vindo de West Point, de licença depois de dois anos na academia. O tempo inteiro havia sido uma luta. Montgomery reconhecera em seu filho mais velho as mesmas qualidades que haviam levado seu pai obstetra a enviá-lo para West Point, na esperança de canalizar a energia bruta e transformá-la em realização construtiva. Deu certo. Mas John Rodgers era, como seu pai havia sido antes dele, um criador de caso, arruaceiro, barulhento, tão resistente à disciplina familiar que Montgomery recorria às brutalidades comuns nas famílias do século XIX: amarrou o filho no pé do guarda-roupa e deixou-o sem jantar, depois deu-lhe uma surra quando ele conseguiu se libertar. Mas o fato de ver, sem dúvida nenhuma, em seu menino difícil a versão anterior de si próprio só aprofundava a relação de amor que inegavelmente já estava ali. Era importante, portanto, que John fosse admitido em West Point e, quando a notícia da admissão chegou, Meigs sentiu sua própria justificação, e a de seu filho.

Quando parecia que tudo finalmente ia de vento em popa, no outono de 1859, e Montgomery chegava com John à cidadela no alto do Hudson, algo inesperado conspirou contra a alegria do pai e do filho: o escroto de John. O exame médico normalmente realizado nos novos cadetes revelou algo desconhecido por ambos, uma veia exageradamente aumentada, uma varicocele "de tão agravado caráter", escreveu em seu diário o pai compreensivelmente aflito, "que era duvidoso que ele fosse capaz de desempenhar os deveres de um cadete". Ele foi admitido então, por um período de experiência, e imaginando o sofrimento agudo que esse problema poderia gerar em seu filho, então com dezessete anos, Montgomery fez o que pôde para assegurar a ele que era apenas algo temporário, comum em rapazes da sua idade, e que desapareceria com o tempo. Montgomery lutava, ele próprio, contra o choque, pois nunca suspeitara que o seu menino desordeiro pudesse ser "inválido" de alguma forma. Consultando todas as pessoas que pudessem ser qualificadas para dar uma opinião, começando, claro, por seu pai, Charles, Meigs prescreveu o que era possível para John — um suspensório de faixas, banhos frios diários, de manhã e à noite, sabendo que todos esses recursos terapêuticos poderiam fazer dele o objeto de gozação cruel entre seus colegas. De forma amigável, Montgomery escreveu a John que, embora ele hesitasse em submergir seu membro em água fria todos os dias, "você irá descobrir que tudo o que é feito com sentimento modesto não é imodesto e que nada é imodesto se é necessário para a saúde". Se tudo acabasse por se tornar muito difícil, haveria sempre um dr. Pancoast, que já havia realizado um procedimento cirúrgico simples em inúmeros rapazes para remover o problema e, assegurava o dr. Charles Meigs, sem nenhum caso de insucesso. Mas todos os Meigs conversaram sobre o assunto juntos. Louisa escreveu ao filho sobre sua surpresa, pois "você sempre pareceu tão bem e acostumado a fazer tanto exercício" e o preveniu (pensando, sem dúvida, nas atrações de Benny Havens, o bar frequentado pelos cadetes) que "se você tiver *cuidado*, com o tempo você poderá livrar-se disso".

Os serviços do dr. Pancoast não foram, talvez por pena, requisitados. Gradualmente, o problema de John desapareceu da correspondência da família (embora pudesse dilatar-se de novo em tempos de crise) e o período de experiência foi substituído pelo status permanente de cadete. Mas John foi repetidamente interrogado por seu pai sobre não ser nunca o primeiro da classe, sobre seu hábito de adquirir deméritos que Montgomery declarou ser incapaz de compreender, embora em sua época ele também houvesse sido um especialista em deméritos. "Meu caro filho, lamento saber por sua carta [...]

que você tem permitido que seus concorrentes na sala de aula o tenham derrotado nas notas até mesmo em estudos como a geometria, na qual você se diz tão bem preparado [...]." Mas aí, John sempre tinha as cartas de sua mãe, escritas em um tom muito diferente, para confortá-lo. No seu aniversário de vinte anos ela escreveu:

> Estou descendo o vale devagar, mas certamente ainda parece que foi ontem que eu era assim tão jovem e viçosa como você é agora. Eu mal havia completado 25 anos quando você nasceu e, no entanto, eu me sentia muito madura e me lembro de que até *enrubesci* diante da expressão inapropriada do médico, quando ele disse que muito provavelmente você era um bebê forte e vigoroso por causa de sua mãe ser tão *jovem* e saudável [...]. Nós avançamos tão depressa de um estágio a outro que tudo parece ser um sonho. Em poucos anos você chegará a todas as dignidades e privilégios da maturidade e a batalha da vida para você terá início. Então você deverá vestir sua armadura cristã e ir à luta.

Mas Louisa dizia isso no sentido metafórico. Ela, de certa forma, esperava que John nunca visse um campo de batalha. "Não permita que todos os seus pensamentos se direcionem a fazer de você um bom soldado para as guerras deste mundo, mas lembre-se de que você um dia prometeu tornar-se um soldado de Cristo." Um pregador, então, não um guerreiro? O que devem ter sido os sentimentos de Louisa quando ela viu Montgomery ajudando John a colocar sua espada na cinta, na véspera da batalha de Bull Run, é muito fácil de imaginar. Viver em uma família militar não tornava a situação nem um pouco mais fácil para uma mãe evidentemente tão amorosa. John, com a permissão do pai, alistou-se como ajudante voluntário no exército de McDowell e havia sido designado para uma bateria de artilharia comandada pelo major Henry Hunt. "Tive uma sensação dolorosa de choque quando ele me contou", Louisa escreveu à sua mãe.

Houve uma cena difícil entre mãe e filho. John disse a Louisa que, depois de dois anos sendo "educado à custa do governo", era sua obrigação oferecer-se como voluntário, e que se sentiria envergonhado de voltar a West Point sem servir em um momento em que o país necessitava de todos os homens que pudesse reunir. "Senti que era a disposição da natureza dele, a agitação de seu sangue, que vem de uma raça patriótica [...]. Mas senti do mesmo jeito um aperto no meu coração de mãe e de mulher." Na manhã de 16 de julho de 1861, John partiu de Arlington com as tropas, deixando seu pai orgulhoso e sua mãe imersa em preces. A guerra chegara ao lar da família Meigs.

Essa primeira campanha foi um famoso fiasco para a União, uma humilhação chocante. A sociedade de Washington estava absolutamente confiante de que iria fazer sangrar o nariz dos impertinentes rebeldes e, assim que souberam que 21 de julho seria o dia em que deveriam juntar-se à batalha, carroças puseram-se a caminho de Manassas como se fosse para uma excursão de verão no campo. O fotógrafo Mathew Brady e outros que Meigs, como estudante da nova arte, conhecia bem, estavam lá para registrar o desastre. Após um lauto e otimista café da manhã, o próprio Montgomery partiu, uniformizado, como observador, para poder fazer um relato direto ao presidente. Louisa queria mesmo que ele fosse, imaginando que poderia manter um olho paternal sobre John. Meigs Sênior, ele próprio, confiava que uma vitória inicial estava à mão, entre outros motivos porque conseguira em poucos meses equipar um exército considerável com tudo que era necessário.

Exceto senso tático, que evidentemente faltava ao comandante. Os planos complicados de McDowell de múltiplos ataques pelas laterais eram confusos e sofreram por falta de firmeza, e acima de tudo pela incapacidade de ganhar vantagem enquanto ainda contavam com maciça superioridade numérica. Dos muitos regimentos à sua disposição, somente dois conseguiram se engajar ao mesmo tempo. Então, o avanço ascendente contra as baterias de Beauregard paralisou-se e foi quebrado pelo contra-ataque do inimigo, deixando tudo o que Meigs conseguira mobilizar — armas, carroças, animais — de presente para os jubilosos confederados. A sociedade de Washington, que estava à espera de uma surpresa agradável, viu-se atacada de pânico, imaginando que a cidade seria ocupada pelos rebeldes. Rotas de retirada de Bull Run ficaram entupidas por um congestionamento de elegantes carruagens. Meigs ultrapassou-as a cavalo, em galope acelerado.

Eram cerca de três horas da manhã de 22 de julho quando Meigs foi à casa do presidente Lincoln para dar pessoalmente notícias sobre o desastre, sem dúvida enfatizando a inabilidade de McDowell em fazer um melhor uso de um exército finamente equipado, ainda que inexperiente. Lincoln recebeu a notícia com melancólico estoicismo e começou a planejar a substituição de McDowell pelo general George McClellan, que, à sua maneira, acabaria por se tornar uma decepção ainda maior. Uma hora depois, às quatro da manhã, Meigs foi para casa. Embora Louisa se sentisse aliviada por vê-lo a salvo, não conseguia parar de se preocupar com o filho, a quem Montgomery não tinha visto no meio do caos da batalha. Eram oito horas da manhã quando um cavaleiro chegou galopando na frente da casa de Meigs, desmontou e abriu a porta. O rosto de John ainda estava negro de fumaça e pó. Montgomery foi sacudido do sono pelo filho, que anunciava a escala da debandada das tropas, o que ele já sabia. Juntos, eles lamentaram; juntos, se recompuseram. Chuvas torrenciais de julho caíam em solidariedade ao seu estado de espírito sombrio. John achava que voltaria para o regimento e argumentou com o pai que havia voltado só para conseguir cavalos novos para a bateria do major Hunt. Para o alívio de Louisa, o pai mostrou ao filho que ele estava errado. Meigs estava orgulhoso do trabalho corajoso de John sob fogo cerrado, levando comunicações de Hunt para outras partes do campo enquanto balas de canhão zuniam ao seu redor. Relatórios elogiavam sua conduta no trabalho daquele dia, e Montgomery daria os parabéns ao filho de forma egotista, dizendo que ele havia se comportado de modo a deixar "meu nome sem manchas". Mas o próprio Meigs havia se exposto a perigos o suficiente, e já tinha sua confiança abalada sobre a qualidade dos comandantes, a ponto de achar que já era hora de dar um basta. Ele ordenou a John que voltasse para West Point, a honra satisfeita, o país agradecido. Uma lição a ser aprendida do desastre de Bull Run, para Meigs, era que não haveria vitória fácil e que John poderia precisar servir de novo. Louisa sentiu-se grata pela atitude decidida do marido. E o avô de John, Charles, escreveu ao rapaz um jorro de poesia em prosa que os Meigs pareciam sempre aptos a realizar em momentos como esse.

"Meu caro John", escreveu o médico,

> quando penso nesta guerra perversa eu me alegro por ser um velho. Mas, quando me lembro de você, então eu lamento não ter apenas 21 anos [...] pois se eu fosse jovem novamente eu poderia ter a esperança de segui-lo [...]. Mas afinal, quando eu morrer, por que não poderia eu ter a esperança de poder olhar por você lá do alto, quiçá da face de alguma lua de verão, ou observá-lo por detrás de uma maravilhosa nuvem do céu, e cuidadosamente guiá-lo sempre em frente, com segurança, em sua marcha pela verdade e pela honra [...]

7. O INTENDENTE-GERAL, 1861-4

Agora, o trabalho verdadeiramente árduo começara, o trabalho que acabaria vencendo a guerra para a União, com a Confederação perdendo por falta de suprimentos, em vez de falta de capacidade de luta. Meigs sabia que generais desajeitados poderiam perder guerras, mas generais espertos e criativos nunca poderiam vencê-las sem suprimentos consistentes e imediatos. Tempo e, novamente, disponibilidade de alimento, roupas, animais de carga e cavalos de artilharia — tanto ou mais que as próprias munições — fizeram a diferença entre sucesso e fracasso, tanto em batalhas específicas quanto em campanhas inteiras. É o caso, por exemplo, de roupa de baixo e sabão. Diarreia e disenteria infecciosa, como o tifo, reduziam exércitos em marcha e em campos lamacentos. No final da guerra, exércitos confederados na Virgínia já não tinham mais ceroulas para suprir os homens, cujas roupas de baixo se reduziam a trapos imundos. Em ambos os exércitos, a falta de higiene podia matar mais do que bombas e tiros de canhão. E sem proteção apropriada para os pés não poderia haver vitória. No verão de 1864, os confederados ficaram sem cascos de cavalo e passaram então a retirá-los de animais mortos ou a matar os animais doentes ou de pernas quebradas para conseguir mais suprimentos. Muitos dos soldados da infantaria calçavam mocassins de couro cru, se tivessem sorte, ou andavam descalços. Dizia-se que era possível saber por onde soldados rebeldes haviam passado pelas marcas de pegadas ensanguentadas que deixavam pelo chão. A maior esperança desses soldados era tomar prisioneiros da União, dos quais a primeira coisa a fazer era tirar os sapatos e transferi-los para seus desesperados inimigos. Eles davam sorte se isso acontecesse, pois Montgomery Meigs achava que cada soldado precisaria de quatro pares por ano e, como ele previra (corretamente) que haveria longas marchas em terrenos ásperos, especificou que queria as botas costuradas à mão, em vez dos modelos pregados em madeira feitos pelas fábricas. Esse tipo de provisão demorava mais, desafiava a paciência, mas venceu campanhas. De fato, a batalha que tem sido considerada (nem sempre com precisão) como a mais decisiva da guerra, Gettysburg, aconteceu quase que por acidente, quando os homens de Lee na Pensilvânia estavam à procura de calçados e depararam com o exército do general Meade! Mais tarde naquele ano, Lee, na verdade, mudou seus planos de atacar Meade por causa da "necessidade de suprimentos de calçados, roupas e cobertores [...]. Eu era contra fazê-las (as tropas) marcharem pelas estradas ásperas daquela região em uma época do ano, também, em que a geada é certa e a neve provável, a não ser que eles estivessem mais bem equipados para o encontro [...] sem sofrimento". Lee havia lido o bastante sobre as guerras napoleônicas para saber que exércitos nunca vencem com pés queimados pelo frio.

Por outro lado, quando Sherman chegou a Savannah, em dezembro de 1864, já estavam à espera de seu exército (que havia sido decentemente suprido antes) cerca de 60 mil camisas, ceroulas e pares de meias novos, 10 mil casações (presumia-se que pelo menos alguns dos casações distribuídos originalmente haviam sobrevivido à marcha pela Geórgia), 10 mil ponchos à prova d'água e 20 mil cobertores. Havia também três rações de dia inteiro para cada homem, prontas para entrega. Meigs enviou esses suprimentos para o Sul em parte em couraçados armados, cuja frota ele havia projetado, e armazenou-os na ilha de Hilton Head, localizada perto da costa. E, para o caso de Sherman fazer uma mudança de planos de última hora e continuar a marchar para o Sul, Meigs enviou também um suprimento equivalente para Pensacola, na Flórida. Contra esse desempenho, a enfraquecida Confederação, apesar de todos os seus milagres de mobilização, não tinha chance.

Mas, de volta a 1861, a Confederação — que havia contado com um exército de 100 mil homens no início do ano — estava mais vigorosa que a União. No Norte, o armário estava chocantemente depenado. Uma cadeia de depósitos vazios sem nenhum estoque de reserva estava à espera de Meigs quando ele assumiu seu posto. E a escala de sua missão era quase incompreensível. Joseph Johnston, o desertor, havia sido intendente-geral de um exército de apenas 30 mil homens. Dois anos depois, um número vinte vezes maior de soldados precisava de provisões. Em Bull Run havia 230 mil soldados da União em campo, e depois da derrota o Congresso rapidamente autorizou a liberação de fundos para meio milhão de homens. No final de 1862, 670 mil soldados haviam sido mobilizados para a União, o maior exército da história militar. Um departamento que mal existia antes de 1861 precisava, quase que da noite para o dia, transformar-se em um império de suprimentos. Meigs tinha que ficar de olho em um extenso mapa de necessidades, desde trilhos de estrada de ferro até gado em movimento, de meios de transporte em rio e estrada, até a manufatura de munições, roupas e barracas. Meigs projetou bivaques para dois homens, mais leves de carregar como equipamento básico. E suprimentos médicos como faixas e curativos, muletas e talas, bem como ambulâncias e hospitais de campanha com espaço para 100 mil feridos, além do triste material para embalsamar e para enterro.

Era impossível fazer isso tudo sozinho e, como que querendo justificar a honra de West Point, Meigs saiu em busca de assistentes junto aos seus contemporâneos, que ele conhecia pessoalmente e sabia serem leais e competentes: os bons engenheiros. Tanto Robert Allen, que se tornou chefe intendente para o teatro de guerra do oeste no Mississippi, como James Donaldson, que chefiou o departamento de Cumberland, tinham sido colegas de classe de Meigs da turma de 1836. Langdon Easton, que cuidou das provisões para o veloz exército de Sherman em 1864, era apenas dois anos mais novo. Por outro lado, Meigs e o novo secretário da Guerra, Edwin Stanton — com quem ele se harmonizou instantaneamente —, sabiam identificar um bom engenheiro e empresário escocês quando estavam diante de um, e assim Daniel McCallum, superintendente da Erie Railroad, que havia transformado suas operações, tornou-se diretor das ferrovias militares.

Em poucos meses, os escritórios da avenida Pensilvânia, bem a oeste da Casa Branca, tornaram-se uma colmeia de atividade. Um imediato quadro de escreventes, entre eles muitas mulheres (as primeiras a serem contratadas pelo governo), estabeleceu-se e pôs para funcionar a estação de comando e controle, onde oficiais de aquisição e inspetores eram despachados, pedidos eram registrados, remessas rastreadas, e as medidas essenciais para expedi-las a exércitos e fortes mapeadas. A tarefa nada glamourosa de esboçar contratos, torná-los legalmente seguros com testemunhas e na presença de um magistrado, e depois de enviar inspetores e auditores periódicos para verificar se estavam sendo adequadamente executados, era necessária para garantir que o Exército estava sendo protegido contra os fornecedores inescrupulosos que poderiam tentar fazer dinheiro aproveitando-se da urgência do momento. O intendente-geral, afinal, era responsável pelo gasto de 1,5 bilhão de dólares — nos valores dos anos 1860. Nenhum empreendimento na história ocidental até aquele ponto havia tido um custo tão alto.

Por mais crítico que fosse atingir aquelas necessidades logísticas o mais rapidamente possível, Meigs não era de economizar na qualidade, convencido que estava de que o tecido "de segunda", fornecido a custo baixo, era uma falsa economia, especialmente tendo em vista as longas marchas que ele já estava prevendo depois de Bull Run. Nova York, Filadélfia, Chicago e até mesmo Paris foram percorridas em busca de roupas resistentes e de boa qualidade. Revólveres como arma de apoio, outra inovação, eram encomendados às centenas de milhares na fábrica de Samuel Colt em Hartford, Connecticut, nas especificações precisas determinadas por Meigs. Ele estava apaixonado pelo ferro (que usara na cúpula do Capitólio), e agora queria construir uma frota de barcos de guerra encouraçados, movidos a vapor, que poderia revolucionar o transporte fluvial como meio de levar suprimentos essenciais aos exércitos sem correr o risco de sofrer os ataques que interrompiam os carregamentos vindos de carroções ou pela ferrovia. Locomotivas e trilhos que poderiam ser rapidamente colocados onde os exércitos necessitassem deles eram de suma importância, mas Meigs, McCallum e o outro chefe de ferrovia, Herman Haupt, também sabiam que era essencial ter trens de reparo que pudessem ser mandados rapidamente para qualquer lugar em que um ataque inimigo tivesse cortado uma linha. Sherman, que raramente fazia elogios, não os poupava ao se referir à habilidade do departamento do intendente-geral de reparar qualquer estrago à linha contínua de trilhos que percorriam o território inimigo, poucas horas depois de o dano ter sido feito. Mas Meigs não podia se dar ao luxo de negligenciar os meios tradicionais de transporte. Embora estivesse sempre apto a citar Napoleão, no sentido de que mil homens não necessitavam mais do que doze vagões, e comboios eram atravancados por vagões que não carregavam nada senão bagagens de oficiais, ele ainda sabia que fileiras de mulas eram o recurso básico do qual dependia um exército em movimento. De julho a setembro de 1861, enviou trinta compradores a campo para adquirir mais de 100 mil mulas — um quarto de todas as que então viviam nos estados da União. Essa seria uma guerra de animais — e Meigs podia comportar-se como um veterinário irado se soubesse que generais e seu pessoal estivessem sendo negligentes com seus animais de carga e de combate: deixando de alimentá-los com a correta mistura de milho e aveia, usando-os por períodos prolongados que iriam reduzir criticamente sua vida útil. Nas primeiras aquisições, em 1861, cerca de 150 mil cavalos, usados para montaria e artilharia, foram comprados, dando oportunidades de ouro a vendedores de cavalos desonestos. Quando um vigilante inspetor de Chicago deu uma olhada de perto em uma compra feita em Pittsburgh, descobriu que muitos cavalos eram "cegos, sofriam de atrofia muscular, tinham esparavão, ombros duros, cascos rachados, pernas refreadas [...] osso em anel, joelhos grandes [...] deformados, quadril desarranjado [...] além de muito velhos e muito novos, e do sexo errado".

Como precisava de muita iniciativa e de trabalho 24 horas por dia para conseguir atender às necessidades de um enorme exército, Meigs queria que os generais no campo se empenhassem, em vez de desperdiçar forragem, montarias, comida e o volátil entusiasmo de soldados em táticas indecisas, perambulando para cá e para lá. Como os generais tinham de se corresponder diretamente com ele quanto às suas necessidades, Meigs não tinha a menor timidez em oferecer um conselho ou mesmo lições de estratégia e tática, se achasse que poderiam aproveitá-las — o que, até o advento de Grant e Sherman, ele invariavelmente fez. A Ambrose Burnside, escreveu em dezembro de 1862 como se ele, Meigs, fosse o comandante em chefe: "Parece-me que o Exército deveria mover-se audaciosamente pelo Rappahannock acima, cruzar o rio, visar um ponto na ferrovia entre os rebeldes e Richmond e avançar com a cavalaria e tropas leves para quebrar a estrada e interceptar a retaguarda". Nem Stanton nem Lincoln se incomodavam com essas falações sobre estratégia militar por parte de seu intendente-geral, pois eles também sabiam que Meigs tinha uma maneira de impressionar os generais com o que estava em jogo. E, caso Burnside não tivesse compreendido, Meigs escreveu que permanecer parados onde estavam, na Virgínia, seria "a morte para nossa nação [...] derrota, guerra de fronteira, trégua sem valor, barbarismo, ruína por séculos, caos!".

Lincoln confiava na apreensão panorâmica da guerra que Meigs possuía — não apenas quanto aos arranjos de soldados ou cidades a serem sitiadas, mas como um vasto e fervilhante mundo social em movimento, poupado, tratado como um precioso recurso, que de fato era; organizado e despendido somente com judiciosa inteligência — marinheiros e barqueiros, cavaleiros, canhoneiros e atiradores; cirurgiões, vendedores de mantimentos; fotógrafos, músicos; mecânicos; escavadores de trincheiras, coveiros; cozinheiros; aeróstatas, operadores de telégrafo; sinalizadores. Meigs era o comandante do macro e do micro. Ele sabia onde a próxima ponte precisava ser construída, como passar a vau em um rio do qual ninguém tinha ouvido falar, mas podia também de alguma forma ver a necessidade de uma estratégia grandiosa. Ele era o onisciente administrador hamiltoniano do maior e mais caro empreendimento já realizado pelos Estados Unidos, mas tudo estava sendo feito por uma causa totalmente jeffersoniana: a salvação da democracia. Meigs ficava furioso quando pensava no desdém dos europeus, especialmente da classe alta britânica, que, embora não vivesse ela própria entre escravos, dava-se ao luxo de ser altiva sobre a escravidão, enquanto impunha autocracias imperiais em várias partes do mundo. Os britânicos eram falsos democratas; pretendiam trazer a virtude ao mundo enquanto perseguiam interesses imperiais egoístas. Havia anos eles zombavam dos ianques pelo seu baixo materialismo e desejo de espírito guerreiro. Agora, o mesmo "espírito hostil" sentia-se bastante feliz de ver "a terrível carnificina" enquanto pronunciava sua parcialidade pronunciada por uma aparente vitória confederada. Para os britânicos, o banho de sangue era reprimenda merecida, mas eles deveriam entender que era na América que vidas estavam sendo sacrificadas pela democracia; que essa era uma guerra pelo futuro do mundo. Dois anos antes do Discurso de Gettysburg, Meigs escreveu para sua mãe que depois dos terríveis sacrifícios "o mundo será melhor. A liberdade em todas as regiões dará um salto adiante e as eras futuras alegrar-se-ão com o avanço das ideias liberais, com a prova, a prova evidente de que o povo, a verdadeira democracia, é capaz de autogoverno. Esta é uma guerra grandiosa e sagrada. Deus está conosco; e quem poderia estar contra nós?".

Mas aquela guerra tinha de ser vencida, senão a América seria uma sórdida piada. Por dois anos, os generais foram a maldição de Montgomery Meigs. Como gente do tipo de George McClellan e Ambrose Burnside podia desperdiçar os exércitos perfeitamente equipados que ele havia lhes enviado com sua negligente indecisão? Durante meses, eles foram destruindo sua força pela mera inanição, desperdiçando homens (que morriam às centenas, todos os dias, devido a doenças), dinheiro, mulas, feno e, depois, só porque a espera tornava-se intolerável, lançavam seus homens contra posições inexpugnáveis, causando milhares de mortes e nenhuma posição estratégica melhor. Seria isso o melhor que os legalistas de West Point tinham a oferecer? Com frequência, ocorria a Meigs que ele próprio teria se saído melhor no campo de batalha. Mas ele parecia ter se tornado indispensável como intendente-geral, e isso era assunto encerrado.

Meigs havia reservado seu mais profundo desprezo para George Mc-

Clellan, cuja razão principal de estar na guerra era, Meigs suspeitava, George McClellan. O comandante-geral vivia resmungando com Stanton e Lincoln por estar em desvantagem numérica maciça em relação aos confederados e usando essa disparidade como desculpa para não exigir mais de seus homens. Meigs achava que McClellan tinha um jeito particular de lidar com números, pois reclamava de que estava recebendo apenas 150 cavalos por semana quando na verdade tinha enviado a ele dez vezes esse número. Antietam, o dia mais sangrento de toda a guerra, quando a União perdeu mais de 12 mil homens, 2 mil deles mortos nos milharais de Maryland, deveria ter sido evidência da ferocidade de McClellan quando provocado. Mas, como McClellan deixou de concentrar suas forças contra as de menor número de Lee e, o que é pior, deixou de avançar sobre Lee quando este batia em retirada, tanto Meigs como Lincoln acharam que a terrível carnificina havia sido em vão. Está certo que a invasão de Lee na direção do Norte foi impedida, mas o que deveria ter acontecido era a destruição do exército confederado da Virgínia do Norte. Então, quando McClellan teve (na cabeça de Meigs) o desplante de candidatar-se à presidência contra Lincoln, que a essa altura era idolatrado pelo intendente-geral, Meigs caracterizou o "pequeno George" como

> o general que, depois de juntar em um vasto Gólgota 200 mil homens, os manteve naquele vale pestilento, e petulantemente resmungou e brigou e reclamou porque as pessoas aterrorizadas se recusavam a fazer mais vítimas em seu matadouro e depois bateu desgraçadamente em retirada e proclamou vitória de seu barco de guerra enquanto suas corajosas — mas abandonadas — legiões continuavam a lutar [...] informando-o por meio de sinais sobre a batalha que ele deveria estar comandando pessoalmente [...]

Meigs detestava particularmente a ingenuidade grandiosa de McClellan, uma consequência, ele achava, do seu distanciamento da realidade, na suposição de que a guerra poderia de algum jeito ser lutada como um certame de cavalheiros. Por exemplo, por que McClellan deveria empenhar-se para garantir que a esposa do arquitraidor Lee tivesse passagem livre pelas tropas da União para unir-se a seu marido em maio de 1862? Meigs tinha náuseas só de pensar no pressuposto sentimental de McClellan de que a guerra era de certa forma um negócio galante que poderia ser conduzido dentro das regras da decência, ou, como o próprio McClellan havia dito depois de uma entrevista com Lincoln, "de acordo com os mais altos princípios da civilização cristã". Não deveria haver, anunciara o general, nenhuma expropriação dos bens do inimigo, especialmente terra ou gado, nenhuma execução política e, horror dos horrores, nem sequer o pensamento de libertar escravos, uma medida tão abominável que não deveria ser contemplada nem mesmo "por um momento".

Para Meigs, era incompreensível e absurdo negar à União qualquer coisa que pudesse ser tomada das fazendas, cidades e plantações dos rebeldes — cavalos, gado, colheitas, roupas e especialmente escravos, que deveriam ser libertados, e que se tornariam finalmente americanos de verdade! Toda essa conversa do Sul — e de seções do Norte — sobre essa história de a guerra ser conduzida de acordo com princípios constitucionais era para ele pura hipocrisia dissimulada. Essa era a guerra que finalmente cumpriria as promessas de liberdade e igualdade feitas por Jefferson, na verdade um proprietário de escravos, na Declaração de Independência. Quando Lincoln emitiu um projeto de proclamação no verão de 1862, Meigs, influenciado pela "Oração dos vinte milhões", de Horace Greeley, publicada em seu *Tribune*, escreveu que foi algo que "os homens de pensamento devem ter previsto quando a primeira arma foi disparada". Desde sua conversa turbulenta com seu irmão da Geórgia, Meigs havia concluído que o terrível conflito fora enviado por Deus como punição à República por tolerar e fechar os olhos ao abominável e anticristão sistema escravocrata. Agora, alguma forma de expiação — uma palavra que ele usava com frequência — deveria ser feita com sangue para reparar aquele pecado terrível. "Deus não pretende nos devolver a paz", ele escreveu à sua mãe em 1863, "até que o último grilhão seja retirado do pulso do homem negro." Assim, Meigs acolheu com agrado a proclamação de emancipação de 22 de setembro de 1862 e esperou ainda mais ansiosamente por sua aplicação, no primeiro dia do ano seguinte. A captura de Vicksburg pelo general Grant o deixou jubiloso, pois traria a força total dessa segunda revolução para dentro do coração do inferno, Mississippi, o estado que ele descrevia como de "especial malignidade".

Meigs era totalmente a favor de um exército negro, recrutando soldados agressivamente entre a população escrava e a de afro-americanos livres, equipando-os para o combate de cavalaria e também de infantaria, um pensamento quase inconcebível, tanto para muitos oficiais da União quanto para os confederados. Mas Meigs queria inflar o rancor daqueles homens, apontá-lo direto para o inimigo. "É impossível rejeitar os milhões de recrutas que irão se oferecer, acostumados ao clima e ao trabalho árduo, familiarizados com o interior e animados pelo forte desejo de liberdade não meramente política, mas pessoal." Em setembro de 1863 já havia 82 mil afro-americanos libertados, servindo como soldados e trabalhadores, e, no fim da guerra, pelo menos 10% de todas as tropas da União eram de homens negros. Isso em grande parte foi produto da ação de Meigs; ele estabeleceu fortes com soldados negros no Mississippi e ficou feliz ao saber que em campos de prisioneiros, como Point Lookout, ex-escravos estavam vigiando seus antigos senhores. Mais radical ainda foi sua premonição de que a emancipação seria apenas uma revolução no papel, a não ser que os escravos libertados recebessem terra. Sem ela, o homem libertado "ficaria à mercê de seu ex-senhor, que poderia expulsá-lo dos acres onde sua cabana está construída e sua família abrigada, sendo que essa terra, pelo seu trabalho e de seu pai, ele tem direito natural de possuir". Cinco acres por família era o mínimo que permitiria ao agricultor negro enfrentar a realidade. E em pouco tempo ele aumentaria essa estimativa.

Como o conflito se esticava para um terceiro e um quarto anos, a guerra passou a assumir para Meigs o caráter de uma cruzada ideológica, entre "galantes homens livres" e "um povo bárbaro, movido a um arrebatador recrutamento obrigatório, imposto por um despotismo impiedoso"; uma guerra entre uma versão pervertida e uma versão autêntica do que era a América. Essa era a lição que ele queria ensinar ao seu impressionável filho, em West Point. Se alguma guerra americana tinha que ser deflagrada, então que fosse por uma causa importante, da qual o destino do mundo inteiro dependesse. Que fosse em nome da decência, pela causa da liberdade da espécie humana, ou então que nunca fosse deflagrada. E, assim que se embarcasse em uma guerra dessas, que fosse conduzida sem dó nem piedade por aqueles que foram os responsáveis pelo início das matanças. Pelo sangue e pelo sofrimento que eles causaram, Meigs ainda queria que seus antigos camaradas e mentores, Robert E. Lee e Jefferson Davis, fossem julgados, condenados e enforcados. Depois que Lee derrotou McClellan em uma série de confrontos e os medrosos já começavam a murmurar sobre os defeitos de Lincoln e a necessidade de contemplar uma paz de conciliação com o Sul, Meigs escreveu para o filho em

West Point, logo depois das celebrações do Quatro de Julho, em um gelado estilo tolstoiano: "O Norte tem que segurar esse lobo pelas orelhas até que esteja exausto pela fome e destruído pelos chutes e socos que vai levando. Nenhuma paz de compromisso com o Sul é possível para o nosso povo diligente, educado e democrático. Morte ou vitória é a [...] necessidade de nossa causa e eu nem por um minuto duvido de nossa vitória final, embora Deus, pelos nossos pecados, esteja nos conduzindo a ela por mares de sangue". Para Meigs, a guerra era a necessária provação; a segunda revolução americana.

Tendo crescido além de suas funções originais, o departamento do intendente-geral mudou-se, do outro lado do quarteirão, para o amplo edifício que o banqueiro William Wilson Corcoran havia construído na avenida Pensilvânia, perto da rua 17, a um pulo da Casa Branca. Corcoran projetara o extravagante edifício no estilo Segundo Império, com águas-furtadas francesas e colunas coríntias, para se tornar o primeiro museu de arte na América. Lá, os cidadãos de Washington poderiam contemplar as glórias de sua paisagem nacional, pintadas pelos luministas do rio Hudson* — Thomas Cole, Asher Durand e Frederic Edwin Church. Mas colecionar imagens da América não significava jurar fidelidade a ela, pois Corcoran era um simpatizante da Confederação, que fugira de Washington e passara a acompanhar a guerra de Paris, onde seu genro era diplomata pelo Sul. O intendente-geral mudou-se para o prédio, usando-o para guardar uniformes e as montanhas de papelada que o departamento estava produzindo. Mas, com o tempo, todos os funcionários se mudaram para lá. E, ali, no comprometido estúdio forrado de painéis de Corcoran, sentava-se o carrancudo Monty Meigs, no centro de seu vasto e pesaroso império de esforço humano. Para o lugar das pinturas de luz salpicada caindo através da floresta cerrada, do nobre pele-vermelha entre seus (por enquanto) búfalos, ou de barcaças deslizando pelo curso descendente do rio, ele trouxera mapas e fotografias, e estas não se pareciam em nada com a América bucólica. Ao contrário, as imagens fixadas no papel com colódio úmido mostravam filas de mortos que jaziam alinhadamente para serem levados embora (e fotografados), pirâmides de bombas empilhadas ao lado de

---

* Movimento da pintura americana da metade do século XIX, derivado do romantismo, que privilegiava os efeitos da luz sobre paisagens, a partir de uma perspectiva aérea, em especial das margens e proximidades do rio Hudson. (N. T.)

um estaleiro, traseiros de centenas de mulas aguardando suas carroças; casas de fazendas e lojas reduzidas a cinzas e destroços.

Mas essas, afinal, eram apenas imagens em papel e cartão. Algo lhe dizia que ele, o intendente-geral, faria melhor o seu trabalho se visse as coisas por si mesmo. Ele tinha absoluta fé nos seus melhores subordinados, homens honestos, bons e sérios, como McCallum, Allen, Easton e os demais. Juntos, haviam mandado o oportunista embora, haviam transformado exércitos inteiros, prostrados de doença, medo e exaustão, em movimentos de homens novamente. Eles haviam acreditado nos soldados negros livres e também os tinham colocado em montarias, empunhando suas armas. Mas Monty queria cair fora da cidade antes que ficasse louco com a sedentária claustrofobia daquilo. O problema era que Lincoln dependia dele para organizar a defesa da capital, no caso de Lee conseguir furar o cerco e ameaçar Washington diretamente, e para ter certeza de que Lee nunca conseguiria voltar para casa, no alto de Arlington, de onde poderia lançar bombas na Casa Branca — e no edifício do intendente--geral! Mas Gettysburg, em julho de 1863, pôs um fim à invasão do Norte e à estratégia do cerco. Meigs podia partir.

O final do outono de 1863 encontrou o intendente-geral na cidade sitiada de Chattanooga. No final de setembro, William Rosencrans havia perdido a batalha de Chickamauga, próximo à linha Geórgia—Tennessee. E o que era pior, no ponto de vista de Meigs: o engenheiro de West Point, de quem se esperava coisa melhor, tinha dado uma de McClellan, abandonando seu exército perto do fim de um dia desastroso, e deixando seu imediato tentando segurar os confederados. Agora, havia levado o exército de Cumberland, a força-prêmio, amplamente equipada por Meigs, de volta a Chattanooga, onde se encontrava em estado de sítio. Chattanooga estava no centro de linhas férreas cruciais para o plano de Lincoln de cortar a Confederação em duas, a leste e oeste. Rosencrans tinha recebido ordens de tomar a cidade. Mas, em vez disso, ela é que o tomou. Lincoln removeu Rosencrans e enviou Grant, Sherman e o general Joe Hooker para desfazer o estado de sítio. Mas ele também mandou Meigs para determinar a logística in loco. Ele seria o ponto fixo no meio da agitação. Quando alguém gritasse por mais artilharia, mais cavalos, mais munição, mais rações, Meigs saberia se seria possível supri-los e, se fosse, entregaria tudo com rapidez. Ele podia ver de imediato que a situação do exército de Cumberland era ruim. Os homens estavam sobrevivendo já fazia tempo à base de biscoito duro infestado de gorgulho, e agora até isso estava acabando, e o exército estava correndo um risco real de ser rendido pela fome. O que poderia resgatá-los? Carpinteiros, Meigs pensou, e telegrafou ao secretário da Guerra com esse propósito. Eles construiriam barcos de suprimentos e poderiam trazer alimentos para os homens e para os animais ao longo da "linha do biscoito", como os soldados a chamavam. Ter realizado seu plano in loco fez com que Meigs se sentisse feliz, embora tenha escondido o entusiasmo sob a sua usual máscara de sobriedade.

Mas quando dormiu sob as estrelas numa noite fria de novembro, em um cobertor costurado para fazer as vezes de saco de dormir, e recheado de feno para esquentar, ele contemplou as muitas luzes pequeninas das fogueiras acesas na colina e sentiu-se fortalecido pela sensação de estar fazendo a coisa correta. Sentiu-se mais próximo dos milhares de homens, de seu medo e de sua coragem, dos insetos que caminhavam em suas costas; da bebida com a qual contavam para aguentar aquilo tudo; das cartas que escreviam para suas casas em Illinois e Vermont e Nova Jersey e seu Ohio ancestral. E, depois, pela manhã, permaneceu de pé com os soldados de Hooker, na neblina que impedia o avanço das tropas inimigas para cima da montanha Lookout e pensou que tal ocultamento abençoado só podia ser obra de Deus. E continuou a pensar assim enquanto seus homens atiravam e corriam montanha acima e tomavam o cume. Assim, ele observou os soldados da União abrirem caminho para cima da montanha Missionária — avançando impulsivamente além das ordens de Grant, mas protegidos do fogo mortal dos canhões pela colocação errada dos canhões no cume distante da montanha em vez de no ponto mais alto, de onde os tiros poderiam atingi-los. Isso também foi uma intervenção do Todo-Poderoso em sarja azul. Mas, então, era Braxton Bragg que comandava o inimigo. Bragg, que se graduara um ano depois de Meigs na mesma academia, que havia lutado contra os seminoles e os mexicanos, que era indubitavelmente corajoso e indubitavelmente obtuso. Coerente com as regras, servindo como intendente-geral e comandante, dizia-se que ele havia requisitado para si mesmo alguns canhões e que depois os rejeitara. Mas ele não tinha percebido o problema do topo da montanha. E por isso perdeu Chattanooga. E Chattanooga começou a perder a guerra para a Confederação.

Assim que a situação se estabilizou, Meigs acompanhou o exército de Sherman durante um tempo pela Geórgia. Cruzar a fronteira agitou algo doloroso nos recantos do sentimento familiar do intendente-geral. A Geórgia era a terra dos Meigs; o lugar dos verões de Return Jonathan Sênior com os cherokees; o lugar onde seu avô Josiah havia sido o reitor da universidade; o estado onde seu pai, Charles, começara a praticar medicina; onde o próprio Montgomery Meigs havia nascido! E se seu pai tivesse permanecido em Augusta? Quão diferente sua vida teria sido? Teria ele, Deus o livre, sido um confederado, tanto quanto Lee e Davis e obedecido instintivamente ao chamado de seu lugar? Em algum lugar ao sul, na linha do Alabama, estava seu distanciado irmão Henry, o intendente dos confederados, provavelmente ainda entregando as calças e casacos que haviam estado sob a mira dos homens de Grant e de Montgomery nas montanhas Lookout e Missionária. Não havia nada que se pudesse fazer sobre essa desgraça familiar. Na opinião de Montgomery, seu irmão havia feito algo inaceitável, e ele não o considerava mais parte da família. Mas seu pai, Charles, estava atormentado por essa guerra de irmãos-intendentes e, qualquer que fosse o resultado, continuou escrevendo para o filho em Columbus. Sabendo que Montgomery estava com o Exército da União, Charles implorou-lhe que não rompesse completamente com Henry. Talvez pudesse até tentar algum contato, em consideração à sua mãe? Monty era durão, não se deixava tocar facilmente por apelos desse tipo. Sentimento de família, ou era patriótico ou era desprezível. Henry, ele escreveu de volta ao pai, distanciou-se da companhia de seus amigos e de sua família por ter sido "falso quanto aos interesses de seu país [...] ele tomou o lado da rebelião e da guerra civil". Mas, aí, Meigs adicionou uma frase que dava a entender que ele achava que Henry podia não ser, afinal, irredimível. Teria ele sido Conduzido ao Descaminho pela herdeira da Geórgia? E poderia ainda ser retirado da terra da iniquidade e levado de volta a seus sentidos? "Só espero que o avanço de nosso Exército possa alcançá-lo e mandá-lo para o Norte, fora da influência infame que tem corrompido seu bom caráter." Em Ringgold, Geórgia, Meigs fez indagações a moradores, a soldados confederados capturados, se alguém conhecia certo senhor Henry Meigs de Columbus. Ninguém conhecia. Mas Montgomery não podia desistir, então deixou uma carta para Henry na gaveta de um lavatório em uma hospedaria em Ringgold, junto a outra, que pedia a qualquer pessoa que pudesse ter condições de encaminhá-la às mãos de seu irmão. O que a carta dizia, se carregava um ramo de oliva ou um açoite de maldições, nós podemos apenas conjeturar.

Seis meses mais tarde, na Virgínia, Meigs caminhava entre cenas de extremo pesar em Fredericksburg, a cidade que havia sido designada pelo general Meade para ser o centro de recolhimento dos feridos. Com a ideia de reduzir Lee a pó, tornando seu exército destituído e exausto incapaz de defender Richmond, a capital confederada, Ulysses S. Grant havia feito o oposto de McClellan: buscou confrontos em todo lugar que fosse possível; atacou frontalmente com força superior e sofreu perdas terríveis. Nas selvagens batalhas de Spotsylvania Court House e de Wilderness, pelo menos 14 mil mortos e feridos (Meigs mencionou mais de 20 mil) haviam superado a escassa capacidade dos hospitais, e foram jogados nas ruas onde ficaram com bandagens sujas e em muitos casos com membros amputados expostos e supurados. Cornelia Hancock, um dos extraordinários "anjos de misericórdia" que cuidaram dos feridos, para quem os resultados de Gettysburg já a tinham endurecido ao máximo, perdeu a fala de tão horrorizada ficou com o que viu em Fredericksburg na primavera de 1864. "Parece o Dia do Juízo Final. Entrei em um armazém repugnante, com o chão lambuzado de melaço, e encontrei cerca de vinte feridos que já estavam fazia mais de 24 horas sem ter seus ferimentos tratados, e que haviam chegado lá depois de caminharem cerca de vinte ou trinta quilômetros. Oh, Deus! Tanto sofrimento nunca teria passado pela mente de nenhum homem ou mulher." Casas particulares eram desesperadamente requisitadas para tirar das ruas os enfermos e feridos, e para conter as infecções, mas boa parte da população da cidade havia desaparecido com a chegada das tropas federais, e aqueles que haviam ficado barravam suas portas por medo ou ódio. Horrorizada pela escala do sofrimento, Clara Barton, a chefe das enfermeiras (e fundadora da Cruz Vermelha Americana), e o senador Henry Wilson (o comandante da 22ª Tropa Voluntária de Massachusetts) foram até Lincoln para pedir-lhe que enviasse Meigs diretamente para Fredericksburg a fim de tornar a situação mais tolerável e levar comida aos homens, que podiam morrer tão facilmente de fome quanto de gangrena.

E, assim, lá estava Meigs, fazendo o que fazia bem: requisitando casas para os feridos, até pondo para fora os donos das moradias se preciso fosse, usando igrejas como hospitais, encontrando comida em vez de biscoito duro e chá para os doentes. Ele vira a guerra americana à distância, de seu escritório; havia feito friamente o inventário dos itens necessários e dos danos; havia chegado próximo do fogo cerrado em Bull Run e na montanha Lookout sob neblina cerrada. Mas agora, em Fredericksburg, viu-se frente a frente com uma verdade pavorosa: vermes de quase dois centímetros de comprimento rastejando nos ferimentos abertos; homens aos berros, sacudindo-se nas ambulâncias de duas rodas de Meigs, que os traziam para a cidade; mulheres corajosas além do imaginável, abrindo a boca daqueles pobres-diabos para darlhes água — ou limonada, que era mais seguro; homens chorando por suas esposas ou mães ou pedindo a morte. Cornelia Hancock podia aguentar qualquer coisa, desde que não lhe pedissem que escrevesse cartas para famílias. Isso ela não conseguia fazer sem derramar lágrimas.

Enquanto via essas coisas, Meigs lembrava-se do filho. Desde seu retorno a West Point, depois da batalha de Bull Run, John Meigs havia continuado sua carreira agitada na academia. Enquanto os massacres prosseguiam em Maryland e na Virgínia, em 1862, John havia conseguido ser preso e levado a corte marcial por causa de uma briga com outro cadete, que o insultara com comentários desonrosos, segundo contou ao pai. Não apenas isso, mas John havia aumentado a primeira ofensa ao explorar a proximidade de seu pai com Abraham Lincoln, transformando um momento que deveria ser de troca de cortesias em tentativa de obter do presidente dos Estados Unidos, em visita à academia, a comutação de sua sentença de detenção de verão. John teve até a desfaçatez de atirar a Lincoln um cartão que havia preparado, em que se lia: "A punição dos cadetes J. R. Reid [um amigo que havia se envolvido] e J. R. Meigs está cancelada". Lincoln mostrou consideração, rejeitando-o da maneira mais gentil: "Bem, senhor Meigs, eu teria muita alegria em fazê-lo, se isso não interferisse nas autoridades daqui". Surpreendentemente, o pai não parece ter repreendido com muita severidade o filho caprichoso, pois ele e Mary Meigs visitaram o delinquente durante sua detenção. Sua fé em John foi premiada pela graduação do rapaz como o primeiro da classe.

No final de junho de 1863, o novo tenente John Meigs, de 21 anos, estava chefiando fortificações em grande parte de Baltimore, na época ameaçada pelo avanço de Lee para o norte, em direção ao território da União. Ele mal acabara de sair da academia quando mostrou o quanto era parecido com o pai, ao sugerir modificações nos vagões ferroviários blindados, designados para proteger a linha, de modo que peças para campo de batalha pudessem ser montadas dentro deles. Meigs tinha na época sua pequena frota de cinco desses couraçados, com os quais patrulhava a linha, levando a luta aos invasores inimigos com seus morteiros, reconstruindo trilhos, telégrafos e até mesmo pontes que haviam sido destruídas quando passava. Cada um dos carros tinha um apelido dado por John em homenagem a uma vitória da União — Vicksburg, Antietam etc. — e alguns deles haviam sido disfarçados como vagões desarmados de estocagem. "Quando Johnny Reb vier para cima deles e vir os pequenos postigos se abrirem [...] e a coisa inteira de repente se transformar em um fortim inabordável, acho que ele vai se espantar", o entusiasmado engenheiro Johnny Meigs escreveu ao pai.

8. JOHN RODGERS MEIGS, VALE DO SHENANDOAH, VERÃO E OUTONO DE 1864

Apenas um ano havia se passado desde a última vez em que ele usara o uniforme cinza de cadete! Apenas um ano. Ele mal podia acreditar. Mesmo nesse pequeno período de tempo, John havia notado mudanças no comportamento dos homens. "No começo da guerra", ele escreveu à mãe, "os soldados escreviam cartas a seus amigos e faziam pequenos arranjos quanto a seus turnos etc. antes de ir para a luta. Agora, eles marcham sobre um campo de batalha com uma emoção pouco maior que a de uma tropa comum passando por revista." Teria ele próprio endurecido, ficado impassível? Ele havia visto e feito quase tudo o que a guerra poderia jogar no caminho de um jovem tenente engenheiro. Não haviam sido apenas os passeios prazerosos a bordo de seus vagões blindados, com morteiros nos postigos. John Meigs havia se tornado, assim como seu pai, indispensável: o homem a quem procurar para o reconhecimento do terreno e da topografia; para a confecção de mapas, a construção (ou destruição) de fortes e de pontes, a abertura de caminhos e de estradas. Sua reputação cresceu rapidamente. Ulysses Grant o chamou na árdua campanha de Richmond, o que deixou Montgomery cheio de orgulho, mas Grant foi informado de que o rapaz era absolutamente indispensável.

Como o pai, John não deixava de dizer quando achava que os generais haviam perdido oportunidades. Ou pior. Ele estava no meio da fuga desordenada do exército derrotado, em New Market, nos montes Apalaches, e pensou que isso só tinha acontecido por causa "da má condução das tropas" por parte do general Franz Sigel. Havia estado em combate corpo a corpo; esteve por um triz de ser capturado quando sua companhia de reconhecimento foi vítima de uma emboscada na floresta da Virgínia Ocidental. Ele perdeu seu cavalo, correu velozmente pela vegetação rasteira para não ser morto; sabia desempenhar o papel de homem crescido muito bem, de engenheiro administrador; o "tenente-general", como os soldados chamavam de brincadeira o jovem de 21 anos de cabelos desgrenhados. "Mãos cheias de mapas e cabeça cheia de planos", escreveu o pai, orgulhoso, em seu diário. Quando o sangue lhe subia à cabeça, John podia ficar tão temível quanto Montgomery. Durante a debandada de New Market, John tentou reagrupar as tropas que fugiam pela retaguarda, e um soldado da União da Virgínia (havia alguns) viu o pequeno e sólido tenente "cortar um soldado que ficara para trás com seu sabre" quando o homem se recusou a lutar. Mas ele era também o garoto que precisava receber notícias de casa, que sobrevivia tanto de cartas quanto de rações. "Você não tem escrito para mim desde abril embora eu lhe tenha mandado várias cartas", ele repreendeu o pai em interessante inversão de papéis (Montgomery tinha estado de repente muito ocupado devido ao comando das defesas de Washington). Todo contato com sua família era como uma ração emocional extra. Um dia, seu tio materno Robert chegou com seu regimento, "ou com o que restou dele", a Harpers Ferry, Virgínia Ocidental, com uma aparência, John relatou jocosamente, "eu diria que 'desmoralizada', isto é, como se não tivesse tido um aperto de mãos com o responsável pelos pagamentos fazia algum tempo". Assim como o filho deu uma bronca no pai, o sobrinho ofereceu ao tio algum dinheiro para arrumar-se um pouco, "mas ele disse que não, que já havia pedido dez dólares emprestados, e que estaria bem por um tempo". Os dois se deitaram no chão, sobre peles de búfalo, sob o crepúsculo, e conversaram sobre "as pessoas queridas que estavam em casa", John lançando o braço em volta do pescoço do tio ou segurando sua mão como fazia entre as tias e irmãos e meninas e amigos, abrindo caminho entre risadas pelo salão de casa, em Washington. "A canção que você ouviu várias vezes, que começa com 'Será que eles pensam em mim, em casa'", escreveu para sua mãe, "expressa um sentimento que nós experimentamos com frequência. Às vezes parece não improvável que o perigo constante ao qual estamos expostos pode fazer nossos amigos, como faz conosco, esquecer que corremos tantos riscos terríveis."

Assim, embora fosse capaz de furar um covarde com seu sabre, incendiar fazendas e celeiros, pôr os rebeldes para correr e — para sua grande satisfação, como egresso de West Point — queimar e arrasar o rival Instituto Militar da Virgínia (de onde John extraiu um busto de Washington para enviar à sua velha academia como troféu), John Meigs mantinha seu traço de ternura. Eram as mulheres e as crianças que mais o comoviam. Ele odiava a maneira como os confederados usavam crianças de "cabelo enroladinho" na linha de frente para vigiar se os soldados da União estavam à vista, tirando vantagem dos sentimentos que os impediam de colocá-los em risco. E havia também a "pobre mãe", que havia viajado um longo caminho de Boston a Virgínia para encontrar seu filho de treze anos, que tinha sido alistado em um regimento, embora fosse muito jovem para servir (os confederados, em desespero de causa, encheram as suas fileiras com garotos de catorze e quinze anos). Meigs ajudou a mãe a encontrar o oficial que recrutara a "criança" e mandou prendê-lo. Mas não houve final feliz para ela. Na véspera de levá-lo para casa, ele "escapuliu para outro regimento, e sua última carta lhe informava que estava tendo uma esplêndida experiência". No campo de batalha de Monocacy, em julho, ele encontrou uma mãe com sua filha, "srta. Alice, uma garota adorável e inteligente" que os levou ao porão de sua casa no meio de intenso tiroteio. Alice — por quem John evidentemente sentiu algo — "declara que não se sentiu demasiado assustada, embora os mosquetes pipocassem do lado de fora das janelas, e as balas de canhão ribombassem nas paredes", até que uma bomba abriu um buraco na parede da sala de jantar e explodiu bem próximo de suas cabeças, apenas um fino andar acima, sendo a primeira de uma série de sete bombas que atingiram a casa.

Quanto mais ele via, mais ele sentia, e o que sentiu mais agudamente foi o mistério da sobrevivência e da imolação; a arbitrariedade peculiar das opções da morte. Ele admirava profundamente o feroz Sheridan, e a afeição era evidentemente correspondida, o elo entre dois heróis baixinhos. Sheridan era conhecido por seus homens como "pequeno Phil", em pouco tempo o general passou a chamar seu engenheiro-chefe e ajudante-de-campo de "pequeno Meigs". Mas John achava que Sheridan e o general Tolbert, seu segundo em comando, eram muito despreocupados ao se exporem ao perigo; sempre discutindo manobras bem atrás de batalhões que em geral eram os primeiros a avançar. Próximo a Charleston, um certo dr. Rulison, do corpo de funcionários de Tolbert, estava tendo uma conversa dessas com o general. John estava observando e, à sua maneira, meio homem meio menino, ele se preocupava.

124

Era final de agosto, dias da Estrela do Cão* e da lua das colheitas. A discussão acontecia em um campo gramado quando John viu um homem andando em direção a eles "tão friamente que achei que deveria ser um dos nossos homens que estava ferido". E então aquele mesmo homem "parou [...] levantou sua arma e atirou". John chegou a ouvir o assobio da bala enquanto passava, e seu silêncio quando atingiu alguma coisa ou alguém. Ele olhou duro para Talbert e Rulison. Por um momento houve silêncio; então John supôs que a bala havia atingido um dos cavalos. "Mas aí vi o doutor pôr a mão na lateral de seu corpo, e alguém gritou que ele estava ferido." "Um tiro me atravessou", John ouviu o dr. Rulison dizer, com a mesma incredulidade que qualquer alvo de um tiro deve sentir. "Meu Deus, meu Deus, estou morrendo." Em menos de uma hora, John disse a seu pai, "ele morreu". Era tudo assim, um mistério.

Duas semanas depois, em 18 de setembro, John estava se preparando para uma batalha no dia seguinte e, como sempre, sentiu necessidade de escrever para sua mãe. Algumas vezes, quando já havia escrito tudo o que tinha para dizer, sentia vontade de continuar. "Eu ainda gostaria de escrever mais e conversar só mais um pouquinho." Era isso. Era como se estivesse conversando.

Nós teremos uma luta terrível amanhã e precisamos estar de pé às duas da madrugada. Sinto que as chances estão a nosso favor e se nossas tropas se comportarem bem nós devemos vencer o dia, e teremos uma vitória gloriosa.

Mas só Deus sabe qual será o resultado e, se não for para nós, temo que será terrivelmente contra nós.

Envio meu amor a todos.

9. MONTGOMERY MEIGS E LOUISA RODGERS MEIGS, OUTUBRO DE 1864-DEZEMBRO DE 1865

"MANDE MONTGOMERY PARA CASA. O IRMÃO DELE MORREU." Assim dizia o telegrama, direto e brutal, que o intendente-geral enviou em 4 de outubro de

---

* *Dog Star days*, quando Sirius (Estrela do Cão) fica próxima ao Sol. (N. T.)

1864 a seu irmão Emlen, em Filadélfia, com quem Monty Júnior, o terceiro filho de Meigs, estava morando na ocasião. Lutando contra a dor, tentando ver em sua morte a vontade inexplicável do Todo-Poderoso, Meigs buscou encontrar consolo fazendo um inventário das virtudes de seu primogênito: coragem, desembaraço, altruísmo, patriotismo, a lista de sempre. Já haviam acontecido mortes na família antes: os dois garotos em 1853, uma menina que nasceu morta. Quando George, primo de Louisa, morreu em um ataque naval no porto de Charleston, Meigs havia escrito filosoficamente: "E assim vão as mais caras joias da nação, uma após a outra, para o altar do sacrifício". Mas, das muitas mortes que Montgomery Meigs havia computado durante o seu ofício, essa era a mais terrivelmente inexprimível. Ele buscou compostura nas profundezas de seu ser, e conseguiu enquanto tentava descobrir exatamente como seu filho havia encontrado o seu fim.

Não havia a menor dúvida de como ele foi achado. Um ordenança que havia escapado do ataque conseguiu chegar ao quartel do general George Custer na manhã de 4 de outubro. Um major enviado à estrada Swift Run Gap havia encontrado "o corpo de meu filho", Meigs escreveu em um tom artificialmente calmo, "onde ele havia caído desarmado, o braço esquerdo erguido (como se tivesse caído por causa do tiro), o direito estendido de lado. Ele jazia sobre sua capa ou manto, uma bala atravessada na cabeça — bem abaixo do olho direito, na verdade — e outra no coração". E quanto a isso praticamente todos concordavam: que John e dois ordenanças estavam cavalgando sob a chuva de outono, de volta ao acampamento. À frente deles, viram três outros cavaleiros vestindo capas à prova d'água que cobriam seus uniformes. Meigs e os dois ordenanças cavalgaram em fila, imaginando que se tratava de soldados da União. Mas quando chegaram perto dos desconhecidos, que iam lado a lado na estrada, segundo o ordenança, eles de repente os cercaram, agarraram as rédeas e dispararam os tiros que mataram John Rodgers Meigs. Isso aconteceu, segundo o ordenança, apesar de o jovem Meigs ter se rendido em voz alta. A conclusão, aceita por Sheridan e por Montgomery Meigs, foi a de que John havia sido vítima de uma "emboscada" — morto a sangue-frio por partidários da Confederação disfarçados, provavelmente tropas pertencentes ao bando de John Singleton Mosby, famoso por sua brutalidade no vale do Shenandoah. Sheridan acreditava nisso o suficiente para ordenar que fossem queimadas todas as fazendas e todos os celeiros em um raio de oito quilômetros da estrada Swift Run Gap. Por um momento, o destino da própria Dayton esteve em jogo; Sheridan queria vingança para o "pequeno Meigs". Mas poupou Dayton.

Três dias depois, o corpo de John foi trazido com honras militares para o Cemitério Oak Hill, em Georgetown. Abraham Lincoln e Edwin Stanton estavam lá, chapéu na mão, cabeça abaixada, quando ele foi depositado na capela. No dia 10 de outubro, uma semana depois de ter levado o tiro sob a chuva da Virgínia, John foi enterrado entre seus dois irmãos mais jovens e o bebê que era muito pequeno para ter um nome quando morreu. Participando desse segundo ritual, estavam apenas o pai e a mãe, o jovem Monty e o irmão de Louisa, William. "Plantamos uma hera ao pé do carvalho sob o qual ele jaz e o deixamos em paz em sua glória", escreveu Montgomery em seu diário.

Mas para o intendente, com sua cabeça imponente e barba majestosa, as coisas não podiam ficar assim. Convencido de que seu filho havia sido assassinado a sangue-frio, ele contratou um detetive, Lafayette Baker, para tentar verificar a história do ordenança e oferecer um prêmio de mil dólares para quem desse informações que levassem à captura do confederado assassino. Mas, quanto mais o detetive investigava, mais abalada a primeira versão parecia ficar. Quando finalmente se tornou seguro para os homens que naquela noite cavalgavam lado a lado na estrada emergirem da nervosa obscuridade, eles contaram uma história diferente e mais crível sobre os últimos minutos. Eles não tinham, de todo modo, armado uma emboscada, mas eram soldados confederados cujo uniforme estava simplesmente coberto pela capa de chuva. Tentando voltar para seu acampamento, perceberam que os soldados da União estavam entre eles e um local seguro, e depois de uma breve discussão, resolveram tentar um ataque de surpresa. Mas, relatou um deles, quando pegou sua pistola debaixo do poncho, acabou mostrando a cor cinza do uniforme, o que fez com que John, que sempre tinha seu revólver à mão, preparasse um tiro contra esse George Martin. Ele chegou a ser atingido, e foram os tiros que disparou de volta que acabaram por matar o jovem tenente.

Quem pode saber? Mas lendo as cartas de John, tão cheias de iniciativa, a história do confederado soa mais verdadeira que a outra, na qual ele se rende imediatamente. E por que seu pai não haveria de querer acreditar na versão em que seu filho atirou de volta, lutando por sua vida e pelo seu país? Mas Meigs achava que os confederados eram capazes de qualquer coisa, e preferiu a história do "sangue-frio". De vez em quando, após o fim da guerra, ele recebia cartas de esposas de seus camaradas de West Point de antes — especialmente de Varina Davis, implorando sua intercessão junto ao governo pela soltura de seu marido. Mas Meigs havia ficado com alma de ferro. Para ele, Robert Lee, Jefferson Davis, Braxton Bragg, Pierre Beauregard e Joseph Johnston, todos juntos, tinham matado seu garoto com o assassinato e a desordem que haviam desencadeado na República. E, além disso, haviam assassinado seu amado amigo e presidente.

Pois na Sexta-Feira da Paixão, no dia 14 de abril de 1865, depois de voltar da igreja e de escrever em seu diário que o país está "bêbado de alegria" por causa da paz, Meigs voltou para casa. Por volta das dez horas da noite ele ficou sabendo que o secretário Seward, seu mentor, havia sido vítima de um selvagem ataque a facadas. A casa de Seward era a apenas três quarteirões de distância. Quando chegou lá, havia sangue por toda parte e Meigs apertou o ferimento com a mão para conter o fluxo. Surpreendentemente, Seward sobreviveria; Lincoln, claro, não conseguiu. Foi enquanto ele socorria Seward que chegaram as notícias apavorantes do que havia acontecido no Teatro Ford. Meigs correu de um homem horrivelmente ferido a outro. Lincoln, que havia sido levado do teatro para uma casa do outro lado da rua, já estava inconsciente quando Meigs chegou. Dando a si próprio uma missão naquele momento de choque e horror, Meigs fez de si mesmo o porteiro do local, decidindo quem poderia (ou não) entrar no recinto. Ele ficou de vigília enquanto Lincoln permanecia inerte, entre a vida e a morte, até expirar, às 7h22 da manhã. O séquito fúnebre saiu do departamento do intendente-geral, cinco dias depois, com Meigs à frente de dois batalhões.

Nada disso diminuiu a resolução de Meigs de que a Casa de Arlington e a propriedade de mil acres em torno dela deveriam ser um cemitério nacional militar. Em junho de 1864, três meses antes da morte de John, ele já havia ordenado o enterro de três corpos da União perto da casa de Lee. Eles seriam a guarda avançada, pensou, para os milhares que já haviam perecido por causa da traição infame do general (que ele ainda queria ver julgado, condenado e executado) e também de Davis. Mas, quando Meigs foi inspecionar o local, ficou descontente ao descobrir que os corpos haviam sido enterrados no velho cemitério de escravos da propriedade de Lee, próximo à senzala. Ordens foram reemitidas deixando claro que os corpos deveriam ser enterrados em volta da mansão, chegando o mais próximo possível do pórtico dórico. E, dessa vez, Meigs foi à colina de Arlington, o local de onde sempre imaginara que as bombas dos confederados seriam atiradas contra a casa de Abraham Lincoln e a cúpula do Capitólio, para ter certeza de que as pás cavavam o local certo, e que o solo de Lee seria purificado pelos ossos dos mortos abençoados. No final da guerra, já havia 16 mil corpos enterrados na propriedade de Lee.

Isso foi um pouco antes de levar para lá o corpo de John e ter um bronze perfeito do menino-homem feito em sua memória. A essa altura, Montgomery já acreditava na história que havia rejeitado nos dias dolorosos que sucederam à morte do rapaz. Agora, queria mais que John fosse o patriota docemente destemido mais do que os soldados confederados acusados de assassinato. Assim, o revólver de bronze ao seu lado expõe uma câmara da culatra vazia para indicar o tiro disparado contra o rebelde que o atacou, e Montgomery poderia visitar seu filho no cume da colina de Arlington e prantear seu patriota perdido.

Mas não era isso que a mãe sentia, nem o que ela queria. A submissão do marido aos desígnios da Providência não era para Louisa. Ela queria seu filho de volta. "Meu querido e precioso John", escreveu para sua irmã Ann, a "Nannie", que John havia amado,

eu tenho a impressão de ouvir seus passos no corredor e vejo seu rosto luminoso e feliz, como na última vez em que o vi. Tudo o que desejo é estar sozinha, para sentar e pensar no passado, naqueles dias doces e felizes em West Point; como eles retornam e que luminosas memórias eles trazem de formas e faces jovens que nunca se encontrarão ali novamente [...]. Cartas de todas as partes chegam até mim e Mont nos assegurando do quanto ele era amado e que reputação ele já havia construído. Parece que a agonia aumenta ainda mais, quando sabemos que ele tinha um futuro brilhante diante de si. Tudo o que ele era e tudo o que nós perdemos. Tenho ao pé da minha cama sua arca, seu poncho, seu banquinho e o capote curto que ele usava na noite fatal. O chapéu e o casaco estão respingados de lama. Você sabe como chovia naquela noite. O capote mostra onde ele jazia no chão e o casaco está perfurado por uma bala bem no coração. Essas peças de roupa parecem me contar a história toda. Eu as seguro e olho para elas de novo e de novo, e as beijo, e abraço o querido chapéu que ainda guarda o perfume de seus cabelos. Parece que eu o tenho aqui comigo novamente. Meu querido e precioso menino [...]

Um mês depois, Louisa havia feito um altar para John em seu quarto, enquadrando seus desenhos, sua capa e cinta penduradas sobre a cama, uma arca cheia de coisas dele, "o altar onde eu mais amo rezar". Um ano mais tarde, Andrew Johnson era o presidente, e havia rumores de que os confederados seriam anistiados, algo que Montgomery reprovava com severidade. Mas Louisa não conseguia livrar-se da dor "que treme dentro do meu coração [...] e que só terminará com minha própria vida". Ela reassumiu o trabalho de casa, assim como Monty continuou a administrar o departamento de intendência, desmobilizando as tropas, desmontando a imensa máquina que havia criado para salvar a União, e encontrando-se com seus amigos cientistas em Washington. Mas quando estava sozinha Louisa era assolada pela perda e andava pelos aposentos com a mente dispersa.

Ele parece ter deixado suas pegadas por todo lugar nesta casa, traços de suas mãos nos livros ou em trabalhos de algum tipo que encontro todos os dias. Ele deixou um vazio tão grande, um vazio tão doloroso no coração de Mont e no meu, que desceremos ambos para o túmulo em sofrimento [...]. Mont não se entrega à sua dor, ele raramente fala sobre nosso querido menino. Sei que ele sofre muito ao falar nele, não se permite desabafar, como eu faço, mas a dor entrou nas profundezas de sua alma, eu o encontrei outro dia sozinho na sala olhando para um busto de Monty que ele mandou fazer recentemente, e quando entrei ele disse que desejava tanto ter um busto daqueles de nosso querido John. "Agora que a guerra terminou e o tempo vai passando eu sinto mais e mais saudades dos meninos. Eu os *quero*", ele disse em um tom que me fez mal conseguir segurar as lágrimas.

10. WASHINGTON D. C., FEVEREIRO DE 2008

Montgomery Meigs entrou rapidamente na sala, e era como se eu já o conhecesse: o bom general. Presunçosamente, eu disse isso a ele. "Tenho estado com seu tatara, tatara — quantos tataras? — tio." "Três", ele respondeu sem ter que contar nos dedos. Os Meigs conheciam sua genealogia, e este tinha um doutorado em história. Ele sorriu ao me responder, e me ocorreu que o intendente-geral não teria sido assim tão receptivo na primeira apresentação. De repente, a salinha verde e sem graça da rede de televisão NBC pareceu encher-se de Meigs: Return Jonathan, o guardião dos cherokees; Josiah, o incansável professor; Charles, o ginecologista; Johnny deitado de costas, os olhos fitando o céu na estrada de Shenandoah. Estava eu imaginando que havia um jeito Meigs de ser, pois o atual Monty parecia envergá-lo? Como seu ancestral, seu corpo de membros longos ostentava um porte ereto, uma pose de West Point, que poderia ser informalmente desdobrada em uma cadeira. O atual Monty oferecia um rosto luminoso e aberto, que generosamente encorajava a conversação, enquanto o antigo Monty, no belo retrato fotográfico de Mathew Brady, está trancado por detrás das suíças da autoridade, respondendo aos chamados da severa contemplação. Em pé, de corpo inteiro, três-quartos de perfil, é como se Meigs estivesse simultaneamente presente e inevitavelmente em outro lugar, com a aparência, como Brady deve ter imaginado, de algo que é um oximoro: de uma história viva. A parte superior da cabeça era estranhamente idêntica nos dois Monties: grandes orelhas carnudas, olhos escuros e profundos sob sobrancelhas levemente pendentes, o crânio nobremente arredondado cuja curvatura eu repentinamente percebi que havia visto muitas vezes nessa semana em Washington, na cúpula do Capitólio, como se o Legislativo americano configurasse o formato da cabeça bem-pensante de Montgomery Meigs, arquitetura como autorretrato.

Eu estava assistindo ao general Meigs (agora aposentado) falar na televisão a cabo com um brigadeiro britânico que ele havia conhecido enquanto comandava a Força de Estabilização na Bósnia. O fato de ter persuadido sérvios e bósnios a dialogarem acima de seus antigos ódios e terrores tribais e religiosos fez com que ficasse cauteloso quanto ao que era preciso fazer igualmente no Iraque, se as tropas americanas quisessem partir um dia de lá com honra. "Faça-os estabelecer acordos do jeito que elem sabem, e saia do caminho deles", disse sobre a lição aprendida na Bósnia, deixando clara sua habilidade de árbitro da decência. Ele havia aprendido da maneira mais difícil a indispensabilidade do entendimento social e do discernimento político na vida militar. "Você aprendeu isso em West Point?", perguntei. "Não. Isso é uma coisa que os americanos não fazem bem", ele acrescentou pesarosamente, "entender outras culturas."

Antropologia comparativa também não havia estado muito em sua mente, não no início. Era difícil escapar à tradição dos Meigs, e o jovem Monty na verdade não queria isso. Seu pai havia sido comandante de tanques na Segunda Guerra Mundial; o avô da Marinha, bisavô idem. Levaram-no a visitar os modelos de navios no museu da Academia Naval de Annapolis, e lá ele contemplou o passado e viu o futuro. Houve um tempo em que pensou que queria ser médico, mas na Universidade Colgate, bem no meio dos anos 1960, quando a história americana, *especialmente* a história das guerras americanas, estava profundamente fora de moda, de alguma forma a memória ancestral e a vocação presente se resolveram e tudo ficou claro. Meigs foi para West Point e em seguida para o Vietnã, como oficial de infantaria na mais perigosa das missões — reconhecimento. Ele era um idealista jeffersoniano; havia cada tipo nos arrozais.

> Achei que era importante proteger o Vietnã do Sul e impedir que fosse conquistado pelos vietcongues [...] não fizemos nada de errado; nenhuma atrocidade [eu não tinha perguntado]. Mas então, no alto do monte Hamburger, com sua companhia sofrendo terríveis perdas sem nenhum objetivo particular que ele pudesse entender, uma coisa feia começou a despontar na consciência de Monty Meigs: que aquela guerra inteira havia sido um erro estratégico de horrorosas proporções;

uma guerra que nunca deveria ter sido começada. Na Universidade Georgetown, hoje em dia, Meigs dá aulas em um curso sobre "Por que presidentes vão à guerra quando eles não têm que ir".

O desapontamento bateu fundo. Por algum tempo, ele achou que iria largar a vida militar, mas não conseguiu. "Olhei no espelho e pensei: não. Eu sou um soldado; é isso o que eu sou." Uma posição de comando na Europa apareceu — onde, enquanto a Guerra Fria continuasse, continuaria a haver razão para tropas americanas ali — e também a oportunidade de uma educação em cultura comparada. Mas não houve resultados simples. A Tempestade no Deserto* em 1991 foi justificada pela invasão do Kuwait por Saddam Hussein, mas, em quarenta minutos no cume de Medina, Meigs estava na batalha

---

* Operação militar liderada pelos Estados Unidos que resultou na invasão do Kuwait e de parte do Iraque em 1991. (N. T.)

que incinerou a cavalaria iraquiana dentro de seus tanques. O comando da OTAN na Bósnia — tentando separar os lados — foi, evidentemente, onde o altruísmo se encontrou com o pragmatismo; uma pitada de Jefferson e uma dose de Hamilton. Nós falamos sobre esses dois fundadores e suas respectivas filosofias de guerra americana.

Jefferson se deu ao luxo, ele achava, de escolher suas lutas e de manter um esqueleto de exército de profissionais; de fazer de West Point uma academia de engenheiros, como a jovem nação estava sem inimigos imediatos e as conquistas eram da geografia e dos nativos. Houve momentos em que o compromisso jeffersoniano de lutar somente as guerras que defendam a liberdade foi cumprido — a guerra civil, a Segunda Guerra Mundial —, mas desde 1945 as Forças Armadas têm sido hamiltonianas: uma vasta e permanente instituição corporativa. De tempos em tempos, as "estrelas" de West Point se dividem em suas lealdades. Omar Bradley* foi puro Jefferson; o ex-superintendente Douglas MacArthur,** a encarnação de Hamilton. E, de tempos em tempos, um general que deveria ser de um tipo acaba se tornando do outro. Foi Dwight Eisenhower, a mais profunda incorporação do etos de comando de West Point na Segunda Guerra Mundial, que ao final de sua presidência soou *exatamente* como Thomas Jefferson, ao advertir sobre a ameaça contra a democracia americana representada pelo "complexo militar-industrial". Mas, Meigs achava, no fim a escalada das preparações para a Guerra Fria significou que uma mentalidade hamiltoniana havia, para o melhor ou para o pior, prevalecido; o momentum autogerador da preparação militar dominando sérias discussões sobre a causa pela qual riqueza e sangue seriam derramados. Ele esfregou de leve o queixo enquanto dizia isso, sem eximir a si mesmo do que havia acontecido.

Foi a "prontidão" que convenceu o Exército a treinar oficiais e homens para uma segunda guerra no Iraque, embora a decisão (pelo menos oficialmente) não houvesse sido tomada ou mesmo apropriadamente debatida. O imperativo da preparação ofensiva havia sido somente outra forma de profe-

---

* Um dos comandantes do Exército dos Estados Unidos durante a Segunda Guerra Mundial e o primeiro chefe do Estado-Maior das Forças Armadas. (N. T.)

** Um dos mais importantes militares da história americana, teve comandos fundamentais na Segunda Guerra Mundial e supervisionou a ocupação do Japão após o final da guerra. (N. T.)

cia autorrealizadora. Instinto reflexivo. Você pode se engajar na guerra errada com o inimigo errado, e inadvertidamente fazer novos inimigos, disse o general. Outro sorriso, dessa vez de lamentação, uma pausa. "Isso não teve nada a ver com a Al-Qaeda." A decisão foi tomada depois que ele havia se reformado como general de quatro estrelas e enquanto ocupava, na Universidade do Texas, a cátedra mais paradoxalmente, ou talvez penitencialmente, intitulada: a Lyndon Baines Johnson da Paz Mundial.*

Conhecer o seu verdadeiro inimigo: isso foi o que o intendente-geral havia feito. Será que alguma vez o general pensou em seu tatara-tatara-tatara--tio? Sim, ele pensou. Ele entendia perfeitamente a importância de ser um chato. Ele sabia exatamente como havia sido para Montgomery ter derrubado os artistas da propina e a multidão de negociantes que não esperavam ter que participar de concorrência para obter contratos. Quando chefiava a Força-Tarefa Conjunta para Artefatos Explosivos Improvisados (bombas de estrada) e, como o bom engenheiro Meigs que era e se concentrava no que poderia ser feito para derrotá-los tanto política quanto tecnicamente, ele descobriu que "ainda havia pessoas na cidade interessadas em contratos não competitivos. Isso faz com que você estabeleça uma linha divisória e diga: não, nós não vamos fazer isso". Seria possível dizer o mesmo sobre guerras inteiras? Seria melhor que sim, ele pensava. Não dava para não ver o traço herdado dos Meigs. Ele disse aos oficiais superiores o que não queriam ouvir, ou seja, que estavam se preocupando com os efeitos, quando deveriam ir atrás das causas: identificar e penetrar nas redes de produção dos Artefatos Explosivos Improvisados em vez de ficar apenas buscando informações sobre as últimas detonações de celular, depois do fato consumado. Mas foi aconselhado a não se meter. Isso era política. Não era da conta dele. O chefe do Comando Central, John Abizaid, achou melhor adverti-lo de que ele estava oficialmente aposentado. "Olha, Monty, você não está ajudando em nada, do jeito que está conduzindo as coisas." Meigs persistiu; os Meigs sempre persistem. "Ei, olha aqui", Abizaid explodiu, "essa não é a porra da sua guerra." Meigs não quis desistir; os Meigs raramente batem em retirada. "Você sabe que a família tem uma característica: aquela natureza obstinada e empedernida", comentou com uma ex-

---

* Foi durante o governo de Johnson que a Guerra do Vietnã chegou aos seus piores estágios. (N. T.)

pressão luminosa. "Não vejo isso em você", eu disse abertamente, pensando que esse era um dos homens mais decentes que eu havia encontrado em muito tempo. "Mas está aí", ele replicou com uma expressão franca no rosto. "Você não vê, mas está aí."

11. HAMILTON *RESURREXIT*

Em 11 de março de 2006, o general Montgomery Meigs entrou em uma sala de reuniões na Casa Branca. Era hora do café da manhã. Em uma mesa lateral havia café, *bagels*, o de sempre. Na longa mesa no centro da sala, estava arranjada uma quantidade de Artefatos Explosivos Improvisados. O número de mortes no Iraque provocadas por essas bombas e minas provou-se caso para um livro sobre a guerra assimétrica. Do outro lado da mesa, o presidente Bush, Dick Cheney e Donald Rumsfeld estavam todos à espera de alguma boa notícia. De Monty Meigs, entretanto, eles obtiveram a dura verdade que tantas pessoas não queriam ouvir. Não havia nenhum escudo mágico que os dólares pudessem comprar. A resposta estava em atacar as redes de insurgência pelo lado de dentro. Dois dias depois, Bush falou sobre o problema e pôs uma expressão corajosa no assunto. Tratava-se de um grande problema, não havia dúvida. Mas "estamos colocando nisso as melhores mentes da América".

A sala onde Meigs havia passado as informações para o presidente é chamada de Sala Theodore Roosevelt. Pendurado em uma das paredes, está o retrato do presidente caubói que acreditava que uma agradável guerrinha era como um energético para reanimar uma América enervada por suas cidades sujas: lucro imundo, favelas ainda mais imundas, ar poluído e plutocratas corruptos. Os americanos precisavam restaurar a hombridade nacional saindo mais e dando tiros a esmo nos inimigos. Em 1906, o presidente que havia declarado, com sua costumeira franqueza, que "nenhum triunfo da paz é tão grandioso quanto um triunfo da guerra" recebeu o Prêmio Nobel da Paz em Oslo. A razão imediata para esse improvável ato de reconhecimento foi que em uma conferência em New Hampshire TR havia negociado o fim da Guerra Russo-Japonesa. Quando o orador do Nobel, Gunnar Knudsen, disse que "os Estados Unidos da América estavam entre os primeiros a infundir o ideal de paz na prática política", talvez ele estivesse pensando em Thomas Jefferson, que realmente quis que isso acontecesse (embora ele próprio tenha se envolvido em guerra contra as nações do Magreb). Mas, no momento em que ele recebia o prêmio, a administração de Roosevelt estava tentando conter uma guerrilha prolongada e brutal nas Filipinas. O presidente anunciara em 1902 que a guerra terminara, mas foi só em 1907, pelo menos, e depois de 4 mil americanos e dezenas de milhares de filipinos terem perdido a vida, que a rebelião foi pacificada. Para o sr. Knudsen ter pedido ao embaixador americano que transmitisse ao presidente Roosevelt a gratidão do povo norueguês por "tudo o que ele tem feito pela causa da paz", ele deve ter precisado usar todos os seus talentos na produção de uma "cara séria" escandinava.

Em todas as chances que aparecessem, Teddy Roosevelt defendia com entusiasmo o tônico revigorante da beligerância. "Todas as grandes raças dominadoras" (entre as quais achava que a dos americanos estava incluída), ele vociferou, "têm sido raças lutadoras." Se Jefferson e Hamilton tivessem apontado o destino dos Estados Unidos como potência mundial em direções alternativas, não há dúvida de qual teria sido a preferência de Roosevelt. Ele desprezava Jefferson como um intelectual distante e um fracote em matérias de guerra e paz, um dos piores presidentes. Por outro lado, ele reverenciava Alexander Hamilton por sua franca paixão pelo poder, sua visão de governo central forte e uma aberta determinação em fazer dos Estados Unidos um ator importante na cena mundial, admirado e temido por sua bravura militar. Então, não foi por acaso que no Clube Hamilton em Chicago, em abril de 1899, durante o primeiro ano da guerra contra a resistência filipina e com uma eleição não muito distante, ele, então vice-presidente, falou sobre "A vida estrênua".

Mesmo para os padrões de TR, o discurso foi um desempenho surpreendente, um aviso de que, se os Estados Unidos não desejavam tornar-se outra China "e se contentar em apodrecer aos poucos, em ignóbil despreocupação dentro de suas fronteiras", era melhor que abraçassem a disputa e a batalha. "Quando os homens temem o trabalho ou temem a guerra decente [...] eles tremem na iminência do destino [...]. Três vezes feliz é a nação que possui uma história gloriosa. Muito melhor é ousar coisas poderosas, vencer triunfos gloriosos ainda que alternados com fracassos do que juntar-se aos pobres de espírito que nunca gozam muito nem sofrem muito porque vivem nas sombras que não conhecem a vitória nem a derrota." O inimigo interior era o homem tímido, o homem que não confia em seu país, o homem supercivilizado, que perdeu as grandes virtudes imperiosas e guerreiras [...] o homem de mente entorpecida cuja alma é incapaz de sentir a poderosa elevação que faz vibrar "homens firmes com impérios em seus cérebros" — todos estes, claro, encolhem-se ao ver a nação assumir seus novos deveres; encolhem-se ao ver-nos fazer nossa parte no trabalho do mundo, quando trazemos ordem ao caos nas grandes e belas ilhas tropicais, das quais o valor de nossos soldados e marinheiros expulsou a bandeira espanhola [...]

O que os inimigos dessa guerra queriam que o governo fizesse? Entregar as Filipinas às pessoas que "são totalmente incapazes de autogoverno"? "Tenho pouquíssima paciência com os que temem assumir a tarefa de governar as Filipinas [...] ou [que] se encolhem diante dela por causa do custo ou das dificuldades." Mas Roosevelt tinha ainda menos paciência com aqueles que "são fingidos quanto à 'liberdade' e 'ao consentimento dos governados' para assim se escusarem de sua indisponibilidade de fazer o papel de homem". Que fiquem avisados aqueles, no Congresso, que são sempre do contra. Se algum desastre cair sobre as tropas, será por culpa daqueles hesitantes e covardes legisladores!

Fazer o papel de Homem estava no centro da autoconstrução de Theodore Roosevelt. Agora que os troféus nas paredes de sua casa em Long Island, Sagamore Hill, e o reflexo que via no espelho o declaravam um fino espécime da hombridade americana, ele achou que deveria desempenhar o mesmo revigoramento na República americana. Previsivelmente, Roosevelt havia sido uma criança com problemas de visão e constituição doentia, que, através das repreensões de seu pai briguento e sua própria formidável força de vontade, fez de si próprio um exemplo de masculinidade americana. Quando Alice, sua primeira esposa, morreu, ele carregou sua dor para as pradarias do Oeste, onde criou animais, atirou em índios e capturou ladrões de gado, de modo que quando chegou a hora de entrar para a política ele podia achar que tinha personificado o espírito de conquista autenticamente americano, no exato momento em que já não havia mais América para conquistar.

Levado por esse inquieto sentimento de autorrealização física, Teddy Roosevelt era um homem de seu tempo e também um homem que imprimiu sua personalidade pugilista sobre ele. Embora citasse Lincoln e Grant, em seu discurso de Chicago, como americanos que nunca se encolheram diante do conflito, foi a morte da geração da guerra civil e sua memória que alimentaram o desejo de musculação imperial. Montgomery Meigs havia descido para seu descanso no cemitério de Arlington em 1892, época em que mais de 300 mil mortos na guerra civil já haviam sido enterrados em 73 cemitérios nacionais pelo país. Depois de desmobilizar 1,5 milhão de homens em armas, ele continuou sendo intendente-geral de um reduzido exército de não mais de 70 mil, a grande maioria dos quais estava acabando com os indígenas americanos, enquanto as ferrovias, as companhias mineradoras e os criadores de gado consumiam o que havia restado do Oeste selvagem. Assim, além de tentar garantir pensões adequadas para os veteranos sobreviventes, Meigs voltou à carreira que o havia sustentado antes da guerra: a arquitetura. Em particular, ele projetou o imponente Edifício das Pensões, um templo em galerias de tijolos e mármore de escala e grandeza imensas. Decorando a fachada, há um grande friso do escultor Caspar Buberl, representando as cenas da guerra, que incluem, mais do que corajosos soldados da infantaria em sua marcha, também carroças de suprimentos e seus condutores, pelo menos um deles representando, a pedido de Meigs, um escravo libertado, visto de perfil, empunhando um açoite sobre a parelha de mulas: essa é uma das grandes imagens da escultura pública americana.

Um ano depois da morte de Meigs em sua grandiosa casa na avenida Vermont (também construída por ele), o jovem professor de história Frederick Jackson Turner tomou a palavra na Exposição Mundial de Colombo, em Chicago, em julho de 1893, e declarou que a fronteira "já se foi e com ela fechou-se o primeiro período da história americana [...]". Não foi um momento feliz para fazer tal proclamação. Quinhentos bancos faliram naquele mesmo ano, dezenas de milhares de empresas fecharam; milhões perderam o emprego e greves maciças foram tratadas com dureza, destruindo todo o senso de objetivo nacional compartilhado. O que poderia restaurá-lo? Talvez um destino no mar aberto?

Uma presença imperial transoceânica para remediar a exaustão americana, os mercados domésticos saturados e uma repentina e incomum sensação de claustrofobia territorial, havia sido promovida antes da depressão de 1893. Benjamin Harrison, que foi para a Casa Branca apesar de ter perdido no voto popular para Grover Cleveland em 1888, e que tinha a necessidade de compensar a sua vitória duvidosa com exercícios de afirmação nacional, insistiu pela expansão tanto do Exército quanto da Marinha. Em 1890, o filho de Dennis Mahan, o professor que tinha dado aulas para ambos os Meigs em West Point, Alfred Thayer Mahan, publicou *The influence of sea power upon history* [A influência do poder marítimo na história], e, com essas lições em mente, Harrison persuadiu o Congresso a financiar a construção de dezesseis navios de guerra. Em 1893, a frota velejou até o porto de Nova York como uma regata de ferro na tentativa de desviar a atenção dos cidadãos da catástrofe econômica, vindo muito tarde para salvar a eleição para Harrison. Grover Cleveland, que conseguiu vingar-se pelo que acontecera em 1888, falou com frieza sobre impérios insulares, rejeitando a anexação do Havaí, o que sob Harrison parecia já uma certeza.

Mas a mudança no mar foi literal e, no final, irrefreável. O que havia acontecido era Herbert Spencer, o kaiser e Joseph Chamberlain. Charles Darwin tinha se apropriado da frase de Spencer sobre "a sobrevivência do mais apto" para usá-la em suas próprias teorias evolucionistas, mas Spencer devolveu o favor popularizando uma teoria de luta biossocial, em que os fracos eram arrancados e os fortes herdavam a terra. Assim era com as espécies, portanto assim era (para satisfação de gente do tipo de Andrew Carnegie) com o mundo dos negócios, e assim era, pensou o jovem Theodore Roosevelt, com as nações e os impérios. Juntem-se Mahan e o darwinismo social e olhe-se atentamente para o Império Britânico e o desafio que este enfrentara com a Alemanha imperial, cujo kaiser era leitor devoto de Mahan, e a conclusão era inescapável: ou os Estados Unidos embarcavam audaciosamente em uma renovação naval e militar, e na expansão territorial através do mar, ou então o país estaria condenado a se tornar, na estranha obsessão de TR, uma "China".

Se quisesse, Roosevelt poderia ter invocado Jefferson, além de Hamilton, pois, embora o fundador de West Point tenha tido aversão a guerras, deixou claro que, se o futuro da América tivesse de se realizar no comércio assim como na agricultura (e, portanto, tornar-se capaz de importar manufaturas), o país precisaria assegurar que seus navios estariam sempre livres para navegar pelos oceanos. Se essa liberdade fosse ameaçada de alguma forma, teria de haver resistência, e, se necessário, com o uso da força. Um século mais tarde, havia uma opinião que se desenvolvia com mais e mais força: que, se fosse para o Pacífico e o Atlântico serem mantidos livres para o comércio americano, seria necessária a apropriação de uma cadeia de possessões insulares que funcionariam como guardiãs daquela liberdade. E, se a China fosse mesmo um ralo de evasão de poder, competidores surgiriam inevitavelmente naquele perigoso vácuo: os japoneses, os russos, os britânicos e os alemães, que tomariam o espaço e não deixariam nada para os Estados Unidos.

A China do Ocidente era a Espanha: decadente, supersticiosa, anacronicamente monárquica e sentada sobre um império em processo de desintegração. A questão para os estrategistas, depois que William McKinley sucedeu a Cleveland em 1897, era o quanto se deveria ajudar com um empurrão a decomposição terminal daquele império em Cuba e nas Filipinas. E, quando isso acontecesse, como exatamente a América deveria se aproveitar disso? Como secretário-assistente da Marinha de McKinley, Roosevelt criou mais ou menos sua própria política mahaniana, ajudado pela complacência do chefe formal de seu departamento, John Long. E a estratégia era assegurar que, no caso de uma guerra entre Espanha e Estados Unidos, haveria forças americanas tanto no Caribe quanto no Pacífico. Rebeliões em Cuba e nas Filipinas ajudaram a causa, permitindo que a imprensa marrom — Joseph Pulitzer e William Randolph Hearst competindo um com o outro nas manchetes hispanofóbicas — conduzisse campanhas de indignação contra a fome e os campos de concentração impostos a nativos indefesos pelo cruel e decadente Don. O USS *Maine* foi enviado para Havana, onde explodiu (provavelmente, mas não com certeza, por acidente), matando centenas de marinheiros americanos, o que gerou um frenesi popular a favor da guerra, irresistível para McKinley, sobretudo em um ano de eleições de meio de mandato. Pela mesma razão, os congressistas não quiseram se colocar na contramão da histeria patriótica quando os corpos do *Maine* foram trazidos de volta para o continente, uma jornada filmada pelo Vitagraph de Thomas Edison e assistida em milhares de salas de teatro espalhadas pelo país. A guerra foi formalmente declarada e Teddy Roosevelt renunciou a seu posto no departamento da Marinha para formar um regimento de cavalaria para servir em Cuba. Os voluntários da cavalaria, com o amigo de Roosevelt, general-de-divisão Leonard Wood (médico pessoal de McKinley e imperialista entusiasmado), no comando, foram filmados galopando em seu treinamento em Tampa. Mas dali para a frente só puderam marchar, já que não havia transporte adequado para seus cavalos até Cuba. De qualquer modo, a batalha de San Juan, mesmo do jeito como aconteceu, e a participação de TR nela criaram um glamour militar, uma aura de zelo viril que ele pôde converter em votos.

E quando o almirante Dewey aniquilou a frota espanhola no porto de Manila, efetivamente terminando com a guerra, e as Filipinas de repente caíram no colo da América, o que deveria ser feito com elas? A história contada pelo governo e pelos jornais sobre a guerra em Cuba foi a de uma liberação benevolente e desinteressada. No espírito dos Pais Fundadores, que haviam se levantado contra um poder imperial, a América tinha vindo para Cuba para quebrar os grilhões da ilha e entregá-la a seu próprio povo. Uma lei aprovada pelo Congresso encerrou antecipadamente qualquer pensamento de anexação e exigiu do governo que respeitasse a independência de Cuba como uma cláusula não negociável em qualquer tratado de paz com a Espanha. E foi assim que os acontecimentos se desdobraram, apesar da insistência dos americanos para que eles, e não os rebeldes cubanos vitoriosos, recebessem a rendição, um ato que não agradou muito às novas autoridades. E, também, havia o onipresente general-de-divisão Leonard Wood, que fez de si mesmo uma espécie de procônsul, promovendo a saúde pública e várias outras bênçãos da civilização americana em Havana.

O respeito, mais ou menos concedido aos direitos dos cubanos, só fez com que os rebeldes filipinos — que haviam lutado sua própria guerra contra a Espanha e bem que poderiam ter vencido sem nenhuma ajuda dos americanos — achassem que algo parecido também aconteceria em suas ilhas. Não tinha o próprio McKinley declarado que a anexação das Filipinas seria um "ato de agressão criminosa"? Sim, tinha, mas, acredite ou não, haveria mais outra eleição em breve, e ele havia se candidatado de novo à Casa Branca. Além dos veículos de comunicação de Pulitzer e Hearst, do *New York Tribune*, da *American Review of Reviews*, e do entretenimento nas saletas de cinema onde os espectadores assistiam ao almirante Dewey em seu navio de guerra e os galantes voluntários preparando-se para zarpar, havia também vozes poderosas conclamando-os a agir: os senadores Albert Beveridge, de Illinois, e Henry Cabot Lodge, de Massachusetts. "Deus não tem preparado os povos teutônicos e de língua inglesa há mil anos para nada, ou para a vã e indolente autocontemplação", vociferou Beveridge. "Não! Ele nos fez os mestres organizadores do mundo para estabelecermos o sistema onde reina o caos. Ele nos fez adeptos do governo, pois podemos administrar governos entre selvagens e povos senis[...]." Mais apoio nesse sentido veio da Grã-Bretanha, onde Rudyard Kipling escrevera "Segure o fardo do homem branco" de influenciar as decisões. Os "melhores homens que vocês geram" têm a obrigação de civilizar "os recém-capturados povos escuros/ metade demônio e metade criança".

E, no caso de precisar superar as dúvidas (e convicções anteriores), McKinley recorreu a uma autoridade mais alta para ajudá-lo. "Eu me ajoelhei e orei ao Deus Todo-Poderoso pedindo por sua luz e orientação", uma prática que tem se tornado tão rotineira na Casa Branca no último século que os tapetes devem estar sofrendo de excesso de desgaste. Deus estava lá. E, assim, Ele falou ao presidente, dizendo: 1) você não vai devolver as Filipinas aos espanhóis; 2) ir embora agora e abandonar suas responsabilidades seria covarde e desonroso; e 3) esses filipinos não estão prontos para o autogoverno e nunca estarão sem uma prolongada dose da forte administração americana. Então, "não havia nada que pudéssemos fazer a não ser tomá-los [...] e educar os filipinos, para elevá-los e civilizá-los e catequizá-los". Aparentemente, McKinley não havia notado que os filipinos já eram católicos, ou talvez isso não contasse. Pelo menos estava tudo bem, pois "eu fui para a cama e dormi pesado".

A moção para a anexação veio por meio do Senado, embora não antes de os opositores expressarem a sua dor e ira contra o que o governo estava fazendo da América: um império cruel, indistinguível dos britânicos e franceses. George Frisbie Hoar, o outro senador por Massachusetts, foi eloquente de uma maneira que ainda ecoa através das gerações: "Você não tem o direito de, com a boca do canhão, impor às pessoas que não a desejam a sua Declaração de Independência, a sua Constituição e as suas noções do que é bom". Mas sua voz e a da recentemente criada Liga Anti-imperialista foram afogadas no mar do fanatismo patriótico. Furiosos com a traição dos americanos, os republicanos filipinos, liderados por Emilio Aguinaldo, decidiram pela resistência. Inevitavelmente, confrontos hostis acabaram se transformando em uma guerra aberta. E, assim que começou o derramamento de sangue e foi feita a convocação de 70 mil voluntários, a América foi varrida por uma onda de fúria patriótica. Mais filmes foram rodados figurando americanos contra filipinos, embora boa parte das cenas tenha sido rodada em Nova Jersey, com a Guarda Nacional vestida de pijamas brancos para fazer o papel do inimigo. Atire, esquive-se, CORRA! Na eleição presidencial de 1900, Teddy Roosevelt viajou mais de 19 mil quilômetros de trem, acusando William Jennings Bryan e os democratas de serem os herdeiros dos "Copperheads",* que queriam fazer a paz com a Confederação, e dando socos na mesa em nome dos galantes voluntários que já estavam se sacrificando em batalhas contra os ingratos filipinos.

McKinley gostava de pensar que Deus estava supervisionando o seu trabalho, mas até Deus de vez em quando tira um dia de folga, e num desses dias, em setembro de 1901, o presidente foi assassinado por um anarquista. TR correu para Buffalo, onde foi empossado. Embora a guerra nas Filipinas tivesse se transformado em algo que ninguém em Washington tinha previsto — uma pancada desgraçada em que tropas americanas sofriam perdas pesadas por causa de insurgentes determinados e estavam impossibilitadas de executar qualquer tipo de manobras militares convencionais —, o presidente Roosevelt não se dispunha a mudar o curso. Ele mandou o general Arthur MacArthur (West Point) para as Filipinas, e o conflito transformou-se em um massacre horripilante: filipinos atirando em soldados isolados da infantaria; americanos pondo fogo por vingança em vilarejos e plantações, e tratando a população local, que eles normalmente chamavam de "negros" ou "gu-gus" (em alusão ao xampu de óleo de coco que eles usavam), como subumanos. Como se dizia que era difícil distinguir entre os guerrilheiros nativos e os não-combatentes, o massacre de civis em qualquer área considerada suspeita tornou-se lugar--comum e até mesmo algo antecipado. A tortura de prisioneiros para extrair informações, especialmente a "cura pela água", tornou-se rotina. A água era entornada através de um funil em quantidades elevadas para distender o estômago e dar ao prisioneiro a sensação de afogamento. Se os torturadores não ouvissem o que queriam, soldados pulavam ou pisavam com força no estômago do prisioneiro para induzir o vômito e o processo começava de novo. Naturalmente, tiravam-se fotografias das torturas. Em uma delas, um soldado está de pé observando enquanto seus camaradas administram a "cura". Com uma das mãos, ele se inclina sobre uma pilha de rifles; a outra está no quadril, segurando o cinto. Sua perna esquerda está cruzada garbosamente sobre a direita e em seu rosto vê-se um inquestionável começo de sorriso. Albert Gardner, da 1ª Cavalaria, especializou-se em canções que transformaram a

---

* *Copperhead*: cobra venenosa tipicamente americana, que não faz barulho antes de dar o bote; era o apelido dado pelos republicanos aos democratas que se opunham à guerra civil. (N. T.)

atividade em um alegre ritual: "Peguem a velha seringa, rapazes, e encham-na até a borda/ Pegamos outro negro e vamos aplicá-la nele".

A América não estava moralmente morta para as atrocidades. No início de 1902, escritores anti-imperialistas haviam reunido informação suficiente sobre a tortura e o massacre indiscriminado para publicar um relatório intitulado "Atrocidades perpetradas contra a população civil". Audiências no Senado foram convocadas, durante as quais os senadores júnior e sênior de Massachusetts dividiram-se exatamente no meio da questão: Henry Cabot Lodge, tentando assegurar que boa parte dos depoimentos se realizasse a portas fechadas diante da "Comissão de Assuntos Insulares", enquanto seu arqui-inimigo George Hoar conduzia as audiências sempre que possível abertas ao público. Em um mundo pós-Abu Ghraib, as defesas soam familiares: somos informados de que muito daquela história não aconteceu e que, quando ocorreu, os militares conduziram suas próprias investigações e descobriram que quase todas as acusações eram infundadas ou exageradas. Sim, aconteceu de existirem algumas maças podres, mas estas eram apenas alguns soldados americanos ocasionais que enlouqueceram por causa de febres tropicais, ou então a brutalidade vinha dos aliados nativos, os macabebes. E, qualquer que fosse o caso, não se podia esperar que num lugar como aquele a guerra pudesse ser conduzida sob as regras aplicadas entre civilizados. Estes eram selvagens que cortariam a sua garganta no momento em que o vissem. Ou a América desejava ganhar essa guerra ou não. Se desejasse, era de esperar que a selvageria fosse devolvida ao inimigo. Qualquer outra coisa seria descumprimento do dever.

Essa era praticamente a visão do mais importante americano vivo, o presidente Roosevelt. Mas não a visão do segundo mais importante — ou pelo mais famoso — americano vivo, Samuel Clemens, também conhecido como Mark Twain. Assim como Roosevelt, Henry Cabot Lodge, William Randolph Hearst, Edison e Henry Adams eram um tipo de voz americana, ruidosa em seu senso hamiltoniano de destino global, Twain, Charles Brooks Adams e W. E. B. Du Bois tinham o outro tipo de voz patriótica, que via na intoxicação militar a perversão de tudo o que o experimento democrático americano deveria defender.

Twain não era um pacifista. Ele havia estado em Viena quando a guerra entre Espanha e Estados Unidos começou, em mais uma viagem com o objetivo de reparar sua fortuna sempre abalada. Previsivelmente, ele foi tratado como celebridade, mas — igualmente previsível — foi ele que acabou tendo de defender a intervenção americana em Cuba. Insistiu o quanto pôde em que não se tratava de anexação imperial, mas uma assistência desinteressada aos revolucionários cubanos, que iriam tirar proveito dos benefícios da vitória. Haveria uma República cubana livre com sua própria Constituição; tudo seria como deve ser entre benfeitor e protegido, e todos viveriam felizes para sempre.

Quando Twain retornou a Nova York a bordo do ss *Minnehaha*, em 16 de outubro de 1900, a política externa americana havia se tornado, para ele, tragicamente indefensável. Ele era a maior celebridade do país; seus bigodes brancos e o olhar maroto eram conhecidos por muitas fotografias em todas as partes do país. E a primeira coisa que saiu de sua boca, assim que ele desceu pela prancha de desembarque, foi um ataque à anexação das Filipinas e à guerra. "Eu li o Tratado de Paris [entre a Espanha e os Estados Unidos] cuidadosamente", disse Twain ao repórter do *New York Herald*, "e o que vi é que não pretendemos libertar, mas subjugar, o povo das Filipinas. Nós fomos para lá para conquistar e não para redimir. O que me parece é que deveria ser nosso prazer e nosso dever tornar essas pessoas livres e deixá-las lidar com suas próprias questões domésticas do jeito delas. E, assim, sou um anti-imperialista. Eu me oponho a deixar a águia colocar suas garras em qualquer outra terra." Dez dias antes, ele já havia se manifestado na mesma linha para o *World*, de Londres.

> Ele [o regime das Filipinas] não deveria ser um governo de acordo com os nossos ideais, mas um governo que representasse o sentimento da maioria dos filipinos, um governo de acordo com as ideias filipinas. Essa teria sido uma missão digna dos Estados Unidos. Mas agora — por que nos metemos nessa confusão, nesse charco em que a cada passo fica imensamente mais difícil se safar? Eu realmente gostaria de poder ver qual é o proveito que estamos tirando disso e o que isso tudo significa para nós como nação.

Instantaneamente, Twain tornou-se a voz (e o vice-presidente) da Liga Anti-imperialista. Em 1901, publicou um ataque arrasador às pretensões de falsa santidade de realizar missões aos incivilizados: "Para a pessoa que se encontra na escuridão". O tom era ácido, fazia uma caricatura da missão civilizatória como se fosse um negócio de rum: "Estender as nossas bênçãos ao nosso irmão que se encontra na escuridão tem sido um bom negócio, que tem pagado bem de um modo geral e ainda há algum dinheiro aí [...]". A política americana havia sido atraída pela dos britânicos, pela política de Cecil Rhodes e do espantoso Joseph Chamberlain e a Guerra dos Bôeres. Foi isso que impulsionou a Guerra das Filipinas: inveja naval.

> Foi uma pena, foi uma grande pena, aquele erro, aquele erro atroz, aquele erro irrevogável. Pois eram exatamente o lugar e a hora de jogar o jogo americano outra vez. E a custo nenhum. Ricas vitórias a serem coletadas novamente, muito ricas e permanentes, indestrutíveis; uma fortuna a ser transmitida para sempre aos filhos da bandeira. Não terra, não dinheiro, não domínio — não: algo muito mais valioso do que todo aquele refugo: a nossa contribuição, o espetáculo de uma nação de escravos há muito assediados e perseguidos, libertados por nossa influência; a contribuição de nossa posteridade, a memória dourada daquela ação justa [...]

E Mark Twain — a personificação de tudo o que é americano, o flagelo dos impostores — terminou atacando dois dos objetos mais adorados pelos seus compatriotas: o uniforme e a bandeira:

> [...] nossa bandeira — outro orgulho nosso, nosso maior chefe. Nós a temos cultuado tanto; e quando a vemos em terras distantes — vislumbrando-a inesperadamente naquele céu estranho, acenando suas saudações e bênçãos para nós — recuperamos o ar e descobrimos nossas cabeças; não conseguimos falar por algum tempo, só de pensar no que ela era para nós e os grandes ideais que representava. De fato nós *devemos* fazer alguma coisa a respeito disso [...]. Nós podemos ter uma especial [...] apenas a nossa bandeira de sempre, com as listas brancas pintadas de preto e as estrelas substituídas pela caveira e pelos ossos cruzados [...]

Twain pagou caro por sua audácia. Ele nunca deixou de ser considerado o maior de todos os escritores americanos, embora fosse agora visto como um excêntrico amargo e impatriótico. Convites sociais se tornaram menos numerosos e mais raros; não que Twain se importasse muito com isso (embora se importasse um pouco). Mas homenagens ainda lhe eram prestadas, inclusive um título honorário em Yale em 1901. Theodore Roosevelt por acaso estava lá

146

no mesmo dia. Por causa do assassinato de McKinley, o presidente foi mantido à distância das multidões. Mas, apesar disso, deve ter ouvido os estrondosos aplausos oferecidos a Twain quando recebeu seu título. Mais tarde, privadamente, disse que "quando ouço o que Mark Twain e os outros [da Liga Anti-imperialista] têm dito, criticando os missionários, eu tenho vontade de esfolá-los vivos". A coisa tinha se tornado pessoal. Twain escreveu ataques ferozes parodiando Roosevelt e sua popularidade internacional. O presidente era o "Tom Sawyer do mundo político do século xx, sempre à caça de uma chance para se exibir [...] em sua imaginação delirante, a Grande República é um vasto Circo Barnum e Bailey,* sendo ele o palhaço e o mundo inteiro sua audiência". E deixou bem claro que considerava o presidente "nitidamente insano" e "ainda mais insano em assuntos de guerra". Mas, à medida que a hostilidade pública aumentava, houve momentos em que ele decidiu conter as críticas. Quando um caso particularmente horroroso de cura pela água envolvendo um religioso, padre Augustine, veio à luz e a Liga pediu a seu vice-presidente que escrevesse algo apropriadamente condenatório, ele recuou. Estava com 67 anos; sentia-se cansado; não havia muito mais que pudesse fazer. Compreensível. Triste.

TR fazia de conta que não se deixava atingir por nada daquilo. A última coisa que queria que pensassem a seu respeito é que era livresco. Mas ele foi um escritor, e até prolífico, naquela e em outras circunstâncias, e Mark Twain era *seu* tipo de escritor: a voz do povo. (Na verdade, Roosevelt é que era a voz sentenciosa; Twain, o genuíno ruído estridente da comédia americana.) Mas nada continha Teddy. No Dia da Memória de 1902, ele foi prestar suas homenagens aos grandes mortos no Cemitério Nacional de Arlington. Ele passou (como todos nós passamos) pelo portão memorial McClellan, que Montgomery Meigs erigiu, possivelmente em um grande ato de esquecimento de todos os aborrecimentos que "o pequeno George" havia lhe causado. E lá, enfileirados diante dele, alguns inclinados, muitos de barba grisalha, suas medalhas pendendo de molduras delgadas, estavam os veteranos do horror: de Bull Run, de Antietam, de Gettysburg, da montanha Lookout, de Wildnerness. "Ó meus camaradas", o presidente gritou, muito arrebatado, "os homens que têm pelos

---

* Um dos maiores circos itinerantes americanos no século xix e início do século xx. (N. T.)

últimos três anos, com paciência e abnegação, patrocinado a causa americana nas ilhas filipinas são seus irmãos mais novos, seus filhos."

Não era culpa daqueles homens que serviam em Mindanao, mas não, não eram. Os velhos rapazes haviam lutado uma guerra pela liberdade. Os jovens rapazes estavam lutando para extingui-la.

Se pelo menos Teddy Roosevelt tivesse podido fazer o curso de Montgomery Meigs sobre "Por que presidentes vão para a guerra quando eles não têm que ir".

12. GUERRA AMERICANA: ROHRBACH-LÈS-BITCHE, LINHA MAGINOT PRÓXIMO A METZ, 10 DE DEZEMBRO DE 1944

Filho da puta, se estivesse frio assim você acharia que a lama tinha congelado. Mas ficou solta o suficiente para obstruir o caminhar das centopeias; a porcaria toda ficou mais devagar; transformou o batalhão em patos de tiro ao alvo para armas antitanques de 88 mm, vindo de todas as direções. Não é de espantar que o 4º se encheu daquilo, depois de meses de lama até o nariz. Agora era a vez do 12º, seus uniformes, a maior parte deles ainda verde, narizes de catarro, nunca sob fogo cerrado antes; ele também não, pensando bem; nada para o que o Forte Benning preparou você. Você se acostumou com isso meio que depressa demais. O que ele estava fazendo, afinal de contas, comandando um batalhão de tanque? Papai era da Marinha; vovô também; gente de Annapolis, como os Rodgers. Lugar legal, Annapolis, as árvores de plátano malhado bem perto da água; um bom lugar para o bebê chegar enquanto ele estava fora, em Lorraine, tentando acabar com o Reich. Talvez já tivesse neve no chão em Maryland. Será que algum desses assuntos era assunto da América, por acaso são seus assuntos? Liberar os franceses? Para os infernos que eles tenham construído aquela droga da Linha Maginot para conter os alemães, ainda bem que eles a fizeram em 1940 e agora aqui estão os Panzers, enfiados neste buraco, caras de dezesseis anos e caras velhos, eles disseram, mas com certeza não soavam como garotos e aposentados. A Linha não era mais o que havia sido em 1940, eles disseram. Nenhuma eletricidade, depois que a cortamos. Quase nada para permitir a sobrevivência. Mas, para um exército sem perspectivas, eles estavam exibindo um show danado de bom. Então por que ele estava aqui? Ah, é mesmo: dever, honra, pátria, toda aquela bosta de cavalo de West Point. Ou era? Era uma guerra de West Point agora com Bradley e Eisenhower tomando as decisões. Elas tinham que ser boas. Ele ainda era um garoto, imaturo, dezessete anos, por Deus do céu, quando subiu o monte e vestiu seu uniforme cinza de cadete. A família o queria na Marinha, para onde foram ultimamente os Meigs, mas ele queria algo diferente. Talvez tivesse algo a ver com toda aquela dor, o pescoço quebrado; a escora de ferro que o prendia, o fazia ranger os dentes e sentir-se amaldiçoado se não fizesse as coisas do seu jeito. Obstinados, os Meigs. Talvez eles todos tivessem sido umas criancinhas intratáveis, o intendente e suas cordas de arame. Lá estavam eles no alto do monte Arlington, o velho rapaz e seu filho com as botas apontadas para as estrelas. Ele não estava pronto para juntar-se a eles, não por enquanto, não com o bebê chegando. Mas ele tinha um currículo de se meter em embrulhadas; aqueles acidentes de motocicletas em Forte Benning que quase acabaram com ele. Burro. Estava tarde, quão tarde? Precisava dar uma olhada nos mapas outra vez. Achar uma passagem. Mas é melhor dormir um pouco; esta é a segunda noite seguida; não é bom estar sonolento; é preciso estar atento para liderar o ataque amanhã, todo mundo no 23º dependia dele, era melhor achar um caminho para atravessar para Rohrbach, livrar-se da artilharia, dar para os caras no chão uma chance de lutar. Limpar a área, entrar na Deutschland, acabar com eles, gente boa vence, os malvados e os muito malvados perdem. Patton, Ike, todos eles felizes. A Europa livre dos torpes nazistas. Volta para casa. Volta para casa para o bebê Meigs. Será que foi um menino? Eles têm que chamá-lo de Montgomery. Bebê Monty. Por que não? Era assim que era.

Na manhã de 11 de dezembro, o tenente-coronel Montgomery Meigs liderou a primeira onda de ataques às posições alemãs em Rohrbach. Na noite anterior à batalha ele havia argumentado contra um ataque frontal aos canhões ocultos atrás de mais de seis metros de concreto. Ele perdeu a discussão. Foi morto instantaneamente quando estava na torre de tiro enquanto os tanques avançavam. No dia seguinte, o muito sofrido 23º Batalhão, apoiado por outras unidades da 12ª Cavalaria, conseguiu seu objetivo. Por sua "total despreocupação quanto à sua própria vida ao liderar seu batalhão", Montgomery Meigs foi homenageado postumamente com a Silver Star e o Purple Heart.

Sua viúva ficou preocupada quanto ao corpo, se deveria ou não ser levado de volta aos Estados Unidos, mas no final optou por colocá-lo para descansar no Cemitério Americano de Lorraine em Saint-Avold. Mas há um túmulo marcado com seu nome em Arlington.

Exatamente um mês depois da morte do pai, em 11 de janeiro de 1945, seu filho nasceu. Sua mãe deu a ele o nome de Montgomery C. Meigs.

PARTE II

FERVOR AMERICANO

Ouçam-me, diz Obama, ouçam-me e vocês captarão o futuro da América. No entanto, presto atenção e o que escuto é o passado americano — não um peso morto atrelado ao slogan "mudança", apenas o chão firme sob o dirigível de alto voo de sua retórica. O futuro da América é todo ele uma visão, numinoso, informe, zonzo de expectativa. Já o passado é um bolo fofo de tanta verdade moderadora. No meio está o mercurial Presente, gotas de júbilo resplandecente que escorrem e se dispersam, resistindo a definições prosaicas. Obama quer personificar todos esses tempos. Por isso, conduz seus ouvintes à próxima terra prometida, através de Selma, Alabama, da década de 1960, e de Gettysburg, da década de 1860. Seu esforço para reativar um sentido de comunidade nacional insinua outro Grande Despertar,* mas ele sabe tudo sobre o primeiro reavivamento espiritual, no século XVIII, e sobre o segundo, no XIX; reviravoltas da alma que mudaram o país. Esse apego ao passado não é somente exibicionismo cultural, o caminho certo para perder votos nos Estados Unidos. É, antes, a nota ornamental no "acorde místico da memória" de Lin-

---

* No original, *Great Awakening*: expressão usada pelos historiadores americanos para designar as ondas de grande fervor religioso coletivo que marcaram a vida do país. (N. T.)

coln; a sonoridade sem a qual os apelos destinados a invocar o espírito americano em tempos difíceis não passam de frases de efeito.

Ouçam-me, diz Obama, comprovem o Cícero que existe em mim, meu ritmo calculado, ora legato, ora staccato, este último executado com os olhos apertados, os lábios ligeiramente cerrados entre as pausas deliberadas; a cabeça imóvel e meio virada de lado, como que à espera de sugestões dos ancestrais. Quem você está ouvindo agora? Você ouve meu aval, uma pregação ainda maior, mais profunda: Martin Luther King. Eu sou o fruto do que ele semeou; o galardão de seu sacrifício.

Mas, quando vejo milhões de pessoas se dispondo a votar num afro-americano, num américo-africano, num kansasniano-queniano vindo de Honolulu, da *Harvard Law Review* e das seções eleitorais de Chicago, lembro-me de uma pessoa bem diferente, que possibilitou a indicação de Obama como candidato. Escuto uma negrona do Delta, filha de pastor, com os olhos arregalados de tanta determinação, a testa vincada de emoção; dona de pulmões evangelizantes, suando em seu vestido estampado no calçadão de Atlantic City. Escuto-a quando ela começa, a voz rouca de tantos hinos entoados em situações de perigo, uma voz que prendia as pessoas como uma chave de braço. "Vai e anuncia do alto da montanha", ela canta, "Sobre os montes e em toooda paaaaarte",* e o canto passa sobre os carros de polícia que se aproximam, sobre os vendedores de balas *toffee*, pelos políticos de cabelo à escovinha, que, com seus paletós de riscado amassados, correm para seu encontro com a história; todo mundo fazendo de conta que ela não está ali, essa mulher constrangedora, impressionante, desajeitada, veemente, de olhos entrecerrados, os cachos molhados colados na testa, balançando-se um pouco enquanto dá tudo que tem. O coral ganha em volume e perde em harmonia, inchado agora com as vozes de estudantes e militantes dos direitos civis, negros e brancos, nem todos abençoados com uma perfeita afinação, enfileirados atrás dela junto da parede do centro de convenções. Os homens das pastas de couro a estarão ouvindo lá dentro? O som parece repercutir no edifício e flutuar sobre o oceano Atlântico, verde e meio manchado... "Que Jesuuuus Cristo nasceu." É dela que me lembro: Fannie Lou Hamer.

* Versos de "Tell it on the mountain", canção do gênero *spiritual* do século XIX que ficou famosa ao ser gravada pelo grupo Peter, Paul & Mary em 1963. (N. T.)

13. ATLANTIC CITY, AGOSTO DE 1964

Fannie Lou parecia-me uma santa desgrenhada, mas, afinal, o que eu sabia? Estava com dezenove anos e editava uma revista universitária que tinha o reticente nome de *Cambridge Opinion*. Em 1964, tínhamos opiniões de sobra a respeito de praticamente tudo, de Harold Wilson a Wilson Pickett,* mas editorialmente nos limitávamos a um único assunto por edição. Uma vez por semestre a revista opinava sobre, digamos, a Situação das Prisões ou os Caminhos da Arte Moderna Britânica (pois existia uma), sempre em tom solene, defensivo, em maiúsculas. A edição que estava para sair cobriria um tema pouco importante, o destino dos Estados Unidos num ano de eleição. Meu amigo, coeditor e gerente comercial, e eu zarpamos para lá no *Aurelia*, que tinha sido, até algum tempo antes, um navio de apoio a submarinos e agora fora transformado em navio de turismo para estudantes. Com um tempo de viagem previsto de cerca de dez dias, mais ou menos o mesmo que Dickens levara um século antes, o *Aurelia* encontrou logo de saída um vendaval traquinas que arruinou as bem-comportadas intenções de promover a Boa Vontade Entre as Nações: nada de estabilizadores, nada de "Kumbaya".** Enquanto o navio corcoveava entre as ondas, flâmulas abandonadas com mensagens internacionalistas edificantes se perdiam em sua esteira. Um dos monitores inspecionava a sala de jogos com ar preocupado, perguntando se alguém tinha visto Os Belgas. Ninguém sabia deles. Restos de pratos de massas italianas, escarlates, enfeitavam os conveses, para irritação dos comissários napolitanos, que se detinham diante daqueles montinhos tristes e confrontavam os que, eles supunham, pudessem ser os responsáveis, perguntando em tom acusador: "seu?". O que os pretensos culpados deveriam fazer não estava claro, mas seguia-se uma agressiva limpeza com esfregões.

Achávamos que conhecíamos os Estados Unidos, mas o que realmente conhecíamos eram Malamud, Bellow, Baldwin, o que era coisa inteiramente

---

* Harold Wilson: primeiro-ministro britânico em 1964-70 e 1974-6 pelo Partido Trabalhista; Wilson Pickett: cantor afro-americano de música soul de grande sucesso na década de 1960. (N. E.)

** *Spiritual* dos anos 1930 originário da Carolina do Sul. Gravado pela cantora folk Joan Baez em 1962, ganhou popularidade e passou a ser associado ao movimento pelos direitos civis. (N. E.)

155

diferente. Afora os museus elegantes da Quinta Avenida e os trechos mais legais da Park e da Madison — onde, se agíssemos direito e adotássemos um sotaque de Oxbridge certamente iríamos dar de cara com Holly Golightly —, Nova York parecia lúgubre e assustadora. Quando o termômetro chegava ao meio da casa dos trinta, os transeuntes diminuíam o passo, ofegantes, indo ou vindo da Grand Central, com o suor pingando na camisa de popeline. A cidade tentava corajosamente mostrar sua expressão de boas-vindas, pois uma Feira Mundial estava sendo inaugurada em Flushing Meadows. Pavilhões modernistas, de aço e pinho, comemoravam as realizações da General Electric ou a alvorada da era do jato. Muita coisa ali era grátis. Se você investigasse Os Encantos da Noruega, uma loura de tranças o saudava, hospitaleira, oferecendo sardinhas com torradas de centeio. *Takk*, Solveig. No pavilhão da Ford, o Mustang, novo em folha e perigosamente sexy, estava sendo exibido por rapazes musculosos metidos em blazers. Mas lá na fornolândia, NY, a via expressa de Long Island tinha virado uma área de estacionamento, e os motoristas só estavam agravando suas úlceras, debruçando-se sobre as buzinas e perdendo a paciência com as crianças.

A verdade nada surpreendente era que, embora JFK tivesse sido enterrado em Arlington, a ferida que fora aberta no sistema político americano naquele dia fatídico de novembro do ano anterior recusava-se obstinadamente a desaparecer ou, ao menos, cicatrizar. Sem o sorriso juvenil de Kennedy, que de alguma forma parecia prometer que tudo estaria bem com os Estados Unidos apesar de todas as indicações em contrário, a chaga no sistema político tinha supurado. A América que havia amado Kennedy (e grande parte dela não estava nessa) vinha se esforçando ao máximo para conformar-se com Lyndon Johnson, mas estava achando difícil. Em parte isso era apenas nariz empinado da Costa Leste, uma recusa a acreditar que o esplendor de Camelot tinha ido parar nas mãos de um texano vindo das margens do rio Pedernales, com bosta de cavalo nos sapatos. No Century e no Knickerbocker, clubes tradicionais da elite intelectual e econômica da cidade de Nova York, ninguém esperava ver Pablo Casals dar as caras tão cedo de novo na avenida Pensilvânia, 1600.*

---

* Endereço da Casa Branca em Washington. (N. T.)

Mais sérias eram as apreensões da América negra. Depois do assassinato de Kennedy, de início seus líderes pensaram que a agenda de direitos civis que o presidente defendia tivesse desaparecido com ele; aliás, essa devia ter sido a razão para sua eliminação. Mas, embora não existisse nenhuma simpatia mútua entre Lyndon Johnson e Bobby Kennedy, este ainda procurador-geral, Johnson havia assumido a causa dos direitos civis como se fosse uma bandeira sua desde o começo. Tinha até, ainda que a contragosto, ajudado a lançar a campanha de Kennedy para o Senado em Nova York, apresentando o homem que detestava como "dinâmico", "compassivo" e "liberal". No Senado, Kennedy foi menos uma pedra no sapato de Johnson do que no Departamento de Justiça. Buscando o apoio de quem quer que fosse no Congresso, Johnson fez aprovar leis que acabavam com a segregação na educação e em qualquer local público: não haveria mais espaços separados em restaurantes, lanchonetes ou salas de aula. A Lei dos Direitos Civis foi sancionada em 2 de julho de 1964. Dizem que, ao assinar a lei, Johnson comentou que o Sul estaria perdido para os democratas durante uma geração.

A partir de quando, exatamente? Johnson esperava que não fosse na eleição que estava por acontecer, na qual ele concorreria com Barry Goldwater, o incendiário conservador do Arizona que vinha cantando exatamente o tipo de música que os desprezíveis democratas sulistas queriam ouvir: que a legislação dos direitos civis violava a santidade dos "direitos dos estados" — desde a guerra civil um eufemismo para racismo institucionalizado. Assim, ainda que o presidente falasse bastante em "acabar com a pobreza e a injustiça social na América", não estava nada claro o que ele faria para fazer cumprir a nova legislação. E havia uma questão imediata que os artigos da Lei dos Direitos Civis não tinham resolvido: a inscrição dos negros no registro eleitoral. A Décima Quinta Emenda à Constituição, ratificada em 1870, proibira qualquer obstrução ao direito de voto dos cidadãos com base na raça ou na cor. (A Décima Quarta Emenda já havia concedido cidadania a qualquer pessoa que tivesse nascido nos Estados Unidos ou se naturalizado.) E durante algum tempo, nos estados do Sul derrotado, mais negros do que brancos exerceram o direito de voto. Mas tudo isso mudou com a eleição de 1876, na qual o republicano Rutherford B. Hayes recebeu menos votos populares que seu adversário democrata Samuel Tilden, e mesmo assim garantiu os votos do colégio eleitoral. No entanto, o presidente Hayes precisou pagar um preço por isso — deixar de fazer cumprir a Décima Quinta Emenda. Ao tomar posse, em 1877, Hayes teve a cara de pau de prometer que protegeria os direitos civis dos negros, mesmo sabendo que havia prometido retirar as tropas federais do Sul. Seria necessário quase um século para que essa traição fosse reparada. Nesse ínterim, os negros do Sul, além de sofrerem todo tipo de discriminação no trabalho e em lugares públicos, haviam sido mantidos longe do registro eleitoral por meio de questionários cuidadosamente preparados para testar seus conhecimentos sobre as constituições estaduais — com perguntas que poucos brancos saberiam responder. No Mississippi, em 1963, só estavam inscritos 7 mil eleitores negros, num possível universo de 450 mil. Havia sido prometida uma Lei de Direitos de Voto suplementar, porém líderes negros menos crédulos que Martin Luther King não acreditavam que o presidente se dispusesse a perder o que restava de sua base sulista insistindo demasiado na medida. Nasceu assim uma campanha de ação prática, o Projeto Verão no Mississippi, chamado por aqueles que dele participaram de "Verão da Liberdade": mil voluntários, do Norte e do Sul, negros e brancos, agindo num clima de violenta hostilidade, para fazer com que afro-americanos fossem registrados como eleitores no Mississippi e para testar a força da Lei dos Direitos Civis. Na terceira semana de junho, três desses voluntários — James Chaney, um negro do Mississippi, Michael Schwerner e Andrew Goodman, ambos judeus brancos de Nova York — foram presos no condado de Neshoba por excesso de velocidade. Detidos por pouco tempo na cadeia de uma cidadezinha chamada Filadélfia, onde lhes serviram um jantar de bolinhos de fubá, ervilhas e batatas, foram liberados e receberam ordens de sair do condado. Saíram na direção de Meridian, mas não chegaram lá. Integrantes da Ku Klux Klan, que lotavam dois carros, os interceptaram, balearam os dois judeus no coração, surraram Chaney até ele virar uma pasta e depois lhe deram um tiro na cabeça.

Os corpos não foram encontrados durante meses. O governador do Mississippi protestou contra o clamor público, dizendo que nada sabia daquilo e que para ele os três poderiam estar em Cuba. Mas o sinistro desaparecimento dos militantes do Projeto Verão no Mississippi foi interpretado — como queriam que fosse — como uma declaração de guerra à Lei dos Direitos Civis por parte do Sul segregacionista, que incluía senadores democratas como James

Eastland, proprietário rural. Inconformados com o que o presidente, que agora demonizavam como traidor da raça, tinha feito, os democratas do Mississippi apoiaram Goldwater em peso. A dissidência deu aos militantes dos direitos civis a oportunidade de propor que a delegação democrata à convenção do partido em Atlantic City, formada exclusivamente de brancos, fosse substituída por delegados de uma agremiação recém-fundada, o Partido Democrata da Liberdade do Mississippi (MFDP — Mississippi Freedom Democratic Party), que, pela primeira vez, representaria toda a população do estado. Numa convenção improvisada em julho, foram indicados 68 delegados, entre os quais, como vice-presidente do novo partido, Fannie Lou Hamer, colhedora de algodão de Ruleville, perto de Greenwood, foco do incipiente movimento pelos direitos civis no Delta. No verão de 1964, ela já se acostumara às ameaças diárias de morte contra ela e sua família, pela ousadia de levar negros a seções eleitorais. Balas entravam pelas janelas de sua sala. Esterilizada quando jovem, sem seu conhecimento, Fannie Lou tivera o corpo violado novamente em Winona, Mississippi, depois de participar de uma Oficina de Registro de Eleitores. "Vamos fazer você ter vontade de morrer", tinha dito o xerife, enquanto Fannie Lou era espancada. Mas, embora o olho meio fechado que vimos em Atlantic City fosse o resultado de uma dessas agressões, ela nunca teve essa vontade. Para Fannie Lou, aquilo era o que os cristãos sofriam pela causa do Senhor. E nunca parou de cantar e de ser sempre um estorvo.

Na terceira semana de agosto, Fannie Lou Hamer fez a longa viagem de ônibus do Delta a Atlantic City. Eu fiz a viagem muito mais curta a partir de Nova York. Meu ônibus tinha ar-condicionado; o de Fannie Lou, não. Mas eu sentia o cheiro de encrenca, e corri em sua direção. Meu amigo e eu estávamos munidos de nossas credenciais de imprensa: crachazinhos de plástico azul, que traziam, sem nenhuma intenção de ironia (assim esperávamos), o nome *Cambridge Opinion*. Como tínhamos conseguido isso? Por meio de um bruxo político irlandês-americano, na época secretário-assistente do Trabalho no governo Johnson e que, por acaso, era também Daniel Patrick Moynihan. Sociólogo formado em Harvard (e, anos depois, senador por Nova York), Moynihan era um velho amigo de meu professor de história em Cambridge, J. H. Plumb, que me disse, meio distraído, que, se eu realmente queria ver o avesso da política americana, devia escrever uma carta a "Pat". Claro, pensei, descrente da possibilidade de que dois alunos de graduação fossem levados a sério pelo autor de *Beyond the melting pot*, na época a última palavra sobre o destino do sonho dos imigrantes para a América. Mas o que eu tinha a perder? Do aconchego da casa de vila de meu tio-avô Joe Steinberg, no Brooklyn, escrevi: "Prezado sr. Moynihan, perdoe minha intrusão em sua agenda sobrecarregada, mas o professor Plumb imaginou que haveria uma leve possibilidade de que o senhor [...]". Mais depressa que o Papa-Léguas, chegou para mim um pesado envelope creme que nos convidava para uma audiência em Washington.

Era um daqueles dias escaldantes de Washington, em que mais se espera ver camelos carregando turistas no Mall em vez de ônibus. Sofrer uma insolação era uma possibilidade real, só de atravessar a avenida Pensilvânia até o Departamento do Trabalho, uma daquelas monstruosidades neoclássicas de cantaria construídas na virada do século passado para dar ao governo americano um ar de inevitabilidade paternalista: por fora, calcário abrasador; dentro, granito polido e nogueira com verniz escuro. O Departamento do Trabalho, que tinha então como titular um certo Willard Wirtz, havia assumido um inesperado ar de renovada importância após a declaração de "guerra à pobreza" de LBJ — ainda que um malfadado conflito com o Vietnã do Norte fosse a guerra imediata no espírito de Washington, depois que navios americanos foram atacados no golfo de Tonquim. No frenesi de fúria patriótica que previsivelmente se seguira, Johnson tinha aproveitado a ocasião para arrancar do Congresso uma resolução que lhe dava poderes de guerra com uma amplitude e uma indefinição sem precedentes. Havia alguma coisa suspeita em toda a história. Afinal, o que era mesmo que aqueles contratorpedeiros estavam fazendo lá?, meu amigo e eu perguntamos, para quem quisesse ouvir, numa sala cheia de alunos da Universidade de Georgetown. Logo vimos que aquilo tinha sido uma má ideia. Os estudantes declararam-se investidos de poderes de guerra semelhantes, e estiveram prestes a usá-los contra nós.

Por isso, foi bom sermos recebidos pela mão estendida de Daniel Patrick Moynihan. Seu rosto era da cor de um cravo no verão, no meio do qual estava plantado um sorriso malandro. Ele tinha nascido no Oklahoma, mas crescera na área de Nova York conhecida como Hell's Kitchen, onde engraxava sapatos por moedas de 25 centavos, enquanto a mãe dirigia um bar de terceira categoria. Com seus olhos escuros brilhantes e lábios de anjinho, Pat era o retrato fiel do querubim decaído que apreciava um trago de vez em quando. (Quando se tornou embaixador em Nova Delhi, correram histórias sobre seus uísques triplos no café da manhã, seguidos de um mergulho revigorante na piscina da embaixada, após o que ele estava mais que aceso para tomar decisões.) E a voz combinava com o resto: uma cadência alegre, tão gingante e redonda que parecia vir de uma boca sempre cheia de *humbugs* de hortelã. Fizemos para ele nossos discursinhos, enquanto ele sorria, nosso novo tio no ardiloso mundo de Washington, e a seguir ele nos disse que estava providenciando nossas credenciais de imprensa para a convenção, mas que talvez fosse boa ideia irmos às audiências sobre a plataforma do partido, no momento em plena atividade num hotel de Washington. Que audiências eram essas?, quisemos saber. "Ah", disse Pat, "é onde as organizações interessadas [ele pronunciou essa palavra mais devagar, dando-lhe um tom de ironia] apresentam ao partido seus pontos de vista sobre tudo o que as preocupa ou consideram importante, e aí, a partir do resultado dessas deliberações, um comitê redige a plataforma do partido para a convenção." Aquilo nos pareceu mesmo uma boa ideia. Ficamos gratos, assistimos realmente a reuniões, ouvimos discursos sobre relações raciais e direitos civis, educação, condições de trabalho, e voltamos a falar com nosso mentor. "O que vocês acharam?", perguntou. Informativo, respondemos, omitindo o advérbio "monotonamente", para não parecermos mal-agradecidos. Notei sobre sua mesa um grosso documento branco, em cuja capa estava escrito CONVENÇÃO DO PARTIDO DEMOCRATA DE 1964. "Devo ler esse documento antes da convenção?", perguntei atrevidamente a nosso mentor. "Acho que sim", ele respondeu, abrindo um de seus sorrisos mais matreiros. "É a plataforma do partido." Meio perplexo, comecei a dizer: "Mas eu entendi o senhor dizer que [...]", e não terminei a frase. A expressão maliciosa do secretário-assistente do Trabalho, tipicamente irlandesa, transmudou-se no sorriso largo e fixo do gato de Cheshire.

Em Atlantic City, conheci Liz Moynihan, mulher de Pat e supervisora de suas atividades, uma texana, e portanto um elo crucial entre a aliança dos irlandeses de Kennedy e a turma de Johnson em Austin. A importância dessa ponte entre dois grupos hostis ficou mais evidente quando Pat me levou a uma recepção que se destinava, ostensivamente, a arrecadar fundos para a Biblioteca Memorial Kennedy, planejada em Boston, mas que para qualquer pessoa com olhos e ouvidos era Camelot em noite de coquetel. Lá estava o historiador da corte, Arthur Schlesinger, ostentando sua gravata-borboleta; lá estavam Bobby e Teddy, que não conversavam. O longo velório do herói caído ainda continuava. Pessoas emocionavam-se diante da foto de JFK e JohnJohn na praia. Mas, em meio aos salgadinhos, também pesavam no ar planos para o Segundo Ato, a ser lançado com a campanha de Bobby para o Senado. Pat, obviamente recrutado como escudeiro, estava muito compenetrado em seu papel de articulador, cercado por cortesãos marginalizados. Em dado momento, enquanto sacudia vigorosamente a cabeça e começava um de seus animados solilóquios, deu comigo, fez uma pausa e dirigiu-me uma piscadela conspiratória.

Saí da festa inebriado com minhas informações de bem informado precoce. Voltando pelo calçadão e passando diante da entrada do centro de convenções, ouvi pela primeira vez aquela voz. Ela cantava "We shall overcome"[Nós venceremos],* e a ela se reunira um coro de grande majestade, como se Mahalia Jackson, Aretha e Odetta e praticamente todas as vozes que um dia haviam se levantado com dolorosa esperança tivessem se juntado para ensaiar em Atlantic City. Os Beatles iriam se apresentar ali depois que acabasse a convenção, e eu estava descaradamente tirando proveito do entusiasmo dos fãs. "Você conhece Lennon?", me perguntavam. "*Loike a bruhther*",** eu respondia, fazendo a voz mais glótica que conseguia. Mas, agora, eles que ficassem com "A hard day's night". A música que eu queria era a que estava ouvindo.

Mas quem eram os bandidos? Um bolo de gente havia se reunido em torno da carcaça de um Ford azul que tinha sido trazido de caminhão, do Mississippi, para o calçadão. O carro estava todo queimado, com o estofamento de Naugahyde ainda exalando um cheiro ardido. Aquilo era o que a Klan tinha feito; o que os democratas da Liberdade eram contra. Também estavam contra o poder da presidência. Porque Johnson — que achava que já tinha se arriscado demais em favor do pessoal dos direitos civis — estava furioso com o desafio dos democratas da Liberdade. Fannie Lou, sua representante mais

---

* Canção de protesto composta a partir de diversos gospels do início do século XX por um grupo de músicos estudiosos do folclore americano e gravada pela primeira vez em 1952. Joan Baez a celebrizou ao cantá-la na Marcha sobre Washington em 1963. (N. T.)

** "Como um irmão" com sotaque britânico. (N. T.)

insistente e loquaz, tinha deixado claro que ia levar o caso ao Comitê de Credenciais, e no caso de garantir apenas onze votos de seus membros, teria apoio suficiente para levar o caso ao plenário da convenção. Cada delegação estadual votaria então, para determinar se os democratas da Liberdade deveriam substituir a delegação original do Mississippi. O constrangimento que tal situação representaria para a pretensão de Lyndon Johnson de personificar uma Reunificação Americana, depois do trauma, era um pesadelo. O que tinha sido planejado para ser uma coroação podia transformar-se numa farsa caótica.

A coisa só fez piorar quando Fannie Lou expôs o caso publicamente perante o Comitê de Credenciais. Para desgosto de LBJ, a agitação ambulante no calçadão e a cisão no movimento pelos direitos civis haviam chamado a atenção da mídia. Quando ela se levantou para falar, dando seu nome e endereço e acrescentando de propósito o nome de James Eastland, senador pelo Mississippi, que havia se bandeado para o lado de Goldwater, as câmeras de todas as redes de tevê estavam apontadas para ela. O vozeirão bonito soava com grave determinação, com uma paixão trágica, contando sua biografia. "Se o Partido Democrata da Liberdade não for investido de representatividade hoje, eu questiono a América", disse ela. "Que América é esta em que temos de dormir com o fone fora do gancho porque somos ameaçados todos os dias, só porque queremos nos inscrever para votar e ser cidadãos de primeira classe?"

Transtornado, LBJ convocou uma inesperada entrevista coletiva sobre um assunto inconsequente qualquer, só para desviar as câmeras da mulher (ele se referiu a ela em termos mais grosseiros) que havia agora se tornado menos uma inconveniência do que uma temível adversária. Emissários foram mandados a Atlantic City para convencer o MFDP a ser Racional. Fez-se uma proposta. Em hipótese alguma a liderança do partido aceitaria toda a delegação do MFDP, mas dois de seus membros, negros, poderiam juntar-se à delegação branca oficial. O senador Hubert Humphrey, paladino dos direitos civis desde 1948 e um dos favoritos para ser o candidato a vice-presidente, na chapa de LBJ, levou a proposta a Fannie Lou. Ela não quis nem ouvir falar no assunto. O resultado de tanto esforço, perigos e sofrimento seria só aquilo? Exasperado, o pequeno Humpty Hubert,* com a cara de ovo empalidecendo,

---

* Trocadilho com o nome do personagem da literatura infantil em língua inglesa Humpty

perguntou à negrona de Ruleville: "Afinal, senhora Hamer, o que a senhora *quer*?". "Ora, senhor Humphrey", respondeu ela, olhando com meiguice para Humpty, "o senhor não sabe? O reino de Deus, é isso que eu quero."

Fannie Lou não obteve o que queria. lbj recorreu a mais alguns apoios fortes; ameaçou não liberar um centavo para um programa contra a pobreza aqui, um orçamento escolar ali, e, vejam só, o número de membros do Comitê de Credenciais simpáticos ao Partido da Liberdade começou a diminuir. Martin Luther King não se dispunha a ser visto na companhia de membros do mfdp. E quem iria criticá-lo? Havia um inimigo a ser combatido, e seu Nome era Goldwater. Se todo mundo se comportasse direitinho, uma Lei de Direitos de Voto estaria aprovada no ano seguinte ao da eleição. Por que sacudir o barco? Os jogadores dos cassinos de Atlantic City acharam uma coisa nova em que apostar seu dinheiro: quantos seriam os que a cada dia estariam cantando junto de Fannie Lou? Um dia, ela chegou ao calçadão e o enorme coro tinha se reduzido a um conjunto de câmara. Instada mais uma vez a ser racional, ela se obstinou em recusar uma proposta tão aviltante. Isso foi o fim; proposta retirada. A coroação podia agora prosseguir. Na noite da indicação, Johnson, até então oculto da vista pública como uma noiva misteriosamente envolta em véus, foi içado ao palco por um elevador hidráulico, debaixo de uma ovação de correligionários, enquanto caía do alto uma chuva de cauboizinhos de plástico descendo de paraquedas. Uma semana depois, no centro de convenções, os Fab Four cantavam "I should have known better", diante de multidões tomadas de delírio orgástico, ao mesmo tempo que, a uma hora de carro dali, a zona norte de Filadélfia pegava fogo no primeiro distúrbio racial do ano num gueto negro. Fannie Lou voltou para Ruleville para ver como Jesus estava passando.

14. SALVO

Hubert, o Guerreiro Feliz, pode ter ficado estupefato ou achado graça da ingenuidade da resposta de Fannie Lou à sua proposta presidencial, mas ela

---

Dumpty, um ovo cuja representação gráfica se assemelha à aparência física de Hubert Humphrey. (N. T.)

falou com toda a seriedade. Ela realmente queria o Reino de Jesus nos Estados Unidos. As pessoas não falavam daquele jeito no Minnesota de Humphrey? (Na verdade, falavam sim, na pradaria.) E decerto falavam daquele jeito no Sul Profundo quando havia erros a serem corrigidos. Havia, sem dúvida, jovens militantes da Comissão Coordenadora Estudantil da Não-Violência (SNCC — Student Non-Violent Coordinating Committee), como Stokely Carmichael, cuja decepção com os democratas depois de Atlantic City os levou não para Jesus, mas para Malcolm X e os Panteras Negras. Mas o núcleo do movimento pelos direitos civis ainda pensava em si mesmo como um ministério. Tire-se a pregação de Martin *Luther* King e pode-se ter uma ideia da capacidade de sua eloquência para fazer os Estados Unidos se envergonharem e honrarem os preceitos com base nos quais o país tinha sido fundado. Se a promessa descumprida da Declaração de Independência — a de que "todos os homens foram criados iguais" — era rotineiramente invocada contra a segregação e o racismo, também era invocado o trecho da Epístola de são Paulo aos Gálatas (3,28) em que o apóstolo declarava que "Nisto não há judeu nem grego; não há servo nem livre; não há macho nem fêmea; porque todos vós sois um em Cristo Jesus". Foi exatamente pelo fato de as igrejas negras ousarem insistir numa irmandade cristã não racista que seus santuários se tornaram alvos de incêndios criminosos e atentados a bombas. O motivo pelo qual Chaney, Goodman e Schwerner foram escolhidos para serem assassinados foi terem bisbilhotado as ruínas da Igreja Metodista Monte Sião, perto de Filadélfia, no Mississippi, o lugar que o Projeto Verão havia escolhido como centro educacional com relação aos direitos civis e registro de eleitores. Não era para fazer os crioulos ficarem irritados por causa de coisas com que não deviam se meter que existiam as igrejas, pensava a Klan. Droga, de qualquer modo aqueles pastores eram todos comunistas com colarinhos clericais.

Mas era exatamente para aquilo que existiam as igrejas. Para levar os afro-americanos do Sul, na verdade de todo o país, a erguerem a voz e enfrentarem coisas que durante muito tempo tinham relutado ou receado fazer: sentar no lado errado dos balcões de lanchonetes, viajar nos assentos errados dos ônibus. Mas arriscar a vida para fazer essas coisas era inconcebível sem a exortação dos pastores. Quando aconselharam outro membro do bando de reverendos, Fred Shuttleworth, cuja casa tinha sido dinamitada pela Klan, a sair de Birmingham, Alabama, o mais depressa que pudesse, ele deu uma resposta típica: "Não fui salvo para fugir". O mesmo diriam outros membros do ministério — o próprio King, naturalmente, mas também Ralph Abernathy e Joseph Lowery, todos do Alabama. Quando decidiram lutar firmemente pela liberdade, passaram a considerar-se herdeiros da longa história das igrejas negras, desde os convertidos clandestinos das *plantations* baseadas na mão de obra escrava até os pregadores itinerantes do Sul e do Norte do período pré-guerra; dos abolicionistas militantes que convocaram a América a uma prestação de contas cristã quanto ao pecado original da República; e das igrejas que haviam proporcionado socorro e solidariedade durante quase um século de segregação dos negros.

E foi por isso que quando Barack Obama passou a ser criticado por sua ligação com o belicoso Jeremiah Wright, que durante muito tempo havia sido seu pastor na Igreja da Trindade Unida em Cristo, em Chicago, sua reação imediata foi histórica, e não polêmica. Num discurso feito em Filadélfia, recusando-se a fugir do assunto, Obama tentou dar uma explicação para a união de raça e religião nos Estados Unidos; para o lugar da inconveniente paixão na Igreja negra. Lembrou que quando tomou contato com os brados e as palmas do culto negro, viu aquilo como uma recuperação de "um momento do qual não tínhamos que sentir vergonha"; a recuperação de "sofrimentos e triunfo, ao mesmo tempo pessoal e universal, negro e mais que negro". A raiva incorporada a essas recordações, disse, era real, ainda que muitas vezes improdutiva. "Desejar que ela desapareça [...] sem entender suas raízes só serve para ampliar o abismo de incompreensão que existe entre as raças." E de repente o momento na história americana pareceu maior que um ajuste político; e mais parecido com uma exortação ao reestabelecimento de uma comunidade moral nos Estados Unidos. Levar a religião a sério, parece que Obama está dizendo, não é uma coisa que deva dividir o país mais profundamente, porém uma coisa que, na verdade, poderia uni-lo; uma coisa que a América branca poderia sentir com a mesma intensidade que a América negra. E a seguir ele abordou, com simpatia, o que sabia ser a raiva *branca*. Juntem-se as duas paixões e talvez ocorra uma transformação, ele diz.

Mas a raiva branca não está muito evidente em Woodstock (não, não *aquela* Woodstock, mas a situada a mais ou menos cinquenta quilômetros a noroeste de Atlanta, cercada por campos de golfe muitíssimo bem cuidados). A Primeira Igreja Batista fica no extremo de um longo caminho de entrada e tem o tamanho aproximado de um terminal de aeroporto de uma cidade interiorana, só que muito mais bem montada. E, se a ideia que você faz de uma casa de oração envolve pedras calcárias, umidade, cheiro de mofo e genuflexórios desgastados, é melhor procurar Barchester.* Pois a Primeira Igreja Batista é perfumada. A mesa de recepção é adornada com flores recém-colhidas; os pisos são de porcelanato e pedra. As altas paredes de vidro têm uma tonalidade sutil, o suficiente para deixar passar a luz, mas não o calor. Escadas rolantes transportam silenciosamente os fiéis (eles são 7 mil no culto "tradicional" desta manhã de domingo) em direção a textos dourados que, gravados nas paredes, proclamam o misericordioso amor de Deus.

E por que não? O pastor Johnny Hunt me explica que, do mesmo modo como atualmente as pessoas desejam escolher o shopping center a que querem ir, também querem escolher sua igreja. "Assim são as coisas", diz ele com sua aveludada voz de barítono, abrindo um sorriso fulgurante de dentes branquíssimos. Estamos numa sala da escola dominical, antes do culto da manhã, e o templo se enche depressa de homens altos com calças chinos e camisas de golfe Ralph Lauren e mulheres muito alinhadas em suas suedines e casimiras. O perfume que paira sobre a análise de um texto de Miqueias é Chanel, e não incenso. Vigoroso como um galo de briga, com os cabelos prateados e ondulados, gravata verde-clara e aquele sorriso insinuante, o pastor Johnny sabe perfeitamente o que está fazendo. Ele presta serviços completos. A Primeira Igreja Batista de Woodstock é, na verdade, uma cidadezinha que funciona. Sua receita é segura; sua contabilidade, transparente; sua missão, clara; sua mensagem, benigna; e sua disposição, jovial. De qual empresa ou, aliás, de qual país independente de porte médio se poderia dizer o mesmo? A Primeira Igreja Batista é o governo que as pessoas bem de vida da Grande Atlanta achavam que não desejavam ou de que não tinham necessidade. Vem completa, com escolas, uma faculdade, serviços médicos, assistentes sociais; entretenimento (o rock cristão é um negócio de muitos milhões de dólares), mecanismos de aposentadoria e um agente funerário. O que o pastor Johnny compreende é que, apesar de todas as afirmativas jactanciosas de intenso individualismo que se ouvem nos programas de rádio de direita, os americanos de classe mé-

---

* Referência ao romance *As torres de Barchester* (1857), de Anthony Trollope, que trata do jogo de poder entre eclesiásticos. (N. T.)

dia se sentem solitários; estão infelizes por causa da perda de um senso de comunidade. Mesmo que seus pais e avós não vissem a hora de fugir dos bairros de imigrantes para os subúrbios verdejantes, ficaram surpresos ao descobrir que aquilo de que precisavam, mais ainda que dos 750 metros quadrados de McMansão, da garagem para quatro carros, do título perpétuo do Country Club e do fogão Viking Range, era companheirismo, uma imposição de mãos; o consolo da ligação social num universo de fechado individualismo. É isso que desejam, quer tenham estado a malhar desesperadamente na academia ou a se matar de trabalhar no escritório. E desejam isso *muito* mais do que desejam um evangélico na avenida Pensilvânia, 1600, dedicado, na medida em que a Suprema Corte e a Constituição permitem, a proscrever o aborto e o casamento gay.

O pastor Johnny compreende a solidão americana, e seu sorriso de alta energia informa a seu rebanho que quando ele deplora a transgressão, sabe do que está falando. Não faz tanto tempo (algumas décadas), Johnny Hunt, meio índio lambee, exímio jogador de sinuca, cuja vida era medida por garrafas de cerveja, estava a caçar mulheres em bares e becos. Aconteceu então — não é sempre assim? — que foi salvo por Janet Chefe-de-Torcida e seus bastões rodopiantes. ("Notei como o bastão dela era bonito.") Janet está na escola dominical também; a maquiagem não encobre completamente sua evidente doçura e seus cabelos são repartidos impecavelmente. Mais tarde, em seu sermão, Johnny a homenagearia publicamente como sua redentora pessoal, lado a lado com Jesus, sem nenhum sinal de constrangimento. Mas Janet já deve estar habituada a isso. Antes que se comece a falar de Miqueias e Isaías, há Os Anúncios, que vêm a ser, na verdade, a ordem do dia da Primeira Igreja Batista: uma intercessão em forma de oração por Rhonda e Mark, que juntos têm de enfrentar outra rodada de quimioterapia; o apoio à Missão na Argentina (o protestantismo evangélico está fazendo sucesso entre os *gauchos*); voluntários que se apresentam para o programa Igreja nas Ruas, que vai até as zonas mais perigosas de Atlanta para prestar ajuda aos sem-teto e aos viciados. Perguntei a Johnny a respeito das condições ligadas a essa ajuda. "Nenhuma", ele respondeu, sem nenhuma atitude defensiva. "Se eles quiserem aceitar o Senhor, como eu aceitei, são muito bem-vindos, mas de qualquer maneira damos o que podemos." E a gente acredita nele, porque, embora cada fibra de nosso cérebro cético-agnóstico esteja bradando NÃO, o resto do corpo reconhece que aquele ali é um pastor decente (e elegantemente vestido).

Os letreiros nos assentos do vasto salão em forma de anfiteatro diziam "SALVO", o que era simpático para um judeu como eu, mas não representava, pensei, uma garantia. Enquanto os fiéis entravam, ergueu-se um certo vozerio confuso. Mike Huckabee, pregador batista, ex-governador do Arkansas, santo local para Bill Clinton, o outro famoso cidadão do Arkansas, de fama nada santa; um veterano vitorioso de uma batalha de cinquenta quilos contra a gordura, um perfeito emblema do compromisso republicano com o "governo pequeno", estava chegando à igreja. Para um cristão convicto, incapaz de esquecer suas preocupações com o Livro de Mórmon, Huckabee era o homem ideal para ocupar a Casa Branca, e desde as primárias em Iowa estava concorrendo com boas possibilidades. Por causa da notícia de que Huckabee viria à igreja, a mulher que estava a meu lado tinha dirigido cem quilômetros naquela manhã para vê-lo. Na frente do salão, como que subindo ao paraíso, degraus baixos levavam a um palco, ladeado por duas enormes telas de vídeo, nas quais rolavam letreiros, como anúncios publicitários no cinema. Mas, em vez de anunciar churrascarias e postos de gasolina, diziam: DIA DA BÍBLIA PARA MU-ÇULMANOS; ACONSELHAMENTO PRÉ-NUPCIAL; RECUPERAÇÃO DE VICIADOS; AULA PRÉ-BÍBLICA SOBRE OBEDIÊNCIA ATRAVÉS DO BATISMO. Entre as telas havia, de cada lado, dois portais eletrônicos, de tonalidade cereja ou verde-acinzentada, e no centro uma pálida cintilação cor da pele na qual se via uma reluzente cruz prateada. Era fabuloso.

Ouviu-se então o coro, predominantemente branco, nada menos que uns 150 cantores, saudados por uma onda de sons alegres que vinham da orquestra de quatrocentas figuras: Andrew Lloyd Webber cuida da parte musical. "Ele VEIO, ele MORREU, ele SUBIU de novo ao CÉU...",* cantavam, e o som colossalmente amplificado estrondeava sobre o rebanho, que, no entanto, não se levantava dos assentos, mas se mantinha imóvel, estranhamente passivo, como crianças numa sala de aula, inseguras quanto ao nível de animação que lhes era permitido. Como numa súplica, de vez em quando um dos cantores embecados do coro erguia os dois braços, com as palmas das mãos para cima,

---

* Referência à ópera-rock *Jesus Christ Superstar*, de Webber e Tim Rice, que estreou em 1970. (N. T.)

trêmulo, como um fantoche manobrado por um titereiro celeste. Mas ninguém se juntava a ele, pois o coro estava longe demais, do outro lado da vasta pradaria de madeira que era o palco. Na boca de cena, de cada lado do regente do coro, muito bem-vestido, caminhavam quatro mulheres, entre vinte e poucos e trinta e poucos anos. Tinham os cabelos brilhantes de pomada e se vestiam de um modo situado no limite do lado respeitável da sedução: botinas, calças jeans com pregas, jaquetas de camurça com franjas. Iluminadas por refletores, cantavam com um prazer contagiante.

Aquela foi uma recepção e tanto para o governador Huckabee, cuja figura simpática e desengonçada subia agora ao palco. Tendo chegado um pouco antes do culto, havia sido cercado por fiéis, ansiosos por apertar a mão do pregador, manifestar apoio, tocar-lhe as roupas, que nesse caso era um terno cinza-escuro que favorecia as curvas recém-reduzidas do ex-gorducho. "Eu vim para fazer campanha", confessou, em tom cativante (a insincera posição oficial em Woodstock era a de que ele não passava de mais um fiel, que tinha dado uma chegada à igreja em seu helicóptero). "Vim fazer campanha para *Jesus.*" Aplausos, pois nem por um instante os fiéis pensaram que a candidatura ainda não anunciada de Jesus à presidência fosse um obstáculo para que seu apóstolo Huckabee conseguisse a desejada indicação como candidato. O pregador deu prosseguimento a sua característica atitude de ironia em relação a si próprio, um milhão de quilômetros de distância das arengas farisaicas que se esperam de evangélicos na política, afirmando que a política e o poder não eram tudo o que as piadas diziam que eram, e que, sim, seu coração estava naquela campanha, mas acontecesse o que acontecesse, sempre seria mais importante conquistar almas para o Senhor. Correto. Mas era tal o encanto de sua simplicidade, a melodia de sua voz, que por um momento a gente começava a acreditar naquilo, mesmo enquanto o Huckacóptero estava estacionado perto dali, junto de um campo de golfe, esperando para levar o Magricela a seu próximo encontro com os eleitores.

Quando chegou a vez do pastor Johnny, deu para ver por que ele fazia tanto sucesso com os suburbanos. Garboso, movia-se rapidamente com seus sapatos elegantes, um borbotão de energia pugilística, lembrando um *sparring* que estivesse apenas provocando o adversário. Para denunciar a iniquidade, Johnny era capaz de mobilizar o rugido do pregador, um gesto de boa vontade para o grandioso passado batista, pois ele adivinhava a ânsia de punição entre as classes BMW. Mas a Primeira Igreja Batista de Woodstock é amistosa com os pecadores, e a fulminação era cuidadosamente racionada, dividindo o tempo do sermão com cenas da odisseia pessoal de Johnny, alma perdida que passou por um renascimento glorioso, sendo essa data 17 de janeiro de 1973. Houve histórias domésticas de antigos benfeitores. Louvor a Otis Scruggs, apóstolo em macacão jeans, que comprou para ele o primeiro terno. "Johnny, nunca senti falta de nada que eu tenha dado", disse Otis. Deus fosse louvado por Jowls Watner, "um homem enorme com um punho semelhante a um presunto", que havia escrito uma carta a Johnny diariamente, durante treze anos, só para ter certeza de que ele sabia que tinha um amigo que cuidava para que ele se mantivesse na senda reta e estreita. E, chegando ao clímax de todos os cultos batistas, o pequeno Johnny, artista de sucesso para a grandeza de Jesus, abriu bem os braços para juntar num amplexo todos aqueles estranhos ao Verbo que quisessem, que queriam AGORA vir e ser recebidos... E da multidão nos assentos ergueram-se homens e mulheres (mas principalmente homens), que caminharam ou avançaram aos tropeções para o abraço do pastor Johnny (ou de um dos numerosos diáconos postados nos muitos corredores), alguns deles terminando prostrados, a cabeça baixada no degrau inferior, sendo erguidos gentilmente pelo pastor, e ouviu-se então o coro de multidões, as cordas e os sopros, *fortissimo*, e mais uma vez escutou-se aquele hino, como uma colherada de melado no cereal do café da manhã: "Ele VEIO, ele MORREU, ele SUBIU de novo ao CÉU...".

E alguém poderia pensar que tudo isso faria o pastor ambicionar o poder, assim como a glória. Mas estaria equivocado. Mais tarde, já seco e refrescado, Johnny disse: "Sabe, Simon, eu não acredito que a resposta esteja na Casa Branca". Eu tinha lhe perguntado por que, à parte Huckabee, todas as previsões de que o voto cristão decidiria as eleições para os republicanos, como a opinião convencional afirmou que aconteceu em 2004, pareciam não estar se repetindo quatro anos depois. Surpreendentemente, Johnny respondeu que o fato de a causa estar ligada demais aos propósitos atribuídos ao governo Bush e ao Congresso republicano pré-2006 podia tê-la prejudicado, e não ajudado. Ele gostaria de ver alguém como Mike Huckabee, ou o próprio Huckabee, na Casa Branca? Sim, ele gostaria. O futuro moral dos Estados Unidos dependia desse resultado? De modo algum. Essa linha afastava-se bastante da posição da Maioria Moral e da Coalizão Cristã, a de que os Estados Unidos se achavam à beira da perdição, a menos que a oração fosse introduzida nas escolas, que o aborto fosse proscrito, que fosse adotada uma emenda à Constituição que definisse o casamento como um sacramento entre um homem e uma mulher (uma de cada vez, talvez uma cláusula adicional acrescentasse). Sabidamente, Jerry Falwell tinha tido a mesma opinião que Mohamed Atta ao considerar o massacre do Onze de Setembro um castigo imposto por Deus a uma América manchada pelo pecado.* Mas os pastores modernos, como Johnny Hunt, não tinham espírito vingativo, nem pensavam que tudo que fosse prejudicial ao estado moral do país poderia ser remediado por leis ou pelo *fiat* da Suprema Corte. "A resposta", disse Johnny, "está no lar." E por lar ele entendia cada uma das casas dos 21 mil membros de sua igreja, mas também o lar compartilhado deles, a comunidade que ele próprio havia construído. Seu pastorado era exatamente isto: tomar conta de ovelhas, e ele estava mais interessado nos que se desgarravam do rebanho do que nos gordos e lanosos. Era difícil imaginar uma pessoa menos parecida com um teocrata carrancudo. No passado, os batistas espalhavam enxofre. Agora havia marketing moderado, rock cristão e a missão colegial na Argentina.

Por conseguinte, demonstrações de fé desavergonhadamente teatrais não devem ser confundidas com uma campanha em favor de uma teocracia americana e cristã. É bem verdade que a América, mesmo antes da revolução, sempre foi um campo fértil para profetas, cruzados e messias autoproclamados. Não há nada como um país-continente tolerante e permissivo (não se incluem aqui os habitantes originais) para postergar o desencanto, pois, se uma profecia deixa de se concretizar, sempre pode ser reapresentada em outro lugar, de preferência mais para o lado do oeste. Existe ainda uma multidão de americanos que estão lendo *Deixados para trás*, de Tim LaHaye (50 milhões na última contagem), e, se acreditam no que leem, estão impacientes à espera do Êxtase, das batalhas dos Últimos Dias com o Anticristo em algum lugar nas proximidades de, digamos, Faluja, a serem seguidas pela inauguração do Reino de Cristo de Mil Anos. O vice-subsecretário de Inteligência do Departa-

---

* Jerry Falwell (1933-2007): pastor cristão fundamentalista, televangelista e ativista antigay; Mohamed Atta (1968-2001): um dos terroristas suicidas do Onze de Setembro e provável líder do atentado às Torres Gêmeas. (N. E.)

mento de Defesa de Donald Rumsfeld, tenente-general William Boykin, tornou-se conhecido por afirmar repetidamente que o Espírito Santo, e às vezes Deus em pessoa, lhe faz visitas regulares para instruí-lo sobre estratégia. Ainda em abril de 2008, Boykin, agora reformado, mas impenitente, declarou numa reunião em Israel que quando (não "se") chegasse o momento de ele ser admitido no céu, queria chegar de gatinhas, "com sangue nos joelhos e cotovelos [...] de pé [não ajoelhado] com um amassado peitoral de retidão. E com uma lança na mão. E quero dizer: 'Olhe para mim, Jesus. Eu lutei por você'".

Pode-se afirmar com segurança que, para o regimento de guerreiros santos do general Boykin, a preservação da democracia, e com maior razão a tolerância, ocupa um lugar secundário em relação ao cumprimento do Plano Supremo de Deus. Mas os Pais Fundadores tiveram a sabedoria de garantir que, embora esses visionários tenham liberdade de proclamar seus sonhos do alto de montanhas, não estão livres para impô-los a seus concidadãos. Ao afirmar que "o Congresso não legislará no sentido de estabelecer uma religião, ou proibindo o livre exercício dos cultos", a Primeira Emenda à Constituição abre um espaço ilimitado ao culto, exatamente para que nunca seja governada por ele. E é exatamente isso o que faz dos Estados Unidos uma República diferente, digamos, do Irã.

Nem sempre isso é bem compreendido por europeus habitualmente seculares e céticos, alguns dos quais igualam dois fanatismos sem observar que as instituições dos Estados Unidos foram planejadas para proteger os cidadãos da coerção religiosa, e não para possibilitá-la. Durante um almoço campestre há um ano, na Inglaterra, uma senhora bem-intencionada que se achava à minha esquerda, admirada por eu passar tanto tempo convivendo com americanos, perguntou: "Diga-me uma coisa: por que eles são tão religiosos?". "Eles receberam isso de nós", respondi evasivamente, pondo na cabeça o chapéu magisterial e observando que, à parte os mórmons, não havia nada tão extravagante na vida religiosa americana que não pudesse ser encontrado durante a guerra civil e o interregno. Os americanos podem berrar como loucos, uns com os outros ou contra as abominações do mundo moderno, mas nós nos matamos uns aos outros e executamos o rei Carlos justamente por essas coisas. Se havia, como estava implícito na pergunta daquela senhora, algo de histérico ou delirante na religiosidade americana, ela veio a existir honestamente. Afinal de contas, a cidade de Cambridge, Massachusetts, não ganhou esse nome arbitrariamente. "Ah, mas isso foi há *muito* tempo", replicou a senhora, ao que contrapus uma referência aos vitorianos, cuja existência não ocorreu Há Muito Tempo, numa época em que as igrejas britânicas viviam cheias de gente. A pergunta realmente interessante talvez não fosse por que os americanos eram religiosos, pois a maior parte do mundo fora da Europa e talvez da Ásia oriental também continuava crente, mas por que os britânicos tinham deixado de crer. Uma súbita conversão em massa ao ateísmo racional por volta de 1920? A amarga educação da história do século xx (minha explicação predileta)? Ou uma Igreja oficial que sobrecarregou a teologia cristã com a bagagem de uma instituição esgotada?

Seja como for, de modo geral os Pais Fundadores compartilhavam aquilo que Alexis de Tocqueville denominou gentilmente "opiniões comumente aceitas" em relação à existência de um Criador, mas diferiam bastante no tocante à intensidade de suas convicções. Jefferson, por exemplo, assombrava-se com a credulidade daqueles que acreditavam que Jesus era o filho de Deus, nascido de uma virgem, ao passo que John Adams era basicamente unitarista. O principal, entretanto, era criar um lugar para um credo de qualquer espécie, de modo que os piedosos ou os ímpios nunca se sentissem obrigados a se matarem uns aos outros em nome do triunfo de suas convicções. Isso, eles podiam com justiça dizer (e disseram), era o que os europeus tinham feito desde o advento do cristianismo. Fez-se com a posteridade uma aposta: ao impedir que a Igreja dirigisse o Estado ou que o Estado comprometesse a teologia, a religião poderia na verdade florescer ao invés de definhar, uma vez que só dependeria de sua própria capacidade intrínseca de persuasão.

Grande parte da história americana tem sido a defesa dessa primeira aposta. Inadvertidamente ou não, as implicações da Primeira Emenda levaram os Estados Unidos para a grande pergunta da qual dependerá a paz em todo o mundo, e não somente nos Estados Unidos. E essa é uma pergunta que a Europa secular, que reage com empavonado espanto à ideia de que um ser humano normal, com a cabeça no lugar, possa acreditar nessa baboseira, não está habilitada a responder, uma vez que sempre se refere aos religiosos como se fossem visitantes do Planeta Maluco. Não é raro encontrar aqui um duplo código de valores, gerado em parte pelo romantismo que os britânicos atribuem ao islã. Os evangélicos americanos, que — até agora — são impedidos de impor sua lei, são loucos, mas os aiatolás, que não enfrentam esse problema, são apenas tradicionalistas mal compreendidos. Às vezes o secularismo liberal presta a si mesmo um desserviço ao condescender com a intolerância, em vez de debater como é que aqueles que alegam ter o monopólio do saber podem ser impedidos de impô-los aos demais. A Primeira Emenda impossibilita fugir desse debate, mesmo quando se trata de algo tão involuntariamente cômico como, digamos, o estado da Carolina do Sul oferecer placas de carros com uma cruz de vidro colorido e o lema "Eu acredito". (Num Deus que não toma conhecimento de violações das leis de trânsito, por exemplo?) É esse diálogo inevitável entre a fé e a liberdade, a convicção e a tolerância, que sempre esteve no cerne da história americana e que só grosseiramente é chamado de "debate sobre a separação entre Igreja e Estado". A inequívoca indiferença do eleitorado americano em relação ao dogmatismo evangélico neste ano de eleição, a percepção clara — partilhada tanto por Johnny Hunt quanto por Barack Obama — de que a política evangélica já não tem a força de antes só surpreendem aqueles que, fora dos Estados Unidos, imaginaram que ela poderia durar indefinidamente, corroendo a tolerância democrática. É em outras partes do mundo que o dogma sufoca o pluralismo — a coexistência de versões conflitantes do melhor caminho para a redenção — e lança mão do poder do Estado para eliminá-lo. Nos Estados Unidos, os Pais Fundadores acreditavam, em vez disso, que a verdade religiosa seria mais bem servida mantendo-se o Estado fora da atividade de sua propagação; que o poder do engajamento religioso não somente sobreviveria à liberdade de consciência, mas seria sua mais nobre consequência. Foi uma aposta ousada: a de que a fé e a liberdade fomentavam-se mutuamente. Mas essa aposta deu certo e tornou os Estados Unidos singularmente qualificados a travar a única batalha que importa — não a quixotesca reencenação pelo general Boykin do duelo entre o deus verdadeiro e o falso ídolo, mas a guerra da tolerância contra o conformismo; a guerra da fé que exige obediência contra uma fé que promete liberdade. Essa, na realidade, vem a ser a grande história americana.

15. RAVEN, VIRGÍNIA, 2008

Foi quando os homens começaram a cantar que dei comigo deslizando por um atalho do *continuum* espaço-tempo, indo sair em algum momento de meados do século XVII. Aquele era um som que eu nunca tinha ouvido antes em igreja alguma: um grave zumbido tribal, ditongado; nasal; como que emitido por gaitas de foles humanas, um som que poderia, pensei, ter sido escutado por carneiros barreados em algum vale britânico de úmida antiguidade, um zunido adenoide que havia sido suplantado pelos hinos mais melodiosos de Isaac Watts.* Em nome de Deus, onde *estávamos*?

Estávamos no templo Macedônia da Igreja Universalista Batista Primitiva, na encosta de uma montanha no extremo sudoeste da Virgínia, perto da cidadezinha de Raven. Eu estava certo com relação à antiguidade britânica do que via e ouvia, mas errado em imaginar que as gaitas de foles humanas devessem ser escócio-irlandesas. Na verdade, os zumbidores eram descendentes de batistas provenientes do chamado Welsh Tract da Pensilvânia, que haviam se instalado em torno de Newark, Delaware, em algum momento do começo do século XVIII. Julgando a Costa Leste povoada demais para o gosto deles, e demasiado patrulhada pelos líderes da Igreja para a livre prática de sua espécie particular de cristianismo, avançaram em busca de pastagens para ovinos e minas de carvão. Levaram consigo seus tijolos típicos para construir casinhas sólidas entre as cabanas de estrutura de madeira da região montanhosa. Mas essa igreja em que eu estava — pouco maior que uma garagem — era feita de pedra caiada. Em seu interior não havia absolutamente nenhum ornamento, a menos que se considerasse como tal uma desbotada reprodução da Última Ceia na parede dos fundos. Até mesmo a cruz de madeira pendurada sobre a porta de entrada havia sido reduzida à forma mais rudimentar possível, como se tivesse sido feita por crianças (e provavelmente tinha sido). Os fiéis, homens vestidos com camisas brancas de mangas compridas e calças escuras e mulheres de quadris largos com vestidos estampados alegres, eram, na maioria, muito jovens ou muito idosos. Era muito improvável que os "No Hellers" (assim chamados porque se recusam a crer num inferno [*hell*] eterno, mas somente nas tribulações impostas como castigos nesta vida) se transformassem numa megaigreja no futuro próximo. A população desse recanto dos Apalaches sempre tinha sido pobre e assim permanecera; era uma declaração que os No Hellers faziam a si mesmos quando queriam professar uma ligação

---

* Isaac Watts (1674-1748) é considerado o pai dos hinários ingleses. Compôs 750 hinos, na maioria ainda cantados atualmente. (N. T.)

176

simples com a vida do Salvador. "Somos apenas pessoas comuns", disse um dos irmãos em meio às suas palavras, coisa que ninguém esperaria escutar naquela igreja de Woodstock. Havia uma ou outra mãe com filhos pequenos sentados em bancos dispostos em paralelo à parede da frente (pois não havia nada que nem de longe lembrasse um altar, mas apenas uma mesa simples sobre a qual, estranhamente, haviam colocado um isopor azul de piquenique). A maior parte dos cinquenta e poucos fiéis enchia os bancos situados na parte frontal da sala ou sentava-se atrás e de cada lado da mesa de leitura, em ângulo reto com a parede. O serviço religioso era absolutamente informal. O irmão Farley tinha me avisado que de antemão só se definia o horário de encontro para o culto. Afora isso, não faziam nenhuma ideia de quando poderiam começar e, menos ainda, de quando iriam terminar. Tudo dependia da inclinação do Espírito em aparecer e de quando Ele decidisse que a visita havia chegado ao fim. "Não é como um horário de ônibus", disse Farley, acrescentando com um brilho no olhar: "Espero que o senhor goste de abraços", e eu pensei: quem não gosta?

Nos fundos da igreja, ouviam-se conversas e cumprimentos entre vizinhos, e do meio deles levantou-se de repente, sem nenhum aviso, o som da gaita de foles: "Dia e noite, os cordeiros choram... Vem, bom pastor, alimenta teus cordeiros". Esse canto se manteve, repetidamente, por bem uns dez minutos, nos quais as vozes raramente subiam ou desciam muito, mas mantinham o mesmo tom monocórdio hipnótico no qual somente uma ou outra palavra era acentuada. Ao que parecia, pelo que me disse um dos irmãos, tinham recebido a visita de uma mulher católica, que, escutando aquele mesmo canto, perguntou: "Vocês são judeus? A última vez que ouvi isso foi no Muro das Lamentações". "Bem", respondeu o presbítero, "nós dizemos que somos Os Judeus Espirituais, de forma que talvez ela não estivesse de todo errada." Isso não era tão improvável quanto parece, pois também eu tinha me recordado de cantos que havia escutado em sinagogas remotas, muito distantes dos exageros operísticos asquenazes; linhas melódicas que atravessam o tempo e o espaço em inesperados entrelaçamentos dissonantes de música.

Estava ali, naquele dia, um visitante de uma igreja irmã, um rapaz nervoso com a camisa branca de mangas compridas de praxe, o irmão Craig, a quem, por cortesia, foi oferecida a primeira oportunidade de usar da palavra, e ele o fez com uma insegurança simpática, sem nada da confiança vocal que prenuncia um sermão vigoroso. "Deus me castigou no ano 2000", disse, sem parecer nem feliz nem infeliz com isso, mas apenas se referindo à sua apresentação como reservista. Como todos os demais que usaram da palavra, o irmão Craig pareceu meio preocupado com a possibilidade de não ter importância suficiente para ser o instrumento da vontade do Senhor e se, no devido tempo, seria salvo de seu "corpo vil". Coitado, ele sentia toda a preocupação e nada da ânsia deslocada de adquirir troféus a fim de aplacar a ansiedade. Ele era a tese de Max Weber sobre o calvinismo menos o capitalismo. Alguém entendeu o que o irmão Craig, ou possivelmente Deus, estava sentindo com relação a essa incerteza, pois num dado instante particularmente pesaroso ouviu-se o grito sonoro de uma delicada mulher de cabelos prateados, na casa dos setenta, que estava sentada perto da mesa de leitura. "GLÓRIA", bradou como numa lamúria, "GLÓRIA A DEUS", sua voz quebrou-se num gemido plangente de possessão, e nesse momento as mulheres a seu redor deram-lhe o abraço apaziguador e a confortaram, fazendo-a silenciar.

Esses montanheses tocavam-se uns aos outros — e também em mim. Muito. Literalmente. No meio de uma frase, de um jorro de palavras, de repente um irmão estendia a mão e dava o aperto de mão da cordialidade cristã a qualquer pessoa que, em seu entender, precisava dela, ou que talvez não precisasse, mas a receberia bem do mesmo modo. Em outros momentos, todo o culto simplesmente se interrompia e a congregação se punha a andar pela sala, distribuindo abraços e beijos no pescoço uns aos outros, e se alguém não estivesse ao alcance de seus braços, percorriam o corredor até se aproximarem da pessoa, empurrando os bancos. "Bom DIA", diziam, ao se aproximarem para um aperto de mão ou um abraço. "Bom DIA", eu respondia, recordando vagamente uma descrição da mesma prática por parte de batistas e quacres ingleses no século XVII. Os movimentos corporais eram constantes entre os No Hellers, que caminhavam, cantavam, abraçavam-se, conversavam. Assim deve ter sido, pensei, antes que o protestantismo se convertesse, irremediavelmente, numa expressão da ordem social; na hierarquia dos assentos, na imposição do decoro; no silêncio até que fossem instados a cantar, pôr-se de pé, orar, ajoelhar-se, ir embora. Já os No Hellers eram relíquias vivas do protestantismo radical em sua prisca pureza; todo ele feito de suave doçura, e alegria nervosa e prestativa; o tipo de comportamento que eu só conhecia dos livros do

178

historiador Christopher Hill. Comparados com eles, os metodistas, com suas festas de amor, não passavam de neófitos.

Uma série de oradores usou da palavra, mas todos estavam à espera do homem que, mais seguramente, seria tomado pelo Espírito e que tinha a Voz: Farley Beavers. Farley era uma alma esguia e ossuda, angulosa e desajeitada, com seus sessenta e tantos ou setenta e poucos anos (os humildes envelhecem depressa nos Apalaches carvoentos). Mas Farley tinha O Dom. Quando assumiu a palavra, começou como todos os outros irmãos, num tom grave e tranquilo, lamentando o passamento dos irmãos Willard, Curtis e Melvin, que "tomarão seu lugar à mão direita de Jesus", mas a seguir entrou em seu ritmo, intensificando o andamento, a paixão e o volume, como que andando agora a trote por um recitativo de indignidade e afirmação, ELE assentou a paz na escuridão, EEIA, não existia inferno, somente tribulações aqui na terra e ora como poderia existir se o Senhor era um amável e meigo senhor e EEIA (fazendo essa interjeição encompridada soar como um gemido rítmico e cadenciado), Ele não desejaria que terror ou desalento algum pesasse sobre seu povo, EEIA, não, pois Ele era sempre cheio de bondade amorosa (a senhora de cabelos prateados se lamuria, Glória, GLÓRIA!), e agora Farley Beavers disparava num galope, a toda, veloz como um raio, tão rápido que eu não tinha certeza se ele estava proclamando o advento de um dia em que "eu" (o Senhor) "ferirei de espanto a todos os cavalos" ou se eram as meretrizes que seriam feridas, se já não tinham sido, mas de qualquer forma EEIA Ele desejava que todos nós tivéssemos uns aos outros em boa conta (aperto de mão, aperto de mão, caminhadas, aperto de mão) e se ocorriam coisas ruins entre os homens que tinham poder, bem EEIA nós dispúnhamos do bom poder para mudar tudo isso com a Bênção de Deus e EEIAAAA a paz esteja com todos nós, pois não somos todos irmãos e irmãs e não fomos mandados EEIA para cuidar uns dos outros, para amar uns aos outros...? E por fim Farley Beavers ascendeu ao clímax, sua cabecinha ossuda voltou-se para todos os No Hellers e ele perdeu velocidade de repente, um sinal da despedida do Espírito naquela manhã de domingo nos Apalaches, e portanto era chegada a hora, naturalmente, de mais caminhadas e abraços em massa.

Tudo isso era uma espécie de pequeno milagre; não o tipo de milagre que o irmão Farley poderia estar apreensivamente esperando, mas de qualquer modo um milagre de sobrevivência contra todas as chances. O oposto de uma megaigreja de serviço completo (um microrrebanho?), qualquer que fosse, só podia ser aquilo, e os irmãos e irmãs do templo Macedônia, em Raven, estavam felizes pelo fato de as coisas serem assim. Para eles, nada de Igreja nas Ruas. Perto do fim de sua peroração, Farley tinha dito uma coisa, aparentemente bizarra, no voo de suas livres associações. Os irmãos falecidos, Willard, Melvin e Curtis, todos eles, disse Farley, "encontrariam o Senhor", juntamente com os demais No Hellers, "no ar". E isso o fez pensar, imediatamente, naqueles que voavam em busca de poder, de riqueza e das glórias vãs do mundo, as criaturas de falsa doutrina... Nós, não, disse Farley, "nós não saímos e enganamos pessoas, não compramos um baita aro-plano [...]. Mas isso é bom, pois assim eles nos deixam em paz". Esse é o verdadeiro milagre, pensei, que eles sejam realmente deixados em paz; com liberdade para dizerem seja lá o que o Espírito os induz a dizer; e que graças ao acordo peculiarmente americano entre a fé e a liberdade, os No Hellers podiam lamuriar-se e gemer sem serem molestados naquela sombria encosta da Virgínia.

16. PROVIDENCE

No inverno de 1633, Roger Williams estava sentado na terra gelada, no meio de índios pokanokets, esforçando-se ao máximo para entender o que estavam dizendo. "Deus houve por bem", escreveu ele mais tarde, "dar-me um espírito diligente e paciente que me permitiu conviver com eles em suas tocas imundas e fumarentas, mesmo enquanto eu vivia em Plymouth e Salem, para aprender sua língua." O alojamento pode ter sido ruim, mas Williams não menosprezava os pokanokets ou os narragansetts. "O desejo de minh'alma era fazer o bem aos nativos", escreveu, e seu desejo de conquistar a confiança deles não pode ter sido prejudicado pelo fato de que, à diferença de quase todos os demais na colônia da baía de Massachusetts, ele acreditava que os índios eram os legítimos proprietários da terra e que as alegações feitas pela Coroa ou em cartas de privilégio para que seus beneficiários dispusessem livremente dela eram patentemente falsas. Somente os contratos feitos diretamente entre os índios e os recém-chegados (como os que ele próprio redigiria) podiam alienar corretamente aquelas terras. O principal motivo para aprender a língua dos índios era, naturalmente, arrancá-los da barbárie pagã (por ele assim vista). Entretanto, Williams já sabia que nenhuma igreja, e decerto não a dele, era capaz de prescrever o caminho certo para Cristo. Esse caminho, os nativos teriam de achar por si sós. Tudo o que ele podia fazer era conduzi-los à clareira entre as árvores.

Foi por pensar essas coisas e, pior ainda, não guardá-las para si, que Roger Williams caiu no desfavor do governador John Winthrop, em Boston, e da Grande Corte Geral, encarregada da guarda de corpos e almas na colônia da baía de Massachusetts. Às vezes a indignação de seus superiores o desconcertava. Não era um agitador, pensava, muito menos um anabatista que rejeitasse o poder de todos os príncipes e potestades terrestres. Não havia sempre concedido aos magistrados seu poder de mando em assuntos de "corpos e bens"? Era sobre o resto da vida de um homem (a parte, admitiria, se instado a isso, que mais importava) que nenhum príncipe da terra teria jurisdição. E também nenhuma igreja, pois, não importava o que dissessem, todas elas eram pecaminosas, contaminadas pela política do mundo, e assim permaneceriam até a segunda vinda de Cristo, coisa pela qual William ansiava com a mais vívida esperança. Nesse ínterim, o melhor que um cristão podia fazer era distanciar-se, com todas as suas forças, daquelas falsas igrejas e do que ele chamava de "liberdade da alma".

Pouco havia na educação de Roger Williams que o tornasse mais puro que os puritanos. Era filho de um alfaiate e comerciante londrino, que devia atuar em altas esferas de poder, pois o precoce Roger tornou-se exímio em fazer transcrições de sermões e discursos para sir Edward Coke, o mais alto magistrado do Tribunal Superior e o mais acrimonioso crítico das pretensões do rei James à realeza por vontade divina. Coke estimava o rapaz o bastante para tornar-se seu protetor, enviando-o à escola do Hospital de Sutton e, posteriormente, graças a uma bolsa de estudos da escola, ao Pembroke College, na Universidade de Cambridge. Mas a resistência de Coke ao absolutismo dos Stuart tinha raízes legais, e não teológicas, com base na "Constituição imemorial" garantida no direito consuetudinário inglês. Já Williams seguiria um caminho inteiramente diferente. O que lhe interessava não era a história da Magna Carta, mas o que havia acontecido à "Igreja visível" quando se enredou com o poder político e foi por ele corrompida. A data que os historiadores eclesiásticos normalmente comemoravam como a de um triunfo — o ano 313, o do edito de Milão, promulgado pelo imperador Constantino, que, convertido, cristianizou o Império Romano — assinalava, para Williams, uma queda calamitosa da graça. "Começou então o grande Mistério do sono da Igreja", escreveu, um sono que durou um milênio ou mais: uma usurpação do desígnio de Deus para a história e, ainda mais abominável, a coerção das almas, a "espada de aço" que Cristo havia expressamente rejeitado. Não dissera Jesus "meu reino não é deste mundo"? Mas ele havia sido desconsiderado por aqueles que afirmavam ser seus herdeiros apostólicos, que haviam instaurado um governo. Que a Igreja Romana procurasse impor sua autoridade não surpreendia; o que desolava Williams era que as igrejas protestantes, inclusive aquela para cujo ministério ele estava para ser ordenado, houvessem, desde o rei Henrique VIII, reivindicado poderes semelhantes de conformidade e punido brutalmente quem lhes opunha resistência. Williams não aceitava o argumento de que tais medidas eram necessárias para deter a apostasia ou a heresia, pois homem algum era capaz de achar seu caminho para Jesus a não ser por sua livre vontade, e usurpar a autoridade do próprio Deus era pior que a sujeição a Roma. Seria necessária uma grande libertação para que os verdadeiros cristãos um dia encontrassem seu caminho para a salvação. Para que nos corações humanos sobrevivesse a santidade, que ele comparava a um jardim, era preciso "uma cerca ou um muro de separação" que a livrasse dos assuntos mundanos.

Williams devia estar preocupado com essas convicções quando se formou em Cambridge em 1627, pois, como planejado, foi ordenado na Igreja da Inglaterra e aceitou uma capelania com um membro puritano do Parlamento, sir William Masham. O que poderia ser o início de uma vida estabilizada transformou-se no oposto disso. Uma paixão não correspondida fez o jovem capelão contrair uma grave febre, durante a qual foi cuidado por uma dama de companhia da família de Masham, Mary Bernard, com quem se casou em 1629. Mas a Igreja de que era ministro estava caindo nas mãos do arcebispo Laud, cujas reformas, para os puritanos, equivaliam à Contrarreforma católica. Como lorde Coke estivesse envolvido, como investidor, nas colônias americanas, deve ter lhe ocorrido que o melhor lugar para seu protegido falastrão talvez fosse o outro lado do Atlântico. Em dezembro de 1630, Roger e Mary embarcaram no *The Lyon*, chegando a Nantasket Harbor, ao sul de Boston, na primeira semana de fevereiro de 1631.

Talvez tenha sido na longa viagem marítima que Williams fez sua pró-

182

pria jornada de revelação, pois não perdeu tempo para arranjar encrenca. Recebido cordialmente em Boston, alegou que não podia servir a uma igreja que não havia se distanciado o suficiente da ímpia Igreja da Inglaterra. Durante algum tempo, o governador Winthrop se dispôs a aceitar as excentricidades do jovem, e mandou-o para Salem, no norte, a fim de pregar e trabalhar com um clérigo mais velho. Mas o que Williams começou a ensinar e a pregar era intolerável. Dizia que os juramentos prestados por "incorrigíveis" em tribunais ou feitos rotineiramente como manifestações de fidelidade eram blasfemos, pois nenhuma autoridade terrestre podia invocar o nome de Deus; afirmava que a Grande Corte Geral podia dispor sobre questões relativas à segurança pública, mas que em nenhuma circunstância podia processar aqueles a quem considerava hereges, muito menos castigá-los com açoites, e penalidade prescrita. As reclamações feitas por Winthrop, que de início havia saudado Williams como um provável "ministro devoto", não surtiram efeito algum. Em 1633, Williams havia aderido a uma comunidade que dava a si mesma o nome de Seekers [Inquiridores], que acreditavam que, como todas as igrejas eram corruptas, a participação nelas deveria ser sempre voluntária. Isso convinha a Williams, que se dirigiu ao sul, em busca de um desses grupamentos frouxamente organizados em Plymouth. Foi ali que se ligou aos índios, e ao retornar a Salem no ano seguinte, como seu pastor, estava mais convicto do que nunca de que nenhuma parte da "liberdade da alma" deveria ser cedida àqueles que haviam usurpado a autoridade do próprio Cristo.

Para Winthrop (que ainda dizia gostar dele), o inconcebivelmente puro Williams se tornara uma ameaça, um semeador de discórdia. Em 1º de outubro de 1635, foi levado a juízo perante a Corte Geral. As acusações mais graves que pesavam contra Williams referiam-se a sua afirmativa de que o governo da colônia não tinha direito algum de punir transgressões dos quatro primeiros dos Dez Mandamentos e que os juramentos feitos sobre a Bíblia e em nome de Deus eram blasfemos. O ministro declarou espontaneamente que acreditava que nenhum homem deveria ser obrigado a contribuir para uma Igreja oficial cujos princípios não aceitasse. A sentença que recebeu foi de banimento, e policiais foram mandados a sua casa em Salem para fazer cumprir a ordem judicial e conduzir Williams a uma chalupa que o levaria de volta à Inglaterra. Mas ele já se evadira.

"Fui dolorosamente sacudido de um lado para outro durante catorze semanas de um inverno cruel", recordou, "sem saber que pão ou leito" poderia esperar. Quase certamente foi seu conhecimento das línguas indígenas que o salvou, pois coube aos nativos proporcionar-lhe alimento e abrigo quando Williams mais precisou deles. Subindo e descendo os rios Seekonk e Moshassuck numa canoa, Williams aos poucos começou a se mostrar publicamente na Nova Inglaterra, e em junho de 1636 fez o que recomendava que outros fizessem, ao firmar um acordo direto com os chefes de tribos indígenas, nesse caso dos índios narragansetts, para a aquisição de terras "nas margens dos rios Mooshausic [Moshassuck] e Wannasquatasket [Woonasquatucket]". Foi nelas que Williams criou a Plantação Providence fora das vistas e da jurisdição de Massachusetts. Desde seus primórdios, ficou disposto que Providence se absteria de qualquer ato de conformidade forçada e que jamais imporia exames para a ocupação de cargos públicos. Providence foi não só o primeiro assentamento americano a conceder tamanha liberdade de consciência, mas também o primeiro em todo o mundo ocidental. Na verdade, Massachusetts conservaria algumas leis morais e religiosas em seu código civil até quando já ia bem avançado o século xx. Mas já tinham deixado de vigorar havia muito tempo. Foram as ideias de Williams, o trânsfuga, que por fim se impuseram.

Durante alguns anos, Williams dedicou seu tempo "em busca de pão, dia e noite, em casa e na água, na enxada e no remo", sendo que seus filhos receberam nomes como Mercy (Misericórdia) e Providence (Providência). Uma pequena comunidade de perseguidos desenvolveu-se no assentamento e em suas proximidades, como também em Newport, onde o ministro John Clarke havia aberto suas portas da mesma maneira. No entanto, cada um deles se deu conta de que sua colônia de consciência não sobreviveria à hostilidade de Massachusetts, a menos que a Inglaterra lhe atribuísse autoridade formal. Quis a sorte — ou como Williams decerto dizia, a providência — que Clarke e ele tivessem chegado ali logo depois da irrupção da guerra entre o Parlamento e o rei, uma guerra na qual graves questões de coerção religiosa eram alguns dos motivos de discórdia. Enquanto a autoridade da Igreja da Inglaterra se desmanchava, Williams procurou um dos líderes do Parlamento, sir Henry Vane, com quem estivera em Boston em 1635, pessoa que, apesar de abraçar uma posição mais ortodoxa, defendia a tolerância e a separação entre a Igreja e o Estado. Vane não via motivo para que não se aceitasse que Providence se tornasse um lugar onde a liberdade de cultos fosse totalmente protegida. Em vista da provação pela qual estava passando a Inglaterra, ele bem poderia concordar com a assertiva de Williams, feita em *The bloudy tenet of persecution for cause of conscience* [A doutrina sangrenta de perseguição por motivos de consciência], segundo a qual "Deus não requer que uma uniformidade de religião seja decretada e imposta em qualquer Estado civil, uniformidade forçada que (mais cedo ou mais tarde) se torna a maior razão para guerra civil, violação de consciência, perseguição de Cristo Jesus nas pessoas de seus servos e de hipocrisia e destruição de milhões de almas". Em 1644, Vane convenceu o Parlamento a autorizar "uma carta absoluta [de liberdade] para aquelas partes de sua [de Williams] residência". Em 1651, Williams voltou mais uma vez à Inglaterra para ter essa carta confirmada, hospedou-se na propriedade campestre de Vane e foi apresentado ao secretário latino do Conselho de Cromwell, John Milton, a quem deu aulas de holandês. Vane tinha se tornado uma das pessoas mais poderosas do país, comissário do Exército e da Marinha e intransigente adversário das tentativas de Cromwell de intimidar e expurgar o Parlamento. Sua resistência acabaria levando-o à prisão, mas não antes que ele conseguisse prolongar a vida da colônia de Williams, o único governo que Vane poderia ter considerado ideal.

Quatro anos antes, em maio de 1647, uma reunião de representantes de várias cidades, realizada no local que viria a tornar-se Rhode Island, declarou formalmente que "fica estabelecido que a forma de governo criada [ali] é a DEMOCRÁTICA, ou seja, um governo mantido mediante o livre e voluntário consentimento da maior parte dos habitantes". A Plantação Providence seria governada por um presidente nomeado, mas que prestaria contas a uma assembleia eleita de representantes das cidades. Assim, como desejava Roger Williams, a liberdade política e a religiosa estariam integradas e arquitetava-se um futuro americano antes que existissem os Estados Unidos da América.

Ao ser restaurada a monarquia, em 1660, Williams deve ter receado que sua pequena república de consciências livres também fosse chegar ao fim. Sir Henry Vane tivera um amargo fim, encarcerado primeiro por Oliver Cromwell e depois pelo governo da Restauração. Vane havia desaprovado a execução de Carlos I, mas, como membro do Parlamento que tinha julgado o rei, era visto como vinho da mesma pipa. Em junho, Vane foi julgado pelo Parlamento, onde defendeu até o fim sua autoridade soberana, e foi decapitado em Tower

Hill nove dias mais tarde, depois de proferir no cadafalso um discurso longo como era seu costume. Mas no ano seguinte, em 15 de julho de 1663, Carlos II assinou uma carta renovada, dando a bênção da Coroa à "vigorosa experiência" em curso na Plantação Providence. Esse alvará, bem como o documento que o proclamou, causam tanto espanto, ao exporem quase literalmente o que o próprio Williams teria redigido, que são quase inexplicáveis para um governo que estava, na época, muito empenhado em reestabelecer os testes de conformidade. Mas como o alvará começa dirigindo-se a "nosso leal e amado súdito John Clarke", é possível que o velho amigo de Williams, que ficara na Inglaterra, tivesse alguma coisa a ver com o texto que se seguia. Vale a pena reproduzir um longo trecho do documento, que inequivocamente converte a figura muito antipuritana de Carlos II no instituidor da livre consciência na América, em detrimento de, digamos, William Penn* ou Thomas Jefferson!

John Clarke e os demais que haviam peticionado em nome da Plantação Providence, declara o documento,

> professando com espíritos pacíficos e leais sua sóbria, séria e religiosa intenção de [...] edificarem-se na santa fé e no culto cristãos como foram criados, juntamente com a conquista e a conversão dos infelizes e ignorantes indígenas nativos [...] não somente foram preservados, tornando-se motivo de admiração, porém se multiplicaram e prosperaram [...] considerando que em seu humilde rogo declararam livremente que têm eles o desejo (se tal lhes for permitido) de realizar uma vigorosa experiência, pela qual um florescente Estado civil possa ser criado e ser bem mantido, entre nossos súditos ingleses, com plena liberdade em assuntos religiosos e que a verdadeira piedade e religião, fundados sobre os princípios do evangelho, produzirão a melhor e maior segurança para a soberania e semearão nos corações dos homens as mais fortes obrigações em relação à verdadeira lealdade [...]. Fazemos saber que estamos dispostos a encorajar a esperançosa empresa dos ditos súditos leais e devotados, para preservar neles aquela liberdade na verdadeira fé cristã [...] e o culto a Deus que eles têm buscado com tanta labuta e espíritos pacíficos [...] julguei correto e por meio deste publico, concedo, ordeno e declaro que é nossa real

---

* Quacre inglês (1644-1718) que fundou a Pensilvânia. Defensor de princípios democráticos e, sobretudo, da tolerância religiosa, redigiu para a colônia uma Constituição que garantia várias liberdades fundamentais. (N. E.)

vontade e prazer que nenhuma pessoa na dita colônia em tempo algum e doravante venha a ser de qualquer modo molestada, punida, perturbada ou contestada devido a quaisquer divergências em assuntos de religião e que não venham a transtornar a paz civil [...] mas que todas as pessoas possam quando assim desejarem e daqui em diante dispor e desfrutar livre e plenamente de sua própria opinião e consciência em assuntos concernentes à religião [...] conduzindo-se eles pacífica e serenamente e não lançando mão dessa liberdade para licenciosidade e profanidade, nem tampouco para ilicitudes civis e perturbação externa de outrem [...]

Essa última ressalva, que Clarke e Williams certamente aceitavam, é importante para a história futura daquilo que começou em Rhode Island. Para romper a separação entre Igreja e Estado, com vistas a manter a paz civil, quem procura quebrar o muro divisório tem precisado alegar que as transgressões específicas que desejam que o Estado proíba — o consumo de bebidas alcoólicas ou o aborto, por exemplo — são, na verdade, ameaça para a paz social. Se vivesse hoje, será que Williams concordaria que a bebida é o caminho para o caos ou o aborto uma forma de assassínio, um crime contra a "pessoa"? Talvez, embora bebida e bebês mortos não faltassem em seu mundo. Mas não resta dúvida de que ele teria considerado inaceitável qualquer sugestão de que impostos fossem usados para a manutenção de pastores, de escolas ou de quaisquer instituições "baseadas na fé", uma vez que haveria contribuintes que não compartilhavam as convicções de pessoas sustentadas com seu dinheiro. Ou teria considerado, por exemplo, que o casamento entre homossexuais era uma ameaça clara à ordem social? Ou teria deixado esse julgamento para o Todo-Poderoso?

Será que Carlos II, o Defensor da Fé, segundo a Igreja da Inglaterra, leu realmente o alvará revolucionário emitido em seu nome, um documento mais radical do que qualquer coisa que Cromwell jamais tenha endossado? Precisamente na época em que o assinou, os bispos da Igreja da Inglaterra estavam empenhados em expulsar de sua casa qualquer clérigo que demonstrasse a mais leve dissidência. Carlos II podia não ter considerado seriamente as implicações do que havia agora instituído em Rhode Island, mas as pessoas que precisavam de liberdade de consciência sem dúvida tinham. Em 1658, um navio que transportava quinze famílias de judeus sefarditas havia atracado no porto de Newport em busca de uma vida melhor. Muito provavelmente, eram remanescentes das comunidades de Recife, que haviam florescido no Brasil antes da retomada da cidade pelos portugueses em 1654. Esses judeus eram originários da Espanha e de Portugal, e a permanência dissimulada nesses países, depois da expulsão, na década de 1490, dos marranos e "conversos" pseudocristãos, havia lhes conferido um cosmopolitismo de língua e cultura de inestimável importância para os holandeses, tanto no mundo mediterrâneo quanto no atlântico. Eram objetos de uma tolerância pragmática e haviam desenvolvido comunidades e construído sinagogas, enquanto prensas tipográficas produziam livros em hebraico e na língua dos sefarditas, o ladino. A derrocada da ocupação de Pernambuco pelos holandeses obrigou-os novamente a emigrar. Naquele mesmo ano, em 1654, um grupo de 24 famílias havia chegado a Nova Amsterdã, na ilha de Manhattan, em busca de algum sucedâneo da vida que já desfrutavam na Amsterdã original. Mas o governador, Pieter Stuyvesant, achava que a religião deles era uma "abominação" perante Deus e julgou que, se lhes fossem concedidos direitos de culto privado, logo pediriam licença para construir sinagogas. Uma petição direta aos Heeren da Companhia das Índias Ocidentais, na Holanda, gerou uma permissão para que se reunissem para orar em suas próprias casas, mas isso ficou aquém dos direitos que esperavam. Alguns deles, ao menos, desejavam mais. Seria a Inglaterra e seu império americano uma solução? Após um encontro com Menasseh ben Israel, letrado de Amsterdã, Oliver Cromwell, que alimentava a esperança de que a conversão dos judeus antecipasse os Últimos Dias e o reino de Cristo, e, além disso, percebia com sagacidade uma oportunidade de roubar aos holandeses um bem precioso, decidiu permitir que a comunidade residisse, na prática, no país que os tinha expulsado no século XIII. Evidentemente, porém, Rhode Island prometia mais, talvez até o pleno gozo de direitos civis lado a lado com os cristãos. Daí a esperançosa viagem para Newport.

Só em parte a promessa foi cumprida. Tal como em Nova York, o culto se fazia em casas particulares; não estava em cogitação que os judeus pudessem ocupar funções públicas ou votar, e somente em 1677 puderam adquirir um terreno nos arrabaldes da cidade para ali construir um cemitério. Mas em meados do século XVIII, exatamente um século após a chegada dos primeiros judeus, a comunidade já era suficientemente forte e rica para convidar um rabino, Isaac Touro, a vir de Amsterdã para Newport. Um ano depois, em 1759, foi lançada a pedra fundamental da sinagoga, que milagrosamente ainda está de pé, na rua Spring. Encomendada a Peter Harrison, o mais destacado arquiteto da Nova Inglaterra, é a mais elegante e também a mais antiga sinagoga nos Estados Unidos: dois andares, janelas de arcos com vitrais, uma galeria com balaustrada para as mulheres. No interior da arca da Yeshuat Israel, a Salvação de Israel, há um rolo da Torá de pele de gamo, que, segundo consta, foi trazido da Espanha no ano da expulsão, permaneceu algum tempo em Amsterdã e depois foi levado para o Novo Mundo pelos primeiros imigrantes, que vieram em busca da "liberdade da alma" de Roger Williams. A Torá é uma obra de grande beleza, que impressiona pela clareza de sua caligrafia hebraica, tendo a pele ganhado, com o tempo, uma rica tonalidade fulva.

Quando não está sendo usado, o rolo é mantido, aberto, no capítulo do Êxodo que descreve a travessia do mar Vermelho; a jornada da servidão para a liberdade, o nascimento de uma nação. Mas, para os judeus da Yeshuat Israel, a verdadeira redenção só viria com a revolução.

17. "CONSIDERANDO-SE QUE DEUS TODO-PODEROSO CRIOU O ESPÍRITO LIVRE..."

No ápice do verão de 1790, o presidente George Washington fez uma visita de cortesia a Newport. A viagem teve, em parte, uma função simbólica. Depois de adotada a Constituição, o primeiro Congresso dos Estados Unidos havia entrado no recesso de verão, e Washington estava decidido a mostrar ao povo o rosto de seu presidente. A caminhada matinal (feita, ao que parece, num ritmo que deixou esfalfados os que tentaram acompanhar o presidente, "revigorado por vinho e ponche" em quatro casas diferentes) teve um significado especial para Newport, que havia sofrido pesadas perdas materiais, arquitetônicas e populacionais durante a Guerra da Independência. No outono de 1776, o Exército britânico tinha ocupado o porto para evitar que ele se tornasse uma base americana, a partir da qual seria possível montar um ataque contra Nova York, refém dos ingleses e sua joia estratégica. Fracassaram repetidas tentativas dos americanos para afastar dali os britânicos, e a cidade e o porto tornaram-se, em 1778, um campo de batalha, atacado por terra e mar. Quando os britânicos finalmente evacuaram Newport, em 1781, e Washington ali chegou para uma reunião com o almirante francês Rochambeau, a cidade era uma sombra de seu opulento passado mercantil. Metade de seus 9 mil habitantes de antes da guerra tinham se dispersado para outros lugares da Nova Inglaterra e dos estados da costa atlântica, para nunca mais retornar. O mínimo que ele podia fazer, pensou o primeiro presidente, era oferecer, com sua presença, algum estímulo para a restauração da cidade.

Mas havia outro motivo para Washington ir a Rhode Island: fazer andar a ratificação, pelo estado, da Declaração dos Direitos do Cidadão, as primeiras dez emendas à Constituição. Embora seu território fosse minúsculo, ou talvez por isso mesmo, Rhode Island, como sabia Washington, nutria sentimentos antagônicos em relação à União. Os cidadãos locais prezavam sabidamente suas idiossincrasias e logo suspeitavam de qualquer tentativa, por parte dos demais estados, de ameaçá-las. Excluídos da Confederação da Nova Inglaterra durante os séculos coloniais por serem excessivamente generosos em termos de questões de consciência, não se falando do inexplicável respeito pelos direitos dos índios a suas terras, os cidadãos de Providence e Newport sabiam que zombavam deles em outros locais do litoral leste, principalmente no vizinho Massachusetts, chamando-os de "Rogue islanders".* Embora seus marujos e comerciantes tivessem sido os primeiros a opor resistência violenta aos britânicos, disparando contra seus navios já em 1772 e novamente em 1774, e tivessem sido também os primeiros a romper formalmente com a lealdade à Coroa, Rhode Island foi o último dos treze estados a ratificar a Constituição, recusando-se a enviar delegados à convenção de Filadélfia. Foi só diante da ameaça de vir a ser tratada como uma nação estrangeira e ficar sujeita a tarifas alfandegárias que Rhode Island abriu mão de sua relutância a integrar-se na nova União.

Assim, o presidente estava fazendo uma visita ao asa-negra dos Estados Unidos e reconhecia os méritos do lugar. Na verdade, estava fazendo o que todos os presidentes bem-sucedidos têm feito desde então: marcando sua presença em cidades americanas que passaram por dificuldades, apertando a mão de todo mundo, bebendo com as pessoas (coisa muito importante!), prometendo um futuro melhor e, diplomaticamente, dando aos chatos cidadãos de Rhode Island a impressão de que estavam sendo consultados pessoalmente a

---

* "Ilhéus perigosos" ou "nocivos", jogo de palavras com Rhode Island. (N. T.)

respeito das emendas à Constituição; de que, embora fosse o mais modesto estado da União, na opinião do presidente tinha o mesmo peso de qualquer outro estado, como Nova York ou Virgínia. Washington fez um enorme sucesso: sua peculiar combinação de simplicidade interiorana e comportamento aristocrático tiraram leite de pedra, como sempre. Mas havia na comunidade de Newport um grupo especialmente interessado em homenagear o presidente: os judeus da Kahal Yeshuat Israel. Muitos deles tinham saído da cidade, com seus conterrâneos, na época da ocupação britânica, deixando apenas alguns, como o *parnas* (líder comunitário) e banqueiro Moses Seixas, para proteger a Torá de pele de gamo e o prédio da Sinagoga Touro, muito embora ela estivesse sendo utilizada como depósito de armas e munição, o que a tornava um alvo preferencial para os canhões inimigos.

Os Seixas constituíam, por si sós, um pequeno império judeu. Originários de Lisboa, haviam se dispersado, durante a revolução, para Connecticut, Nova York e Filadélfia, onde o piedoso irmão de Moses, Gershon, era *haham* (rabino), *hazzan* (cantor), *mohel* (circuncisador) e *shochet* (abatedor ritual) — um factótum da comunidade. Benjamin, outro irmão, havia exercido a função de oficial na milícia de Nova York. Não havia judeus mais patriotas do que os Seixas. Por isso, foi natural que Moses, que embora nunca vacilasse em sua lealdade à causa americana tivesse permanecido em Newport durante a ocupação, aproveitasse a ocasião da visita de Washington para esclarecer um ou dois pontos referentes à Primeira Emenda, que prometia que "o Congresso não legislará no sentido de estabelecer uma religião, ou proibindo o livre exercício dos cultos". À primeira vista, isso parecia uma notícia excelente, o cumprimento, enfim, da promessa feita por Roger Williams sobre a "liberdade da alma". Nenhuma igreja seria a Igreja nacional dos Estados Unidos, e evidentemente os judeus estariam livres para o "exercício" de seu direito ao livre culto. Mas já fazia mais de um século que eles gozavam dessa prerrogativa. O que eles queriam saber era se, de acordo com a Constituição, finalmente obteriam o que por tanto tempo lhes fora negado: direitos iguais como cidadãos, inclusive o de exercer cargos públicos e, mais importante que tudo, o direito ao voto. Seixas absteve-se de citar Williams em defesa de sua causa, mas poderia tê-lo feito, pois na concepção dos Seekers, exposta expressamente em *The bloudy tenet yet more bloudy* [A doutrina sangrenta ainda mais sangrenta], como o credo religioso não podia ser critério para o exercício de função pública, mas sim "uma virtude moral [mais geral]", esse atributo poderia ser também encontrado em "outros homens (além de membros de igrejas) [que] estão pela boa índole e educação, por boas leis e bons exemplos, preparados e capacitados [...]". Tudo o que Williams realmente desejava era que homens de princípios fizessem o que suas próprias luzes indicavam como correto. "Louvo o homem, judeu, maometano ou papista, ou seja o que for, que somente proceda conforme sua consciência." Mas à maioria dos americanos ainda repugnava a ideia de que um membro de qualquer um dos grupos mencionados pudesse, com efeito, exercer cargos públicos nos Estados Unidos.

Seixas esperava que, como a Primeira Emenda implicava a completa separação entre religião e governo, a situação viesse a mudar em Rhode Island. Por isso, a carta que ele redigiu em 17 de agosto, para ser entregue ao presidente no dia seguinte, era um buquê de encômios ao Pai da Nação (e já não sem tempo, uma vez que os judeus das várias congregações americanas tinham tardado em parabenizar Washington por sua posse, em abril daquele ano — mas, afinal, fazer com que um punhado de *kehillot*, ou líderes comunitários, aponha sua assinatura na mesma página de qualquer coisa é sempre um milagre). Nas entrelinhas, Seixas também procurava esclarecer suas dúvidas. Teria chegado o dia glorioso em que finalmente os judeus seriam tratados como todos os demais cidadãos? Poderiam eles agora ser magistrados, conselheiros municipais, policiais? E, acima de tudo, poderiam agora *votar*?

Por ser "da raça de Abraão", Seixas assumiu um tom caracteristicamente hebraico para dirigir-se ao general, refletindo sobre "aqueles dias de dificuldades e perigos em que o Deus de Israel, que livrou Davi da ameaça da espada, protegeu vossa cabeça no dia da batalha [...] e nos rejubilamos ao pensar que o mesmo espírito que pairou sobre o seio do muitíssimo amado Daniel, permitindo-lhe reger as províncias do império babilônio, paira e haverá sempre de pairar sobre vós [...]". Isso deve ter amaciado o velho — visões de Davi em Yorktown, do presidente Daniel. A seguir, vinha o cerne da questão:

> Privados como temos sido, até esta data, dos direitos inestimáveis de cidadãos livres, é com profundo sentimento de gratidão ao Todo-Poderoso, que dispõe de todas as coisas, que contemplamos agora um governo erigido pela majestade do povo, um governo que ao fanatismo não outorga sanção, nem à perseguição, incentivo, mas generosamente concede a todos liberdade de consciência e imunidades de

cidadania, um governo que considera a todos, de qualquer nação, língua ou linguagem, partes iguais da grandiosa máquina governamental. Não podemos senão acreditar que esta amplíssima e extensa União federal, cujo fundamento é a filantropia, a confiança mútua e a virtude pública [boa, essa, colocar a *tzedakah*, a caridade virtuosa, como o primeiro elemento da tríade maçônica], seja a obra do Grande Deus que domina os Exércitos do Céu [...]

Habilmente, Seixas não perguntava. Estava meramente descrevendo o que julgava ser evidente por si mesmo, deixando que Washington objetasse, se tal lhe aprouvesse. "Por todas essas bênçãos de liberdade civil e religiosa que desfrutamos sob um governo igualmente benigno, queremos expressar nossa gratidão ao Ancião de Dias* [...]"(Deus, não o presidente). E esperamos que quando, como Josué, coberto de dias e de honra, vos reunirdes a vossos pais, sejais admitido no "paraíso celeste, para participar da água da vida e da árvore da imortalidade".

Washington ficava feliz com essas coisas. No dia seguinte, depois de um jantar na Old State House, ele respondeu a Moses Seixas de uma maneira pensada para fazer a felicidade da Yeshuat Yisrael. "Os cidadãos dos Estados Unidos da América têm o direito de aplaudir a si mesmos por terem dado à humanidade exemplos de uma política de vistas largas e liberal: uma política merecedora de imitação. Todos possuem, igualmente, liberdade de consciência e imunidades de cidadania." Segue-se o endosso, por Washington, do pressuposto de que a cidadania ativa para todos os americanos era, com efeito, o que se depreendia da Constituição e da Declaração dos Direitos. Os Estados Unidos eram uma República na qual a tolerância não era concedida como uma "indulgência de uma classe de pessoas" para com uma outra classe, e sim como o "exercício de seus dons nacionais inerentes". E então, numa tirada que, espero, Seixas tenha visto como um cumprimento a sua prosa, Washington simplesmente se apossa da elegante descrição, pelo judeu, de uma nação "que ao fanatismo não outorga sanção, nem à perseguição, incentivo", simplesmente deixando de reconhecer (ou talvez até de notar) que havia tirado essas palavras da carta de Moses Seixas. Apenas com a poetisa Emma Lazarus

---

* Ancião de Dias: um dos nomes hebraicos de Deus, no Livro de Daniel. (N. T.)

uma pena judia haveria de encontrar frases mais felizes para descrever o que os Estados Unidos representavam. Que Moses confiasse, concluiu o presidente nesse colóquio ameno: cada um dos membros da "raça de Abraão" "assentar-se-á em segurança debaixo de sua videira, e debaixo de sua figueira, e não haverá quem os espante". Um fecho elegante esse, saído diretamente do livro de orações do salmista. Por que não, se Washington tinha acabado de ser comparado com Davi?

Ora, videiras e figueiras podiam ser muito interessantes, principalmente para quem vivia à beira do mar, em Rhode Island, mas porventura aquilo significava que judeus poderiam, afinal, ser nomeados *magistrados*, ter direito a *voto*? Na verdade, parecia que sim. E isso era da máxima importância, pois dificilmente os judeus de Newport terão deixado de notar que esse não era absolutamente o caso em outros lugares. Os judeus de Baltimore, por exemplo, tiveram de esperar até a década de 1820 pela "Lei Judaica", que elucidou as coisas.

Havia outra pessoa em Newport, em 18 de agosto, para quem esse breve diálogo por escrito foi de enorme importância: o secretário de Estado, Thomas Jefferson, que não cometeria o deslize de roubar a cena ao presidente e se limitava a fazer o acompanhamento para as melodias retumbantes de Washington. Mas aquele episódio em particular tinha especial significado para ele, na qualidade de principal autor do Estatuto de Liberdade Religiosa da Virgínia, promulgado quatro anos antes, em 1786, no estado natal dele e de Washington. Nem para Jefferson nem para seu amigo James Madison a luta no sentido de manter separados os assuntos religiosos e as questões políticas — de instituir a tolerância e a igualdade de direitos para pessoas de todos os credos ou de nenhum — era um simples adendo a posteriori no temário da revolução. Essa luta *era* a revolução, tanto quanto a própria instituição da democracia. O que foi que Jefferson descreveu, em 1776, como "a mais difícil peleja em que já estive empenhado"? A batalha contra os ingleses em Massachusetts? Não, a derrubada de uma Igreja oficial. Qual foi a primeira campanha política travada por Madison? A defesa dos dissidentes no condado de Culpeper. Se ambos fossem vivos hoje e precisassem de um estandarte para exibir aos fanáticos que massacraram nova-iorquinos em 11 de setembro de 2001, o Estatuto de Liberdade Religiosa substituiria a bandeira americana. Leiam isso, diriam, e saberão o que é a América. O fato de ter sido ele o autor dessa lei, como também da Declaração de Independência, muito mais conhecida, e de ter criado a Universidade da Virgínia, eram as realizações que Jefferson desejava que constassem de sua lápide.

Jefferson sabia que muitas pessoas nos Estados Unidos não comungavam com suas ideias, e que entre elas estava um de seus fantasmas pessoais: John Adams. A Constituição de Massachusetts, apresentada e ratificada pela Corte Geral em 1780, redigida por Adams e comumente lembrada como "branda e equitativa" em seu modo de tratar a religião, na verdade não era nada disso. Mas na verdade representa — até hoje — precisamente o outro lado do diálogo entre a tradição William-Jefferson de uma separação nítida entre o poder público e a consciência privada, por um lado, e a tendência Winthrop-Massachusetts de considerar imprescindível a regulamentação moral, de base cristã, para a boa ordem da sociedade. Esse debate jamais termina. No exato momento em que escrevo, Tom Coburn, senador por Oklahoma, cujo site na internet informa que ele é membro da Igreja Nova Comunidade de Muskogee, está dificultando a tramitação, pelo Congresso, de uma lei de assistência a portadores de HIV, sob a alegação de que o projeto inclui um componente de educação que dedica atenção insuficiente à abstinência. Parece que estamos ouvindo John Adams decretando no legislativo de Massachusetts, em 1780, que qualquer ideia de ação política dissociada de moralidade religiosa constitui um condenável abandono da responsabilidade cívica.

Aqueles para quem Adams, um unitarista, embora com temperamento algo calvinista, representa um luminar do liberalismo da Nova Inglaterra talvez se surpreendam ao vê-lo tão obstinado do lado da política pública cristã. Mas a importância que ele atribuía à questão fica evidente no fato de ela ocupar os artigos III e IV da Constituição de Massachusetts, bem na abertura do documento, só precedida pela repetição ritual do trecho da Declaração de Independência (na qual ele havia colaborado com Jefferson) que reza: "Todos os homens nascem livres e iguais e têm certos direitos naturais, essenciais e inalienáveis". Não obstante, entre esses direitos não se encontrava a liberdade absoluta para exercer sua consciência a ponto de optar por não manter o clero, e muito menos de levar uma vida irreligiosa. Segundo o artigo II, "Todos os homens da sociedade têm o direito, *assim como o dever*, de *publicamente e em momentos estabelecidos* [grifo meu] cultuar o Ser Supremo, o grande Criador e Preservador do Universo". Em outras palavras, nenhum americano poderia considerar-se um cidadão probo a menos que cumprisse aquele dever de culto público. Vinha então uma blandícia, destinada a dourar a pílula, tirada do anteprojeto para o Estatuto da Virgínia, elaborado por Jefferson e rejeitado em 1778-89, e originária, em última análise, de Roger Williams e do alvará de Rhode Island de 1663: "Nenhum súdito [havia ainda súditos na república?] será maltratado, molestado ou restringido em sua pessoa, em sua liberdade ou em seu patrimônio por cultuar Deus da maneira e nos momentos mais consentâneos com os ditames de sua própria consciência [...] desde que não perturbe a paz pública".

Foi no artigo III, porém, que Adams passou a falar realmente a sério. Ele partia da premissa, expressa como se fosse irrefutável (embora tenhamos visto que o fervoroso cristão Roger Williams a teria contestado), de que "a felicidade de um povo e a boa ordem e a preservação do governo civil dependem fundamentalmente da piedade, da religião e da moralidade". Dado que

> estas não podem, de modo geral, ser amplamente difundidas numa comunidade senão pela instituição do culto público de Deus e do ensino público com relação a piedade, religião e moralidade [...] para promover [...] e assegurar a boa ordem e a preservação do governo, o povo desta comunidade tem o direito de investir seu legislativo do poder de autorizar e *requerer* que as diversas cidades, paróquias, zonas e outras organizações políticas ou sociedades religiosas [como se fossem intercambiáveis] façam uma provisão adequada, às suas próprias expensas, para a instituição do culto público de Deus e para o sustento e a manutenção de professores protestantes para o ensino público de piedade, religião e moralidade, em todos os casos em que a dita provisão não for feita voluntariamente [...].

Note-se o adjetivo *protestantes*. Os fiéis e professores católicos, e sobretudo judeus ou "maometanos", que estivessem à espera de custeio público podiam desistir de recebê-lo. Note-se também o elemento de coerção que Adams inseriu no texto. A boa gente da comunidade podia financiar espontaneamente igrejas e escolas religiosas, mas, se desejasse não fazê-lo, de qualquer modo seria tributada para aquele fim.

Pode-se afirmar com segurança que o estado que a direita gosta de chamar de República Popular de Massachusetts ou de "Taxachusetts" não é o queridinho, digamos, do televangelista Pat Robertson ou da Coalizão Cristã.

Mas não existe uma só palavra nos artigos II e III da Constituição de 1780 que eles pudessem pensar em criticar. O documento, a primeira das Constituições estaduais e destinado a servir de modelo para as demais, trata com arrogância as ideias de Williams e pretende fazer da regulamentação moral um aspecto corrente e indispensável da vida pública americana. De acordo com a Constituição de Adams, a frequência à escola dominical seria obrigatória, e essa disposição só foi revogada sete anos após sua morte, em 1833. A blasfêmia podia ser punida com um ano de reclusão, com açoites públicos, exposição no pelourinho ou "ficar de pé no patíbulo, com uma corda no pescoço". Essa disposição permaneceu nos códigos de Massachusetts durante sessenta anos após a adoção da Constituição estadual. E para a maioria dos cargos públicos era exigido um teste pelo qual o candidato afirmava professar o protestantismo — e isso naquele que se tornaria um dos estados mais católicos da União. Uma lei que define a sodomia como "ato antinatural e lascivo" ainda figura no código civil de Massachusetts, cominando a uma pena de vinte anos de reclusão, embora desde 1974 se considere que a lei não se aplica a casos de atos consensuais privados. Sem notar que o segundo presidente é o patriarca fundador da causa que defendem, são muitos os que ambicionam recriar a comunidade de virtudes cristãs de John Adams; e foi precisamente essa ambição que deu combustível à cruzada evangélica na política americana, até o ano eleitoral de 2008, quando finalmente perdeu força.

Por quê? Porque uma tradição americana alternativa sempre competiu com o modelo de Massachusetts — a tradição do outro estado que gosta de chamar-se de *commonwealth*: a Virgínia de Thomas Jefferson e James Madison de 1786. A realidade aqui parece ter enlouquecido. Por acaso a sede da Coalizão da Maioria Moral não fica em Lynchburg, *Virgínia*? E Massachusetts não aceita o casamento entre gays? Mas as coisas estavam dispostas de maneira diferente na fundação, e foi a classe dos latifundiários filósofos e hipócritas, que falavam em igualdade enquanto eram donos de escravos, que introduziu em seu código civil um dos mais eloquentes documentos de liberdade cultural já redigidos.

Aquele foi, sem dúvida, um momento precioso de clareza filosófica e coragem moral, comprimido entre duas manifestações de outro fenômeno autenticamente americano: as efusões de instinto cristão conhecidas como Grandes Despertares, o primeiro na década de 1740 e meados do século XVIII, o segundo imediatamente depois da eleição de Jefferson à presidência, em 1801, que foi considerada por seus inimigos a elevação de um ateu desavergonhado ao mais alto cargo do país. No entanto, de certo modo esse Grande Despertar, caracterizado por sermões impressionantes de pregadores como George Whitefield, Jonathan Edwards e John Wesley, que iam de cidade em cidade, ajudou a preparar o caminho para Jefferson e a Primeira Emenda. Quando começou o frenesi cristão do apelo à paixão sobre a doutrina, entre 60% e 80% dos americanos pertenciam a igrejas estabelecidas, anglicanas ou congregacionais. Mas os evangelistas do Despertar não queriam saber de limites entre paróquias, de decoro eclesiástico ou dos deveres criados pela hierarquia, e muitos pregadores mais extravagantes conquistaram seguidores em regiões remotas do país, para onde levavam os ritos físicos da revelação cristã subindo rios, metendo-se em desertos, transportando o Senhor Jesus às montanhas.

Às vésperas da revolução, a proporção dos fiéis das igrejas estabelecidas tinha caído para menos de 50%, sendo que na Virgínia esse número estava mais próximo de um terço, e os agricultores do interior agora eram majoritariamente batistas ou presbiterianos. E, naturalmente, as igrejas dissidentes tinham todo interesse em fazer com que as instituições outrora privilegiadas da ordem eclesiástica dominada pelos britânicos desaparecessem com a revolução, junto com tudo o mais que estivesse ligado ao domínio imperial.

E, por fim, foi a paixão, não de livres-pensadores idealistas como Jefferson, mas de entusiastas batistas, que viria a fazer a diferença entre o fracasso do anteprojeto de Jefferson em favor da tolerância e sua vitoriosa aprovação final, obtida na Assembleia da Virgínia por James Madison, homem menos sedutor, mas politicamente esperto. Foi essa ligação entre o entusiasmo cristão e a liberdade de consciência, a aposta autenticamente americana de que a religião floresceria melhor se sua prática fosse uma opção puramente privada — ao contrário, digamos, da coerção do Talibã — que prevaleceu naquela parte dos Estados Unidos que não acatou a versão de Adams. Para os europeus, esse paradoxo pode ser difícil de entender; para os americanos, é uma segunda natureza. E, se o mundo quiser achar um meio de confrontar o fanatismo teocrático com algo mais do que expressões de ridículo, o exemplo americano pode oferecer uma estratégia mais persuasiva de desarmamento cultural.

Jefferson não era ateu. Na verdade, pensava que o universo observável, sendo tão complexo e de funcionamento tão harmonioso, só podia pressupor um Planejador, a divindade-relojoeiro do Iluminismo, que, tendo completado a máquina, deixava que ela funcionasse sozinha, com possíveis verificações ocasionais para reduzir (ou aumentar) o atrito. Isso tornava Jefferson um deísta, que se espantava que houvesse pessoas que concebiam o mundo como matéria física disposta arbitrariamente. Mas nesse caso Jefferson não poderia esperar disputar a eleição de 2008 com alguma chance de vitória. Jefferson tinha Jesus em alto conceito, julgando-o talvez um dos maiores mestres morais da história, mas achava absurdo, se não ofensivo, comprometer essa reputação com contos da carochinha que o descreviam como Filho de Deus, nascido de uma virgem, ressuscitador de cadáveres que caminhava sobre as águas e tolices semelhantes. Para se sustentar, tudo que tivesse valor nos ensinamentos de uma religião deveria resistir a um minucioso exame lógico. Em 1787, ele aconselhou seu sobrinho Peter Carr a ser um homem, filosoficamente, e "livrar-se de todos os medos e preconceitos servis diante dos quais espíritos fracos se agacham servilmente. Coloque a razão firmemente em sua cátedra e submeta a seu tribunal todos os fatos, todas as opiniões. Questione com ousadia até a existência de Deus, pois, se ele existir, deve preferir a homenagem da razão à do medo de olhos vendados. Leia a Bíblia, pois, como leria Tito Lívio ou Tácito". Se episódios bíblicos, como o Sol parar para Josué, provocassem dúvidas, tal ceticismo não devia ser abalado por alegações de que a narrativa do episódio tinha origem divina. Nada deveria ser aceito apenas por questão de fé cega: "Portanto, investigue honestamente se existe comprovação de que o autor teve inspiração divina. A pretensão merece sua investigação porque milhões de pessoas creem nela".

Esses conselhos eram extraordinários partindo do benevolente tio Thomas, mas Jefferson, tal como os *philosophes* do Iluminismo, acreditava que a aceitação de crenças não investigadas e irracionais tinha sido a maior causa de litígios e mortandade no mundo, uma vez que não havia como discutir com aqueles que faziam afirmações com base somente na revelação religiosa. É provável que nada em nossa própria época abalasse essa convicção de Jefferson, embora ele sem dúvida se espantasse com o fato de a humanidade não ter se livrado da servidão ao mito. Rejeitem-se esses mitos, argumentava, e acabaremos com a carnificina. Se fosse possível convencer a humanidade a só acreditar no que resiste ao exame empírico da razão, haveria a possibilidade de alguma espécie de consenso universal quanto às características do divino que fizessem sentido — ou não fizessem. Os homens poderiam, então, finalmente, abster-se de impor aos demais seu monopólio particular da verdade revelada. Nem os talibãs nem os televangelistas consolariam Jefferson diante da improbabilidade de isso acontecer. Entretanto, tal como Roger Williams, Jefferson considerava que nada poderia justificar a criminalização de atitudes religiosas ou irreligiosas. Em seu livro *Notes on the state of Virginia* [Notas sobre o estado da Virgínia], ele tachou de intolerável a situação em seu próprio estado, herdada de leis anteriores, pelas quais quem negasse a Trindade ou questionasse a autoridade divina das Escrituras ficava impossibilitado de exercer cargos públicos. No caso de reincidência, o transgressor perdia todo direito de mover ações judiciais, podia ser condenado a uma pena de reclusão e perder a custódia dos filhos. "Essa é uma descrição sumária daquela escravidão religiosa na qual pessoas que arriscaram a vida e o patrimônio para afirmar sua liberdade civil se dispuseram a permanecer."

Os governos, prosseguia Jefferson, só podem exercer direitos sobre qualidades a eles submetidas, mas isso jamais ocorreu com os direitos de consciência. "Devemos prestar conta deles a nosso Deus. Os poderes legítimos do governo só se estendem a tais atos à medida que sejam lesivos a outrem. Mas meu vizinho em nada me prejudica se disser que existem vinte deuses ou nenhum. Isso não esvazia meus bolsos, nem quebra minha perna." Essa posição do deísta estava, na verdade, notavelmente próxima à do batista Williams, embora a fonte imediata de Jefferson fossem, mais provavelmente, as *Cartas sobre tolerância*, de John Locke, muito mais conhecidas no século XVIII. É possível também que ele tivesse lido a obra do professor escocês James Burgh, escrita na década de 1760, que defendia a mesma ideia. Mas houve tempo para que ele tomasse conhecimento de Roger Williams antes da visita a Newport em 1790, pois Isaac Backus, batista de Massachusetts, que Jefferson conhecia muito bem, publicara uma edição da obra de Williams na década de 1770.

Parte da sardônica militância de Jefferson nessa época sem dúvida provinha de seu convívio com grupos que pensavam de forma semelhante na Paris pré-revolucionária, onde comentários sarcásticos sobre os disparates dos ignorantes eram correntes. Sua convicção de que qualquer religião útil só poderia ser acessível pela razão, e não pelo mistério metafísico, era puro Locke, ainda que, à diferença deste, Jefferson negasse a divindade de Jesus. E parte da exaltação de Jefferson era resultado de sua frustração por não ter conseguido que a Lei de Liberdade Religiosa fosse aprovada pela Assembleia da Virgínia em 1779, em grande parte devido à veemente oposição do delegado Patrick Henry. E Jefferson pode ter se perguntado em que tipo de liberdade pensara Henry ao proferir palavras tão altissonantes como "dai-me a liberdade ou dai-me a morte".* Sem dúvida, Jefferson encontrava algum consolo no fato de que a Assembleia também rejeitara a proposta de Henry para que os professores de religião fossem mantidos com recursos públicos: a criação, na verdade, de múltiplos estabelecimentos protestantes. As duas propostas ficaram arquivadas enquanto durou a guerra. Indubitavelmente, o irritadiço Jefferson era um homem soberbo, incapaz de compreender a atração humana pelos mitos que para ele eram tão pueris. No entanto, basta um exame superficial de seu anteprojeto — que se pode descrever como o texto mais notável e corajoso que ele escreveu — para perdoá-lo.

"Considerando-se que Deus Todo-Poderoso criou a mente livre", diz a primeira linha da versão revisada de sua Lei de Liberdade Religiosa, e com essa frase sonora um oximoro torna-se um truísmo americano, "todas as tentativas de influenciá-la por meio de castigos, obrigações ou incapacitações civis tendem apenas a gerar hábitos de hipocrisia e vileza e constituem um afastamento do plano do santo criador de nossa religião, que, embora seja Senhor tanto do corpo quanto da mente, preferiu não propagá-la por coerções, quer sobre aquele, quer sobre esta." Por conseguinte, prossegue Jefferson num tom muito próximo ao de Williams, é só por impiedade presunçosa que homens e governantes fracos usurpam o poder soberano do Todo-Poderoso e pretendem fazer aquilo de que ele se absteve.

> Obrigar um homem a dar contribuições em dinheiro para a propagação de opiniões em que ele não crê [como Henry estava argumentando que deveria ser o caso na Virgínia e como Adams haveria de inserir na Constituição de Massachusetts] é pecaminoso e tirânico; até mesmo forçá-lo a manter este ou aquele professor de sua própria persuasão religiosa é privá-lo da tranquila liberdade de dar suas con-

---

* Frase do famoso discurso de Henry proferido em 1775, que conclamava seus conterrâneos a lutar contra os britânicos. (N. E.)

tribuições às atividades determinadas que ele considera mais conducentes à retidão [...].

Essa última frase descreve exatamente o modelo americano de filantropia; tão bom em seu impulso instintivo quanto era ruim o sustento compulsório do clero em sua covardia moral.

À medida que Jefferson se empolga, o leitor moderno pode sentir crescer nele a indignação e o desprezo por todos aqueles que precisavam sustentar seus pontos de vista, religiosos ou não, com qualquer outra coisa além da pura força da verdade e da sabedoria que encerrassem. E de repente (ou assim me pareceu no arquivo do estado da Virgínia, enquanto examinava a versão que por fim seria promulgada seis anos depois, mas que conservava a eloquência ressonante), Jefferson estava falando de algo mais que os preconceitos obtusos e medrosos da época. Estava acometendo impetuosamente na direção da modernidade sombria com uma coda imperecivelmente ligada àquilo que os Estados Unidos representavam a longo prazo na história.

Frases como as da grandiosa coda de Jefferson deveriam ser o texto que as crianças de toda a República americana pronunciassem todos os dias, ao invés do Juramento de Lealdade, tedioso e, desde a década de 1950, proferido com descuidada reverência. Com essas frases, entenderiam de imediato o significado correto da existência de sua nação. "A verdade é esplêndida", escreveu o homem que podia ser hipócrita, egoísta, utópico, maldoso e dissimulado, tudo isso na mesma semana. No entanto, se houvesse escrito apenas o trecho que se segue já mereceria a gratidão da posteridade. Essas palavras são a resposta inflexível à intimidação moral e imoral (por parte de americanos ou de outros povos), à insegurança sudorífera dos fanáticos, aos membros das polícias secretas e aos tanatotriúnviros. Elas mostram por que nunca é sensato desistir da América. "A verdade é esplêndida e prevalecerá se deixada por sua própria conta [...] é a antagonista adequada e suficiente do erro, e nada tem a temer do conflito, a menos que por intromissão humana seja destituída de suas armas naturais, a livre argumentação e o debate, e os erros deixam de ser perigosos quando se permite que a verdade os contradiga livremente."

Mas, deixada por sua própria conta, a verdade não prevaleceu, pelo menos de imediato. Foi preciso Patrick Henry abusar da sorte, voltando obstinadamente a seu plano de uma "avaliação geral", para que James Madison entendesse que a lei poderia ter ainda outra oportunidade de promulgação. Os dissidentes eram agora maioria na Virgínia, e mais de cem petições e representações, contendo 11 mil assinaturas contra a proposta de Henry, foram encaminhadas à Assembleia no fim de 1785. Muitos dos que mais se obstinavam contra a proposta de Henry eram de áreas interioranas como o condado de Cumberland, onde havia alta concentração de batistas. Antes de apresentar sua eloquente reiteração dos argumentos de Jefferson, intitulada "Memorial e Protesto Contra Avaliações Religiosas", Madison certificou-se de que Patrick Henry fosse posto fora do caminho, sendo eleito governador da Virgínia. Feito isso, ficou livre para empreender sua campanha, descrevendo a correção do alarme público com aquilo que era "o primeiro ensaio [isto é, ataque] contra nossas liberdades". Aquilo era um precedente sinistro, continuou, pois "ninguém pode deixar de ver que a mesma autoridade capaz de oficilizar o cristianismo, com exclusão de todas as demais religiões, pode, com a mesma facilidade, oficializar qualquer ramo determinado de cristãos com exclusão de todos os outros". Negar a outros a liberdade de professar qualquer coisa em que acreditasse seria uma ofensa a Deus, não ao homem. Adotar esse tipo de preferência, argumentou Madison, destruiria a harmonia americana. "Torrentes de sangue foram derramadas no Velho Mundo em vãs tentativas de extinguir a discórdia religiosa mediante a proscrição de divergência em opinião religiosa." O "teatro" americano provava que, se os litígios não podiam ser erradicados, pelo menos, para garantir igual liberdade, poderiam ser privados de sua virulência, eliminando-se sua "influência maligna".

Para Madison e Jefferson, a tolerância e o pluralismo religioso eram a maior bênção da América, uma liberdade decorrente "da multidão de seitas", que, não havendo interferência do governo, floresceriam e se multiplicariam naturalmente. A variedade de credos não era, naturalmente, uma marca distintiva da época de Madison e Jefferson, mas decerto se tornaria a característica da América e era, nas palavras de Madison, "a garantia melhor e única para a fé religiosa em qualquer sociedade, pois, onde existe tamanha variedade de seitas, uma dada seita não poderá dispor de uma maioria para perseguir e oprimir as demais". Além disso, para ambos, essa "variedade" ia além dos cristãos. Em sua autobiografia, ao se referir a pessoas que tinham desejado inserir, antes das palavras "criador de nossa santa religião", a ressalva "Jesus Cristo", Jefferson deixou claro que haviam sido derrotadas precisamente porque a proteção oferecida pelo código "visava a abarcar [...] os judeus, os gentios, os cristãos, os maometanos, os hindus e infiéis de todas as denominações". Foi extraordinário que esse pluralismo viesse a ser reafirmado durante o governo de John Adams, em novembro de 1796, no tratado firmado com o bei de Trípoli, encerrando as hostilidades. O artigo XI desse documento, redigido por um amigo de Jefferson, o poeta e diplomata John Barlow, declarava que "como os Estados Unidos não foram, em nenhum sentido, fundados com base na religião cristã, não têm nenhuma animosidade contra as leis, a religião e a tranquilidade dos muçulmanos [...]". Foi lamentável, então, que aparentemente a tradução para o árabe deixasse de transmitir a explicitude dessa declaração, que decerto representaria uma novidade para os governantes magrebinos (e o mesmo aconteceria ainda hoje). Mas o tratado foi aprovado de alto a baixo pelo Congresso, sem votos contra, e o presidente Adams, homem de índole religiosa, assinou-o em 1797.

Três anos depois, entretanto, Adams se dispôs a concorrer à reeleição com a ajuda de uma campanha difamatória planejada para mostrar Jefferson como um ateu jacobino. "DEUS OU JEFFERSON SEM DEUS" diziam os folhetos, e federalistas como John Mitchell Mason disseram que seria "um crime sem perdão o povo americano conferir o cargo de primeiro mandatário a um notório inimigo da religião". O resultado seria a entronização da "moralidade dos demônios, que romperia em um átimo todos os elos na cadeia de amizade humana e transformaria o globo num mesmo cenário de desolação e horror, em que diabos vagueariam à espreita de butim e sangue". De qualquer modo, Jefferson venceu uma disputa tríplice, após uma prolongada contagem de votos no colégio eleitoral. Mas o que muitas vezes passa despercebido é que o esquecido terceiro candidato na eleição, Charles Cotesworth Pinckney, havia, ele próprio, feito passar pelo legislativo da Carolina do Sul uma das mais tolerantes leis de liberdade religiosa, o que fez com que esse se tornasse um dos poucos estados em que judeus podiam realmente exercer cargos públicos, o que não era uma questão acadêmica, devido à existência de uma ativa comunidade judaica e de uma bela sinagoga em Charleston.

Poder-se-ia dizer que, por fim, a concepção de Jefferson e Madison prevaleceu em todos os Estados Unidos, concentrada como estava na Primeira Emenda, o resíduo cristalizado no alambique de debates tão ferozes? Não de todo. A "cláusula do estabelecimento" só se aplicava ao governo federal, deixando estados como Massachusetts livres para criar um governo agressiva-mente dedicado ao patrulhamento da religião e da moral pública. Ainda que Madison tenha patrocinado a emenda, no fim de 1789, e tenha cuidado das revisões, a Virgínia foi, na verdade, um dos poucos estados a não ratificar a Primeira Emenda (só o fez em 1939!), devido à alegação de que a proteção que ela conferia contra o domínio de uma única seita era "insuficiente". Mas du-rante todo o século XIX, aqueles que ainda estavam excluídos de cargos públi-cos — principalmente judeus e católicos — podiam ajuizar ações judiciais nos termos da Primeira Emenda e muitas vezes ganhavam.

Quanto ao presidente Jefferson, tocou impenitente sua vida, sabendo que o Estatuto da Virgínia, particularmente, encorajava pessoas em outras partes do país a lutar para que seus estados seguissem o exemplo da Virgínia. Ficou muito feliz na manhã do Ano-Novo de 1802, ao receber um presente levado pelo pastor batista John Leland, de Massachusetts. Tratava-se de um queijo Cheshire, vermelho-vivo, de 550 quilos, fabricado pelos agradecidos agricul-tores de Cheshire, Massachusetts, com o leite de novecentas vacas do lugar, cada uma delas, prometeu Leland ao presidente, boas "vacas republicanas". O "Queijo Gigante" foi cortado naquela mesma manhã, e de tarde Jefferson es-creveu uma carta aos batistas de Danbury, Connecticut, também empenhados em levar o espírito e a letra do Estatuto da Virgínia a seu estado. "Acreditando convosco que religião é um tema ligado tão somente ao Homem e seu Deus", o presidente afirmou que encarava a Primeira Emenda com "soberana reve-rência", uma vez que ela estabelecia "um muro de separação entre a Igreja e o Estado". Nesse primeiro rascunho da carta (pois Jefferson raramente despa-chava alguma coisa sem revisões), havia escrito "eterna" depois de "muro". Mas Jefferson sabia perfeitamente que até mesmo nos Estados Unidos, ou principalmente neles, nada era eterno.

18. O PECADO NACIONAL

Agora, já fora da presidência, lá estava Thomas Jefferson confortavel-mente instalado em seu gabinete, com um atril giratório sobre a mesa, ainda trabalhando para tornar a América racional. Boa sorte! Nunca custa tentar. E ele era persistente nessa empreitada, consciente de que o momento poderia nunca mais se repetir; que nas áreas remotas do país, onde ele imaginava robustos proprietários rurais ocupados em construir a nação, pregadores itinerantes recomendavam a homens e mulheres, em ensurdecedores reavivamentos, que abrissem mão de sua razão pelo Senhor; que se abrissem a sua luz; que tremessem e se sacudissem quando ela tocasse a carne viva. Em Monticello não havia nada disso, mas simplesmente a serena labuta do espírito, uma atividade em que não havia trabalhador mais resoluto que Jefferson, que se devotava à pedra angular do projeto do Iluminismo americano: a Universidade da Virgínia. Naquele santuário, prescreveu, não haveria faculdade de teologia, cultos dominicais, capelão nem capela. Em vez disso, uma rotunda, encimada por um óculo, como no panteão romano, de modo que os raios da razão envolvessem os estudantes, debruçados sobre seus livros. Nem todos na instituição ficaram satisfeitos com as instruções de Jefferson. Já tinham sido feitas acusações segundo as quais um ninho de ateísmo estava sendo instalado numa *commonwealth* cristã, e o famoso fundador ouviu uma indagação polida: não seria possível, afinal de contas, que aqueles que desejassem gozar as bênçãos do culto tivessem permissão para organizar tais congregações, se fossem custeadas voluntariamente? Jefferson fez uma pequena concessão, apenas considerando aceitável que os estudantes rezassem como e onde desejassem, desde que suas cerimônias se realizassem fora dos limites da universidade. A seguir, retornou às disposições relativas à instrução científica dos jovens.

O que está errado nesse quadro? Sua moldura é estreita demais. Capta o que se vê através da janela de Jefferson: a horta, o herbanário, os campos bem cuidados. Mas não capta as pessoas que os cultivavam: nem os escravos, nem as senzalas, escondidos da casa-grande, certamente pelo típico valado virginiano de jardim. O quadro não parece atentar muito para as manifestações de fé entre os escravos, mais passionais que lógicas. Para eles, sem dúvida, Jesus é o Filho de Deus; a Bíblia, Sua palavra. Sabem exatamente o que significam as palavras "os sofrimentos de Cristo", suportados para salvar todos os homens e conceder-lhes a esperança de salvação, o que para eles é uma questão tanto de corpo quanto de alma. Não querem que lhes digam que Jesus foi apenas um mestre, tanto mais porque, em 1819, a Commonwealth da Virgínia do sr. Jefferson, aquele pilar de separação entre Igreja e Estado, tornou ilegal a educação dos escravos, fosse ela ministrada por pretos ou brancos, passível de prisão ou vinte açoites ou ambos. Escravos de outras fazendas lhes dizem que, às vezes, "missionários" (como se intitulam) brancos vêm e pregam que se os escravos respeitarem o senhor podem, em troca, esperar tratamento benévolo. Mas os escravos conheciam a Bíblia bem o bastante para citar o evangelho de Mateus, que diz, como todo cristão sabia, "tudo o que vós quereis que os homens vos façam, fazei-lho também vós, porque essa é a lei e os profetas", e eles não viam muito disso naqueles lugares, nem mesmo em Monticello. Por isso, sempre que podiam, se esgueiravam de noite para Jesus, para onde ouvissem falar dos Velhos Israelitas que tinham sido libertados da servidão pelo Senhor Todo-Poderoso e cantassem (bem baixinho, para não serem flagrados), de seu próprio jeito, "creio que sou filho de Deus, e esta não é minha casa, porque eu quero é o céu [...]".

Muito longe dali, num lugar de freixos brancos e plantações de milho, no Instituto Oneida, no noroeste do estado de Nova York, seu correto presidente, o reverendo Beriah Green, autor de *The Bible against slavery* [A Bíblia contra a escravidão] e *The chattel principle: The abhorrence of Jesus Christ and the apostles or No refuge for American slavery in the New Testament* [O princípio do escravo: a aversão de Jesus Cristo e os aspóstolos ou Sem refúgio para a escravidão na América no Novo Testamento], escolheu Jefferson para ser verberado, simplesmente citando trechos seus. Em *Notes on the state of Virginia*, lembrava Green a seus leitores, Jefferson havia descrito a escravidão como

> o mais persistente despotismo, de uma parte, e a mais degradante submissão, de outra [...] estremeço por meu país ao refletir que Deus é justo: que sua justiça não pode dormir para sempre [...] o Todo-Poderoso não possui nenhum atributo que possa alinhar-se a nosso lado nessa pugna. Mas será porventura possível ser moderado e debater esse assunto ao longo das diversas considerações de política, de moral, de história natural e civil?

Não, não é, declarava Green, não para um verdadeiro cristão. E assim pensavam todos os videntes e profetas do Segundo Grande Despertar, que na época avançava, fulgurante, através da Nova Inglaterra, do vale do Ohio, do oeste da Pensilvânia, dos Adirondacks e dos Apalaches e chegava ao Kentucky e ao Tennessee. O despertar era do torpor do decoro e da doutrina da Igreja formal; da percepção da igreja como um prédio com portas que se abriam e se fechavam em horários determinados. Os líderes do Despertar queriam cristãos durante 24 horas. Queriam homens — e principalmente mulheres, que, segundo acreditavam, não tinham sido plenamente atingidas pela força do evangelho — absolutamente sacudidos e arrependidos. E para eles a ideia de que os assuntos públicos estivessem fora dos limites da religião era covardia, uma expressão de indolência da alma. Não havia possibilidade de moderação quanto àquilo que o mais eloquente de todos eles, Charles Grandison Finney, chamou de "o pecado nacional": a escravidão. Se os fiéis e seus ministros se calavam em relação a essas questões, alegando que não eram de natureza espiritual, traíam o ensino de Cristo e qualquer possibilidade de que a América se redimisse da iniquidade que a condenaria. "Que nenhum homem diga", escreveu Finney em uma de suas palestras para o *Oberlin Evangelist*, na cidade onde era professor de teologia e abrira as portas da faculdade aos negros,

> que os ministros afastam-se de seu mister ao exibir e reprovar os pecados da nação. A verdade é que os ministros e todos os outros homens não só têm o direito como também a obrigação de exibir e censurar os pecados nacionais. Estamos todos dentro do mesmo barco. Como nação, nossa mera existência depende da correta conduta moral de nossos governantes [...]. É justo dizer a ministros, é justo dizer a qualquer homem, que estão se intrometendo nos assuntos de outros homens quando reprovam e censuram as abominações da escravidão?

Finney se recusava a ouvir homens como Joel Barlow lhe dizer que os Estados Unidos não eram um país cristão. Excetuado o fato de concordar que um país tão empapado de sangue ainda não podia pretender esse qualificativo, esperava dedicar toda a sua vida a fazer com que viesse a merecê-lo. Finney, um varapau ilusionista, de mais de 1,90 metro, com braços aparentemente elásticos que se estendiam bem alto para o céu ou, numa atitude de súplica, em direção aos rostos de olhos arregalados e banhados de lágrimas de réprobos eletrizados por seus raios de retórica feroz; Finney, cujos faiscantes olhos azuis de pervinca, ligeiramente saltados, causavam forte impressão, lembrando um camaleão evangélico; Finney, com seus malares angulosos, testa alta e uma voz que parecia mais potente que o mais sonoro órgão; Finney, capaz de fazer mulheres e homens, de Cincinnati a Memphis, desmaiar e tremer de vontade de desencarnar e renascer, bem ali e naquele instante, nos orvalhados campos de Ohio.

Finney não era o primeiro dos grandes trovejadores evangélicos. Duas gerações antes, George Whitefield, John Wesley e Jonathan Edwards tinham sido artistas do desespero e do júbilo sagrado. Mas Finney tinha uma coisa que lhes faltava: uma queda para a democracia. Era o Andrew Jackson do entusiasmo da alma. Ele queria multidões; amava as multidões; e lhes proporcionava o espetáculo do terror e a emoção da misericórdia. Finney tinha um instinto quase tribal para a exaltação do sacrifício: um show de pecadores que eram levados à redenção, com polegares para baixo e polegares para cima, tal como no Coliseu. E, entre um gesto e outro, acessórios decoravam seu palco de condenação e resgate: uma "mesa de ansiedade", onde aqueles que temiam perder a alma podiam refletir e aguentar o tranco, de olhos fechados, enquanto a congregação os observava, à espera de reveladores sinais de redenção. Finney era tremendamente bom nisso, justamente por não ser um Elmer Gantry, um charlatão, mas alguém que genuinamente se acreditava um libertador: o emancipador de homens e mulheres comuns que, de outra forma, estariam condenados à velha visão calvinista de predestinação. Havia nessa passividade, ele pensava, alguma coisa ignobilmente antiamericana. Para substituí-la, ele proporcionaria algo que era mais natural para o ianque: a salvação pelo esforço próprio. Os americanos já tinham disposição para fazer fortuna; ele lhes daria algo bem mais precioso: a compulsão irresistível de levantar-se e ser salvo.

Nascido e criado numa fazenda em Connecticut, autodidata, Finney achava que seria advogado. Mas não tardou para que se desse conta de que essa atividade era uma gaiola estreita demais para um entusiasmo como o seu. Um presbiteriano itinerante pôs as mãos nele, e Finney logo compreendeu que os americanos das fronteiras, habituados a se ver como forjadores de seu próprio destino, reagiriam calorosamente à mesma possibilidade de determinar, mediante atos de vontade individual, a sorte de suas próprias almas. No entanto, esse resultado não poderia ser obtido com simples cultos matinais na igreja. Os reavivamentos ao ar livre esticavam o tempo sagrado: a santa reunião de vários dias, os sermões improvisados que podiam durar alguns minutos fugazes ou horas a fio, as muralhas movediças de hinos e de júbilo, as erupções, entre as multidões, de alegria e tremor quando o espírito vivo irrompia do seco invólucro carnal, os perdidos a tremer de felicidade ao serem conduzidos ao redil, e os longos braços de Charles Finney que os reuniam para entregá-los ao pastor. Ah, ele se comprazia ao ver pecadores a cambalear rumo ao amor envolvente e misericordioso de Jesus. Aquilo o inundava de uma doce satisfação.

Entretanto, para quem entrasse nesse caminho da redenção não podia haver meio-termo nem titubeios ou vacilações com relação ao que Finney chamava de "obstáculos ao reavivamento", o mais forte dos quais era O Pecado Nacional. O fato de alguém ser capaz de silenciar a respeito dessa desgraceira, pensar que se tratasse de uma questão privada, era incompreensível para Finney, que na Palestra xv de suas *Lectures on revivals* [Palestras sobre reavivamentos] chamou a escravidão de "*o pecado maior da Igreja*". Finney fez saber que recusaria ministrar a comunhão a todo e qualquer proprietário de escravos e exigiu que a Igreja "*assumisse uma posição firme em relação à política*". Isso não significava, explicou, formar um partido político, e sim assegurar que somente homens honestos, homens que não se calassem diante da abominação, fossem apoiados. "Os cristãos têm sido extremamente culpados nessa questão", escreveu. "Mas chegou o momento em que devem agir de maneira diferente ou Deus amaldiçoará esta nação e retirará seu espírito."

Por outro lado, o professor Finney (que, mais tarde, foi presidente da Oberlin College), hesitava em relação a envolver estudantes e fiéis nas próprias organizações militantes, embora outros membros da Igreja não se mostrassem tão reservados. Com frequência, a experiência deles na estrada de Damasco tinha lugar na instável fronteira para a qual a economia escravagista se encaminhava, apenas para chocar-se com as fúrias cristãs no Norte.

No fim do verão de 1822, o reverendo James Dickey voltava para sua casa, perto da cidadezinha de Paris, depois de uma excursão com a família pelas pradarias do Kentucky. Sons animados de rabecas chegaram a seus ouvidos, e os Dickey imaginaram que logo topariam com algum desfile festivo ou uma "feira militar". Em vez disso, o que viram foi uma procissão de cerca de quarenta negros e negras, algemados, com "o casal mais adiantado suprido com violinos" e outro obrigado a erguer, com os pulsos algemados, a bandeira americana que tremulava sobre as cabeças baixas; alegria feita loucura. O pastor soube que esse martírio público era um castigo coletivo imposto aos escravos devido ao fato de um deles, uma mulher, ter resistido fisicamente a ser mandada para outro lugar (e quase certamente separada do marido e dos filhos) e ter tido a audácia de levantar a mão contra seu comprador. Diante do espetáculo, "minha alma nauseou-se", escreveu Dickey. "Como homem, compadeci-me da humanidade sofredora. Como cristão, lamentei as transgressões da Terra Santa de Deus. E, como republicano, indignou-me ver a bandeira de meu país assim insultada. Não tive como abster-me de gritar para o feitor: 'Os céus hão de amaldiçoar o homem que se dedica a esse tráfico'."

Temos conhecimento do encontro de Dickey com a grotesca procissão, perto de Paris, Kentucky, porque sua narrativa foi incluída no livro que acendeu várias fogueiras de alto a baixo nos Estados Unidos: *Letters on slavery* [Cartas sobre a escravidão], de John Rankin, hoje uma das menos lidas, porém a mais incendiária, de todas as primeiras obras abolicionistas. Rankin, presbiteriano que, depois de muitos desentendimentos com proprietários de escravos e turbas, instalou-se em Ripley, Ohio, no alto de um morro onde podia acender um farol para orientar em direção a seu asilo os fugitivos que usavam os caminhos da "Underground Railroad",* tinha descoberto, para sua mortificação, que seu próprio irmão, em Kentucky, tinha se tornado proprietário de escravos. As *Cartas* foram escritas como uma tentativa de persuadi-lo a rejeitar a iniquidade, mas também para expor todas as razões pelas quais a escravidão, que "pende como um manto de trevas sobre nossa República e amortalha sua glória incipiente", era uma ofensa contra Deus, "uma abominação [...] marcada pelas lágrimas, suor, gemidos e sangue de milhões de infelizes, pessoas inocentes e inofensivas".

A escravidão conspurcava tudo quanto era inerente a uma nação cristã — a santidade da família, a instrução nas Escrituras, a nobreza do trabalho livre. No Kentucky, escolas dominicais tinham sido atacadas, e seus professores e alunos apedrejados, e em certos lugares os escravos eram impedidos de praticar o culto, para que não Arranjassem Ideias. "Tenho visto o pastor e o presbítero dobrarem os joelhos em seu altar familiar", escreveu Rankin, "enquanto seus pobres escravos permaneciam do lado de fora, como se, *meros rebanhos animais*, não tivessem nenhum interesse nos sacrifícios matinais e vesperais [...]." Pior ainda, a existência de mulatos por toda parte atestava a promiscuidade que os brancos impunham a escravas indefesas. Assim, a es-

---

* Rotas secretas pelas quais os abolicionistas propiciavam a fuga de escravos para estados do Norte. (N. E.)

cravidão "é a própria fossa da podridão e a fonte de abominações odiosas. Parece-me espantoso que algum governo, ainda mais o dos Estados Unidos, sancione tamanha fonte de crimes monstruosos [...]".

Para pastores como John Rankin, um quietismo cristão era inimaginável, ainda que o ativismo encerrasse riscos. Certa noite, desordeiros da cidade atacaram sua casa na colina, e somente os seis filhos de Rankin, armados, os afugentaram e impediram que o pai fosse agredido ou mesmo linchado. Eram essas coisas que assustavam Charles Finney, que preferia restringir suas denúncias ao púlpito e à sala de aula. Mas um protegido seu, Theodore Weld, pôs essa timidez de lado, combinando o fervor dos reavivamentos ao ar livre, realizados onde a Igreja formal não ousava ir — campos e florestas —, com a militância espiritual do abolicionismo. O grupo de Weld, "Os 70", não era formado por membros do clero, mas por obstinados e fervorosos pregadores itinerantes, a tropa de choque da nova cruzada, que viajavam de um lado para outro no Oeste, homens que levavam a Bíblia no alforje, ao lado da espingarda. Eram homens e mulheres (pois Weld casou-se com Angelina Grimké, mulher inflamada e resoluta) que, identificando uma vida cristã com o combate à escravidão, faziam o que podiam para que, à medida que a América ocupava o Oeste, a escravidão não a seguisse de modo automático, para que no mínimo houvesse uma batalha pelos corpos e almas, ainda que ninguém, nem remotamente, imaginasse que essa batalha haveria de custar mais de meio milhão de vidas americanas, de brancos e negros.

O fervor dos evangélicos abolicionistas complica a maneira como podemos ver o "muro de separação" erigido pelo Estatuto da Virgínia e pela Primeira Emenda entre a moralidade e a política. Evidentemente, era de todo possível que uma pessoa viesse a abominar a escravidão em decorrência de uma ética derivada da razão, da degradação do homem transformado em mercadoria, da violação do direito natural da soberania sobre a própria pessoa, e assim por diante. Historicamente, porém, tanto no começo do século XIX quanto na década de 1960, a diatribe lançada contra os proprietários de escravos e os segregacionistas era de caráter religioso. Em termos realistas, é improvável que a propagação de conceitos do Iluminismo tivesse feito com que milhões de americanos brancos, no século XIX, mudassem de lado e se voltassem contra a escravidão. Afinal, se com base nesses princípios morais Jefferson e Patrick Henry estavam convictos da infâmia da instituição, mas nem por isso se dispunham a libertar seus próprios escravos, que esperança havia de persuadir sulistas menos magnânimos a abrir mão de sua propriedade ou, nas palavras de Henry, "prejudicar-se"? Tanto na década de 1830 quanto na de 1840, e novamente na de 1960, o que levou americanos brancos a ombrear-se fraternalmente com negros perseguidos foi a determinação dos Rankins e Finneys, como das Fannie Lou Hamers, de cruzar a linha entre a religião e a política e apelar para a consciência cristã do país. Para os humanistas seculares (como este autor), é embaraçoso reconhecer essa verdade histórica, habituados como estamos a equiparar fervor evangélico a reacionarismo estreito. O argumento abolicionista de que algumas atrocidades eram tão gritantes que seus perpetradores tinham de prestar contas aos princípios do evangelho, mesmo que isso significasse violar a cláusula de estabelecimento da Primeira Emenda no interesse de um bem maior, não difere inteiramente da maneira como argumentam hoje os evangélicos do movimento Direito à Vida. A história prepara essas armadilhas para nos fazer pensar mais seriamente.

Não se conhecem registros de arrependimento que indiquem se os apelos ao espírito cristão tiveram algum efeito sobre Thomas Rankin, o irmão escravagista de John. É provável, pois, que Thomas tenha dado tanta atenção àquela censura moral quanto Henry Meigs deu à de seu irmão Montgomery. Se Thomas Rankin sentiu raiva, estaria mais sintonizado com grande parte do Sul agrícola da década de 1830, que sofria forte assédio de religiosos abolicionistas. Em julho de 1835, milhares de livros e panfletos abolicionistas foram desembarcados do vapor *Columbia* no porto de Charleston, uma carga de fervor despachada por Lewis Tappan, evangélico de Nova York. Na noite seguinte, todos viraram uma fogueira. E a fúria pelo fato de o evangelho estar sendo manipulado por "fanáticos" (no entender da sociedade escravagista) era ainda maior porque pelo menos duas rebeliões de escravos (a primeira, encabeçada por Denmark Vesey em 1822, cortada pela raiz; a segunda, dirigida por Nat Turner em 1831, que teve um sucesso brutal) envolviam líderes que alegavam agir em nome da religiosidade. Vesey fora um dos fundadores da Igreja Metodista Episcopal Africana, em Charleston, e seu principal colaborador era

"Gullah" Jack Pritchard, que também pregava na igreja e de quem se dizia ter sincretizado a feitiçaria africana e a liturgia cristã. Para os nervosos guardiães da ordem na Carolina do Sul, pelo menos tão importante quanto enforcar os chefes do movimento e 33 outros foi o fechamento e a destruição da igreja metodista, agora apontada como fachada para insurreição. Nat Turner, que matou 57 brancos na Virgínia antes de ser capturado e era chamado de "O Profeta" por seus seguidores, buscou inspiração para sua rebelião em sonhos pessoais de uma iminente batalha entre Cristo e o Anticristo, e era famoso pela intensidade de sua fé e de suas orações.

Para o Sul branco, os clamores incendiários de libertação que vinham do Norte eram pelo menos tão assustadores quanto as próprias sublevações. O mais eloquente deles foi um panfleto revolucionário, "Um único grito universal", do alfaiate David Walker, um negro livre. Crítico feroz da hipocrisia institucionalizada dos Estados Unidos e de seus textos canônicos de fundação — a Declaração de Independência e a Constituição —, o libelo de Walker afirmava antes de mais nada que, ao tolerar e tirar proveito da escravidão, a América mostrara ser uma nação ímpia e anticristã. Essa havia sido também a mensagem de Rankin, Finney e Weld, mas, saindo da pena de um negro, tinha muito mais capacidade de provocar cólera e terror. Nasceu assim na mente do Sul paranoide uma aliança essencialmente nefanda de violenta fúria negra e ingênuo "fanatismo" branco. Quase o mesmo se poderia dizer, na década de 1960, da aliança em prol dos direitos civis entre "judeus e clérigos intrometidos", de um lado, e "criolous pernósticos", de outro. De repente tornou-se urgente evitar oportunidades para que escravos e negros livres lessem textos sediciosos provenientes do Norte. William Jenkin, batista do Alabama que veio a se tornar pastor, era um dos que devoravam textos abolicionistas ilícitos mas morria de medo de ser descoberto. "Eu teria preferido ser pego com um porco do que com um jornal", disse ele mais tarde, "porque por causa do porco era provável que fosse açoitado, mas por causa do jornal poderia ser enforcado." Até mesmo os lugares onde os escravos pudessem receber os rudimentos de educação eram agora suspeitos. As escolas dominicais tornaram-se alvo preferencial de gangues organizadas; no Kentucky, professores e alunos eram surrados, e seus templos, demolidos ou incendiados.

Mas alguns grupos situados na extremidade receptora da barragem de agitação antiescravista (batistas do Sul, metodistas e congregacionais) não viam como sair da confusão usando os mesmos métodos — queimando, enforcando ou espancando (embora isso ajudasse). Havia necessidade de um contra-ataque em duas frentes. Na primeira, brandiam suas Bíblias, como vinham fazendo habitualmente desde o início do movimento abolicionista, na década de 1770, para demonstrar que, se os hebreus tinham servos e servas, então o Todo-Poderoso, em Sua sabedoria, devia ter tolerado ou até mesmo desejado aquela prática. Depois lançavam mão de outro argumento: os escravos provinham de uma cultura tão selvagem que estavam muito melhor nos arrozais de Savannah do que na savana africana.

Mas, além de duelar com os fanáticos evangélicos brancos, vários eclesiásticos passaram a acreditar que era inútil evitar que os negros praticassem o cristianismo, pois isso parecia incentivar o surgimento de Denmark Veseys e Nat Turners, clérigos e profetas incontroláveis que interpretavam o evangelho de modo a ver nele uma licença para matar seus senhores. Talvez fosse melhor cuidar da cristianização e da educação dos escravos e usar o evangelho para instilar neles preceitos de obediência, respeito e humildade, e em troca disso eles receberiam tratamento benevolente, não se falando das bênçãos da salvação. Nasceu assim um movimento de "missão" nas *plantations*.

Proprietário de arrozais e algodoais em Midway, Geórgia, numa área que não ficava longe de Savannah, Charles Colcock Jones sentiu-se chamado de modo especial a essa missão de criar um mundo escravista que fosse devoto e no qual os dois lados agissem com mútua benevolência. Jones sentiu isso porque tinha sido educado no Norte, na Academia Phillips e depois no seminário de Princeton (onde, na verdade, havia tanto defensores quanto críticos da escravidão). O jovem Jones acreditava ardentemente na perversidade do sistema no qual se baseava sua própria riqueza e confiava que, mais cedo ou mais tarde, tal sistema seria eliminado. Mas a troca de cartas com sua prima Mary, com quem acabou se casando, e seu próprio pressentimento de uma tragédia no Sul, que atingiria igualmente negros e brancos, no caso de um choque frontal ocorrer mais cedo do que se esperava, convenceu-o da necessidade de uma via intermediária. Seu regresso a Midway e à bela igreja em meio a um gramado, onde fizera sua profissão de fé em 1821 e cujo púlpito agora ocupava, só confirmou sua decisão. Os escravos, degradados pela opressão, ainda não estavam prontos para a liberdade, mas precisavam de um período de aprendizado na área de moral e de "melhoramento" religioso antes que a emancipação lhes fosse concedida com segurança. Charles Colcock Jones e seus missionários dedicariam a vida a este objetivo: procurar e censurar senhores que se mostrassem desumanos e cruéis; e proporcionar aos escravos educação, além de remédios quando necessários, para o corpo e a alma. Assim eles seriam preparados para a liberdade — que um dia haveria de vir. Não surpreende, pois, que a irmã de um dos melhores amigos de Jones no Norte fosse Harriet Beecher Stowe.* E se o leitor for a Midway, Geórgia, defronte a uma enorme magnólia que sombreia o túmulo de Colcock Jones, coberto de liquens, encontrará duas portas que se abrem para a igreja branca: uma suntuosa, para os fiéis brancos, e uma simples, ao lado, para todos os escravos de que Jones estava cuidando. Para muitos, no Sul e no Norte, escravos e livres, essa indignidade ia de encontro ao preceito de admissão universal à graça misericordiosa de Deus. Eles não queriam ir para o céu através de uma portinhola. Queriam uma Igreja só deles.

19. JARENA LEE

Nasci em 11 de fevereiro de 1783 em Cape May, estado de Nova Jersey. Com sete anos de idade, fui separada de meus pais e passei a morar e trabalhar como criada na casa de um certo sr. Sharp, a uma distância de mais ou menos cem quilômetros do lugar onde nasci.

Sendo meus pais inteiramente ignorantes do conhecimento de Deus, não haviam por isso me dado absolutamente nenhuma instrução nessa importante questão. Não muito tempo depois que comecei a servir a essa senhora, ela me mandou fazer alguma coisa relacionada com minhas obrigações e um pouco depois me perguntou se eu tinha feito aquilo, e eu respondi que sim, mas não era verdade.

Nesse ponto terrível da história de minha mocidade, o Espírito de Deus agiu com intensidade em minha consciência e me disse que eu era uma vil pecadora [...].

---

* Harriet Beecher Stowe (1811-96): autora do romance *A cabana do Pai Tomás*, considerado um dos mais poderosos instrumentos da propaganda abolicionista no país. (N. E.)

No ano de 1804 aconteceu de eu ir com outras pessoas ouvir a pregação de um missionário da ordem presbiteriana. Essa reunião era de tarde, mas havia poucas pessoas lá, o local era uma sala de aula; mas o pregador era solene [...] durante a leitura dos Salmos um raio de convicção penetrou em minha alma. Eram as seguintes as palavras que compunham o primeiro versículo dos Salmos para o culto: "Senhor, nada valho e fui concebido em pecado, nasci em iniquidade e impureza [...].

Essas palavras, que descreviam minha condição, atingiram-me na alma e me levaram a sentir, em certa medida, o peso de meus pecados [...] mas sem saber como correr imediatamente para o Senhor, fui levada para Satanás [...] e tentei acabar comigo. Num ribeirão que ficava a uns quatrocentos metros da casa havia um poço profundo onde a água se agitava em torno das pedras; entendi que eu devia ir a esse lugar e me afogar. Na hora, eu estava com um livro na mão. Era uma manhã de sábado, mais ou menos às dez horas; caminhei até esse lugar e, chegando à beira da água, sentei-me na margem e, ao olhar para ela, tive a sensação de que seria uma morte tranquila. Era como se alguém estivesse falando comigo, dizendo mergulhe a cabeça, você não vai sofrer. Mas de alguma forma que eu não sei explicar, meus pensamentos se afastaram inteiramente desse propósito quando saí daquele lugar e fui para casa de novo. Foi a mão invisível de Deus que me salvou do suicídio [...].

1809

Fui para a cidade de Filadélfia e comecei a frequentar a igreja inglesa onde o pastor era um inglês chamado Pilmore [...]. Mas no tempo em que me mantive sob o ministério desse homem, o que durou mais ou menos três meses [...] tive a impressão de que havia entre mim e as pessoas uma parede tão alta que eu nunca conseguiria enxergar do outro lado, e ela parecia causar em meu espírito uma sensação assim: essa não é a sua gente [...]. Mas ao voltar para onde eu morava perguntei à cozinheira da casa sobre as regras dos metodistas, porque sabia que ela pertencia a essa sociedade [...] e ao ouvir o que ela contou comentei que não poderia obedecer a regras tão rigorosas nem durante um ano, mas disse que iria com ela e ouviria o que eles tinham a dizer.

O homem que falaria naquela tarde era o reverendo Richard Allen, dos Metodistas Episcopais Africanos na América. Durante os trabalhos da tarde eu tinha chegado à conclusão de que essa é a gente que me fala ao coração, e aconteceu que assim que o culto terminou ele convidou as pessoas que quisessem escapar da ira que se adiantassem, que fossem ter com eles, e eu aproveitei a ocasião. Três semanas depois daquele dia minha alma estava gloriosamente convertida a Deus pela pregação. Mal havia sido pronunciado o texto, que era "Percebo que seu coração não está inocente à vista de Deus", quando surgiu à vista, no meio de meu coração, um único pecado, o qual era a malquerença contra uma certa pessoa que havia feito o quanto podia para me prejudicar e por isso eu lhe queria mal. Ao descobrir isso, eu disse SENHOR, eu perdoo todas as criaturas. Naquele instante foi como se um manto que antes cobria toda a minha pessoa até as pontas dos dedos se abrisse no alto de minha cabeça e se afastasse de mim, sumindo como uma sombra de minha vista — e foi como se a glória de Deus me envolvesse no lugar daquele manto.

Naquele momento, embora estivessem presentes centenas de pessoas, eu me pus de pé e declarei que Deus, pelo amor de Cristo, havia perdoado os pecados de minha alma. Grande foi o êxtase de meu espírito, pois senti que não só o pecado da malquerença tinha sido perdoado como também que todos os outros pecados tinham sido levados juntos para longe. Aquele foi o primeiro dia em que meu coração acreditou e em que minha língua pronunciou confissões para a salvação — as primeiras palavras pronunciadas, uma parte daquele canto que há de encher a eternidade com seu som, foram glória a Deus. Por alguns momentos tive o poder de exortar pecadores e lhes falar das maravilhas e da bondade d'Ele que havia me vestido de salvação. Durante esse tempo, o pastor ficou em silêncio até eu sentir que o dever de minha alma tinha sido cumprido [...].

1814

Entre o quarto e o quinto ano depois de minha santificação, num certo dia caiu sobre mim um silêncio que me causou forte impressão e eu fiquei parada, como se alguém estivesse para falar comigo, embora não desejasse isso em meu coração. Mas, para minha enorme surpresa, foi como se soasse uma voz [...] que me disse: "Vá e pregue o evangelho!". Respondi imediatamente: "Ninguém há de crer em mim". Esperei de novo, e outra vez a voz pareceu dizer: "Pregue o evangelho. Porei palavras em sua boca e farei com que seus inimigos se tornem seus amigos". No começo imaginei que fosse Satanás que tivesse falado comigo, por-

que havia lido que ele podia se transformar num anjo de luz para o propósito de iludir. Fui imediatamente a um lugar discreto e invoquei o Senhor para saber se ele havia me ordenado que pregasse e se eu tinha sido ludibriada ou não; nesse momento foi como se diante de minha vista surgisse a forma de um púlpito, sobre o qual havia uma Bíblia, e apresentada tão claramente como se fosse uma realidade literal.

Em consequência disso meu espírito ficou tão agitado que durante a noite que se seguiu escolhi um texto e preguei dormindo. Era como se diante de mim houvesse uma grande multidão, enquanto eu expunha àquelas pessoas as coisas da religião. Meus gestos foram tão violentos e fiz exclamações em voz tão alta que acordei com o som de minha própria voz, que também despertou a família da casa em que eu residia. Dois dias depois fui procurar o pastor encarregado da Sociedade Africana, que era o reverendo Richard Allen [...] para lhe dizer que achava ser meu dever pregar o evangelho [...]. Mas ao me aproximar da rua onde ficava a sua casa, e isso na cidade de Filadélfia, minha coragem começou a vacilar, e tão pesada parecia ser a cruz que tive a impressão de que não seria capaz de suportá-la [...] várias vezes no caminho voltei atrás, mas de cada vez senti minha força se renovar [...].

Disse a ele que o Senhor me havia revelado que eu devia pregar o evangelho [...]. Mas com relação a mulheres pregarem ele disse que nossa Disciplina nada dizia a respeito — que não previa mulheres pregadoras. Gostei de ouvir aquilo, porque tirava de mim o medo da cruz — mas assim que a ideia passou por minha cabeça senti que o amor pelas almas havia de certa forma se afastado de mim, que a energia santa que queimava dentro de mim como uma fogueira começava a se dissipar [...].

Se um homem pode pregar porque o Salvador morreu por ele, por que não a mulher que vê que ele morreu por ela também? Não é ele um Salvador inteiro, e não um Salvador pela metade, como aqueles que consideram errado uma mulher pregar fazem com que ele pareça assim? Se pregar o evangelho é uma graça do céu, se vem somente por inspiração, isso representa um empecilho para Deus? Deve escolher exclusivamente o homem? Será que ele não quer, não quis ou não pode inspirar uma mulher a pregar a história simples do nascimento, da vida, da morte e da ressurreição de Nosso Senhor e também fazer com que ela chegue com força ao coração do pecador? [...]

Em minhas viagens para cima e para baixo entre os homens, pregando de acordo com minha capacidade, tenho encontrado muitas famílias que me contam que durante anos vinham participando de cultos, mas no entanto, quando se dispuseram a ouvir o que Deus havia de dizer por meio de seu pobre instrumento feminino, passaram a crer com forte emoção, com lágrimas a lhes rolar pelos rostos, o sinal de contrição e arrependimento para com Deus [...].

1821

Fazia oito anos que eu havia solicitado autorização para pregar o evangelho, e durante esse tempo só me fora permitido exortar [...] a questão agora ressurgiu em meu espírito; era como uma fogueira presa em meus ossos. Durante esse tempo eu havia pedido ao reverendo Richard Allen, que [...] se tornara bispo dos Metodistas Episcopais Africanos na América, que me fosse permitida a liberdade de realizar reuniões de oração em minha própria casa alugada e de exortar onde achasse oportunidade, liberdade que me foi concedida [...].

Pouco depois disso o reverendo Richard Williams foi pregar na igreja Bethel, em que eu me encontrava, junto com outras pessoas. Ele subiu ao púlpito, indicou um hino, que foi cantado, e então falou ao trono de graça [...] o texto que escolheu foi Jonas, capítulo 2, versículo 9, "Do Senhor vem a salvação". Mas à medida que ele ia explicando, parecia ter perdido o espírito; no mesmo instante, pus-me de pé, como que impelida por um impulso inteiramente sobrenatural, para fazer uma exortação sobre o próprio texto que o irmão Williams tinha escolhido [...].

Disse a eles que eu era como Jonas; pois quase oito anos haviam passado desde que o Senhor me chamara para pregar, mas que eu tinha protelado como ele e tardado a atender ao chamamento do Senhor [...].

Durante a exortação Deus tornou manifesto seu poder de maneira suficiente para mostrar ao mundo que eu tinha sido chamada ao trabalho segundo minha capacidade e a graça que me fora concedida [...].

Na primeira reunião [...], em casa de meu tio, estava junto com outras pessoas que tinham vindo por curiosidade, para ouvir a mulher pregadora, um senhor idoso, deísta, que disse que não acreditava que pessoas de cor tivessem alma — estava convicto de que não tinham. Sentou-se muito perto de onde eu estava e me olhava fixamente, sem disfarçar, com a intenção de me deixar encabulada. Mas enquanto eu falava, da melhor forma que podia, pensando em

Deus todo o tempo, tomou conta de mim uma sensação de estar pouco à vontade, mas no entanto havia no arco recurvado do evangelho uma flecha apontada para o coração dele, até então endurecido. Depois que terminei de falar, ele saiu, reuniu as pessoas, disse que minha pregação podia parecer de pouco valor mas que ele achava que eu conhecia bem os corações humanos [...] agora ele parecia admitir que as pessoas de cor tinham alma, em cujo bem eu estava interessada [...]. O homem voltou para dentro da casa e de modo muito amistoso apertou minha mão e disse que esperava que Deus o houvesse poupado para alguma boa finalidade. Esse homem era um grande proprietário de escravos e tinha sido muito cruel, não titubeando em prostrar um escravo por terra com uma estaca de cerca ou qualquer coisa que estivesse à mão. A partir desse dia, diziam dele que sua conduta tinha se modificado bastante, para melhor [...].

O Senhor estava comigo, glória a seu santo nome. Em seguida caminhei dez quilômetros e realizei uma reunião na casa de um amigo de cor [...] e preguei para uma congregação bem-educada formada por negros e brancos. Depois do culto, voltei caminhando de novo, o que representou ao todo vinte quilômetros no mesmo dia [...].

1822
Voltei para Filadélfia e participei de reuniões tanto na cidade como fora dela [...]. Mais do que nunca, sentia um grande amor pelas pessoas.

Em julho, falei numa escola para uma grande congregação [...] ali pudemos antegozar as delícias do céu — um cálice cheio e transbordante — clamores e regozijo — enquanto a pobre portadora de um evangelho livre era ajudada pelo céu. Oxalá pudesse meu leitor estar ali para compartilhar conosco o radiante festim celestial [...].

A criada de um cavalheiro branco veio me chamar para celebrar um culto noturno em sua casa. Ele convidou os vizinhos, de cor e brancos, e eu falei de acordo com a capacidade que Deus me concedeu. Minha pobre alma alegrou-se por estar ali — Jesus estava no meio de nós [...].

Em seguida participei de uma reunião ao ar livre, que durou cinco dias, e na qual preguei várias vezes. Tivemos ali chuvas de Pentecostes — pecadores eram tocados em seu coração e bradavam a Deus, suplicando proteção no imi-

nente julgamento e creio verdadeiramente que o Senhor ficou satisfeito com nossos débeis esforços para servi-lo sob o toldo do acampamento.

1823

No mês de junho de 1823, viajei de Filadélfia a Nova York com o bispo Allen e vários presbíteros para participar da conferência anual de Nova York de nossa denominação e ali passei três meses [...]. Em 4 de junho falei na igreja de Asbury, com base no livro dos Salmos, capítulo 33. Creio que nunca havia testemunhado tantos clamores e mostras de júbilo [...]. Tomada pelo espírito de Deus, falei sem respeito humano [...] os pregadores clamavam e oravam e aquela foi uma ocasião a ser lembrada por muito tempo [...].

1824

Na companhia de uma boa irmã que alugou um coche e um cavalo, viajei 480 quilômetros e preguei em vários lugares. Fui à Igreja Africana de Denton e no primeiro domingo fiz dois sermões. A igreja estava numa situação próspera e florescente, e para nossa alegria o Senhor abençoou nossa palavra [...] a pedidos falei também na Igreja Metodista Velha de Denton, que estava à cunha. Foi uma reunião feliz. Minha língua estava solta e meu coração tomado pelo amor de Deus.

Em quatro anos viajei 2500 quilômetros e dessa distância caminhei 340 e preguei sobre o reino de Deus aos filhos e filhas decaídos de Adão, tudo isso pelo amor de Jesus [...].

Em Milford [...] de noite as pessoas vieram do interior em suas carruagens mas ficaram desapontadas por eu falar numa igreja de pessoas de cor. As portas e janelas estavam abertas por causa do calor, mas o templo achava-se abarrotado; o orgulho e o preconceito haviam sido sepultados. Foi uma ocasião de muita energia. Eu me soltei inteiramente; a reunião durou até o amanhecer, mas voltei para minha casa. Contaram-me que pecadores se converteram, pessoas que haviam deixado a igreja foram recuperadas e enlutados foram consolados [...]. Depois pediram que ficássemos até a noite seguinte, para pregar de novo, mas julguei melhor deixá-los famintos.

Combinei uma reunião num lugar chamado Hole in the Wall,* um lugarejo de gente de cor, e, como ali não havia igreja, usamos uma residência e uma grande congregação compareceu. Só tive para me ajudar um ancião, de cento e poucos anos, que orava e suas orações fizeram com que nos sentíssemos horríveis, ele morreu no ano de 1825 e foi colher o galardão de seu trabalho [...].

Embora isso se passasse num estado escravagista, tínhamos tudo em ordem, boa pregação, uma ocasião solene para ser lembrada por muito tempo. Alguns dos infelizes escravos vieram felizes no Senhor, andaram de cinquenta a 65 quilômetros e depois disso 110 quilômetros para adorar a Deus. Ainda que com sacrifícios, que punham na conta da alegria [...].

1827
Fui a Baltimore com o bispo e desfrutamos de excelentes pregações. Tivemos bons momentos de regozijo no Senhor. Deixei-os para ir a Albany [...]. Glória a Deus [...] em Niagara as pessoas me pareceram amáveis e cristãs. Os habitantes brancos reuniram-se conosco e com senhoras de grande renome. Os escravos que vieram sentiram-se livres, começaram a perceber a necessidade de educação [...] atravessei o lago de Buffalo para Fort George e falei a mais ou menos doze quilômetros dali; fazia frio e nevou muito cedo — eram quatro horas da tarde —, a congregação tinha estado ali e ido embora. Estávamos num trenó e o condutor se perdeu; fomos todos parar num pântano, entre copas de árvores caídas, mas demos meia-volta, achamos uma casa e passamos ali toda a noite [...] depois que falei para as pessoas, deixei-as e marquei uma reunião com os índios; dois chefes deles foram aonde eu estava para me ver. Pedi-lhes que rezassem por nós e eles atenderam ao pedido, mas em sua própria língua. Senti em meu coração o poder de Deus.

Nesse ano, viajei 3700 quilômetros e preguei 178 sermões [...].

A incansável guerreira das estradas Jarena Lee não parava de viajar, a pé ou de condução, indo de coche e carroça, de barco a vapor e trem, de trenó ou

---

* Literalmente, "buraco na parede"; fim de mundo. (N. T.)

tropa de mulas; levando consigo seu púlpito portátil, passando por Ohio e Illinois, Nova York e Delaware, Massachusetts e cruzando a fronteira para Ontário; visitando cada canto da Pensilvânia e entrando no estado escravagista de Maryland e na cidade semiescravagista de Washington; ensinando em escolas, exortando em campos e florestas, em reavivamentos ao ar livre e em Festas de Amor, confortando os agonizantes, que foram muitos em 1831, o terrível ano do cólera, quando em Nova York 160 pessoas morriam de modo horrível a cada dia; acumulando um recorde de 692 sermões em 1835, o ano da grande ofensiva abolicionista no Sul. Em seu prodigioso diário — uma das grandes narrativas negras que ninguém lê — escuta-se a exultação dessas reuniões e cultos: os clamores e as palmas, os soluços e o canto, em templos de cidades e capelinhas do interior. Ela havia começado sua jornada espiritual ainda menina, como escrava, aguilhoada pela culpa de ter mentido a sua senhora, sendo salva do suicídio por afogamento por uma sensação da ajuda de Deus, e veio a ser um autêntico fenômeno americano, pregando para congregações enormes, tornando-se a primeira, a seu modo, dos grandes oradores negros. Jarena Lee foi, em sua própria pessoa, o que W. E. B. Du Bois identificou, em *As almas da gente negra*, como a primeira espécie de verdadeiro líder negro: o Pregador e o Professor. E o mais espantoso foi que, embora de certo modo revolucionária, Jarena não era de maneira alguma a única. Na época em que deixou o púlpito, na década de 1840, havia toda uma irmandade de pregadoras negras itinerantes, que desafiavam turbas e magistrados, o preconceito masculino e a indiferença dos céticos: Amanda Smith e "Elizabeth, uma Pastora Negra do Evangelho"; Mary McCray no Kentucky, e Bethany Veney, chamada "Tia Betty".

Embora pregassem como bem entendessem, todas essas mulheres precisavam de alguma ajuda da Igreja Protestante negra, que estava se firmando vigorosamente nas cidades, enquanto Jarena Lee e Bethany Veney faziam suas viagens. A conversão mais significativa obtida por Jarena foi a do famoso Richard Allen, o bispo metodista negro da Igreja Mother Bethel, em Filadélfia. Tão logo se convenceu de que Jarena era uma força a ser considerada, Allen passou a levá-la em suas próprias viagens de pregação, a Nova York e Baltimore, ambas cidades escravagistas, nas quais o simples fato de um negro ser pregador equivalia quase a convidar ataques, e nem sempre apenas verbais.

Mas o trabalho de Allen e de seus colegas em Savannah — Andrew Bryan

224

1. Fotografia heroica de corpo inteiro do intendente-geral Montgomery C. Meigs em sua pose romana de meditação trágica, por Mathew Brady. O próprio Meigs foi um fotógrafo competente e entusiasmado.

2. Retrato de Thomas Jefferson, o presidente fundador de West Point, pintado por Gilbert Stuart, 1805-21.

3. Retrato de Alexander Hamilton, pintado por John Trumbull, 1806. Ex-soldado, secretário do Tesouro, tinha planos muito mais ambiciosos para um exército e uma escola militar em tempo de paz.

4. Posse de Abraham Lincoln, em 4 de março de 1861, sob a cúpula inacabada do Capitólio de Meigs.

5. Montgomery Meigs no comando da força mobilizada para defender Washington de uma ofensiva confederada, 1864.

6. Turma de West Point de 1863; John Rodgers Meigs está sentado, no centro da fileira da frente. Fotografia tirada provavelmente em 1862.

7. John Rodgers Meigs em uniforme de tenente do Corpo dos Engenheiros, quando incorporado ao exército de Sheridan, 1864.

8. Origem do Cemitério Nacional de Arlington: a ocupação da casa e das terras de Robert E. Lee na colina de Arlington por ordem de Meigs, 28 de junho de 1864.

9. Broche produzido em massa, usado pelos que queriam propagandear a indignação patriótica contra o afundamento do USS Maine e o entusiasmo pela guerra entre Espanha e Estados Unidos.

10. Theodore Roosevelt em pleno discurso, 1905.

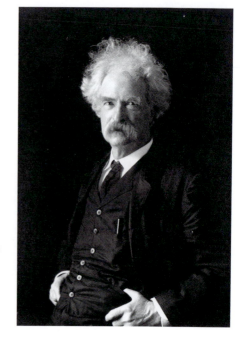

11. Mark Twain na meia-idade, a pedra no sapato dos imperialistas.

12. Fannie Lou Hamer, falando no Comitê de Credenciais em nome do Partido Democrata da Liberdade do Mississippi na convenção do Partido Democrata, Atlantic City, 1964.

13. Campanha para registrar eleitores negros, Virgínia, 1960.

A BILL *for establishing* RELIGIOUS FREEDOM, *printed for the consideration of the* PEOPLE.

WELL aware that the opinions and belief of men depend not on their own will, but follow involuntarily the evidence proposed to their minds, that Almighty God hath created the mind free, and manifested his Supreme will that free it shall remain, by making it altogether insusceptible of restraint: That all attempts to influence it by temporal punishments or burthens, or by civil incapacitations, tend only to beget habits of hypocrisy and meanness, and are a departure from the plan of the holy author of our religion, who being Lord both of body and mind, yet chose not to propagate it by coercions on either, as was in his Almighty power to do, but to extend it by its influence on reason alone: That the impious presumption of legislators and rulers, civil as well as ecclesiastical, who, being themselves but fallible and uninspired men, have assumed dominion over the faith of others, setting up their own opinions and modes of thinking, as the only true and infallible, and as such, endeavouring to impose them on others, hath established and maintained false religions over the greatest part of the world, and through all time: That to compel a man to furnish contributions of money for the propagation of opinions which he disbelieves and abhors, is sinful and tyrannical: That even the forcing him to support this or that teacher of his own religious persuasion, is depriving him of the comfortable liberty of giving his contributions to the particular pastor whose morals he would make his pattern, and whose powers he feels most persuasive to righteousness, and is withdrawing from the Ministry those temporal rewards which, proceeding from an approbation of their personal conduct, are an additional incitement to earnest and unremitting labour for the instruction of mankind: That our civil rights have no dependance on our religious opinions, any more than on our opinions in physicks or geometry: That therefore the proscribing any citizen as unworthy the publick confidence, by laying upon him an incapacity of being called to offices of trust and emolument, unless he profess or renounce this or that religious opinion, is depriving him injuriously of those privileges and advantages to which, in common with his fellow citizens he has a natural right: That it tends also to corrupt the principles of that very religion it is meant to encourage, by bribing with a monopoly of wordly honours and emoluments, those who will externally profess and conform to it: That though indeed these are criminal who do not withstand such temptation, yet neither are those innocent who lay the bait in their way: That the opinions of men are not the object of civil government, nor under its jurisdiction: That to suffer the civil Magistrate to intrude his powers into the field of opinion, and to restrain the profession or propagation of principles on supposition of their ill tendency, is a dangerous fallacy, which at once destroys all religious liberty; because he being of course Judge of that tendency will make his own opinions the rule of judgment, and approve or condemn the sentiments of others only as they shall square with, or differ from his own: That it is time enough for the rightful purposes of civil government for its officers to interfere when principles break out into overt acts against peace and good order: And finally, that truth is great and will prevail if left to herself; that she is the proper and sufficient antagonist to errour, and has nothing to fear from the conflict, unless by human interposition, disarmed of her natural weapons, free argument and debate; errours ceasing to be dangerous when it is permitted freely to contradict them

WE the General Assembly of *Virginia* do enact, that no man shall be compelled to frequent or support any religous Worship place or Ministry whatsoever, nor shall be enforced, restrained, molested, or burthened in his body or goods, nor shall otherwise suffer on account of his religious opinions or belief, but that all men shall be free to profess, and by argument to maintain their opinions in matters of religion, and that the same shall in no wise diminish, enlarge, or affect their civil capacities.

AND though we well know that this Assembly, elected by the people for the ordinary purposes of legislation only, have no power to restrain the acts of succeeding Assemblies, constituted with powers equal to our own, and that therefore to declare this act irrevocable would be of no effect in law; yet we are free to declare, and do declare, that the rights hereby asserted are of the natural rights of mankind, and that if any act shall be hereafter passed to repeal the present, or to narrow its operation, such act will be an infringement of natural right.

14. Versão impressa do original de Jefferson do Estatuto da Liberdade Religiosa da Virgínia, 1778-9, do qual seções foram preservadas na versão de James Madison, encaminhadas à Assembleia da Virgínia em 1786.

15. Charles Grandison Finney, orador abolicionista de Oberlin, cujos olhos faziam pecadores e escravocratas se encolherem.

16. Jarena Lee, pregadora negra itinerante nos estados da costa atlântica; frontispício de sua autobiografia.

17. Alunos afro-americanos na Carolina do Norte, por volta da época da emancipação, 1863.

18. Fotografia bastante antiga da Primeira Igreja Batista Africana, provavelmente em Savannah.

19. Thomas Wentworth Higginson, pregador, editor, coronel do 1º Batalhão de Voluntários da Carolina do Sul e primeiro antologista de spirituals negros.

20. Os integrantes do grupo Fisk Jubilee Singers, como eles provavelmente se apresentaram na ocasião do recital para a rainha Vitória, 1875.

21. Evangélicos brancos e pobres, em Louisiana, 1938.

22. *Retrato de J. Hector St. John de Crèvecoeur; frontispício da primeira edição de* Letters from an American farmer, *de 1782.*

23. *O bondoso cidadão Know-Nothing [Sabe-Nada], imaginado como o frontispício da página musical para o partido no auge de seu poder político, em 1854.*

24. *Charge antimexicana de jornal do tempo da Guerra do México, com latinos libidinosos brandindo punhais.*

25. Trabalhadores chineses em construção de ferrovia, Montana, década de 1870.

26. Ilustração para partitura da versão musical de O bárbaro china, de Bret Harte.

27. Coronel Fred Bee, cônsul chinês, com sua cartola habitual, ao lado de investigadores chineses e do Exército americano que trabalharam no caso do massacre de Rock Springs, Wyoming.

28. *"Em quem recai a culpa"*: charge de 1891 contra a imigração; a galeria completa de caricaturas étnicas das raças inferiores.

29. Dia de formatura, em 1916, na Escola de Inglês Henry Ford, em Dearborn, Michigan. E Pluribus Unum é o nome do navio trazendo imigrantes para o "Melting Pot", no qual os graduandos ficam em pé, segurando suas bandeiras americanas.

30. Grace Abbott, em 1925, duas décadas após ter fundado a Liga de Proteção aos Imigrantes, em Chicago.

31. Matronas imigrantes da Europa oriental fazendo a sua parte para a América em tempo de guerra, 1918.

32. Progresso americano, de John Gast, 1872. Imagem muito reproduzida dos anos anteriores ao Centenário, incorporando a inevitabilidade do destino manifesto ocidental: o telégrafo e a ferrovia completando o que as carruagens cobertas e as diligências haviam começado.

33. Franklinia alatamaha, nativa do oeste da Geórgia; de Viagens, de William Bartram, 1788.

35. Selo da nação cherokee, 1839.

34. Coronel Return Jonathan Meigs Sênior, no tempo em que viveu entre os cherokees.

36. John Ross, chefe da nação cherokee, antagonista de Jackson durante os anos da independência e da deportação em massa dos cherokees para o Mississippi.

37. Retrato do presidente Andrew Jackson, autor da Lei de Remoção de 1830, pintado por George Healey.

38. A última grande Corrida pela terra, na Faixa Cherokee, território de Oklahoma, 1893.

39. Família cherokee, fotografada nos anos 1930 na Carolina do Norte, num cenário rural muito parecido com aquele do qual eles foram expulsos um século antes.

40. Major John Wesley Powell, explorador armado, geólogo, profeta ecológico, com Tau-gu, chefe dos paiutes, na bacia do Colorado, em 1873.

41. O famoso retrato feito por Dorothea Lange de uma mãe migrante da grande seca de 1936.

42. "Anéis de banho" e barco no leito seco e esgotado do reservatório do lago Mead, 2007.

e, mais tarde, Andrew Marshall — consistiu em criar todo um território negro dos salvos, fora do alcance tanto dos proprietários de escravos quanto dos missionários complacentes das fazendas. Em cidades como Savannah, muitas vezes a população local tinha sérias dúvidas quanto à conveniência de ter igrejas negras, apinhadas, dedicadas a instruir seus fiéis. E ainda que Bryan, principalmente, sempre afirmasse que não representava ameaça alguma para a instituição da escravidão, era alvo de surras violentas nas ruas da cidade, até seu senhor, Jonathan Bryan, lhe conseguir um depósito de trigo desativado no qual ele pudesse celebrar cultos. A história desses batistas negros do Sul havia começado como uma fuga para a liberdade, quando milhares deles aceitaram a oferta britânica, feita durante a Guerra da Independência, de alforriar escravos foragidos das fazendas de rebeldes que estivessem dispostos a servir ao rei. Quando a causa inglesa se viu perdida, muitos deles deixaram o exército real e tomaram o caminho da Nova Escócia, no Norte, ou do Caribe. Mas aqueles que permaneceram no Sul encontraram apoio mútuo no culto e, de uma forma ou de outra, mantiveram-se ligados a suas próprias igrejas, apesar da intimidação e da pobreza. Embora os homens e as mulheres dessas primeiras gerações heroicas de batistas de Savannah estejam enterrados (é desnecessário dizer) numa área separada do cemitério de Laurel Grove, foram, entretanto, a origem da igreja da libertação no Sul, o primeiro acampamento de um exército que seria obrigado a abrir caminho através de guerras e de um século de segregação racial, antes de sequer se aproximar da Terra Prometida.

Nos livros de história que li na escola, há décadas, os escravos americanos nunca foram capazes, antes da guerra civil, de livrar-se de seus grilhões, tanto mentais quanto físicos, a não ser pela fuga. Seu encerro no sistema de degradação era tão absoluto que o melhor que podiam fazer, além de se tornarem fugitivos, era esperar a alforria pelas mãos de abolicionistas evangélicos brancos como John Rankin, Charles Finney e Theodore Weld. A ideia de que do norte para o sul, de Nova York para Baltimore e para Savannah, existia uma Igreja negra livre, com muitos membros (1400 só na Igreja Bethel, em Charleston, onde a seita de Denmark Vesey tinha sido extirpada, e talvez 400 mil em todo o Sul antes da Guerra de Secessão, segundo W. E. B. Du Bois), uma Igreja bem-sucedida, disciplinada, empenhada ativamente em salvar almas e corpos, com corajosas pregadoras itinerantes como Jarena Lee, diante de quem brancos e negros se intimidavam, rejubilavam-se e comemoravam —

essa ideia teria parecido implausível. No entanto, um exame do rico acervo de memórias e autobiografias espirituais daquela época, e nas antologias elaboradas posteriormente, ainda no século XIX, como a *Cyclopedia of the colored Baptists of Alabama* [Enciclopédia de batistas de cor do Alabama], desvela todo um mundo de ousada autodeterminação.

E até mesmo onde era impossível obter um nível de organização como a das igrejas negras urbanas de batistas e metodistas, a religião dos escravos achou um meio de se livrar do jugo. O historiador Robert Raboteau reuniu indícios de uma contracultura religiosa surgida debaixo do nariz dos feitores e missionários das fazendas: o culto verdadeiro deles, não o decoro permitido de igrejas como a de Colcock Jones em Midway, mas um culto marcado por movimentos corporais, cantos e narrativas de histórias da África. Quando podiam fazê-lo mais ou menos abertamente em cabanas de outros escravos, os irmãos e irmãs realizavam o culto como desejavam, como Jarena Lee ouviu muitas vezes, com a força dos brados, das invocações e respostas, das palmas e do sonoro A-MÉM! Mas, nos casos em que se suspeitava que tais cultos instigassem alguma espécie de semirrebelião, os escravos recorriam a "*hush harbors*" — refúgios de silêncio — em florestas ou pântanos, onde "fugiam para Jesus". Um ex-escravo, Washington Wilson, explicou que "quando os pretos fazem roda cantando 'Fuja para Jesus' isso significa que vai haver uma reunião religiosa naquela noite. Os senhores não gostavam dessas reuniões religiosas, e por isso, naturalmente, nós saíamos escondidos de noite para as margens dos rios ou outros lugares. Às vezes nós cantávamos e rezávamos a noite inteira". No condado de Prince George, Virgínia, Peter Randolph descreveu os galhos de árvores curvados e mantidos assim de modo a figurar uma igreja natural, onde os escravos abertamente contavam o que tinham suportado na semana anterior e — tal como os batistas Primitivos em Raven — se despediam com apertos de mão de solidariedade cristã. Quando recebiam a visita de um pregador negro itinerante, quase com certeza mais desleixado e maltrapilho que Jarena Lee, ele também lançava mão de um toque de poesia afro-americana ao narrar o Êxodo ou os sofrimentos de Cristo na Paixão, histórias que significavam para os escravos algo que nenhum opressor (ou, aliás, também feitor) branco poderia compreender da mesma maneira: "Vejo o sol quando ele se tornou negro, vejo as estrelas caindo do céu, e os velhos Herodes saindo de suas tumbas [...] e entenderam que ele era o Senhor da Glória".

A vontade de erguer a voz para expressar louvor e esperança era tão forte que colchas molhadas e panelas de ferro viradas de cabeça para baixo eram usadas como surdinas (e como isso devia ser penoso para um mundo que vivia para soltar a voz!). Outro escravo, Anderson Edwards, informa que "não tínhamos hinários, e o Senhor nos deu nossa música". Às vezes, porém, a música podia ser cantada abertamente, no verão, depois do trabalho e em ceias à beira de fogueiras acesas "para manter os mosquitos afastados e ouvir nossos pregadores pregarem durante metade da noite". Havia cantos, testemunhos e brados. E depois o "Frenesi" descrito por Du Bois, "a silenciosa fisionomia extasiada ou os murmúrios e gemidos, junto com o louco abandono ao fervor físico — o bater de pés, os gritos agudos e os brados, a movimentação para a frente e para trás, a furiosa agitação de braços, o choro e o riso, a visão e o transe". Com frequência, outros escravos, de fazendas vizinhas, vinham juntar-se a eles à beira do fogo. E vez por outra, em meio a seu canto, os negros se viravam e notavam, no círculo de pessoas, rostos brancos iluminados pelas brasas.

20. A SOBERANIA DA VOZ

Thomas Wentworth Higginson, pastor unitarista transformado em coronel do Exército da União, caminhava em direção à fogueira, como era seu hábito após a ceia; aproximava-se da gritaria. Em outros regimentos, em todo o teatro de guerra, já havia soado o toque de recolher; em suas barracas, os homens preparavam-se para dormir. Mas não ali, em Beaufort, na ilha de Port Royal, ao largo da costa da Carolina, em 1861. Higginson e seu comandante e companheiro de batalhas, o general Rufus Saxton, estavam de acordo. Que o 1º Regimento de Voluntários da Carolina do Sul cantasse. Não tinham os homens de Cromwell cantado enquanto se equipavam para o combate da manhã? E Higginson estava convicto de que desde o Novo Exército Modelo não houvera tamanho espírito religioso entre soldados como entre seus escravos livres. Durante muito tempo ele e irmãos-abolicionistas no Norte tinham falado de um "exército evangélico", mas tinham usado essa expressão num sentido metafórico, Combater o Bom Combate, Soldados Cristãos, e assim por diante. Passado algum tempo, Higginson, um pouco surpreso, começou a achar a figura de linguagem insincera, embaraçosa, um sinal de que a luta contra a escravidão seria feita *apenas* com palavras e orações. Higginson, membro de uma família tradicional de Massachusetts, homem de Harvard, figura constante do mundo literário, havia se exasperado com a retórica. Ansiava por ferir o inimigo despótico com grande ferimento, "perna juntamente com coxa", prostrá-lo por terra com um só golpe poderoso. Seus sermões em Newburyport haviam se tornado inconvenientes, queixaram-se os cidadãos locais, e em nada ajudou o fato de Higginson usar o púlpito para verberar o modo como conduziam seus negócios de tecidos de algodão, dizendo que deviam se envergonhar por comprá-los no Sul. Avisaram-no educadamente de que devia ser mais moderado. Higginson não lhes deu ouvidos e Newburyport deu-lhe adeus.

Na Igreja Livre de Worcester, a congregação estava mais disposta a aceitar que Higginson fizesse sua agitação em prol da Associação Antiescravidão, mesmo que sua ânsia de ação ainda pusesse à prova a paciência de algumas pessoas. A Lei do Escravo Fugido, de 1850, que exigia a devolução de fugitivos, deu ensejo à criação de um Comitê de Vigilância, organizado para impedir que fossem capturados. Higginson foi um de seus militantes mais ativos e participou de uma tentativa de invasão do Tribunal de Boston para libertar o ex-escravo Anthony Burns. Até mesmo essa foi uma atitude demasiado comedida para o bem-apessoado reverendo Higginson, sempre exagerado. Havia concorrido a uma cadeira no Congresso, como candidato do Partido Solo Livre, de modo que, para ele, a divisão da República em estados livres e escravagistas era a mais importante questão nacional. No Kansas, na fronteira entre essas versões da América, Higginson jurou que viria a ser o flagelo dos caçadores de escravos, o protetor de escravos fugidos. Conhecido de Wichita a Lawrence como pregador itinerante perigoso, Higginson continuou a usar o traje clerical, mas viajava com um revólver na cintura; contrabandeava armas para os negros e para quem os ajudasse; conseguia alimentos para os fugitivos, oferecia abrigo e suas próprias mãos (tanto em tratamentos homeopáticos quanto em bênçãos), as mesmas mãos brancas e macias do estudante de teologia de Harvard. Certa noite, num *saloon* (pois até mesmo os ministros de Deus precisavam de um pouco de calor no frio intenso da pradaria), ouviu homens falando sobre uma pessoa em que teriam de dar um jeito, talvez uma lição inesquecível, mas com toda a certeza expulsar da cidade: um pregador. "Primeiro, ele lê o texto", explicou o chefe do grupo, procurando gente disposta a ajudá-lo, "e prega religião, depois ele deixa isso de lado, fala de política, e depois abandona isso também e começa a falar dos pretos sofredores. Rapazes, temos de dar um jeito nisso." Higginson não se intimidou. Deus e Samuel Colt o protegeriam do mal; a obra do Senhor ainda estava por concluir. A verdadeira luta mal tinha começado. Entre seus amigos conformistas no Norte havia quem desaprovasse pessoas como John Brown, tido na conta de delirante, criador de casos. Mas Higginson via Brown, com sua juba de prata e suas exortações altissonantes, como outro daqueles que tinham vivido nos tempos de Oliver Cromwell: um guerreiro de Deus. E Higginson arrecadou recursos em segredo para o ataque de Brown ao arsenal de Harpers Ferry, e, quando a tentativa malogrou, levantou mais dinheiro para a defesa de seu herói. Depois que Brown foi enforcado, Higginson visitou sua esposa e filhos em New Elba e pôs à disposição deles o pouco que tinha a oferecer.

Talvez tenha sido a ideia de que alguma saída tinha de ser encontrada para o pastor brigão, antes que algum mal sério lhe acontecesse, que levou o general Rufus Saxton — ele próprio um oficial formado em West Point, abolicionista, feminista e transcendentalista — a oferecer a Higginson um posto militar. E o posto não foi de capelão, mas de coronel de um regimento! A nomeação foi menos bizarra do que podia parecer, porque depois que John Brown foi executado Higginson deixou de usar o traje clerical, submeteu-se a uma segunda ordenação como soldado, procurando instruir-se sozinho, com manuais de armas, exercícios, tiro e manobras. A notícia tinha corrido, pois os círculos de companheiros de luta estavam em estreito contato, e a oportunidade perfeita pareceu surgir em 1861, quando uma expedição da União às ilhas marítimas ao largo da Carolina do Sul e da Geórgia havia libertado milhares de escravos de fazendas de arroz e algodão. Esses ex-escravos tinham recebido terras, numa primeira "experiência" agrícola de negros livres. Quem quisesse podia alistar-se no Exército da União. Com essa força de soldados dedicados, que lutavam, como escreveu Higginson, "com uma corda em volta do pescoço", essas ilhas, principalmente Port Royal, poderiam constituir postos estratégicos entre as Carolinas e a costa da Geórgia-Flórida. Saxton foi indicado para comandar quase mil negros, transformados de escravos em soldados quase da noite para o dia: o primeiro regimento de ex-escravos.

Assim, lá estava Higginson, agora com 37 anos, ainda usando a basta cabeleira de poeta bostoniano, aproximando-se de uma cabana, coberta com folhas de palmeiras: o tabernáculo do culto, em torno do qual circulava uma roda de homens, cantando suas canções, batendo palmas, bamboleando ao andar. Em algum lugar, alguém batia um tambor, e não era em ritmo de marcha. Ouvindo isso, Higginson sentiu-se em estado de graça. Contemplava a perfeita inocência da Igreja primitiva em toda a sua prístina pureza.

Na manhã do Ano-Novo de 1863, os soldados do 1º Regimento da Carolina do Sul, assim como os homens, mulheres e crianças das ilhas, foram reunidos pelo general Saxton para ouvir a proclamação do presidente Lincoln que os tornava livres. Saxton tinha mandado vapores às ilhas próximas para trazer as pessoas, na maioria mulheres, bem-vestidas, com coloridos lenços africanos na cabeça, muitas trazendo crianças nos braços ou de mãos dadas, enquanto seguiam em fila indiana para uma área de desfile improvisada, sob um dossel de carvalhos. Um pequeno palanque tinha sido preparado para os oradores e oficiais, e para surpresa de Higginson alguns visitantes brancos haviam chegado em coches e carruagens, parados sob as árvores, de onde acompanhavam atentamente os acontecimentos.

Depois de feitas as preces, os regimentos negros hastearam suas bandeiras e as palavras do "Pres Linkum" foram lidas por um médico da Carolina do Sul, que muito antes já tinha alforriado seus próprios escravos.

No exato momento em que o orador se calou e comecei a agitar a bandeira que agora, pela primeira vez, significava alguma coisa para aquela pobre gente, ouviu-se uma forte voz masculina (embora um tanto rouca e idosa), a que se misturaram duas vozes femininas, cantando como que levadas por um impulso tão irreprimível quanto o canto matutino de um pássaro canoro

My country 'tis of thee
Sweet land of liberty
Of thee I sing [...]

[Minha pátria, és
A doce terra da liberdade,
Que eu canto]

As pessoas se entreolharam e depois nos fitaram, no palanque, para ver se essa interrupção não seria considerada imprópria. Com firmeza e resolução, as vozes trêmulas cantaram verso após verso; outros negros juntaram-se ao canto; alguns brancos no palanque puseram-se a cantar também, mas fiz um gesto para que se calassem. Nunca vi uma coisa tão eletrizante. Aquilo amesquinhava todas as outras palavras. Era como se enfim a voz sufocada de uma raça se soltasse.

O coronel Higginson estava exultante. Bom oficial para seus homens, liderava-os em ataques de canhoneiras em rios, libertando escravos, fazendo com que a proclamação fosse lida e compreendida. Na ilha de Edisto, na Carolina do Sul, seus soldados viram uma campina inundada que de repente "ganhou vida com cabeças humanas [...] uma fileira desordenada de homens e mulheres, todos correndo para a beira do rio [...] velhas que andavam depressa nas trilhas estreitas, ajoelhavam-se para uma prece rápida, ainda equilibrando a trouxa, erguiam-se com um salto, impelidas pela procissão que se juntava atrás [...]". "Os soldados pretos são muito presunçosos", disse um dos escravos libertados, "eles vêm direto para a terra, e de cabeça erguida. Quando dei por mim, havia um celeiro, 10 mil alqueires de arroz em casca, tudo em chamas, o telhado da casa-grande do senhor vindo abaixo. Não esperei para ver tudo queimar. O senhor não se interessava por nada daquilo. *Eu ia era para o barco.*"

Durante todo o tempo em que não estava comandando os barcos libertadores, ou cuidando da boa ordem do acampamento, Higginson dedicava-se à música afro-americana, já então conhecida como *spirituals*; os "cantos de sofrimento", que Du Bois descreveu, acertadamente, como "a expressão mais original e mais bela da vida e da saudade humana que já surgiu em solo americano".

Ele entendia perfeitamente o que os cantos tinham significado para os escravos, sabia que alguns deles haviam sido encarcerados em Georgetown, Carolina do Sul, no começo da guerra, apenas por cantar:

We'll soon be free
We'll soon be free
We'll soon be free
When de Lord will call us home

[Em breve estaremos livres
Em breve estaremos livres

Em breve estaremos livres
Quando o Senhor nos chamar para nosso lar]

"Eles pensam que *de Lord* quer dizer *de Yankees*", disse um jovem tamborileiro negro a Higginson, sorrindo, embora realmente eles se referissem a Deus. Mas, quando cantavam "Many thousand go", não havia ambiguidade alguma:

No more driver's lash for me
No more, no more
No more driver's lash for me
Many thousand go [...]

[Acabou para mim o açoite do feitor
Acabou, acabou
Acabou para mim o açoite do feitor
Muitos milhares se foram]

Sempre que podiam, onde pudessem, cantavam. Numa manhã de chuva, o último aguaceiro depois de uma forte tempestade noturna, Higginson estava preocupado com as sentinelas espalhadas num terreno exposto. Foi até o limite do acampamento, à espera de que voltassem, como uma mãe nervosa. Ouviu então o som de vozes:

O, dey call me Hangman Johnny!
O, ho! O, ho!

[Ah, me chamam de Carrasco Johnny!
O, ho! O, ho!]

E lá estavam os soldados, com água a escorrer das capas pretas de borracha, entrando no acampamento. Felizes da vida e cantando a plenos pulmões.

But I never hang nobody
O, hang, boys, hang!

[Mas nunca enforco ninguém
Enforcar, rapazes, enforcar!]

Transcrever esses cantos, "a expressão vocal da simplicidade da fé daquela gente e da sublimidade de sua longa resignação", tornou-se a partir de então a obsessão de Higginson, sua batalha pessoal contra o esquecimento que, pensava, poderia sepultar aquela manifestação cultural. Os casacões em que estavam metidos os cadernos engrossavam, como um acolchoado. "Muitas vezes", escreveu,

> na boca da noite iluminada pelas estrelas, eu voltava de um passeio solitário pela margem do rio caudaloso ou pelas pradarias frequentadas por tarambolas e, ao entrar no acampamento, aproximava-me em silêncio de uma fogueira tremeluzente, em torno da qual os vultos escuros moviam-se na dança bárbara e ritmada que os negros chamam de "grito", cantando, muitas vezes de modo desarmônico, mas sempre com ritmo perfeito. E eu anotava no escuro, da melhor maneira que podia, com a mão enfiada na proteção de meu bolso, as palavras que eles cantavam. Depois levava a caderneta para minha barraca, como se fosse um pássaro ou inseto capturado, examinava as anotações e as guardava.

O intervalo entre a audição e o registro fazia com que, frequentemente, algumas palavras se perdessem e outras não fizessem sentido. Mas um cabo negro, Robert Sutton, "cuja memória prodigiosa guardava todos os detalhes de um canto, como se fosse um vau ou uma floresta", o ajudava a cobrir essas lacunas. Quanto às melodias, ele podia "apenas reter de ouvido" e poucas devem ter sobrevivido do modo como os soldados negros as cantavam. Mas sua coletânea — parte da qual foi publicada na revista *Atlantic Monthly* em 1867 — ainda é um documento precioso, a primeira antologia dos "cantos de sofrimento".

My army cross over
My army cross over
O Pharaoh's army drownded
My army cross over

[Meu exército atravessou
Meu exército atravessou
O exército do Faraó se afogou
Meu exército atravessou]

A rainha Vitória gostava muito disso. Achava aquelas melodias encanta-doras, do mesmo modo que o sr. Gladstone, sendo essa uma das poucas coisas em que ela e o primeiro-ministro concordavam. Tendo escutado o grupo de cantores de *spirituals* Fisk Singers na primavera de 1873, a rainha anotou em seu diário: "Eles são negros *de verdade*; vêm da América e foram escravos". E com certo espanto: "Eles cantam extremamente bem juntos". Como a maior parte das pessoas, a rainha estava mais habituada a escutar negros falsos: bran-cos que pintavam o rosto de preto e formavam companhias de *minstrels*; a música que Du Bois, em particular, apontou como uma degradação da verda-deira música de libertação da alma. Mas quem quer que ouvisse Ella Sheppard, Fred Loudin e os outros cinco sabia que estava ouvindo algo de autêntico e perturbado em sua emoção. Somente a irreprochável intensidade religiosa li-vrava aquela música da falta de decoro. Mas as vozes eram irresistíveis, tais como tinham sido as dos soldados negros. Um ano antes de sua turnê pela Europa, os Fisk Singers tinham se apresentado na Casa Branca, a convite do presidente Grant, para uma plateia de congressistas e senadores, diplomatas e membros do gabinete. No entanto, eles tinham sido postos para fora do hotel em que estavam hospedados em Washington, por desafiarem as convenções da segregação.

O mentor-empresário do grupo, Robert White, ficou furioso com isso, mas reconheceu que pouco podia fazer, apesar de toda a fama de seus ex-es-cravos cantores. Eles deviam necessariamente pensar em um evento de cada vez e White tinha empenhado a vida para as apresentações que arrecadavam recursos para a Universidade Fisk* em Nashville, onde tudo aquilo tinha co-meçado. White era filho de um ferreiro da zona rural do estado de Nova York que tinha visto os horrores de Gettysburg, Chancellorsville e Chattanooga,

---

* Escola exclusiva para negros fundada em 1866. Recebeu esse nome em homenagem ao general Clinton B. Fisk, integrante do Freedmens's Bureau, agência federal estabelecida durante a Re-construção para ajudar ex-escravos e brancos e negros desabrigados pela guerra. (N. E.)

onde presenciara Montgomery Meigs levar carroças de mantimentos para as tropas sitiadas da União. Do mesmo modo que Higginson, White tinha prestado atenção nos cantos de sofrimento entoados à beira de fogueiras e começara a anotá-los; e quando, depois da guerra, ofereceu seus serviços à Escola Livre Fisk para Negros, em Nashville, passou a lecionar música e caligrafia.

A escola, em apuros financeiros, mesmo no auge da Reconstrução, viu em White uma pessoa dedicada a ajudar os ex-escravos a refazer a vida; uma pessoa que entendia a combinação do Professor com o Pregador como o caminho a seguir. Foi nomeado tesoureiro da escola, o que o mantinha insone de noite, preocupado com o futuro da instituição. Ao ouvir cantar uma das alunas, Ella Sheppard, que havia passado a maior parte de seus dezesseis anos como escrava, da forma mais maravilhosa que ele já tinha escutado, White imaginou um coro que fizesse apresentações públicas, cantando *spirituals*, para levantar dinheiro para a Fisk. De modo geral, a ideia foi recebida com desaprovação, até mesmo por grupos simpáticos a instituições de ensino superior para negros, como a Associação Missionária Americana. Viajar com jovens negros, tendo como único apoio o que uma bandeja de donativos pudesse render, e num clima de sentimentos contraditórios (na melhor das hipóteses), mesmo no Norte, era provocação.

Mas White estava decidido. Faria com que os rapazes e as moças "tirassem o dinheiro, cantando, do coração e do bolso das pessoas". O coral de sete membros, sem roupas nem agasalhos adequados para o frio, começou sua turnê, em outubro de 1871, em Oberlin. Foi calorosamente aplaudido, mas a aprovação não se traduziu numa receita polpuda. O mesmo ocorreu em Cincinnati: muitos hurras, mas apenas cinquenta dólares. Em Nova York, tudo mudou, como, muitas vezes, tudo muda. O reverendo Henry Ward Beecher levou os Fisk Singers à igreja Plymouth, no Brooklyn, e da noite para o dia eles se tornaram uma sensação. Receberam críticas ferinas, mas também muitos dólares, o bastante para pagar suas despesas e garantir a sobrevivência e até o florescimento da Fisk. As viagens constantes tiveram um preço: Mabel Lewis teve uma lesão na laringe; o próprio White, Maggie Porter e Fred Loudin contraíram bronquite e pneumonia. A tosse tísica de White tornou-se crônica, incurável, embora melhorasse durante os recitais. Eles agora se apresentavam para plateias de 10 mil pessoas ou mais.

Steal away

Steal away

Steal away to Jesus

[Fugir

Fugir

Fugir para Jesus]

White pediu ao reitor da Fisk, Erastus Cravath, uma interrupção dos recitais, mas a instituição precisava de recursos e em 1875 o coral partiu para uma segunda viagem à Europa, apresentando-se na Inglaterra (novamente), na Holanda e na Alemanha. Muitos cantores estavam à beira da exaustão. White deixou o grupo, achando que havia criado um monstro, uma forma de escravidão ao mundo dos espetáculos. Depois que o coral se desfez, devido a doenças e discussões, ele voltou a formá-lo em 1878, com o nome de Fisk Jubilee Singers, referindo-se o Jubileu, naturalmente, ao momento bíblico em que todos os servos são liberados. Quando a tuberculose impediu White de acompanhar os cantores, Fred Loudin assumiu sua função, em turnês que levaram os cantores para a Ásia e para a Austrália e à Costa Oeste dos Estados Unidos. Em 1895, finalmente, os pulmões do próprio White não aguentaram mais. Em seu enterro, o coro cantou "Steal away", quase fazendo o teto da igreja de Nashville vir abaixo.

Os Fisk Jubilee Singers tinham se tornado uma instituição, exatamente no momento de uma contrarrevolução racial que questionou a vitória da guerra civil. Fora dos Estados Unidos (e frequentemente no próprio país) muitas vezes se esquece de que na década da Reconstrução, de 1865 a 1875, ocorreu uma extraordinária floração. Protegidos pela Décima Quarta e pela Décima Quinta Emendas, que conferiram plena cidadania e direito de voto aos ex-escravos e aboliram a segregação em lugares públicos (com exceção de escolas e cemitérios!), os afro-americanos acorreram às urnas. As tropas federais, ainda estacionadas no Sul, estavam ali para garantir o direito deles ao voto, se isso fosse necessário. O primeiro governador afro-americano foi eleito na Louisiana; seguiram-se congressistas e senadores. O comparecimento às urnas foi da ordem de 70%, um índice que faria Barack Obama feliz, quase um século e meio depois. A população branca do Sul, derrotada, via tudo isso, com algumas honrosas exceções, como uma trágica farsa; a imposição de uma ocupação; os negros como fantoches de sinistros aventureiros nortistas, que haviam enriquecido às custas de seu território arruinado, como coiotes vorazes. A literatura sentimental da derrota agora chegava a incensar as virtudes dos escravos: honestos, trabalhadores, decentes à sua maneira simples, ao passo que os monstros liberados pelo Freedmen's Bureau eram promíscuos, preguiçosos e nada tinham na cabeça. A única esperança de subverter esse estado antinatural de coisas e restaurar a adequada hierarquia racial imposta por Deus estava no Partido Democrata. Assim, quando seu candidato, Samuel Tilden, conquistou a maioria dos votos populares em 1876, o acordo feito com Rutherford B. Hayes, o candidato republicano, incluiu a retirada das tropas federais dos estados sulistas. E assim se fez: a Lei dos Direitos Civis foi desprezada, impostos do tipo capitação passaram a ser aplicados para dificultar o voto, viu-se o triunfo da segregação em todos os setores, violência e intimidação desencadearam-se contra todo negro que desejasse uma situação diferente. Thomas Wentworth Higginson retomou uma vida literária como mentor, protetor e editor póstumo de Emily Dickinson, enquanto a segregação grassava no Sul.

Exceto em dois lugares: em estabelecimentos de ensino superior para negros, como Fisk, Howard e Atlanta (mais tarde Morehouse, onde Martin Luther King estudou), e na Igreja negra. Em ambas as instituições travou-se uma batalha, no fim do século XIX, pelas "almas dos negros", entre o gradualismo prático de Booker T. Washington, comprado às custas da autodeterminação política, e a recomendação de Du Bois para que as igrejas e as escolas produzissem uma vanguarda de liberação. Du Bois era um filho de pele clara de Great Barrington, Massachusetts, que talvez fosse o lugar mais distante do Sul dos colonos pobres que se poderia encontrar (embora ele fosse capaz de escrever de maneira comovente e correta sobre os condados rurais empobrecidos da Geórgia). Fisk lhe proporcionara formação universitária, mas ele tinha feito sua pós-graduação em Harvard, estudando com William James e George Santayana, assim como na Universidade Frederico Guilherme, em Berlim. Antes de ir para a Universidade de Atlanta, ele lecionou em outra faculdade para negros, a Wilberforce, em Ohio, e na Universidade de Pensilvânia. O que Du Bois veio a querer que a educação proporcionasse aos negros é quase exatamente o que os Estados Unidos tiveram no candidato democrata em 2008:

alguém que, além de não pedir desculpas pelo poder pessoal criado pela educação numa época de democracia de massa, pudesse também descrever convincentemente o saber como um instrumento de libertação. Du Bois depunha sua esperança de educação de negros no "décimo talentoso" da América negra — atitude que hoje seria de um elitismo constrangedor —, mas, quando se afastou de uma vanguarda intelectual para a massa popular, olhou exatamente para a mesma direção que Obama: para a Igreja.

Isso porque, embora o pragmático de Harvard se tornasse mais cético à medida que envelhecia, sempre soube que a Igreja negra era mais do que uma casa de oração. As 24 mil igrejas negras eram também "o centro social da vida dos negros nos Estados Unidos"; um governo comunitário que, por ter raízes profundas no mundo pré-bélico dos Richard Allens e das Jarena Lees, funcionava com muito mais eficiência como governo do que qualquer coisa que a política mais frouxa da Reconstrução tivesse conseguido. Depois da liquidação da Reconstrução, a Igreja "reproduziu em microcosmo todo aquele grande mundo do qual o negro está apartado pelo preconceito de cor e pela condição social". Na virada do século xx, a Igreja Metodista Mother Bethel, do próprio Allen, em Filadélfia, tinha mais de 1100 membros, "um templo com capacidade para 1500 pessoas e que valia 100 mil dólares, com orçamento anual de 5 mil dólares e um governo constituído de um pastor e vários pregadores locais assistentes, um conselho executivo e legislativo, conselhos financeiros e coletores de impostos, assembleias ordinárias para tomada de decisões [...] uma companhia miliciana e 24 sociedades auxiliares". Du Bois poderia ter mencionado também escolas, seguro de saúde e associações funerárias. Em sua abrangência tipo "do berço ao túmulo", a Mother Bethel era apenas uma das megaigrejas negras, indistinguível, a não ser em simples números, das megaigrejas negras e brancas de hoje.

E elas não se limitavam ao velho Norte abolicionista. Um exame superficial da *Cyclopedia of the colored Baptists of Alabama*, o prodigioso arquivo de memórias e histórias locais criado por Charles Octavius Boothe, revela um mundo de assombrosa coesão e riqueza, a matriz da qual surgiria mais tarde a geração dos direitos civis. Seria possível ver as descrições de clubes de temperança, missões urbanas, escolas de corte e costura, de centenas de escolas dominicais que funcionavam somente em Birmingham como prova da formação de um mundo *à la* Booker T. Washington de "negros" práticos, politicamente discretos. Entretanto, um olhar mais cuidadoso mostra o embrião de uma vigorosa autodeterminação: uma Convenção Batista de Pessoas de Cor em Montgomery, 1888; o Asilo de Surdos-Mudos de Cor; toda uma rede de inspetores de escolas estaduais; uma universidade em Selma, rebento da St. Phillip Street Church, fundada por Samuel Phillips, ex-escravo alforriado por ter servido como soldado na Guerra do México; agências de correio; postos de bombeiros; serviços de ambulâncias; homens como Addison Wimbs, de Greensboro, que foi (ou dizia ser) o primeiro negro no Alabama a usar uma máquina de escrever e, depois, um fonógrafo Edison — para o governador do estado, branco, na virada do século. Era nesses lugares que se preservava e se transmitia à próxima geração a história dos primórdios da "igreja da liberdade" e do mundo autoemancipador dentro da cultura da escravidão.

Boothe analisou em seu livro a distância que ele julgava que sua gente tinha percorrido desde a escravidão, fazendo todo o possível para compreender a raiva feroz do Sul branco, mas fazendo questão de que ficasse registrada a história do esforço dos negros para vencer na vida com seu próprio esforço, depois da guerra, contra todos os obstáculos, sem possuir terras e trabalhando em regime de parceria agrícola.

> Com mães e pais sem teto, com esposas e filhos sem teto e com opressão por todos os lados — com todas essas cargas e muito mais coisas que não há como exagerar — empreendemos corajosamente o trabalho de construir as muralhas de Sião. O autor conhece um pastor que (entre 1886 e 1875, e principalmente em 1866-7, durante o reinado da "K. K. Klan", quando em muitos lugares não havia como fazer as pessoas abrir a porta depois do escurecer, por medo de serem baleadas) suportou as mais graves privações e realizou alguns dos trabalhos mais penosos que cabem ao ministério, a suas próprias custas. Esse caso é apenas um em centenas.

No fim do livro, a Alabama Publishing Company, de Montgomery, que o publicou, anunciava, juntamente com os livretos do reverendo Pettiford, como *Teologia no casamento*, a autobiografia de Frederick Douglass, que prometia libertação, e não escolas de corte e costura.

21. DOMINGO DE PÁSCOA, 2008, IGREJA BATISTA EBENEZER, ATLANTA

Na parede do vestíbulo havia fotografias desbotadas de antigos pastores da igreja Ebenezer, começando na Atlanta da Reconstrução: uma galeria de rostos nobremente cinzelados, em atitudes de sóbria dignidade, alguns adornados com as suíças luxuriantes dos profetas, todos vestidos de modo austero; rostos que davam a impressão de que sabiam que integravam uma genealogia eclesiástica antes mesmo que isso acontecesse. No interior da igreja, vestidas com esmero, crianças lindíssimas davam tudo o que tinham à peça da Páscoa, sendo o único sinal de nervosismo uma exclamação ocasional, "Oh, MARY!". Como espectadores, com sorrisos no rosto, ali estavam os pais, os avós, os amigos, os professores, todos em ternos elegantes e vestidos estampados. Cascatas de lírios brancos caíam atrás do púlpito e diante do coro, que, se não chegava à dimensão do coro da Primeira Igreja Batista de Woodstock, situada entre pinheiros no subúrbio, tinha bem umas cem vozes. No coro da megaigreja do pastor Johnny havia somente dois rostos negros; na Ebenezer, havia uma mulher branca, na fileira de trás dos sopranos, presumivelmente com um par de potentes pulmões.

Essa igreja Ebenezer era apenas a mais recente reencarnação de muitas predecessoras, todas no mesmo bairro de Atlanta, a um ou dois quarteirões do velho templo de tijolos de Martin Luther King, agora elevado à condição de patrimônio histórico nacional. O interior da igreja nova reconta a história de sua congregação: teca africana e carvalho georgiano, combinados em desenhos decorativos, incrustados nas colunas que sustentam o balcão. Com largura e comprimento iguais, a igreja parecia ao mesmo tempo abrigo e passagem, o que, acredito, era mais ou menos o que seu fundador tinha em mente há dois milênios.

Eu estava esperando uma demonstração de ira santa. Alguns dias antes, o ex-pastor da igreja de Barack Obama em Chicago, e conselheiro espiritual da família havia muito tempo, tinha sido denunciado num programa direitista de rádio como um fanático que odiava a América. Estações de tevê a cabo, felizes pelo súbito aumento de seus índices de audiência, haviam mostrado ininterruptamente um videoclipe em que Wright, tomado de fúria, berrava "Deus abençoe a América? Não, que Deus amaldiçoe a América", por seus múltiplos pecados de racismo. Ninguém poderia dizer com segurança se o atual titular

240

da igreja Ebenezer, Raphael Warnock (Faculdade de Teologia de Harvard), teria coragem de abordar a questão, ou mesmo se tocaria em qualquer assunto político no domingo de Páscoa, mas, em todo caso, tínhamos levado nossos próprios protagonistas. A meu lado estavam Angela e Fred Gross, profissionais de negócios, no começo de uma elegante meia-idade; do outro lado, Mark Anthony Green, estudante de ciência política do Morehouse College, com seu jeitão de modelo masculino e sapatos combinando com o tipo. Fred e Angela estavam entusiasmados com Hillary; Mark Anthony tinha vindo não para sepultar Obama, mas para louvá-lo, para clamar aos céus esses louvores se fosse preciso.

Tínhamos conhecido Fred e Angela um mês antes, na Super Terça-Feira, na casa deles, que fica numa rua sem saída de um subúrbio elegante de Atlanta, com gramados bem cuidados, sombreados por freixos e cedros. Do saguão de entrada saía-se para a sala de estar com estofados confortáveis, uma sala de jantar formal e a indefectível cozinha gourmet. Nadando contra a corrente, Angela tinha convidado amigos para participarem de uma campanha por telefone em favor de Hillary. O casal representava o caso típico de prosperidade negra da geração do pós-guerra. Fred tinha dado baixa da Força Aérea e ganhara dinheiro no ramo de serviços de bufê. Angela havia sido professora, advogada e executiva. Como as outras negras que chegaram à casa, mostrava-se ofendida pela presunção de que certamente apoiaria o postulante afro-americano. Para Angela, gênero era mais importante do que raça. "Veja bem", disse, debruçando-se na mesa e me fitando nos olhos, "os homens dizem um monte de bobagens, e depois as mulheres têm de limpar a sujeira." Fred, que também apoiava Hillary, virou-se e fez barulho com o balde de gelo.

A conversa enveredou para o movimento em prol dos direitos civis e o papel que as igrejas haviam desempenhado nele. Aquela era, afinal, a Atlanta de Martin Luther King e W. E. B. Du Bois. "Veja", disse Lisa, amiga de Angela, "todas nós aqui frequentamos a igreja. Todos os domingos, chova ou faça sol. Claro, a religião era importante naquela época. Como poderia deixar de ser? A igreja era o único lugar em que as pessoas se sentiam em segurança, juntas. Mas hoje as coisas são diferentes. Nossa religião é assunto privado, e pronto. O mundo lá fora é difícil e só gente realista pode brigar com ele. Hillary sabe como são as coisas. Ela não é só papo-furado." "Como vamos saber se Obama tem ideia de como consertar o que está quebrado?", interrompeu Angela. "Já ela está mais que provada. Já passou nos testes." E o olhar de Angela me levou a pensar que ela não estava falando apenas do Senado.

Naquele mesmo dia, mais cedo, eu tinha conversado com Mark Anthony, sentados numa mureta do campus do Morehouse. Era só dobrar a esquina e lá estava a estátua de Martin Luther King. Que importância tinha a religião na campanha de Obama? "Para mim, significa muito", disse o rapaz, "talvez tudo. Só sei que depois de tudo o que passamos, este é nosso momento." Mais tarde, na entrada de uma casa de um bairro negro da cidade, ele perguntou à mulher que abriu a porta: "A senhora acredita que Deus quer que Barack seja presidente?". "Claro que sim", respondeu ela, sorridente. Assim, Obama era o profeta, e Mark Anthony e inúmeros outros jovens de todos os cantos do país, seus evangelistas. Não ficariam surpresos se ele anunciasse que pretende ampliar as iniciativas, de fundo religioso, lançadas por George Bush na prestação de serviços escolares e sociais. Mas, ao contrário do presidente que deixa o cargo em conformidade com sua interpretação da cláusula de estabelecimento da Primeira Emenda, Obama permitiria o acesso àqueles serviços independentemente da denominação.

Naquela noite, no bar do Partido Democrata, os dois campos coexistiam a contragosto sob as telas de televisão que iam mostrando resultados das primárias em todo o país. Às dez horas, em meio aos restos de cachorros-quentes e garrafas de cerveja, já dava para ver que Hillary e Barack dividiriam os resultados, mas que ele havia ganhado com folga na Geórgia. Quanto mais ao sul ficava um estado, melhor ele se saía. Reunidas num canto do bar, as mulheres estavam de mau humor. Apontando um dedo na direção de Mark Anthony, Lisa perguntou: "Se ele não fosse negro, você o quereria para presidente?". Sem titubear, Mark Anthony aproximou o belo rosto da eloquente adversária e replicou: "Se o sobrenome dela não fosse Clinton e ela não fosse mulher, a senhora a quereria para presidente?". "Mas que OUSADIA!", gritou Lisa por cima do barulho do bar. "Que OUSADIA!" Ela e Angela poderiam estar passando um sermão num filho adolescente e rebelde.

> Você acha que tem todas as respostas e eu também era assim em sua idade, com a cabeça cheia de sonhos e ideias tiradas de livros, mas eu lhe digo, não é assim que o mundo funciona, e seria bom você aprender isso depressa porque nada que seu grande pastor disser vai dar às pessoas que não têm plano de saúde os remédios e o

tratamento de que precisam, ou fazer com que os jovens que largam a escola continuem a estudar, ou evitar que as coisas no mundo fiquem ainda piores do que já estão, e se você não acredita nisso, vai descobrir do jeito RUIM.

E Mark Anthony continuou onde estava, sorrindo ante a tempestade de fúria que tinha desencadeado, aguentando o tranco, mantendo a fé; dizendo que havia épocas em que as velhas regras deixavam de valer; que de vez em quando a América tinha de virar uma página. Essa era a época, sua época.

Agora os protagonistas estavam reunidos no mesmo banco na igreja Ebenezer. Fred e Angela estavam ali com o filho, a nora e a netinha de três anos, que não parava de subir no encosto do banco da frente, de onde arregalava os olhos verdes para mim e fazia caretas. Eu reagia com outras caretas; sou bom nisso. A paz estava mantida. O coro, para minha decepção, não parava de cantar versões pomposas dos hinos. Händel parecia estar na moda. Mas de repente partiram para um dos antigos *spirituals*, e de um instante para outro lá estavam o balanço, as palmas, a Música e o Frenesi que Du Bois adorava ouvir, e as paredes da igreja se sacudiram com o entusiasmo que aquele canto provocava.

Resplandecente numa túnica branca com colarinho alto, pespontado com um fio escarlate, a pureza e o sacrifício de sangue traduzidos em bom gosto eclesiástico, o pastor Raphael Warnock começou o sermão da Páscoa. Mostrou-se a um só tempo despreocupado e vigoroso, informal e transcendente; gracejou a respeito de seu nervosismo em criança ao ter de participar da peça de Páscoa e a seguir, aquecendo-se para a lição que devia deixar, demonstrou claramente, desde o início, que não fugiria da controvérsia. "Já faz alguns dias que a Igreja negra, a igreja da libertação da América, vem sendo alvo de críticas da imprensa." Jeremiah Wright, que podia ser ou não culpado de declarações extremistas, era apenas o alvo mais próximo. Era a própria Igreja que constituía uma espinha atravessada na garganta dos demagogos de direita. Eles perguntam por que estamos zangados, disse o jovem pastor, "Trezentos anos de escravidão e segregação e perguntam por que estamos ZANGADOS?". (Essa última palavra soou como um urro de fúria.) Seguiu-se uma exposição brilhante a respeito da consciência seletiva da América branca; sobre a desonestidade com que ela trombeteava as virtudes da democracia sem confessar os pecados da desigualdade eternizada. E pensei em todos os que haviam precedido Warnock, e também King. Pensei em David Walker em 1829, em Frederick Douglass em 1851, que fez uma pergunta retórica: O que o Quatro de Julho e a Declaração de Independência poderiam significar para *ele*, enquanto a escravidão persistia na República? E Warnock elaborou e reelaborou a música de seu sermão, deixando o púlpito e misturando-se à congregação, pedindo aos fiéis que se pusessem de pé, que se erguessem, pois aquela era a mensagem da Páscoa e da ressurreição, que se levantassem para a salvação, e toda a congregação obedeceu, clamando, cantando e aplaudindo, e naquele momento, naquela igreja, lá estavam todos novamente, Andrew Bryan e Richard Allen e Jarena Lee e Fannie Lou, em uma só grandiosa comunhão de objetivos, e, como se aquilo tivesse sido planejado para acontecer exatamente naquele momento, o coro pôs-se a cantar, e por um instante qualquer pessoa diria que o teto ia se abrir e seríamos todos transportados para o céu azul de Atlanta.

22. GRANDES ESPERANÇAS BRANCAS?*

Vejam uma coisa esquisita: o candidato republicano numa colina na Carolina do Norte, aonde foi para pedir a bênção dos evangelistas Graham — o pai, Billy, e o filho, Franklin —, é fotografado com a cara de quem queria estar em qualquer lugar, menos ali, com um sorriso afivelado no rosto, sendo toda a sua expressão corporal o retrato acabado de um homem extremamente contrafeito. Enquanto isso, o candidato democrata viaja a Zanesville, Ohio, o tipo de cidadezinha onde, no século XIX, pregadores itinerantes falavam duro com os pecadores, e é visto no meio de jovens de cabelos louríssimos, numa *community college* cristã, declarando que o apoio a serviços comunitários de fundo religioso fariam parte do "centro moral" de sua campanha.

Obama sempre fez uma campanha ecumênica, desejando que os americanos, divididos pelas guerras culturais, se irmanassem na mais ampla das tendas. À primeira vista, fazer os fiéis brancos se desgarrarem de sua lealdade ao Partido Republicano parece um desafio e tanto. A história do protestantismo branco depois da guerra civil parecia afastá-lo ao máximo possível do pro-

---

* Alusão a *The great white hope*, peça teatral de Howard Sackler escrita em 1967 e adaptada para o cinema com o mesmo título em 1970. Aborda a questão do racismo na sociedade americana a partir do duelo entre dois boxeadores, um negro, campeão, e seu desafiante, branco. (N. T.)

testantismo da Igreja negra. No Sul, os pastores desta estavam determinados a santificar os heróis derrotados — Lee, Davis e, acima de todos, o general Thomas J. "Stonewall" Jackson, cuja vida era reverenciada como modelo de abnegada nobreza cristã. Sempre que morria mais um general confederado, a Igreja aproveitava o funeral para projetar uma imagem do Sul como uma cidadela de virtudes cristãs que resistia à maré montante (principalmente no Novo Sul) de comercialismo degradante, da sexualidade depravada e do torpor alcoólico: os pecados da metrópole que avançavam contra o acampamento dos justos. Embora se tivesse como certo que as igrejas negras eram tudo quanto se interpunha entre esse bastião da América "civilizada" e o espectro aterrorizante dos Negros à Solta, era necessária extrema vigilância para que o que restava da boa ordem das coisas sobrevivesse ao ataque do vício moderno.

Foi nesse clima paranoide que, durante a Reconstrução, os fundadores da Ku Klux Klan apresentaram-se como uma ordem de cruzados modernos. Com sua sede em Nashville, lado a lado com a Fisk e seus cantores, e com seu Mago Imperial, o ex-general confederado Nathan Bedford Forrest, a Klan converteu-se rapidamente numa milícia de "justiceiros", dedicada a intimidar quem quer que se opusesse à perpetuação da supremacia branca ou que apoiasse as instituições da Reconstrução. Para os Klansmen, os homens da Klan, eles estavam resistindo a uma ocupação estrangeira, pelos nortistas, mas agiam com tamanha violência descontrolada que o Congresso proscreveu a ordem em 1871. Cerca de trinta anos depois, entretanto, um pastor batista da Carolina do Norte, Thomas Dixon Jr., ressuscitou-a. Em seu romance *The Clansman*, um pastor presbiteriano abençoava a batalha da Klan para proteger a "civilização cristã branca" da depravação de negros que agiam como *scalawags** e seus manipuladores ianques. O filme *Nascimento de uma nação*, dirigido por D. W. Griffith e baseado nesse livro, animou milhares de pessoas a associar-se à renascida Ku Klux Klan, depois que um ex-pastor metodista, Williams Simmons, liderou um desfile em Stone Mountain, num subúrbio de Atlanta. Sob um baixo-relevo em que aparecem o presidente Jefferson Davis e os generais Robert E. Lee e "Stonewall" Jackson, foi erigido um altar e queimada a primeira cruz da Ku Klux Klan. Em 1921, o grupo tinha mais de 100 mil

* Sulistas brancos que apoiavam o Partido Republicano e/ou a Reconstrução após a guerra civil (N. T.)

membros, organizados em células que iam desde o Meio-Oeste até o velho Sul, e pastores protestantes pregavam sermões e faziam palestras para muitas delas, coonestando a afirmação da Klan, segundo a qual ela procurava proteger o cristianismo sulista contra o bestialismo das raças inferiores — dos negros e também dos judeus.

A deturpação da fé demonstrada pela Klan podia ser extremada, mas era também uma reação característica à experiência de derrota e de esbulho, apegando-se à nostalgia de uma forma de aristocracia cristã que só podia ter existido sobre as costas dos escravos. Durante um século depois da guerra civil, as igrejas, negras e brancas, foram os salva-vidas para pessoas que viviam na miséria e na alienação. Mas enquanto as igrejas negras eram construtivas e progressistas, dando ênfase à educação e a qualificações profissionais, plantando no campo e nas cidades as sementes da autodeterminação, as igrejas brancas frequentadas por pobres assumiam, no mais das vezes, uma postura defensiva, opondo uma furiosa ação de retaguarda contra as forças combinadas da modernidade: secularismo, álcool, Charles Darwin e o mais recente monstro satânico: a indústria de entretenimento. A resposta a essa última ameaça, naturalmente, consistia em combater fogo com fogo, e lançar o que redundava, na prática, no Terceiro Grande Despertar: utilizar as técnicas de entretenimento de massa para afastar da Babilônia os fracos e pecadores. O fato de Billy Sunday, o líder da guerra contra o álcool, ter sido jogador de beisebol profissional era um triunfo de valor inestimável (e seu nome também ajudava). Filmes de seus sermões de reavivamento mostram-no brandindo o bastão com extrema violência ao demonstrar o que faria com a bebida demoníaca e com aqueles que lucravam com ela.

No entanto, o pentecostalismo branco e o Movimento de Santidade fizeram maiores progressos nas regiões dos Estados Unidos mais vulneráveis a dificuldades econômicas: as pradarias, onde a agricultura empresarial estava exterminando o antigo ideal americano da propriedade familiar; as Grandes Planícies, onde, junto com a camada arável do solo, as tempestades de poeira acabavam com as esperanças dos pequenos proprietários; os Apalaches, onde os mineiros de carvão eram pagos com vales que só podiam ser descontados no armazém da companhia e não tinham proteção contra o enfisema e as lesões físicas que vinham a sofrer depois de anos de labuta nos veios de carvão. Pequenas cidades mineiras como Pocahontas, na Virgínia Ocidental, cuja mão de obra imigrante provinha da Hungria, da Polônia e da Irlanda, tornaram-se o teatro de uma luta sem tréguas entre o vício e a salvação; as muitas igrejas enfrentavam os bares e os bordéis que competiam entre si pelos domingos dos mineiros. As companhias mineradoras e ferroviárias que desejavam proteger seu investimento muitas vezes custeavam a construção de igrejas e as despesas do pastor. Mas nenhum dos americanos que levavam uma existência precária, tanto em épocas de prosperidade como de desastre, precisava da sanção dos diretores de empresas para tornar a religião atraente. Com muita frequência, tanto em cortiços de metrópoles como em decadentes cidades mineiras, era a Igreja que cuidava dos doentes, ajudava quando o guarda-comida estava vazio, fazia com que as crianças fossem para a escola. E, para desalento das companhias, as igrejas pouco ortodoxas periféricas muitas vezes ajudavam os grevistas quando a situação ficava realmente difícil. Perto de Birmingham, no Alabama, o pastor da Igreja Batista Monte Hebron, cuja congregação era formada por operários fabris e pequenos agricultores em regime de parceria, era Fred Maxey, que não pedia desculpas por participar de assembleias sindicais, desdobrando-se para cumprir seus deveres pastorais para pretos e brancos. Não é preciso dizer que uma cruz da Klan foi queimada diante de sua igreja.

Assim, a Igreja dos brancos pobres, no século XX, não era monopolizada pela reação. Na verdade, tinha havido uma mudança na identificação com os partidos. William Jennings Bryan, o grande orador sacro e democrata populista, tinha mobilizado uma enorme clientela rural com seus ataques aos redutos do capitalismo: Wall Street, os bancos que, em nome do padrão-ouro, dificultavam o crédito para o homem comum. Por outro lado, depois que Theodore Roosevelt deixou a Casa Branca, os republicanos procuraram ganhar as graças das grandes empresas. Quando a tragédia se abateu sobre o capitalismo americano em 1929, a aliança natural entre os democratas irlandeses e a Igreja Católica havia sido ampliada por uma outra aliança, aquela entre os protestantes brancos das zonas rurais do Sul e do Meio-Oeste. Nas áreas mais atingidas do Sul industrial, aderir a uma igreja evangélica revivalista era uma maneira de fugir do culto dominical endossado pelas empresas e criar um espírito comunitário independente. O decepcionado proprietário de uma fábrica de tecidos queixou-se de que os pentecostais "acabam com um lugar pequeno, mantêm as pessoas em reuniões a noite inteira, de maneira que não conseguem trabalhar na manhã seguinte".

Uma notável mulher do Alabama, Myrtle Lawrence, lavradora branca analfabeta, membro da Igreja Batista de Taylor Springs e da União dos Arrendatários Sulistas, viajou a Nova York em 1937 para participar da Semana Nacional dos Meeiros Agrícolas, organizada por órgãos do governo do New Deal. O que as fileiras cerradas de organizadores sindicais e progressistas do governo mais queriam, como observa o historiador Wayne Flynt, era alguém que passasse uma imagem de beleza na miséria, como que saída de uma fotografia de Dorothea Lange. O que conseguiram, porém, foi a desdentada Myrtle Lawrence, a cheirar rapé, mascar fumo e cuspindo bolos de suco em sua escarradeira envolta em papel cor-de-rosa antes de entoar hinos e orações com uma rude animação de Velha Guarda. Mas com relação a uma coisa o pessoal de nariz em pé do New Deal não podia criticar Myrtle: ela considerava os negros seus irmãos americanos, bem-vindos no amor de Jesus. Na Escola de Verão da Associação Cristã de Moças, na Carolina do Norte, ela disse a uma turma de inglês: "Eles comem a mesma comida que nós comemos; moram no mesmo tipo de barraco em que moramos; trabalham para os mesmos chefes para quem trabalhamos; trabalham na enxada a nosso lado nos campos; bebem do mesmo balde que nós; a ignorância está acabando com eles do mesmo jeito que está matando a gente. Por que não devem fazer parte do mesmo sindicato que nós?". Myrtle e Fannie Lou certamente teriam se dado bem.

23. RULEVILLE, MISSISSIPPI, 31 DE AGOSTO DE 1962

Ela sabia por que tinha de pegar aquele ônibus, e não era porque nenhum dos garotos de outros estados que tinham ido ao Mississippi lhe houvesse dito. Não, senhor! Era por causa do que tinha escutado o reverendo Story dizer na igrejinha em Ruleville naquele domingo. Deus falava diretamente a ela, embora as palavras saíssem da boca daqueles rapazes, com suas belas esperanças. Fannie Lou estava doente e cansada de se sentir doente e cansada. Já estava mais que farta de se matar na roça a cada dia para pôr comida na mesa; farta de ficar com medo de ser posta para fora de sua casa se simplesmente se aproximasse das pessoas que estavam em Greenwood procurando aumentar o registro de eleitores, dizendo que eles deviam sentar-se em balcões de lanchonetes ou na parte da frente dos ônibus. Não bastava que ela não pudesse ter seus próprios filhos, que tivessem feito alguma coisa com ela, sem nem mesmo perguntar se ela queria, e que tornava isso impossível? E agora, o que iria fazer com todo aquele jorro de sentimentos, sabendo que estava mais do que na hora de promessas feitas virarem promessas cumpridas, de que ela e pessoas como ela pudessem ter as coisas decentes da vida, a começar pelo voto? E quando ficava com medo ao pensar no que ia fazer, fazia a única coisa que não conseguia segurar: cantava. Debruçava-se sobre o catre e cantava para a pequena Vergie. "Vou deixar brilhar essa minha luzinha", cantava, e a menina adotada sorria e adormecia.

Estavam indo para Indianola, a 42 quilômetros pela estrada, a estrada que atravessava os algodoais da fazenda de W. D. Marlowe, onde ela se esfalfava para cumprir sua tarefa ou marcava o compasso para os colhedores. O sr. Charles McLaurin tinha dito que em Indianola todos poderiam se registrar para votar, como era o direito deles, e alguma coisa iria começar no Delta. O ônibus amarelo encostou junto da torre d'água e todos subiram, na maioria pessoas da igreja e alguns organizadores, que queriam certificar-se de que tudo correria como devia. Mas, sentados ali, todos sentiam um frio no estômago, quietos como as crianças que normalmente ocupavam aqueles assentos. A viagem parecia interminável. Toda vez que uma caminhonete passava por eles, viam rostos rosados e vermelhos que encaravam o ônibus, alguns deles de cara fechada, e os veículos simulavam abalroar o ônibus, só para lhes fazer medo. Aqueles 42 quilômetros pareceram a maior viagem que já tinham feito.

Ao chegarem ao centro comercial, junto ao *bayou*, desceram. Evidentemente, a notícia havia corrido, pois havia ali um monte de soldados da polícia estadual e da patrulha rodoviária, olhando fixamente para eles, como se estivessem tirando fotografias. E deixaram claro para McLaurin que só dois deles poderiam registrar-se naquele dia e que, se não ficassem satisfeitos, era uma pena. Ora, Fannie Lou havia dado duro, preparando-se para as perguntas que ela sabia que seriam postas em seu caminho como um espinheiro, mas tinham conseguido tornar aquilo realmente difícil, e como ela poderia saber a data em que este ou aquele artigo da Constituição de Mississippi havia passado a vigorar, e outros não? Foram horas de esforço com a cabeça e o lápis, com seu nervosismo só piorando o calor de agosto, antes que ela entregasse os papéis ao branco de cara feia na mesa. Esperando o resultado lá fora, já sabia que não lhe dariam o que ela tinha ido buscar ali, pelo menos não naquele dia, e por isso não foi surpresa para Fannie Lou quando lhe disseram que não havia passado no teste feito pelo estado para verificar suas credenciais como eleitora. Fannie Lou sabia que um dia seria diferente, de modo que quando subiram de volta no ônibus ela não podia encarar aquilo como uma derrota.

O ônibus saiu de Indianola, mas com o cair da noite veio também um mau pressentimento. Todos se mantinham em silêncio, tal como tinham vindo. Mas logo o tráfego na estrada ficou mais denso, principalmente por causa de caminhonetes em que homens brandiam espingardas na direção do ônibus, berrando: "Fodam-se, crioulos, vamos *matar* vocês, que NUNCA vão conseguir votar". E depois vieram os carros da polícia, que piscaram os faróis e cortaram o ônibus, e o guarda fez o motorista descer e lhe disse que não podia transportar passageiros, já que o ônibus era amarelo demais; que aquele veículo estava "imitando um ônibus escolar". Tinham de pagar uma multa; fizeram uma coleta no ônibus para juntar o dinheiro, que foi entregue ao guarda, mas mesmo assim levaram o motorista.

E agora, como voltariam para casa? Ninguém no ônibus jamais tinha dirigido veículo algum, evidentemente. Ficaram sentados ali, na escura noite do Delta, uma estufa de pavor e desespero. Até mesmo McLaurin parecia ter perdido a voz. Ninguém sabia o que fazer, ninguém imaginava o que seria feito deles. Sentiam o próprio suor esfriar. Foi então que, do fundo do ônibus, ouviu-se uma voz, cristalina e grave, que soava tranquila, a voz de Fannie Lou.

"This little light of mine",* ela cantava

I'm gonna let it shine
This little light of mine
I'm gonna let it shine

[Vou deixá-la brilhar

---

* Título de canção *spiritual* dedicada a crianças, composta em 1920 por Harry Dixon Loes (1895-1965), que se tornou famosa na voz de Paul Robeson (1898-1976) no filme *Daniel*, de Sidney Lumet, de 1983. (N. T.)

250

Esta minha luzinha
Vou deixá-la brilhar]

E as outras vozes se juntaram. Eles eram soberanos, invencíveis. Tinham o Senhor a seu lado. Eles venceriam.

PARTE III

O QUE É UM AMERICANO?

24. CREPÚSCULO, DOWNING STREET, JUNHO DE 2008

O entardecer se dissipava aos poucos. A comida britânica-com-muito-orgulho (sopa de ervilha com sabor de hortelã, salmão, rosbife, frutinhas) tinha sido rapidamente consumida. A última claridade do dia esvaecia pelas janelas de guilhotina. Uns cinquenta e poucos convidados, as faces brilhantes de satisfação e vinho, empurravam as cadeiras para trás e dirigiam-se lentamente até a sala vizinha para tomar um café ou um trago, embora nem o primeiro-ministro nem o presidente fossem provar sequer uma gota. Éramos um bando variado: ministros do gabinete em estados variados de alegria ou solenidade molestada; O Mais Importante Magnata da Mídia no Mundo (sombrio, arrogantemente hostil); e uma improvável conversa fiada de historiadores. Os convites enviados indicavam um interesse apaixonado pelo assunto por parte de ambos os chefes de governo. Certamente verdade no caso do primeiro-ministro, que é Ph.D. em história mas era forçado a imaginar George Bush com uma edição muito manuseada de Gibbon na mesa de cabeceira, ainda que uma crônica do destino reservado a impérios por demais extensos talvez não fosse fora de propósito.

Alguns da tribo de Clio eram entusiastas leais do presidente cujos índices de popularidade em casa estavam afundando ainda mais rapidamente que a Dow Jones. Outros entre nós tínhamos acomodado nossas consciências inquietas dizendo a nós mesmos que, se estávamos envolvidos com a atividade da história, como poderíamos nos manter afastados? Mas que espécie de atividade era essa? Em que, precisamente, estávamos sendo implicados? A ideia geral da noite parecia ser que, se fosse convocada uma reunião de historiadores com suficiente densidade, o momento propriamente dito se tornaria, por algum ato de osmose cultural, histórico. Nós, que tínhamos privado em nossas páginas com Churchill e De Gaulle, borrifaríamos agora um pouco de Sentido no ambiente como um purificador de ar na sala de estar de um poder esgotado.

Na sala de estar — uma extravagância de Quinlan Terry em terracota, orlada com relevos dourados, o resultado de uma epifania de decoração experimentada pela sra. Thatcher na Casa Branca de Nancy Reagan — entraram a passos largos os patéticos titãs. Durante as primeiras fases do jantar, Bush pareceu estranhamente pouco à vontade, sobretudo para alguém que estava tendo uma trégua das sibilas sombrias em casa. Um discurso generosamente fraternal de Gordon Brown, louvando o laço entre as duas democracias e terminando num brinde, foi recebido com uma resposta acanhada quando o POTUS* se levantou, evidentemente pouco instruído sobre esse momento particular da cerimônia. "Acho melhor dizer alguma coisa", ele pensou em voz alta, antes de transmitir o comunicado de que "as relações entre os Estados Unidos e o Reino Unido são boas... [longa pausa] de fato, *danadas de* boas." E foi mais ou menos só o que disse para o aperto de mãos que cruzava o mar. Ele parecia estranhamente diminuído, alguém que, por razões que não podia compreender de todo, tinha descoberto que a poltrona em que se sentara por anos era agora grande demais e suas pernas já não tocavam o chão; o incrível presidente que encolhia. Durante a sopa de ervilha, a bonomia dos tapinhas nos ombros desapareceu para dar lugar a um pequeno tique seco de tossidas jocosas, as sobrancelhas suspensas entre a hilaridade e a incerteza, como um

---

* President of the United States: acrônimo usado pelo Serviço Secreto americano para se referir ao presidente dos Estados Unidos. (N. E.)

ator de comédia em pé suando para apresentar seu espetáculo num teatro desordeiro numa noite de segunda-feira em Milwaukee.

Por um ou dois minutos depois da hora das fotos, George Bush foi deixado à vontade e veio ao meu encontro. (Improvável, mas verdadeiro.) Ele parecia inequivocamente um homem que precisava de um drinque; mas, como havia jurado nunca mais tomar drinques, e como eu tinha um copo de conhaque na mão, o mínimo que eu podia fazer era dizer uma palavra que o ajudasse a atravessar o resto da noite, e essa palavra foi: "Texas". O estimulante operou uma transformação instantânea: o sorriso oficialmente sintético foi substituído pelo real. A nossa equipe de televisão estaria logo lá, expliquei, para fazer um filme sobre a história da imigração. Depois desfiei uma série de nomes de lugares que soaram como música country nos seus ouvidos: El Paso, Brownsville, Laredo. Parte do incômodo anterior, percebi, era o de um homem que viajava ao exterior só para poder sentir uma pequena explosão de alegria, quando chegasse ao alcance das buzinas das autoestradas de Houston. "A sua política de imigração", disse eu, o conhaque me deixando insolente, "é quase que a única política com que concordo; e isso porque ela o colocou bem à esquerda de seu partido." Era verdade, ainda que condescendente. A linha no Partido Republicano sobre o que fazer a respeito dos 12 milhões de imigrantes ilegais nos Estados Unidos, uma maioria esmagadora de hispânicos, passa entre aqueles para quem a construção de cercas, a descoberta e a deportação são o início e o fim da política, e aqueles como Bush e McCain, que vivem há muito tempo no mundo do Sudoeste hispânico e querem encontrar algum modo de conduzir os ilegais para a cidadania. Mesmo o mais manco dos presidentes patos mancos não precisava de uma palmadinha na cabeça de alguém que não estaria em breve na fila para conseguir o emprego de lhe escrever as memórias. Mas Bush não levou a mal a condescendência, porque, suspeito, a sua cabeça estava em algum lugar bem distante de Whitehall, vagabundeando pelo chaparral, onde as luzes das refinarias de petróleo de Houston ainda eram cintilações benévolas no horizonte ilimitado da abundância texana.

Para trazê-lo de volta do mundo das sálvias, perguntei: "Assim, por que supõe que a imigração não se revelou a questão quente para o seu partido?". Mencionei o líder da imposição de medidas duras contra os imigrantes ilegais dentre todos os candidatos, o congressista do Colorado, Tom Tancredo, que, apesar da linguagem bombástica dos demagogos de linha dura que profetizavam no rádio o Fim da América, não tinha chegado a lugar nenhum nas primárias. "Tancredo", disse Bush, incredulamente, olhando em volta, resfolegando de leve como um de seus próprios cavalos e acrescentando em voz baixa, "é um idiota." Depois queixou-se um pouco de como poderia ter conseguido decretar um projeto de lei de reforma benigna para a imigração, garantindo serviços médicos e sociais ao menos para os filhos dos ilegais, não fosse o obstrucionismo maquiavélico do líder da Maioria Democrática do Senado, Harry Reid. Depois deu uma sugestão para o nosso filme. "Conheci a fronteira muito bem, naqueles tempos em que era o pior lugar mais pobre e sujo da América; eu poderia lhe contar histórias daqueles dias dos anos 1950; de como as pessoas que tinham pulado a linha da fronteira sobreviviam, para que trabalhavam dia e noite..." Fez uma pausa, as sobrancelhas de novo franzidas, e então sugeriu que déssemos uma olhada em antigas fotos de filmes mostrando como era Brownsville e os pueblos no outro lado da fronteira meio século atrás — choças e ratos — e as comparássemos com o estado dessas cidades agora; que é, apesar de todos os conflitos e pesares, materialmente melhor. Ocorrera, ele me lembrou, uma imensa mudança dentro do próprio México; as pessoas do país movendo-se constantemente, sem parar, em direção ao norte, ao mundo dos norte-americanos.

Nos Estados Unidos, naquele mesmo instante, duas coisas estavam acontecendo com certeza. Alguém num posto de gasolina estava aumentando o preço até chegar o mais próximo possível de cinco dólares, e ao longo do rio Grande e no deserto inexorável os *coyotes* (contrabandistas de imigrantes) estavam tentando fazer com que uma centena de almas cruzasse *a cada hora* a fronteira. Lares estavam sendo reempossados toda vez que se prestava atenção; bancos tombavam, levando os banqueiros junto com eles. De repente talvez houvesse muito menos solares coloniais bregas para limpar, ou gramados do tamanho de pradarias para aparar. As filas de emprego cresceriam; a alta repentina dos preços do petróleo aumentaria os custos do transporte, e o custo dos alimentos assumiria também uma curva ascendente. Embora um não tivesse nada a ver com o outro, a pressão sobre os empregos provocaria nos delirantes direitistas inflexíveis do rádio, como o comicamente autodenominado Michael Savage, ondas ainda mais espumantes de insultos. Os imigrantes eram vermes parasitas, mal e mal humanos, engordando com a carne malbaratada do corpo político; mamando os tributos de cidadãos cumpridores da lei, tirando empregos do Joe-da-marmita.

Mas nada disso importa para a torrente incontrolável. Continua a jorrar. Doze milhões sem documentos e cerca de 1 milhão a mais por ano no futuro previsível; neste momento, a maior migração humana na face do planeta. E eles não vêm apenas do México e da América Central; mas chegam a Nova York vindos do Uzbequistão, Tajiquistão, do Camboja, da Libéria e do Senegal. Se conseguissem sair da prisão que o seu governo criou para eles, toda a população de Mianmar se reuniria no porto de Nova York amanhã. E por quê? Por causa de dois pronunciamentos dramáticos. O primeiro foi o pronunciamento de Tom Paine em *Senso comum* (1776) de que o "Novo Mundo tem sido o refúgio para os amantes perseguidos da liberdade civil e religiosa". Mas isso era definir a América como o lar da livre consciência, e seria um pouco elevado demais para aqueles que apenas querem sair de um buraco de lama da Pomerânia, ou então de um barraco com telhado de zinco na Cidade da Guatemala, a fim de conseguir algo mais próximo de uma existência humana. Para eles, outra obra foi escrita, por um homem de naturalidade francesa na sua fazenda em Orange County, Nova York. O livro, que parecia ser de memórias, mas era quase na mesma medida ficção, exibia o título de *Letters from an American farmer* [Cartas de um fazendeiro americano] (1782), e foi a primeira grande obra da literatura americana. O capítulo dois de *Letters* é intitulado "O que é um americano?". Um século inteiro antes de a poeta judaica sefardita Emma Lazarus declamar em palavras gravadas no pedestal da Estátua da Liberdade que a América teria bastante decência para receber o "refugo desgraçado da praia apinhada de gente", J. Hector St. John de Crèvecoeur já tinha acendido a vela da esperança que cruzaria oceanos e continentes para iluminar milhões. Os emblemas da autossuficiência americana, a cabana de toras e a casa da propriedade rural, já eram declarados por Crèvecoeur como as células sociais da democracia.

E eles estavam ao alcance de qualquer um que tivesse a coragem de optar por uma vida livre num país aberto. Na Pensilvânia, em Nova York, em Connecticut, o camponês servil e o refugo humano das cidades renasceriam como Cidadão John. (A Jane não era discutida.) Eximida de ter de se submeter a aristocratas e eclesiásticos, a humanidade se tornaria livre para realizar o seu verdadeiro e ilimitado potencial. A felicidade estava no horizonte. "Não temos príncipes para quem labutamos ou sangramos", escreveu Crèvecoeur. "Somos a sociedade mais perfeita que existe agora no mundo. Aqui o homem é livre como deve ser." Ora, por que então um homem deve permanecer nas prisões sociais da tradição europeia? Por que alguém com um grão de bom senso ou amor-próprio se sentiria ligado à geografia casual de sua natividade, a "um país que não tinha pão para ele, cujos campos não lhe proporcionavam colheita, onde não se defrontava senão com as carrancas dos ricos, com a severidade das leis, com prisões, com punições, onde não possuía sequer um centímetro da extensa superfície do planeta"? Deixar tal afronta para trás era experimentar um renascimento social. O que é um americano, então? "É americano quem, deixando atrás de si todos os seus antigos preconceitos e costumes, recebe novos hábitos e ideias do modo de vida que adota, do governo a que obedece e da nova posição que possui. Torna-se americano ao ser recebido no colo amplo da Alma Mater. Aqui os indivíduos de todas as nações são fundidos numa nova raça de homens, cuja labuta e posteridade causarão um dia grandes mudanças no mundo." Que essa fusão tivesse início! E os miseráveis do mundo já não seriam as criaturas indefesas dos poderosos. Na América seriam outra coisa: homens que se fizeram por si mesmos; cidadãos.

25. O CIDADÃO CORAÇÃO-PARTIDO: FRANÇA, AGOSTO DE 1794

Como elas o assombravam, essas palavras escritas vinte anos antes. "O que, então, é o americano, esse novo homem?", ele tinha perguntado. Não era ele próprio, aparentemente, não segundo o sisudo James Monroe, o novo representante diplomático americano para a República francesa. Como Crèvecoeur tinha sido o primeiro a publicar essa pergunta retórica, a ironia amarga não lhe passou despercebida. A ele, que havia convidado os infelizes do mundo a vir para a América, que havia prometido que qualquer um deles poderia se tornar esse novo homem, estava sendo negada aquela oportunidade. Mas ao menos ele tinha dado voz a um ideal universal, algo que os empobrecidos e os atormentados desejavam. Eles o desejavam na Irlanda estiolada e na Rússia aterrorizada pelos pogroms; no Sul da China atacado pela fome e no México árido. Será que Crèvecoeur, para quem os americanos eram na sua maior parte ingleses, alemães, holandeses, escoceses e irlandeses, tinha uma vaga noção dessa imigração épica que viria a acontecer? Ele certamente supunha que ser americano era, em primeiro lugar, um estado de espírito — a rejeição do fatalismo geográfico — tanto quanto a ocupação de um lugar sobre a terra. Mas então o que era *ele* próprio? Um verdadeiro americano, apesar da rejeição do sr. Monroe? Ou era ele, na medula de seus ossos, ainda francês: Michel-Guillaume Jean de Crèvecoeur, herdeiro da propriedade rural de Pierrepont perto de Caen na Normandia (a terra que seria regada com o sangue americano em 1940)? Esse antigo direito hereditário ele tinha deixado para trás, mais pelas circunstâncias que por qualquer ato de vontade. Por mais que tivesse se distanciado de seu *pays* e língua materna, Crèvecoeur nunca esqueceu o margoso solo normando, as altas fileiras de sebes emparedando as sendas estreitas, os bandos de corvos nos pomares. Mas duas revoluções em cada lado do oceano o haviam transformado de *seigneur* em *cultivateur*, de fidalgo em agricultor. Era imprudente num mundo tão alterado entregar-se à nostalgia pastoral. Aqueles que tomavam essa atitude em geral se traíam revelando que tinham vivido do suor dos camponeses. Tantos liberais *ci-devants*, ex-membros da pequena nobreza, haviam perdido a sua liberdade e depois a cabeça por muito menos. O pobre Condorcet, o filósofo social, tinha sido capturado pelo Terror quando, ao lhe ser oferecida uma omelete pelo agricultor que dava abrigo ao fugitivo, pediu polidamente que ela fosse feita com uma dúzia de ovos frescos. A força do hábito revelara o marquês embaixo dos farrapos do cidadão republicano. Assim, por enquanto, era melhor que ele fosse apenas o Cidadão Crèvecoeur.

Ou ele sonhava em inglês? No fundo de seu coração, era ainda o fazendeiro de Pine Hill, Nova York, marido de Mehitable Tippet; conhecido em Chester e nos distritos de Orange County como o sr. Hector St. John? Ou essa sua antiga existência melíflua, o enxame de abelhas embaixo das acácias-meleiras, fora consumida pelas chamas? Era seu destino agora ganhar a vida como o Cidadão Coração-Partido, sobrevivente excêntrico de guerras e revoluções, vagamente lembrado como estudioso de plantas, homem de letras bissexto, ex-cônsul, membro único da câmara do comércio que tinha criado a rota do paquete entre L'Orient e Nova York; que havia introduzido a alfafa (*luzerne*) na América, importada junto com as cargas de conhaque e cabelo humano?

Havia dias em que ele mal sabia quem era. Mas ele sabia que desejava muito seguir o sol poente através do mar, apenas mais uma vez antes de morrer, para revisitar o país que revelara ao mundo pelos olhos da sua imaginação. Mas, no verão de 1794, Crèvecoeur simplesmente não podia embarcar. A República francesa estava em guerra com a Grã-Bretanha, mesmo que os Estados Unidos tivessem permanecido neutros. Ser anglófono constituía por si só um motivo de suspeita, e já não era tão delicioso ser um americano em Paris como fora nos dias em que a corte e a cidade tinham se emocionado com a visão do gorro de pele de castor de Benjamin Franklin. Muitos Amigos da América notáveis tinham se desentendido com os jacobinos e o Terror de Robespierre. À parte a natureza enganosa da linguagem, o governo nos Estados Unidos tinha assinado um tratado de paz com os britânicos; havia aparentemente esquecido a sua dívida de gratidão. *Amérique perfide!* Portanto, como poderia ser confiada a ele, Crèvecoeur, que tinha sido um soldado da monarquia, um fidalgo na América britânica, que parecia mudar de nacionalidades e línguas assim como trocava de roupa branca, a incumbência de viajar para os Estados Unidos? Muitos de seus amigos tinham sofrido pelas mesmas complicações de lealdade. O filosófico La Rochefoucauld morrera apedrejado por uma turba. Guillaume-Louis Otto (outrora conde Otto de Strasbourg), casado com a filha de Crèvecoeur America-Francès, fora preso. Teria sido ele o responsável pela prisão? No auge do Terror, receoso quanto ao resto da família, Crèvecoeur tentara usar a boa vontade do agente americano, Joel Barrow, para retirá-los do país, mas nem Barlow nem o irascível ministro, Gouverneur Morris, tinham algum resto de boa vontade. Agora, no fim de agosto de 1794, a história deveria ser diferente. Maximilien Robespierre fora forçado a enfiar sua cabeça pela "janela republicana", onde tantos haviam perecido pelo crime de insuficiente ardor patriótico. Os parisienses, inclusive aqueles que tinham conexões americanas suspeitas, respiravam com um pouco mais de facilidade.

E havia um novo representante diplomático americano para a República francesa: o advogado e senador da Virgínia, James Monroe, que, naturalmente, como tantos outros antes dele (John Adams logo vem à mente), não falava nenhuma palavra de francês e dependia da gentileza e traduções de Crèvecoeur para se orientar. Foi fácil granjear a solidariedade de Crèvecoeur. Quando ele próprio retornara pela primeira vez à França em 1781, depois de um quarto de século na América, havia quase esquecido a língua materna, e o processo de readquirir fluência tinha sido inesperadamente doloroso. Ele se obrigou a escrever uma edição francesa de seu livro, não apenas uma tradução, mas um manuscrito quase duas vezes mais longo e, dada uma música tonal diferente da original, com muitos sentimentos estrategicamente antibritânicos. Monroe parecia apreciar a sua ajuda editorial e tradutora, bem como os esforços de Crèvecoeur em encontrar uma casa de campo adequada para o representante dos Estados Unidos. Assim Crèvecoeur deixou escapar insinuações sobre a sua passada posição de cidadão-fazendeiro americano; sobre alguma missão que poderia desempenhar com proveito nos Estados Unidos. Quando não recebeu nenhuma resposta direta, as insinuações se tornaram mais amplas. No verão de 1794, Crèvecoeur se encarregou de supervisionar a feitura de três bandeiras americanas. A maior estava destinada à câmara legislativa francesa, a Convenção Nacional, onde seria dependurada ao lado da tricolor. Uma segunda era para a Embaixada Americana, e a terceira para a carruagem diplomática de Monroe. Era a nova bandeira, o círculo das treze estrelas da revolução, aumentado por mais duas representando os recém-admitidos estados de Kentucky e Vermont, arranjado num padrão oval irregular, enquanto quinze faixas alternadas de vermelho e branco formavam o campo. Era muito bela e Monroe estava feliz. Mas não feliz o suficiente para prestar um favor a Crèvecoeur, que, ao mencionar a questão mais uma vez, deparou-se com uma rejeição fria que dava o assunto por encerrado. O homem para quem as antigas identidades podiam ser despidas como se tiravam as correntes de um escravo, para quem desejar ser um americano já era uma licença para tornar-se americano, estava sendo desiludido de sua fantasia. Nascera francês e morreria, dentre todos os lugares, no distrito rústico de Sarcelles, hoje em dia nem rústico nem pacífico, mas o cenário da inquieta coexistência judaico-muçulmana.

O menino Michel-Guillaume não tinha sido um fugitivo. Fora para onde seus pais haviam mandado; primeiro para os jesuítas em Caen, e depois para o lugar menos jesuítico que se podia imaginar, Salisbury, onde a família tinha parentes distantes e onde ele devia aprender inglês. Como é bem conhecido que o caminho mais expedito para adquirir fluência é movido a energia amorosa, e como em Wiltshire havia poucos chamarizes mais encantadores do que

263

um jovem galã francês tentando dizer *"thee"*, Michel-Guillaume captou as atenções da filha de um mercador local e, por sua vez, ficou apaixonado pela donzela. Eram um do outro; ficariam noivos e teriam filhas trabalhando na ordenha e filhos pastores. Mas antes que o romance pudesse florescer, a moça morreu, e pela primeira vez o menino, pensando em como seria traduzido para o inglês de Wiltshire, foi trespassado pela ironia de seu nome. O sensato, é claro, teria sido voltar para casa em Pierrepont, para seus pais e os rebanhos imperturbáveis. Mas, em vez disso, Crèvecoeur embarcou no navio para Nova França em 1755, chegando bem a tempo de assistir a uma guerra; aquela em que Luís XV perdeu Quebec. O soldado monarquista transformou-se espertamente em Hector St. Jean de Crèvecoeur, que marchou, a mando do temerário general Montcalm, diretamente contra os canhões britânicos alinhados de forma pouco esportiva nas Planícies de Abraão. O jovem soldado foi gravemente ferido, mas não morreu. Um dos feridos cambaleantes, ele era agora, querendo ou não, um bretão. Se isso mortificava o sobrevivente, ele não disse, nem então, nem no resto de sua vida. Mas em muitos pontos da sua existência, Crèvecoeur, o franco-americano, falava com ternura das qualidades dos ingleses, as mesmas que os franceses desprezavam: o seu gosto pela liberdade, o seu hábito de maneiras moderadas e decoro gentil. Bem, ele nunca passou algum tempo nos *bagnios* de Covent Garden.

Quando as feridas permitiram, Crèvecoeur deixou as ruínas de Quebec e partiu rumo ao sul para as profundezas da América Britânica, fazendo o que mais lhe agradava: desenhar esboços, mapear, estudar plantas; observar de perto a fauna. Ora a pé, ora a cavalo pelos desfiladeiros de granito de Allegheny, enveredando pelas trilhas de caçada dos antigos índios, sufocadas de sumagres e colgadas de videiras silvestres. Andou ao redor dos lagos de reflexo negro, escutando os mergulhões ao anoitecer, o som áspero de 1 milhão de patas segmentadas à noite, acocorando-se perto do fogo com os índios oneidas que deram a seu filho adotivo o nome de Cahio-ha-ra. No interior do vale do Hudson, os picos das montanhas eram orlas suavizadas de coníferas; abaixo, as florestas tinham sido desmatadas para a pastagem das ovelhas. Os pináculos das igrejas elevavam-se ao lado das lagoas; a fumaça de lenha seguia à deriva sobre o vale, e o tinido do martelo de um ferreiro ecoava na garganta do Hudson. Barcaças de cordame escuro navegavam a corrente. E ali, as feridas do coração e do corpo de Crèvecoeur, o amor, a perda e a batalha, tornaram-se por fim suportáveis. A possibilidade de uma nova vida americana impunha-se tão delicadamente quanto o bruxuleio de uma vela.

Crèvecoeur tornou-se um rendeiro nas terras altas. Pescava e criava gado, aves e uma prolífica colmeia. Era agora outra pessoa: J. Hector St. John Esq., "St. John" pronunciado à maneira própria dos ingleses, "Sinjun". Ele não mostrava as feridas, nem contava histórias da campanha, mas juntava-se à companhia da região nas feiras de cavalos, nas assembleias e tavernas do condado, e frequentava a igreja à maneira protestante dos companheiros. Em algum momento, o seu caminho cruzou com os negociantes Tipper de Tipper's Neck, da baixa Yonkers, cuja mansão grandiosa o acolheu na sua passagem de carruagens orlada de álamos. Uma filha, Mehitable (um nome favorito na família por muitas gerações), recebeu Crèvecoeur com particular ternura, e um pastor huguenote os casou em setembro de 1769. Em vias de ser agora um sólido anglo-americano, St. John ganhou crédito aos olhos de seus vizinhos e, o que é mais importante, de seus parentes afins, a ponto de poder comprar para si e para sua esposa uma propriedade não desmoitada de uns 120 acres, 57 quilômetros a oeste do Hudson, a cinco quilômetros da vila de Chester. Marido e esposa começaram a sua vida de agricultores como todo americano devia começar, numa cabana de toras construída pelas próprias mãos. Mas quando chegaram as primeiras colheitas o sr. St. John quis alguma coisa mais duradoura e construiu uma nova casa sobre um alicerce de tijolos resistentes, bastante larga para ter cinco janelas no andar de cima que abriam para uma pequena *piazza* rústica, como ele a chamava. O lugar recebeu o nome de Pine Hill, porque atrás da casa havia as duas coisas, pinheiros e morro, emprestando um aspecto pitoresco à propriedade. Um ano depois de seu casamento, Mehitable deu à luz uma menina a quem, em reconhecimento de sua feliz dupla identidade, Crèvecoeur deu o nome de America-Francès (Fanny); e depois, a intervalos de dois anos, dois meninos, Guillaume-Alexandre (Ally) e Philippe-Louis. A sra. e o sr. St. John prosperaram e tiveram dias felizes embaixo de suas acácias-meleiras, sem serem perturbados por indícios de rebelião.

Lendo as primeiras cinquenta e poucas páginas de *Letters from an American farmer*, ninguém jamais saberia que talvez houvesse alguma coisa de errado com o idílio. Crèvecoeur insistia que não tinha escrito uma memória verdadeira — que personagens como Andrew, o Hebridense, eram inventados — mas ele sabia muito bem que pouco o separava de seu alter ego "James", além da ficção de ele ter herdado fortuna e terras de um benévolo pai americano. (Crèvecoeur projetava o que ainda lhe sussurrava a Normandia?) A voz no romance deseja ardentemente o que Thomas Jefferson declararia ser um direito americano, na verdade um direito natural, universal: a busca da felicidade. "Onde se encontra uma situação", escreveu Crèvecoeur, "capaz de conferir um sistema mais substancial de felicidade que a desfrutada por um fazendeiro americano que possui liberdade de ação, liberdade de pensamento, regido por um modo de governo que pouco exige de nós?" A cada ano ele mata de 1500 a 2 mil quintais de porco, 1200 de gado bovino, e, "quanto às aves, minha esposa tem uma grande quantidade; o que mais posso desejar?". O que, na verdade, embora o fato de que "meus negros são toleravelmente leais e saudáveis", pode ter ajudado a manter a arcádia. "Quando contemplo minha esposa ao lado da lareira a fiar, tricotar, cerzir ou amamentar nosso filho, nem posso descrever as várias emoções de amor, gratidão e orgulho consciente que se agitam no meu coração e frequentemente transbordam em lágrimas involuntárias. Sinto a necessidade, o doce prazer de cumprir o meu papel, o papel de marido e pai, com atenção e decoro, o que me dá direito à boa fortuna." Quando arava em terreno baixo e nivelado, o pai colocava o menino pequeno num assento aparafusado numa trave do arado, na frente dos cavalos; e a criança tagarelava enquanto Crèvecoeur se inclinava sobre o cabo do arado, "a imagem do pai arando com o filho para alimentar a família só é inferior à do imperador da China arando para dar um exemplo a seu reino". Ao entardecer, trotando para casa, ele pode ver uma miríade de insetos "dançando nos raios do sol poente".

Nas suas páginas, a paisagem da liberdade é animada pelo estupendo drama natural que Crèvecoeur atravessa a passos largos como Gulliver, forte e perplexo. A profusão do cenário eletrifica a sua pena. Os pombos bravos obscurecem o sol, tão densos são os seus bandos em voo para os Grandes Lagos. O papo de uma espécie de suiriri, aberto pelo fazendeiro curioso, revela conter precisamente 171 abelhas. Crèvecoeur espalha seus corpos minúsculos sobre um cobertor, como se os acomodasse num hospital apiário. E 54 miraculosamente revivem, "lambiam-se para limpar o corpo e voltavam alegremente à colmeia". Seres que picavam e davam ferroadas, e que em terras menos abençoadas poderiam ter perdido a existência com tapas e pisadas, são celebrados por Crèvecoeur como criaturas americanas autênticas, modelos de diligência e engenhosidade, vivendo em reciprocidade com os humanos. Os marimbondos que fazem ninho na sua sala de estar pousam gentilmente sobre as pálpebras de seus filhos para afastar as moscas, que irritantemente ali se assentavam. As vespas formam uma "república" multicelular e, claro, as abelhas são cidadãs-modelo, formando enxames para o deleite do fazendeiro, fabricando um mel mais ricamente fragrante do que qualquer coisa que já escorregara pela sua goela. "Agradeço a Deus todo o bem que tem me dado", escreve Crèvecoeur no final desse capítulo, "não invejo a prosperidade de nenhum homem, nem quem tenha mais felicidade que essa de eu poder viver para ensinar a mesma filosofia a meus filhos e dar a cada um deles uma fazenda, mostrar-lhes como cultivá-la e ser como seu pai, fazendeiros americanos bons, verdadeiros e independentes [...]."

Esse é o Crèvecoeur que a maioria de seus leitores lembraria, elogiado por muitos críticos, de William Hazlitt a D. H. Lawrence: o fazendeiro sincero morando num vale feliz; o que antecipa Thoreau; o homem cuja satisfação convidou multidões a tentar a fortuna na América. Mas avancemos pelas páginas, indo além das cenas dos baleeiros de Nantucket, além da história de Andrew, o Hebridense, desde a Barra empobrecida até ele encontrar a felicidade na Pensilvânia, e comecemos a ler o capítulo em que, de repente, os céus americanos se escurecem. As fábulas esópicas se tornam horrores; as abelhas abrem caminho para as cobras venenosas cuja picada inflige uma tal dor à vítima que ela morre se retorcendo, com a língua presa entre os dentes numa mímica grotesca de sua assassina. A visão de Crèvecoeur da vespa prestativa dá lugar ao combate mortal entre uma cobra-d'água e uma víbora-negra, e em pouco tempo são os próprios americanos que estão enlaçados em lutas mortais. "Posso ver a grande ruína acumulada até onde chegou o teatro da guerra; escuto os gemidos de milhares de famílias agora desoladas [...] não posso contar a multidão de órfãos que esta guerra produziu, nem avaliar a imensidão de sangue que perdemos." No idílio, irrompera o demônio da política.

O que abriu caminho mais uma vez para a dor do coração partido, dessa vez numa escala que o feliz fazendeiro jamais poderia ter previsto. Crèvecoeur tinha imaginado o ato de se tornar americano como uma migração sempre transformadora, e não uma separação violentamente traumática. Mas o modo particular como América, o lugar, tornou-se América, a nação, desamericani-zou-a para Crèvecoeur, maculou a inocência da região. Ele não escondia que era a primeira guerra civil da América; uma guerra que colocava os vizinhos uns contra os outros; roubava das crianças os doces sonhos (o seu filho procu-rou-o aos prantos aterrorizado por pesadelos) e punha homens como ele num dilema insuportável. A família de Mehitable e muitos de seus amigos, como o banqueiro e magistrado William Seton, eram legalistas; aqueles que os patrio-tas chamavam tories. O próprio Crèvecoeur tinha sentimentos calorosos so-bre a brandura do domínio britânico nas colônias. As afirmações de Jefferson de que os americanos tinham sido vítimas de tirania militar teriam soado aos seus ouvidos como uma hipérbole claramente absurda, interesseira. Mas per-manecer fiel a esses sentimentos moderados o tornava inimigo de seu país. "Devo ser chamado de parricida, traidor, vilão [...] ser evitado como uma cascavel?"

Acontece que o conflito ao longo da fronteira rural e fluvial entre Nova York e Nova Jersey — entre o seu quintal e o dos Tippet — foi um dos mais amargamente cruéis de toda a guerra. As milícias dos patriotas e suas casas eram atacadas por partidários dos legalistas, alguns deles escravos fugitivos armados que haviam trabalhado nas fazendas. As represálias eram impiedo-sas: enforcamentos sumários, casas da fazenda e armazéns queimados nos lu-gares em que eles se detinham. De um lado a outro, rugia a batalha. Os Tippet tinham jogado sua sorte com os legalistas e acabariam em Nova Scotia. Crève-coeur queria sua família fora de perigo e parece ter brincado com a ideia de levar a mulher e os filhos para os índios das terras distantes — os oneidas ou os senecas —, que ele afirmava conhecer bem. Mas as próprias tribos foram arrastadas para o conflito, alistadas por ambos os lados como soldados irregu-lares. Depois de meses de percursos incertos, Crèvecoeur, sem se declarar abertamente por nenhum dos lados, tomou a mesma decisão dolorosa que tomaram inúmeros outros na sua difícil situação: dividir a família. Uma parte (Mehitable, a filha Fanny e o filho mais moço, Louis) permaneceria em Ches-ter para proteger o direito de posse da fazenda, caso os patriotas a sitiassem, enquanto ele decidiu ir à Nova York ocupada pelos britânicos com Ally, de seis anos.

Mas ali, em vez de encontrar um refúgio seguro, Crèvecoeur foi preso. Uma carta anônima, enviada ao comandante britânico general Pattison, afirmava que Crèvecoeur tinha feito desenhos das defesas do porto britânico. A única coisa que ele sabia naquele dia de verão de 1779 era que o general Pattison solicitava uma entrevista. Esperando assistência, ele deixou Ally com alguns conhecidos em Flushing, em Long Island. O menino esperou em vão pelo pai, que tinha sido jogado na cela de um porão sujo de onde podia ouvir os gritos de homens sendo açoitados. As horas se tornaram dias, os dias semanas, as semanas meses, e o pai que colocara o menino pequeno no assento do arado sofreu um choque mental, soluçando e dizendo coisas incoerentes, tentando causar dano a si próprio. As promessas de um velho que fora seu companheiro de cela, de que uma vez libertado iria a Flushing procurar Ally, foram de algum modo um consolo para Crèvecoeur. E em pouco tempo William Seton pagou uma fiança para a sua libertação. Um escravo de outra família amistosa, os Perry, veio então lhe comunicar que Ally, embora febril, estava com a família. Houve uma reunião, sem dúvida de indescritível alegria. A febre do menino amainou.

Mas as desgraças de Crèvecoeur não estavam findas. Era impossível obter notícias de Mehitable ou das crianças, muito menos viajar em segurança para Orange County, ainda uma zona de guerra cheia de batalhas ferozes. E o inverno que caiu sobre pai e filho num celeiro abandonado foi o mais frio dos que as pessoas conseguiam se lembrar. Era quase impossível obter lenha. Nem Ally nem ele tinham roupas quentes. Só um trabalho penoso de cortar o casco de um navio lhe granjeou lenha e salvou os dois da morte por hipotermia. Crèvecoeur foi novamente acometido pela histeria e pelos sonhos envenenados a que tinha sucumbido na prisão. Ele tremia com uma violenta paralisia, tinha espasmos ao sofrer os ataques, diante dos olhos do menino pequeno.

Veio a primavera. Era 1780. Os amigos se reestabeleceram, assim como o traumatizado Fazendeiro Americano. Ele parou de tremer, fez um pequeno périplo cortês pelas igrejas de Nova York. Se tivesse um colapso e morresse, o seu amigo Seton prometeu que criaria Ally como se fosse seu filho. Mas Crèvecoeur não morreu. Ao contrário, ele e o menino se recuperaram o suficiente para viajar. Em setembro de 1780, pai e filho embarcaram num navio rumo a Dublin, agindo expressamente contra a mensagem de seu livro, empreendendo uma viagem para longe da América, de volta ao Velho Mundo.

Uma das vítimas das agruras de Crèvecoeur tinha sido o volume de seu manuscrito. Talvez tenha sido no navio que ele conseguiu reconstruí-lo, em-

269

bora a viagem fosse tempestuosa. Em Londres, encontrou um editor que lhe pagou trinta guinéus pelo texto; a oferta não era nem mesquinha, nem principesca, mas sem dúvida, dadas as circunstâncias que tinha suportado, uma dádiva. Os seus editores, os srs. Davies & Davis, que também serviam ao dr. Johnson, ofereceram o incentivo adicional de um "presente", se a obra agradasse ao público. Que ela tenha agradado, no meio de uma guerra que faria a Grã-Bretanha perder as suas colônias mais valiosas, pode parecer um enigma, não fosse o fato de que as muitas passagens memoráveis pela sua beleza oferecem precisamente uma visão do idílio americano antes da queda, atacado com mesquinharias pelas vespas lancinantes da política. No outro lado do canal, é claro, onde o livro e seu autor foram igualmente bem recebidos, ele podia ser lido como uma mensagem do último aliado da França; a imagem da promessa americana, em tempos passados, de se livrar dos malditos britânicos, estava completa.

Para sua grande surpresa, portanto, Crèvecoeur descobriu ter escrito um livro útil, até político; um livro que podia levar os leitores a ver a América dos colibris, das gotas de orvalho e do hidromel; a esposa do fazendeiro costurando ou batendo a manteiga; o fazendeiro trazendo o rebanho a mugir para a estrebaria da ordenha. Os europeus, que nesse momento preciso passavam por muito infortúnio e turbulência econômicos na sua própria casa, já desejavam ardentemente essa América, uma América em que o escravo e o negro liberto eram nobres, e os caciques índios sábios e hospitaleiros. O livro ganhou rapidamente novas edições em Dublin e Belfast, Leipzig, Berlim e Leiden, de tal modo que quando os camponeses e cidadãos irlandeses, alemães e holandeses se perguntaram como seria emigrar, fazer essa travessia da prisão das circunstâncias natais para uma vida livre, foi a visão de Crèvecoeur que lhes deu arrimo. O sucesso foi tanto que foram impressas reclamações na Inglaterra, afirmando que *Letters* era um recurso de propaganda destinado a seduzir os artesãos e agricultores britânicos, levando-os a abandonar sua terra natal pela América. As "excelências" dos Estados Unidos, escreveu John Bristed, tinham sido exageradas "como o domicílio de algo ainda *maior* que toda a perfeição de inocência, felicidade, abundância, aprendizado e sabedoria *passível* de ser concedida ao desfrute humano". Crèvecoeur não tinha escrito um guia para a emigração, diziam, ele havia inventado um romance.

Ele certamente viveu um romance: o errante pródigo, retornando à sua casa na Normandia depois de 27 anos, caindo no abraço dos pais idosos; o tímido Ally sendo conduzido para conhecer *grandpère, grandmaman*, St. John percebendo que devia se chamar Crèvecoeur de novo; lutando com a língua materna. Mesmo antes de se tornar uma celebridade com a publicação da edição francesa de seu livro, Crèvecoeur aproveitou uma onda de americanofilia (omitindo cuidadosamente qualquer sugestão do legalismo que o ajudara a encontrar editor e público em Londres). Ainda melhor, pôde discursar livremente sobre as colheitas que eram a coqueluche dos proprietários de terra normandos de mente inovadora. Necessário um pequeno livro sobre a história e as perspectivas da batata? Escrito rapidamente em algumas semanas. Palestras para as sociedades agrícolas locais em Caen e em outros lugares? Um prazer.

Cinco marinheiros deram com os costados numa praia da Normandia sem trocar nenhuma palavra de francês entre eles. As suspeitas eram grandes. St. John, o anglófono, foi enviado como tradutor. Não eram ingleses, ele descobriu, mas marinheiros americanos que tinham sido capturados pelos soldados britânicos e recambiados para o outro lado do oceano, indo parar numa prisão em algum lugar no Sul da Inglaterra. Tinham fugido, encontrado um pequeno bote e sobrevivido à travessia hostil do canal da Mancha. Crèvecoeur lhes contou sua história, demorando-se nos seus temores em relação à mulher e aos filhos. Por gratidão, o tenente Little prometeu que, ao retornar para os Estados Unidos, mandaria um parente que vivia em Boston a Orange County para fazer investigações sobre Mehitable e as duas crianças. Enquanto isso, o tenente levava um maço de cartas de Crèvecoeur a serem enviadas à família, assim que a segurança e o paradeiro do clã fossem confirmados.

Era bondade retribuída com interesse. Incapaz de viajar ele próprio enquanto as hostilidades não terminassem, Crèvecoeur fez o possível para desfrutar o seu renome francês. Ele era íntimo dos *Grands* do mundo literário de Paris. O ex-ministro do rei e reformador liberal, Turgot, levou-o a Paris onde, duas vezes por semana, Crèvecoeur frequentava o salão de madame d'Houdetot, a antiga *inamorata* (não correspondida) de Rousseau, e deixava-se admirar como o agricultor culto; o tipo de francófono americano que lhes agradava. Ele falava das acácias-meleiras com o maior dos estudiosos de botânica, Buffon, e propunha a introdução da batata-doce na França, onde achava que poderia se tornar um alimento básico do povo comum. Ele sabia que era um item de exposição — um espécime do Novo Mundo, que os reformadores franceses esperavam pudesse vir a se tornar a norma no seu lado do oceano. A agricultura e a causa da humanidade nutriam-se mutuamente, como se a aplicação inteligente do adubo pudesse garantir uma colheita de liberdade junto com o trigo.

Tudo isso era muito bom. Ele estava contente de ser útil. Mas a sua mente voltava à deriva para o Oeste no outro lado do oceano. Fazia quatro anos desde que vira pela última vez a esposa, Fanny e Louis, e não se tinha notícia deles. Ele esperava e temia. Com os artigos provisórios da paz assinada em Paris no início de 1783, era por fim seguro viajar de novo. Ele fez um favor ao ministro da Marinha, o duque de Castries, escrevendo, em sete semanas, um rico relatório da condição dos Estados Unidos e das perspectivas do comércio oceânico entre os dois países. Em reconhecimento, veio de Versailles a notícia de que ele seria um dos primeiros cônsules franceses nos Estados Unidos. Quem poderia melhor encarnar a fraternidade natural entre as duas nações? Até lhe foi dada a livre escolha da cidade para a qual poderia ser indicado. Ele escolheu Nova York. No início de setembro de 1783, armado com seus papéis e suas expectativas nervosas, Crèvecoeur embarcou num navio no porto de L'Orient, na costa bretã, o ponto de partida do serviço de paquete regular França-América que ele próprio tinha proposto.

Quando imaginou um tráfego movimentado entre a França e a costa oriental da América, Crèvecoeur pensava numa rápida travessia para o oeste de três ou quatro semanas. A sua travessia, no outono de 1783, levou 54 dias do mais puro inferno atlântico. O *Courrier de l'Europe* foi fustigado por vendavais danosos, alagado pelas ondas e soprado pelo vento para bem longe da sua rota mais de uma vez. Crèvecoeur esteve doente na maior parte do tempo, sendo de vez em quando acometido por ataques epilépticos como os que o fizeram contorcer-se de dor na prisão britânica em Nova York. Quando o navio passou finalmente pelo estreito de Narrows e levantou ferro em Sandy Hook em 19 de novembro, o esgotamento competia com sua agitação. O porto de Nova York era a imagem do caos. As tropas de Washington estavam acampadas em Harlem Heights, a postos para entrar na cidade. Navios britânicos estavam sendo carregados às pressas com os remanescentes humanos de seu perdido império americano: legalistas, escravos libertados pelo seu serviço com os britânicos. Num daqueles navios, seus parentes afins, os Tippet, tinham partido para sempre decididos a recriar uma nova dinastia no Canadá. Mas Seton, com sua fortuna gravemente lesada e algum medo de ser identificado como um magistrado colaborador tory, tinha decidido que a América era e seria seu lar. Tiros espocavam em Manhattan, de cada lado patriotas exultantes e legalistas amargos culpavam-se mutuamente pelos estragos. Em meio a toda essa fumaça, terror e ódio cambaleava Crèvecoeur, frenético à procura de notícias. Ele tinha escrito antes para Seton, informando-o da sua chegada. Mas o primeiro que se deu a conhecer a Crèvecoeur foi alguém que Seton tinha enviado às docas para procurá-lo, e que, sem nenhum cuidado ou cerimônia, deixou escapar a notícia de que a sua casa estava queimada, a esposa morta, as crianças desaparecidas.

Quando Seton o alcançou, Crèvecoeur estava prostrado de tanta angústia. Tudo o que seu amigo pôde oferecer como consolo foi dizer que andara procurando as crianças, e prometer que jamais abandonaria a busca. E foi então, em meados de dezembro, na agência do correio, entre um monte de correspondência embaralhada pelo tumulto da evacuação, que o desesperado Crèvecoeur finalmente descobriu a verdade. Esperando por ele estavam cartas do homem que o tenente Little mandara a Nova York para tentar entrar em contato com a família de Crèvecoeur, o capitão Gustavus Fellowes. De algum modo, o pacote fora enviado a Londres em vez de para a França, e assim, não encontrando o endereço, havia sido devolvido a Nova York para aguardar um possível recebimento. A tristeza foi confirmada. Mehitable realmente morrera e a fazenda fora destruída por um ataque dos índios, embora fosse desconhecido se os selvagens estavam envolvidos no combate a favor dos patriotas ou dos legalistas. Mas as crianças estavam vivas, recolhidas por uma família vizinha perto de Chester, onde o capitão Fellowes as encontrou num estado lamentável; sem sapatos e sem meias no frio de rachar, mal e mal alimentadas e muito doentes. A mulher do fazendeiro, lacrimosa, cheia de remorsos, chorou ao entregar as crianças, torcendo as mãos com a desgraça da sua própria situação. Fellowes a consolou da melhor maneira possível, absolveu-a de qualquer culpa, mas sem mais cerimônias embrulhou a Fanny de onze anos e o Louis de sete em mantos de pele de urso e os colocou num trenó que partiu célere pelas estradas congeladas rumo a Boston. Assim haveria uma reunião de família.

Ela aconteceu no início da primavera de 1784, assim que as estradas se tornaram transitáveis e Crèvecoeur se livrou de seus ataques epilépticos. À porta de Fellowes na rua Harvard, ele se anunciou nervosamente, mas não precisava ter se preocupado. As crianças que vieram abraçá-lo estavam muito crescidas: Fanny tinha então treze anos e Louis nove, mas ainda eram uma família. Reunidos, ficaram em Boston por alguns meses, antes de Crèvecoeur levá-los de volta para Nova York a fim de assumir seu posto de cônsul, instituindo o serviço de navegação oceânica, cuidando de importações e exportações (alfafa, batata-doce), descobrindo um modo de retomar uma aparência de vida doméstica. Honras corteses vieram ao seu encontro. Ethan Allen, o governador de Vermont, nomeou a cidade de St. Johnsbury em sua homenagem, mas nessa época o próprio Allen era um patriota ambíguo, querendo acima de tudo soberania para o seu estado e disposto a pedi-la ao Canadá, caso o Congresso não concordasse.

Por alguns anos, os Crèvecoeur/St. Johns pertenceram realmente, ainda que sem muita facilidade, aos dois mundos: na França de novo entre 1785 e 1787, onde as crianças aprenderam a língua na escola; depois dois anos em Nova York, onde ele ajudou a fundar a primeira igreja francamente católica, a igreja de São Pedro, na rua Barclay. Crèvecoeur estivera na Filadélfia para presenciar a construção da Constituição americana e, estimulado pelo que Jefferson relatava de Paris, acreditou que poderia ver um pouco da mesma alvorada na França. No verão de 1790, o período mais próximo de uma lua-de-mel revolucionária que a França viveu, Crèvecoeur retornou e por um momento pensou que poderia haver realmente o amanhecer de uma república universal da humanidade libertada. A Declaração dos Direitos do Homem e do Cidadão não era dirigida ao mundo inteiro (bem semelhante à sua própria obra)? Mas não levou muito tempo para que a violência da revolução abalasse a sua confiança, e sempre que possível ele se refugiava em Pierrepont da política brutal de Paris que tragou muitos de seus amigos, tanto franceses como americanos. Em 1792, o ministro do Exterior Bertrand de Melville ordenou que ele voltasse para os Estados Unidos, mas Crèvecoeur respondeu que, estando perto dos sessenta, mal de saúde e sem fundos à sua disposição, precisava garantir o pouco que fosse possível e assim renunciou a seu posto. Quando a monarquia caiu numa outra sublevação revolucionária e o terror jacobino se tornou a ordem do dia, Crèvecoeur teve razões para lamentar a sua decisão, mas agora era tarde demais para sair de cena sem atrair suspeitas de espionagem ou traição explícita. Invocar a cidadania honorária duvidosa que lhe fora conferida em Vermont apenas pioraria a situação. Já o seu genro Otto, suspeito de ser amistoso demais com estrangeiros, estava na prisão.

Crèvecoeur sobreviveria ao pior, mas ele jamais recuperaria, exceto em letra impressa, o idílio bucólico que tornara famoso em *Letters from an American farmer*. Agora ele viajava pelos rios americanos apenas na sua imaginação e nos seus textos, escrevendo na Normandia e no vale do Sena o seu *Voyages dans la Haute Pennsylvanie et dans l'état de New York*. Não havia nenhum interesse pelos seus livros na Inglaterra e bem pouco na França. As trilhas estavam sendo abertas em outra parte, iluminadas pelas fogueiras dos acampamentos dos exércitos de Bonaparte. Mas, embora o sonho de Crèvecoeur a respeito de uma república que reunisse todos os *misérables* do mundo fosse desmentido pela sua própria vida difícil, outros queriam fazer a tentativa de realizá-lo; o primeiro foi seu filho caçula, Louis, que comprou duzentos acres em Nova Jersey, construiu para si uma cabana de toras e tentou uma subsistência rural. Mas o paraíso do pai esquivou-se do filho. Louis sobreviveu a invernos brutais na sua cabana de toras, vivendo apenas da carne de porcos congelados. Depois de dois anos, o pai implorou que ele voltasse para a França.

Porém, mesmo que seu autor se tornasse cada vez mais distante de seu destino americano, o que ele tinha escrito na década de 1770 e publicado na de 1780 concretizou-se de um modo que jamais poderia ter antecipado. Milhares, depois dezenas e por fim centenas de milhares que nunca tinham ouvido falar de Crèvecoeur, muito menos lido seus livros, foram estimulados pela visão que lhe ocorreu de uma "ressurreição americana": "Assim que chegam, logo sentem os bons efeitos dessa abundância de provisões que possuímos; passam bem com os nossos melhores alimentos e são bondosamente acolhidos; os seus talentos, caráter e atividade peculiar são imediatamente indagados; encontram conterrâneos disseminados por toda parte, vindos de qualquer região da Europa [...]".

Como é que vive tal recém-chegado?

> Ele é contratado, vai trabalhar [...] em vez de ser empregado por uma pessoa arrogante, vê-se tratado como um igual [...] os seus salários são elevados, a cama não é

como o leito de tristezas em que costumava se deitar [...] começa a sentir os efeitos de uma espécie de ressurreição; até então ele não tinha vivido, mas simplesmente vegetado; agora sente-se um homem, porque é tratado como tal; as leis de seu país o haviam descurado na sua insignificância; as leis deste novo país o cobrem com o seu manto. Imaginem que alteração deve acontecer na mente e pensamentos desse homem. Ele começa a esquecer a sua antiga servidão e dependência; o seu coração involuntariamente incha e brilha; esse primeiro inchaço o inspira com aqueles novos pensamentos que constituem um americano [...]. Se é um homem bom, ele forma planos de futura prosperidade, propõe educar os filhos de um modo melhor do que ele próprio foi educado; pensa em futuros modos de conduta, sente uma vontade de trabalhar que nunca sentiu antes [...]. Felizes são aqueles para quem essa transição serviu como um estímulo poderoso para o trabalho, para a prosperidade e para uma boa educação dos filhos, nascidos nos dias da sua pobreza [...] que nada tinham a esperar senão os trapos de seus pais, não fosse a feliz emigração [...]

Essa, em todo caso, era a ideia.

26. A AMEAÇA ALEMÃ

Crèvecoeur gostava de ver a América como o asilo regenerador "de indigentes vulgares que todos os anos se reúnem aqui em bando, vindos de todas as regiões da Europa". Na sua opinião, a "promiscuidade" (seu termo) dessa mistura de nações era, em princípio, inteiramente benigna. A observação, entretanto, modificou esse entusiasmo indiscriminado. As pessoas que formaram esse novo país eram todas róseas como os nórdicos: "uma mistura de ingleses, escoceses, irlandeses, franceses, holandeses, alemães e suecos". (Embora Crèvecoeur fosse apaixonado pelo tema do tratamento de índios e escravos, nunca lhe ocorreu, é claro, contá-los como membros da nação americana.) Porém, mesmo dentro do âmbito relativamente estreito dos povos que tinham se tornado americanos, ele admitia, inclusive quando insistia no efeito transformador do país sobre todos os pobres da Europa, que alguns realmente passavam melhor que outros. Escoceses como o seu Andrew, o Hebridense, se davam bem, mas os irlandeses eram uma história totalmente diferente. Quando escreveu seu livro, havia provavelmente cerca de 400 mil americanos de origem irlandesa, mas eles eram, em sua esmagadora maioria, presbiterianos de Ulster. Entretanto, o estereótipo de Crèvecoeur antecipa todos os traços atribuídos à estirpe dos irlandeses que invadiriam impetuosamente a América no século XIX.

> Eles adoram beber e brigar; são litigiosos e logo sacam o revólver, que é a ruína de tudo; parecem trabalhar com um grau mais elevado de ignorância do cultivo agrícola que outros; talvez porque a sua atividade tivesse menos alcance e fosse menos exercida em casa [...] os pobres têm piores alojamentos [...] do que em qualquer outro lugar na Europa; as suas batatas de fácil plantio são talvez um incentivo à preguiça; os seus salários são baixos demais e o seu uísque barato demais.

Assim, na mente do maior entusiasta de uma América de imigrantes, a caricatura do irlandês violento e preguiçoso já estava presente.

O oposto dos irlandeses não eram os ingleses nem os frugais escoceses, mas os "honestos alemães" que, para Crèvecoeur, eram o epítome das qualidades necessárias para alguém se tornar um verdadeiro americano. Escapando da tirania mesquinha de um militar rigoroso de meia-tigela, eles chegam à América, "observam seus conterrâneos prosperarem por toda parte; viajam por condados inteiros onde nem uma palavra de inglês é falada, e nos nomes e na língua do povo reconstituem a Alemanha". Mas "à força de sobriedade, parcimônia rígida e a diligência mais perseverante, são bem-sucedidos". De seu trabalho provêm "os melhores moinhos de toda a América, as melhores parelhas de cavalos". Eram, para Crèvecoeur, uma história de sucesso americana.

Mas outros tinham experimentado sentimentos diferentes a respeito dos alemães e continuado a entretê-los, ninguém com mais intensidade do que Benjamin Franklin. De todos os Pais Fundadores, nenhum outro possuía uma percepção sociológica mais ricamente desenvolvida do destino da América, muito antes da guerra pela independência. Para Franklin, a América não era apenas o desabrochar de uma ideia de liberdade. O seu caráter físico — o espaço continental e uma população que dobrava a cada 25 anos — constituía a realidade soberana. Contra esses dois fatos de economia social mutuamente escorados, as pretensões inglesas de exercer a autoridade da mesma forma como a exercia, digamos, em Gales eram absurdas e estavam destinadas ao fracasso. Franklin tentou explicar esse futuro americano inevitável aos membros do Parlamento na década de 1760, mas encontrava sobretudo uma incredulidade entediada. Apenas na Escócia, onde filósofos sociais como lorde Kames e Adam Ferguson estavam reescrevendo as leis da história de maneira muito semelhante, é que as projeções de Franklin receberam uma escuta atenta.

A frustração que Franklin sentia por sua mensagem cair em ouvidos moucos era ainda mais aguda porque ele via a América essencialmente como uma Grã-Bretanha transoceânica; de modo talvez ainda mais estreito, como uma nova Inglaterra. (Ele nascera, afinal, no lugar mais racialmente homogêneo da América: Massachusetts.) Os escoceses e os irlandeses podiam encontrar um lugar para eles, mas o destino imperial da América só prosperaria se ela retivesse o seu núcleo racial anglo-saxão. Parte de sua objeção à escravidão era que ela diluía essa essência. Mesmo sem considerar as multidões de africanos cativos, as tentações da posse de escravos debilitavam as reservas de energia nórdica positiva e substituíam esse vigor pela indolência degenerada. Isso poderia ser adequado para as raças ibéricas que primeiro trouxeram a escravidão para o hemisfério ocidental, mas era uma expectativa pobre para aqueles a quem a Providência havia confiado a América do Norte. Mas, por outro lado, todos os tipos de imigração preocupavam Franklin. Ele antes esperava que a grande explosão populacional que projetava para a América fosse suprida por um aumento natural vigoroso. A atitude de Franklin com a imigração ampla era, para dizer o mínimo, ambígua.

Ao contrário de Crèvecoeur, Franklin não era um admirador dos alemães da Pensilvânia. Eles eram rudes, e havia alemães em demasia. "Aqueles que vêm para cá", ele escreveu, "são geralmente da espécie mais ignorante e estúpida da sua nação [...] por que deveria a Pensilvânia, fundada pelos ingleses, tornar-se uma colônia de estrangeiros que serão em pouco tempo tão numerosos a ponto de nos germanizar, em vez de nós os anglicizarmos, e que jamais adotarão a nossa língua e os nossos costumes?" Foi, portanto, Benjamin Franklin, o homem que julgamos ser o epítome do espírito cosmopolita do Iluminismo, aquele que já na década de 1750 soou o alarme sobre o estado em perigo da cultura anglo-americana. Foi o Franklin expansivo, inventivo, gregário aquele que veio a ser o pai fundador da paranoia americana. Os escritores mais estridentemente contra os imigrantes hoje em dia, como Pat Buchanan, fazem questão de invocar Franklin para dar a suas fobias étnicas um pedigree venerável, embora eles o compreendam muito erroneamente a respeito de um aspecto importante. Foi a largueza de sua imaginação intelectual, não a sua estreiteza, o que o tornou sutilmente inóspito. Um realista sociológico, ele pensava que os ideais de irmandade universal, admiráveis em si mesmos, eram tão somente ideais, e que a razão humana se via sempre forçada a lutar com o instinto tribal e as afinidades herdadas. Algumas tentativas bem-intencionadas dos biógrafos de Franklin, no sentido de dar pouca importância a uma passagem notória na conclusão de seu *Observations concerning the natural increase of mankind* [Observações relativas ao crescimento natural da humanidade] (1751) como se não passasse de uma pilhéria arrogante, não são convincentes. Franklin talvez estivesse escondendo a confissão com uma pátina de descaramento maroto, mas o que ele escreveu era o que ele pensava. "Por que aumentar os filhos da África plantando-os na América", escreveu, "quando temos uma oportunidade tão boa de, excluindo todos os negros e morenos, aumentar os encantadores brancos e vermelhos? Mas talvez eu seja parcial quanto à tez de meu país, porque esse tipo de parcialidade é natural na humanidade."

Surpreendentemente, a maioria dos "campônios" alemães, cuja presença Franklin achava ameaçadora e entre os quais ele contava os "morenos", era aquele grupo notoriamente pardo, os suecos. Somente os verdadeiros saxões contavam, junto com os ingleses, como os verdadeiros brancos como o lírio, cujo número "eu gostaria que fosse [...] aumentado". O resto dos alemães, entretanto, era uma ameaça distinta para o futuro da América. "Por que devemos tolerar que os campônios palatinos enxameiem nossos povoados e, agrupando-se, estabeleçam sua língua e maneiras excluindo as nossas?"

É difícil dizer se Franklin se tornou tão veemente sobre o assunto por causa ou apesar da sua curta experiência como o primeiro editor do *Philadelphische Zeitung* de língua alemã. Mas não há dúvida de que estava reagindo contra o conselho dado aos imigrantes alemães pelo proprietário do jornal, Christopher Sauer, o de que deviam, na medida do possível, viver isolados. Sauer aconselhava aos alemães que seria de seu interesse votar junto com os quacres (e assim contra teístas como Franklin e os habitantes da Pensilvânia de ascendência inglesa e credo episcopal); e evitar o "envolvimento com os anglófonos que poderiam pôr em perigo a nossa língua, as nossas famílias, os nossos costumes e a nossa fé". Em resposta, uma Sociedade para Promover o Conhecimento Religioso e a Língua Inglesa entre os Imigrantes Alemães na Pensilvânia foi criada para patrocinar e controlar as escolas gratuitas. Em meados da década de 1750, havia onze em operação, mas a comunidade alemã as via como invasivas, montou uma campanha de resistência, e o experimento de integração educacional mostrou ter curta duração. Foram feitas propostas mais draconianas pelo Comitê para Assuntos Alemães da colônia, com o objetivo de assegurar que os alemães se integrassem apropriadamente na sociedade da Pensilvânia: casamento forçado entre membros de diferentes grupos étnicos e religiosos, eliminação da imprensa que publicava apenas em alemão e proibição de escolas apenas alemãs; o requisito de que todos os documentos legais fossem impressos unicamente em inglês. Para Franklin, esse era um passo grande demais, o que revelava tardiamente o seu lado ecumênico. Apenas "métodos de grande ternura devem ser usados", escreveu a seu amigo e cientista quacre londrino Peter Collinson, "nada que pareça um sacrifício [deve] ser imposto. O afeto que demonstram pela sua língua e suas maneiras é natural; não é um crime".

Desde o início, portanto, a pressuposição de que a alquimia singular da América devia criar *E pluribus unum*, uma nação dentre muitas, propunha para muitos americanos a questão sobre a compatibilidade cultural de alguns elementos do *pluribus*. No ano da abertura da convenção constitucional, 1787, John Jay (que se tornaria presidente da Suprema Corte dos Estados Unidos) esclareceu num Documento Federalista a sua visão de quem era e de quem não era um americano. "A Providência", escreveu, "tem se dignado a dar este país uno a um povo unido, um povo que descende dos mesmos ancestrais, que fala a mesma língua, que professa a mesma religião, que está ligado aos mesmos princípios de governo, que é muito semelhante em maneiras e costumes." Em seu *Notes on the state of Virginia*, Jefferson bateu mais ou menos na mesma tecla no capítulo sobre "População", no qual questionava a sensatez da "rápida [...] importação de estrangeiros". Como o governo americano, argumentava Jefferson, era "peculiar" na sua adoção dos "princípios mais livres da Constituição inglesa", seria ameaçado por uma massa de emigrantes das monarquias absolutas, que mesmo fugindo "trarão consigo os princípios do governo que abandonam, assimilados nos primeiros anos da juventude". E ainda que "capazes de deitá-los fora, será em troca de uma licenciosidade ilimitada, passando, como de costume, de um extremo a outro. Seria um milagre, se parassem exatamente no ponto da liberdade moderada. Esses princípios, eles transmitirão a seus filhos. Na proporção de seus números, partilharão conosco a legislação. Nela infundirão o seu espírito, a sua deformação, o seu viés, a sua direção, tornando-a uma massa heterogênea, incoerente, confusa".

Assim, enquanto as pessoas em Belfast e Leipzig estavam lendo Tom Paine e Crèvecoeur, e imaginando o milagre social pelo qual o camponês ou o trabalhador mais oprimido poderia ser transformado num cidadão livre na América, aqueles que nos centros do poder os acolheriam no outro lado do oceano pensavam seriamente duas vezes a respeito do romance dos imigrantes e procuravam maneiras de peneirar os recém-chegados, eliminando os menos aceitáveis dentre os mais admissíveis. Essa abordagem cautelosa da imigração permaneceria profundamente alojada na mente americana, ainda quando a sua imagem pública fosse a de abraçar indiscriminadamente os infelizes. Se a herança cultural e política involuntária era uma preocupação de Jefferson, as origens sociais dos imigrantes eram uma questão para Madison. No debate congressista sobre a primeira Lei de Naturalização federal de 1790, que restringiu o acesso à cidadania às "pessoas brancas livres" com mais de 21 anos, residentes na América por ao menos dois anos, Madison expressou sua ansiedade quanto a meramente inchar "o catálogo das pessoas" sem levar em consideração os talentos ou fortuna que traziam para o país. "Aqueles que adquirem os direitos da cidadania sem contribuir para a fortaleza e riqueza do país", Madison anunciava rudemente, "não são as pessoas de que estamos precisando." Reunidas as objeções dos dois virginianos, é evidente que nem a ralé, nem os que tentavam escapar da tirania em que tinham nascido precisavam se candidatar. Dito de outra maneira, apenas aqueles que não precisavam tornar-se americanos seriam realmente bem-vindos.

Entretanto, seria o doce otimismo de Crèvecoeur, e não o pessimismo de Jefferson e Madison sobre a imigração, o que triunfaria por fim como um dos grandes temas da história americana; uma das razões pelas quais os Estados Unidos deveriam existir. A imigração em massa se revelaria compatível tanto com a liberdade como com a prosperidade (na verdade, uma condição da criação da riqueza americana). Mas o ruído surdo da ansiedade, expressa pela primeira vez pelos Pais Fundadores, de que a ralé poderia devastar a pureza da nação política que eles tinham criado, realmente nunca desapareceu. Toda vez que a economia americana bate num recife, os últimos a abandonar o barco são em geral aqueles a quem os políticos nacionalistas querem jogar do convés.

Nas primeiras décadas da existência da República, as Leis de Naturalização eram usadas para separar os desejáveis dos indesejáveis. Em 1795, devido à ansiedade sobre o influxo de refugiados politicamente duvidosos das revoluções europeias, o requisito de residência para a cidadania foi aumentado para cinco anos, e em 1798 foi novamente aumentado para catorze. A Lei de Estrangeiros também permitia o escrutínio de alguém considerado um possível inimigo estrangeiro, bem como a deportação sumária. Era sem dúvida intenção de John Adams negar aos opositores dos federalistas o apoio dos imigrantes cuja lealdade mais natural teria sido com os republicanos democráticos de Jefferson (e que, presume-se, não tinham lido *Notes on the state of Virginia*). Foi em parte por essa razão que em 1802 Jefferson, mesmo proibindo a admissão de condenados estrangeiros, tornou a reduzir o requisito de residência para cinco anos, com a obrigação de declarar a intenção de procurar a cidadania ao menos três anos antes de obtê-la. E foi nesse ponto que a lei permaneceu desde então.

A data da lei de Jefferson é significativa, entretanto, por outra razão totalmente diversa: 1802 foi também o ano em que começaram para valer as negociações com Napoleão pelos 1 332 500 quilômetros quadrados de território que, no ano seguinte, passariam aos Estados Unidos. Com a conclusão em abril de 1803 da Compra da Louisiana e a aquisição de um território tão vasto — com efeito, seu futuro continental —, os Estados Unidos abandonaram precisamente a caixinha apertada da política, agricultura, leis e religião monoculturais inglesas em que Jay e Madison tinham querido confiná-los. Jefferson, por outro lado, permaneceu (como tantas outras vezes) na beira do abismo de um jogo emocionante, o seu instinto em favor da transformação espacial do país superando o seu conservadorismo cultural. Talvez ainda houvesse um modo de a América se lançar no corpo estrangeiro da América Hispânica, e mesmo assim produzir uma prole anglo-americana.

27. CHICKEN CLUB, SUL DO TEXAS, JULHO DE 2008

Entre Brownsville e Port Isabel, onde o rio Grande entra no golfo do México, a árida paisagem do Texas mergulha numa umidade salgada, e o horizonte é suficientemente largo para deixar entrever a curvatura da Terra. Correntes d'água e pequenas lagoas, captando a luz prateada, passam pelo que era até há pouco tempo um terreno de dunas, transformando-o numa paisagem escura de lama sobre a qual garças azuis e brancas voam procurando camarões e geralmente os encontrando. Essa é Bahía Grande: há não muito tempo um recôncavo árido de sal e poeira que o vento fazia entrar nas pás do ar-condicionado e nos radiadores do carro, e que não deixava muita coisa crescer exceto uma variedade muito vigorosa de iúca, que lembra uma árvore-da-pureza; troncos fibrosos alongados encimados por coroas pontiagudas de folhas. As iúcas ainda estão ali aos montes, irrompendo comicamente da superfície como muitos cachorros da pradaria equilibrando-se nas patas traseiras. Mas as raízes da iúca agora se assentam frequentemente naquela água salobra mais adequada aos mangues pretos que colegiais diligentes plantam o mais rápido possível na lama. A coexistência estranha dessas espécies, árida e marinha, é o resultado de um projeto de recuperação do golfo do México que em 2005 alagou 10 mil acres da Bahía, restaurando o pântano que o Brownsville Ship Canal destruiu, quando separou o rio do seu escoadouro natural no mar. O pelicano e o cormorão, o camarão, os pescadores de camarão e os turistas no passeio em South Padre Island estão todos felizes com isso. É difícil encontrar quem não esteja em Brownsville, uma cidade que, junto com a sua irmã no outro lado do rio, Matamoros, está no coração da história da fronteira Mex-Tex. A nova-velha paisagem do estuário parece zumbir gentilmente sobre um mundo mais velho, mais lento.

Alguns quilômetros para o interior, na beira da zona onde o capim-navalha, a salva e o mandacaru voltam a dominar, há mais cantorias e saudades de um lugar perdido. Toda semana Jesus, Arturo, Alberto, Juan e alguns amigos se reúnem num quintal para assar na brasa uns galetos e tocar música norte-americana; a música de *la frontera*. Esta semana eles fazem a gentileza de tocar para nós na frente de um estábulo, engrinaldado com partes de carros abandonados, velhos violões e um néon de Budweiser que se torna magenta com o cair da noite. Os homens estão todos no final dos sessenta ou início dos setenta, mas parecem invejavelmente mais jovens, sobretudo Juan, um dos cantores que é o vaqueiro mais bonito que você já encontrou, exibindo um bigode brilhante e uma certa expressão no olhar embaixo do chapéu de caubói. A música deles é famosa pela doçura doída, cantada de alto a baixo na escala, pelo prazer gutural e pela dor extraída de memórias da terra perdida; mães; culinária; amantes. Executam "Canción mixteca" dando o melhor de si num ritmo três por quatro; "Quão longe da bela terra natal", cantam saudosos, enquanto meios galetos são tirados da marinada pelas patas e erguidos bem alto na luz, depois jogados sobre a grelha para chiar e tostar, a fumaça enrolando-se no ar enquanto a banda emite uma nota aguda. Assobio, *ayy, sospiro, eu suspiro...* e o esguio Juan se inclina sobre o microfone como se ele fosse o beijo de uma *señorita*. O nosso diretor tinha querido gravar o Chicken Club tocando violões acústicos. Sem chance; os homens são por demais ligados ao seu amplificador — autenticidade de estrada — e, talvez como justificativa, aumentam a animação com uma cicada desordeira que acaba de entrar como uma metralhadora no seu número.

Os sons das saudades tornam-se mais fracos; latas de cerveja são abertas; todos enchemos os pratos de galeto e guacamole — nada que lembre aquele mingau verde-brilhante de supermercado. Ricardo, o nosso diretor que foi criado no Chile, pergunta sem rodeios aos músicos se eles se consideram americanos ou mexicanos. Ele fala com Jesus, Alberto, Juan e Arturo em espanhol, a única opção, apesar de alguns deles viverem no Texas há trinta ou quarenta anos. Um a um, todos respondem com franqueza e sem defensivas. "Mexicanos." E sorriem ao dizer a palavra, não vendo nenhuma contradição entre essa declaração e a sua cidadania americana. Pois eles também são ardentemente leais aos Estados Unidos, e à pergunta seguinte, o que eles acham do país, respondem, com efeito, "o mundo": um bom lugar, o melhor; o país em que um homem pode dar uma vida decente para a sua família; o país que ainda é respeitado no exterior. Para o Chicken Club, essas duas lealdades não estão em conflito; elas se reforçam mutuamente. E eles têm pouca ou nenhuma consciência de que seu povo está no olho de um furacão político; de ser acusado de encenar uma "reconquista", tomando de volta o país que o México perdeu para os Estados Unidos na guerra de 1846-8. Como se pode tomar de volta o que nunca foi realmente perdido? Perdido talvez para o Estado mexicano; mas a região Norte sempre fez parte da América Hispânica, e também da Anglo-América. Qual é a diferença: eles falam espanhol, seus filhos são bilíngues; seus netos falam predominantemente inglês. As coisas mudam e se movem na região da fronteira; de um lado para o outro, como as velhas picapes estragadas que eles dirigem sobre a ponte de Brownsville sem estardalhaço, sem cerimônia...

28. O PROBLEMA DOS IMIGRANTES NO TEXAS

O problema com os imigrantes, claro, era eles serem uns "preguiçosos de mau caráter", apegados às tradições de seu grupo, gostando demais de bebidas fortes e propensos a deixar os negros trabalharem como escravos para eles, enquanto se espichavam bêbados no calor. Muitos deles eram fugitivos da justiça no seu país; devedores em fuga ou coisa pior. "GTT" — "Gone To Texas" ["Foi Para o Texas"] — era um eufemismo para estar fugindo. Ignoravam a língua, arrumavam brigas, paqueravam as mulheres (que depois insultavam como prostitutas) e amontoavam-se em cidadezinhas raquíticas, as casas não alinhadas em ruas apropriadas, à maneira mexicana, mas espalhadas "de maneira irregular, desconexa". Seus "pequenos armazéns miseráveis" vendiam uísque, rum, café e açúcar para os de sua condição, com um pouco de arroz e farinha — e, claro, balas e chumbo, pois todos gostavam de puxar o gatilho. Não havia dúvida, pensou o jovem oficial da artilharia José María Sánchez numa viagem de inspeção do Texas em 1828, de que os anglo-americanos não eram um material promissor para ser integrado na República livre mexicana. Se não fossem logo interceptados, fariam desaparecer a população e a cultura nativas. Mas parecia impossível não somente deter a maré imigrante, mas impedir que eles tomassem terras. "Imigram constantemente, apoderam-se dos lugares que lhes parecem mais convenientes sem pedir licença, sem passar por qualquer outra formalidade que não seja a de construir as suas casas." Quando eram descobertos assentados na terra de outra pessoa, sendo impossível encontrar os títulos de propriedade, tornava-se impossível desalojá-los.

O oficial superior de Sánchez, um veterano da Guerra da Independência Mexicana contra a Espanha, engenheiro e cientista, o general Manuel de Mier y Teran, fora enviado pelo presidente para inspecionar a fronteira com os Estados Unidos. Ele era menos indiferente ao calibre social dos recém-chegados e, portanto, mais ansioso sobre o futuro. De Nacogdoches, ele escreveu ao presidente Victoria que apenas em San Antonio de Bexar havia uma população mexicana substancial, capaz de não ceder à maré montante de imigrantes americanos. Na maioria das outras cidades, os imigrantes eram mais numerosos numa base de quase dez para um. E, como os americanos educavam os filhos nas suas próprias escolas ou os mandavam de volta à América para estudar, a linha divisória cultural estava apenas se tornando mais larga. Uma cultura estrangeira havia sido implantada no solo mexicano, e podar o seu broto vigoroso apenas estimularia uma explosão de crescimento. Pior, os americanos eram suficientemente inteligentes para explorar as queixas que os *tejanos* (a população hispânica local) tinham contra o seu governo estadual na distante Coahuila e com as autoridades nacionais na Cidade do México. Juntos, a improvável aliança poderia incitar a opinião pública em prol da autonomia ou até da independência texana. Os anglos tinham o talento para converter queixas pessoais em ressentimento político. Todos pareciam pensar que eram Thomas Jefferson. "Entre esses estrangeiros estão [...] trabalhadores honestos, vagabundos e criminosos, mas tanto os honrados como os desonrados viajam com sua Constituição política no bolso, exigindo os privilégios, a autoridade e os cargos que essa Constituição garante." Mas Jefferson era, claro, um devorador de território, ninguém mais voraz; um verdadeiro americano. O problema real, Mier y Teran tentou dizer à Cidade do México um ano mais tarde, era que o Texas ficava "contíguo à nação mais ávida do mundo", uma nação que muito provavelmente não se deteria dentro de suas fronteiras.

Esse repentino desencantamento doeu, porque foram os próprios mexicanos que, depois de assegurarem a independência em 1821, acharam que os americanos poderiam ser úteis como colonos dóceis que povoariam as áridas regiões do Norte. E como tinham sido persuasivos esses lobos encantadores! Mal o México conquistara sua liberdade, o primeiro do bando, Moses Austin, antes magnata do chumbo e fundador de Herculaneum, Missouri, já pensava em se recuperar de uma debacle bancária apostando no Texas. Na esteira do desastre econômico de 1819, os Austin eram apenas uma das incontáveis famílias que, fugindo das consequências da sua improvidência, pensavam que tudo estaria bem, se ao menos conseguissem fechar um negócio perfeito cheio de regalias. Para os mexicanos, parecia uma boa combinação. Eles tinham poucos empresários, e terra de sobra. Era atrelar uma coisa à outra; observar as plantas novas crescerem; à região chegariam ansiosos novos migrantes, tanto do sul como do norte; os cofres do governo sorririam com os rendimentos, e todo mundo seria feliz. O que poderia dar errado? Assim, depois de algumas

286

discussões, a Moses Austin foi concedido, em princípio, o status de um *empresario*. Isso significava que ele tinha direito a um título de terra de bom tamanho sob a condição de ser capaz de atrair trezentos outros colonos. Mas um ataque de bandidos no caminho de sua casa em Missouri deixou Moses gravemente ferido e causou a sua morte em pouco tempo. Entretanto, o seu filho Stephen veria — depois de muitos incômodos — a terra prometida. Dois anos mais tarde, Stephen Austin tornou-se um dos três *empresarios* fundadores e foi tão bem-sucedido que em pouco tempo tinha reunido 100 mil acres. Nascera a expansão texana.

Afinal o que levara os gringos para o Sul? Os americanos caçadores e à procura de peles haviam errado por muito tempo pelas regiões montanhosas das regiões setentrionais do México em busca de couro e pele de castor. (Toda cartola vitoriana começou como um castor.) Mas a verdadeira atração era a possibilidade de ligar as antigas rotas das tropas de mulas, com suas cargas de prata, lã e couros, desde Santa Fé até a bacia fluvial do rio Grande. Os barcos a vapor mudariam tudo. A bordo de vapores propelidos a rodas, essas cargas poderiam chegar ao golfo do México e, uma vez construídos os portos, poderiam ser despachadas para qualquer região do mundo. Ao longo da rota, surgiriam cidades. Elas precisariam de alimentos, assim os ranchos de gado as supririam de carne e os couros seriam transformados em botas e selas. Talvez até o algodão e o arroz pudessem ser cultivados nas terras baixas. Quem poderia dizer onde tudo isso iria parar?

O plano não era original, o que não significava, entretanto, que não fosse emocionante. Em Edimburgo, Manchester e Westminster, os economistas políticos britânicos diziam a mesma coisa sobre Bengala ou Argentina. Em Paris, nas Grandes Écoles, os franceses desenvolviam um apetite de incorporadores em relação à Argélia e ao Egito. Como seus congêneres europeus, os americanos que lançavam olhares famintos para o Norte do México, e produziam rumores sentenciosos sobre a Marcha do Progresso, requeriam que certas condições — legais e políticas — fossem cumpridas, antes de poderem concretizar as ambições que beneficiariam a todos, ricos e pobres, nativos e recém-chegados, anfitriões e convidados, que juntos cresceriam com a maré montante do Melhoramento. Ainda mais (outra alavanca-padrão de inserção territorial), os recém-chegados proporcionariam segurança para os nativos contra as depredações dos índios saqueadores; nesse caso, em primeiro lugar os comanches, que eram certamente um osso duro de roer. Assim, gostavam de argumentar, todo mundo ganharia com a sua imigração. A terra crestada receberia o benefício do capital e a ocupação de rebanhos de pastagem; os *peóns* (a quem os americanos consideravam mal e mal humanos, tão imersos estavam na preguiça e sujeira) conseguiriam um salário de subsistência; e a elite local se veria de repente na autoestrada do comércio mundial. Mas primeiro era preciso haver uma lei segura e uma política hospitaleira. O problema no Texas, no Novo México e na Califórnia era que não havia nada entre a lei informal, aplicada pelos magistrados *alcaldes* locais sem formação jurídica, e a interferência caprichosa do governo central. Pior, os júris eram desconhecidos. Quando os imigrantes tentavam fazer valer sua própria compreensão da lei e eram repelidos, isso naturalmente causava problemas. Foi assim que passou a existir, por algumas semanas, a República de Fredonia, de nome tão sublime. Seu presidente não era Groucho Marx, mas um *empresario* chamado Haden Edwards, que tivera suas reivindicações de terra negadas no tribunal. O que o México não concedia, o Estado soberano de Fredonia outorgava, assim Edwards içou uma bandeira por ele próprio desenhada, vermelha, branca e azul certamente, inscrita com o lema "Liberdade, Justiça e Independência", antes que Fredonia fosse extinta com a chegada dos soldados mexicanos.

Como Mier y Teran havia observado, os imigrantes eram rápidos em invocar a retórica da Declaração de Independência americana, sempre que lhes conviesse; uma outra ironia, pois a guerra de libertação mexicana tinha sido conscientemente inspirada por Washington, pela Declaração de Independência e pela Constituição. Era lugar-comum entre os texanos americanos reclamar de ter de ceder a um regime mexicano que, apesar de professar da boca para fora liberalismo e reforma, ainda era, diziam, despótico, arbitrário e dominado pelos padres. Mas quando, em 1829, esse mesmo governo mexicano fez algo que levava a proclamação de liberdade e igualdade na Declaração de Independência americana mais a sério do que nos próprios Estados Unidos, e aboliu a escravidão, isso foi considerado um ato hostil, dirigido contra os imigrantes americanos que eram esmagadoramente dos estados sulistas e assim haviam trazido escravos com eles para o Texas. Esse ato também deixou os americanos dentro dos Estados Unidos de sobreaviso, porque o México — e o Texas em particular — parecia capaz de se tornar no Sul um refúgio para os fugitivos. Aumentando a desfaçatez, um ano mais tarde, em abril de 1830, o

288

governo mexicano ainda decidiu que o único modo de impedir preventiva-mente a conversão do Texas num anexo de fato dos Estados Unidos era can-celar totalmente a imigração americana. Os americanos tinham toda a liber-dade de emigrar para outras regiões do México, se quisessem. Ao general Mier y Teran foi atribuída a tarefa pouco invejável de impor a lei.

Ele sabia que tanto as leis contra a escravidão como a proibição de imi-gração eram letra morta sem uma força substancial na fronteira mexicana pa-ra impedir a entrada dos ianques. Mier y Teran construiu uma série de fortes, dos quais patrulhas vigilantes contra a imigração eram enviadas para observar *la frontera,* mas esta era tão porosa quanto é hoje em dia, e os contrabandistas gringos — os *coyotes* brancos — conheciam bem o território. O comandante acossado então tentou, sem muito sucesso, trazer colonos mexicanos para o Texas como um contrapeso aos anglos. Mas, durante os quatro anos entre a imposição da proibição e sua revogação, a taxa de imigração ilegal de anglos se elevou tanto que à época da Guerra da Independência Texana (1835-6) havia cerca de 40 mil anglos com seus escravos, e o destino da região estava selado. Era apenas uma questão de tempo até que aparecesse uma grandiosa declara-ção pública semelhante à de 1776. Mier y Teran sabia disso; e entre a incapa-cidade de concentrar a atenção do governo mexicano no que estava inexora-velmente acontecendo e a maré de imigrantes do Norte, ele se consumia em desespero. Vendo a perda do Texas, a perda de toda a região Norte do México, encostou o punho da sua espada contra um muro em 1832 e tombou pesado sobre a arma. No dia anterior, tinha escrito para um amigo: "A grande e res-peitável nação que sonhamos [...] não pode jamais emergir dos desastres que a acometeram [...] estamos prestes a perder as províncias do Norte. Como po-deríamos esperar manter o Texas, quando nem sequer concordamos entre nós [...] *En que parara Texas? En lo que Deus quisiera.* O que se tornará o Texas? O que Deus quiser".

Nem todos os mexicanos eram tão pessimistas ou tão prescientes. Um número significativo desprezava o regime agressivamente centralizador do general Santa Anna na Cidade do México tanto quanto os americanos, e mos-trava-se inclinado a passar por cima das dúvidas e juntar-se a eles na causa comum de uma República texana independente. Um Estado liberal desse tipo, acreditavam, poderia se interpor entre o México e os Estados Unidos. Mas as declarações da independência que saíam dos "comitês de segurança" texanos locais eram impressas com a visão americana do que tinha acontecido e do que estava em jogo. A declaração de San Augustine, por exemplo, afirmava que eles haviam povoado "um sertão desabitado [...] antro de animais ferozes e selvagens hostis", mas tinham sido recompensados com o ultraje de negros libertados e, por causa da proibição de imigração de 1830, com a separação de famílias. Era hora de reconhecer que os "anglo-americanos e [...] os mexicanos, se primitivamente não diferentes, o hábito, a educação e a religião os tornavam essencialmente diversos. Os dois povos não podem se misturar [...]. E enquanto o povo do Texas pertencer à nação mexicana, os seus interesses estarão expostos ao risco e a sua prosperidade será tolhida [...]".

Para *tejanos* como José Seguin e Antonio Navarro, que lutavam no lado texano da guerra, isso era ameaçador. O seu ardor era por uma República liberal livre e bicultural, na qual os católicos e os protestantes poderiam oficiar seus cultos à sua maneira; duas línguas seriam faladas e dois povos se envolveriam num experimento fraternal em solo americano; um doce sonho. O que obtiveram, em lugar disso, foi a realidade: uma dependência dos Estados Unidos brancos e, mais particularmente, do Sul escravagista. Os massacres punitivos em Goliad e Alamo, que Santa Anna havia infligido aos rebeldes texanos antes de ser desbaratado pelo exército de Sam Houston em San Jacinto, tornaram inevitáveis as sequelas vingativas. Embora o segundo presidente da República texana fosse um *tejano*, a maior parte da população angla considerava a existência da República um mero prelúdio ao ingresso na União. Como esse futuro era quase certo, eles não sentiam nenhum arrependimento em desalojar o maior número possível de mexicanos; tirando-lhes regiões inteiras, de maneira semelhante ao que acontecera a índios como os cherokees, os creeks e os choctaws, que tinham sido "removidos" de suas terras ancestrais pelo presidente Andrew Jackson e seus sucessores. Amargamente desiludidos, homens como Seguin viam sua cidade natal de San Antonio de Bexar, onde ele era prefeito, tornar-se "o receptáculo da escória da sociedade [americana] [...]. A qualquer hora do dia e da noite", escreveu,

> meus conterrâneos acorriam para me pedir proteção contra os assaltos ou cobranças desses aventureiros. Às vezes, por persuasão, eu os convencia a desistir; às vezes também tinha de recorrer à força. Como poderia agir de outra forma? As vítimas não eram os meus próprios conterrâneos, amigos e sócios? Poderia deixá-los sem

defesa, expostos aos assaltos de estrangeiros que, sob pretexto de os alvos serem mexicanos, os tratavam pior que aos animais?

Em 1839, cem famílias foram expulsas de Nacogdoches. No condado de Matagorda, uma reunião, típica da época, ordenou uma expulsão em massa de mexicanos. Um jornal admitia que

> aos estrangeiros isso talvez pareça errado, mas nós consideramos perfeitamente certo e muito necessário... em primeiro lugar, não existe senão a classe baixa dos *peóns* mexicanos na região, segundo, eles não têm domicílio fixo, mas erram em torno das plantações tomando as moças negras mais promissoras como esposas, e terceiro, eles frequentemente roubam cavalos e essas moças também [...]. Deveríamos ter recorrido à lei de Lynch em vez de seguir as medidas amenas que foram adotadas.

O mesmo teria acontecido mais tarde em San Antonio, se a população alemã local não tivesse se recusado a participar.

Assim, o que era esse Texas? Nem peixe nem carne, queixavam-se os americanos, tanto dentro como fora de suas fronteiras. E, o que é mais importante, o seu povo, os texanos, deveria formar uma nação híbrida? Nos argumentos sobre o destino do Texas e a região da fronteira, a infecção da política racial estava por toda parte. A maioria dos americanos não tinha nenhuma intenção de se deixar apanhar num lugar em que a escravidão se tornara ilegal, e que, como por alguma razão os *tejanos* e os mexicanos não pareciam ter problema em ser amigos dos negros, livres ou escravos, seria povoada por uma raça bastarda de *mestizos*! Num lugar desses, as próprias virtudes que faziam da América a América — vigor, empreendimento, energia — não tinham chance de prosperar, e o Texas seria reduzido apenas a outra localidade "morena" atrasada, regida pela siesta e pela missa. A única solução era a anexação aos Estados Unidos para que uma ordem social apropriada — soberania branca e servidão negra — pudesse ser instituída.

Era o que queria Andrew Jackson, o velho democrata e homem da fronteira do Tennessee (como ele próprio se anunciava), empurrar os Estados Unidos para o destino transcontinental que Jefferson havia indicado no mapa. Mas Jackson deixou o cargo em 1837, tendo declinado levar avante a questão da anexação. Talvez porque, apesar de todo o heroísmo sobre o qual sua reputação fora construída na guerra de 1812 contra os britânicos, Jackson hesitava diante de outra guerra em duas frentes: contra a Grã-Bretanha pela fronteira norte de Oregon, e contra o México pelo Texas. Não havia afinal nenhum exército americano regular de um certo tamanho; uma força voluntária significava uma quantidade desconhecida; as milícias eram um lance de dados, e o corpo de oficiais de West Point, na sua maior parte, engenheiros. O governo mexicano nunca aceitara a separação do Texas como legítima e deixara claro que qualquer anexação seria tomada como um ato de guerra; assim, o velho sustou qualquer iniciativa. O sucessor de Jackson, Martin van Buren, foi ainda mais cauteloso, principalmente porque a história do Texas havia se tornado inextricavelmente ligada ao destino da escravidão na União. A anexação do Texas ou a resistência a dar esse passo tornou-se um ensaio vicário para a guerra civil. Outro presidente, John Tyler, senhor de escravos, queria tomar o estado para proteger e aumentar a escravidão dentro da União. Pela mesma razão, abolicionistas como o ex-presidente John Quincy Adams (o filho de John Adams) eram contra a anexação pelas consequências que teria para os Estados Unidos em geral.

Entra em cena, nessa conjuntura crítica por volta de 1840, o verdadeiro curinga do baralho: a Grã-Bretanha imperial. Em Londres, uma convenção internacional antiescravidão fora saudada por ninguém mais eminente que o marido da rainha Vitória, o príncipe Albert, e caracterizada por uma presença significativa dos abolicionistas mais fervorosos da América como William Lloyd Garrison e Theodore Weld. Sete anos antes, em 1833, o Parlamento tinha abolido a escravidão em todo o império, e a Marinha Real estava agora impondo a lei na costa escravagista da África, apreendendo os navios negreiros e libertando suas cargas humanas. Tudo isso era considerado pelos políticos americanos do Sul, como John C. Calhoun, um ato profundamente hostil contra os Estados Unidos. Por baixo da hipocrisia de santarrão, o verdadeiro objetivo da estratégia britânica, julgavam, era a sabotagem da economia americana. O crescimento de uma república atlântica, destinada a tornar-se uma concorrente na busca das riquezas globais e do poder desfrutado pela Grã-Bretanha, tinha de ser cortado pela raiz. Estadistas como Jackson olhavam para o mapa, já sabendo o que sabiam sobre os britânicos seletivamente justos, e sentiam o beliscão do movimento de uma pinça, um Canadá expansivo ao norte e um satélite britânico ao sul.

Com a chegada do Homem de Chapéu Branco (como ele era conhecido) a Galveston, no golfo do México, em 1842, esse roteiro já não podia ser descartado como uma fantasia neurótica. Charles Elliott encarnava tudo o que o nacionalismo americano temia e desprezava: um oportunismo maquiavélico disfarçado de liberalismo vitoriano e lustrado com uma pátina de charme mitigado. Depois de uma promissora carreira na Marinha Real, Elliott se tornara o Protetor Oficial dos Escravos na costa da Guiné. Na China, ele tentara pôr fim tanto à Guerra do Ópio como ao tráfico de ópio por meio de negociações com os comissários imperiais, uma trajetória razoável que lhe granjeou a inimizade dos traficantes, mas também o domínio de Hong Kong. Agora ele era *chargé d'affaires* na República texana e tornou-se rapidamente próximo de seu ex-presidente e do atual, Sam Houston e Anson Jones. A proposta de Elliott era que a Grã-Bretanha devia intermediar a paz diretamente entre o México e a República texana, quando o primeiro aceitaria a independência da última, sob a condição de ser excluída a possibilidade de anexação aos Estados Unidos. Assim a Grã-Bretanha podia posar de pacificadora, enquanto enfiava o dedo no olho do expansionismo americano e, sem dúvida, angariava as propinas habituais das instalações de portos e comércio que havia exigido na América do Sul e no mar da China. Galveston seria a Hong Kong do golfo e, antes que se percebesse, haveria clíperes e docas, escolas, igrejas de calcário, uma pequena e decente casa de ópera, e os *vaqueros* de Yorkshire fariam uma pausa no seu trabalho de marcar os bezerros para beber aos golinhos uma reconfortante xícara de chá. Do lado texano, essa transação não estaria totalmente fora de cogitação, porque o Exército mexicano de 30 mil homens estava pronto a marchar, ao passo que o Exército americano não estava, pelo menos ainda não, mobilizado. Anson Jones ouviu até o fim os argumentos de Elliott e estendeu o namoro a despeito da maioria dos americanos texanos que desejava ardentemente o casamento.

O Congresso confrontava-se com um duplo desastre. Um Texas permanentemente independente, garantido pela Grã-Bretanha, pelo México e possivelmente também pela França, transformar-se-ia num pesadelo americano: um lar para escravos fugitivos em que outros como Charles Elliott poderiam agitar a bandeira do humanitarismo cristão, criando um refúgio ainda mais subversivo que o Canadá, porque mais perto da área estratégica do Sul. Pior ainda, havia rumores de que agricultores alemães estavam plantando algodão no rio Grande sem o emprego de escravos, para que uma fonte alternativa da matéria-prima pudesse estar à disposição dos fabricantes britânicos. O império econômico dos britânicos teria adquirido de repente uma extensão estratégica estupenda, desenrolando-se desde o sul do Oregon pelas montanhas Rochosas até a Trilha de Santa Fé e continuando via rio Grande até o golfo do México. Tudo o que a Grã-Bretanha havia perdido em 1783 poderia ser recuperado sessenta anos mais tarde. No lado britânico, havia muito esfregar animado de mãos. Quem se importava com Delaware, quando a Califórnia britânica estava à vista?

De sua vivenda solitária perto de Nashville, o enfermo Jackson via a ameaça britânica com uma clareza arrefecedora. De repente a história pessoal de Elliott — querelante contra traficantes de escravos e especialista na China — tornou-se parte de uma trama diabólica britânica para se apoderar, de modo quase formal, não só do golfo do México, mas do Pacífico americano! O comércio e os mercados japoneses e chineses já eram vistos como um prêmio de valor incomensurável a longo prazo. Como dizia Stephen Douglas, o adversário vitorioso de Lincoln pela cadeira de Illinois no Senado, uma raça estava a fim de obter "a ascendência marítima dessas águas". A fronteira, o motor da história americana, teria consumido tanto tempo, tantas vidas no percurso rumo ao Oeste ao longo da Trilha de Oregon, só para ser interceptada na passagem para a Califórnia pelo velho inimigo maldito, a Grã-Bretanha? Um ano antes de morrer, Jackson advertiu que não fazer nada diante dos desígnios políticos geoeconômicos britânicos em relação aos territórios do Texas-Califórnia seria submeter-se a um "aro de ferro" preso ao pescoço do futuro americano, que "custaria oceanos de sangue para explodir em pedaços".

Mas 1844 era um ano de eleição e James K. Polk, advogado de uma cidade pequena do Tennessee de Jackson, era candidato como o protegido e herdeiro do velho Hickory; aquele que agitava a bandeira dos democratas nacionalistas, comprometidos com a anexação do Texas. O ardil britânico, arquitetado com a intenção de fazer hesitar os falcões guerreiros dos americanos, teve o efeito oposto, injetando na campanha e no debate público uma nota de zelo nacionalista de ferocidade sem precedentes, expressa até por aqueles, como Ralph Waldo Emerson e Walt Whitman, que não tinham nenhuma simpatia pelo Sul escravagista. Emerson não poderia ter se alegrado com o fato de que, em fevereiro de 1845, o Congresso aprovou uma resolução que admitia o Texas na União (assinada pelo presidente Tyler na última semana de seu mandato), deixando a questão da escravidão aos cuidados dos próprios texanos. Em agosto de 1845, as convenções texanas locais, destinadas a confirmar a anexação, adotaram um artigo na sua própria Constituição proibindo qualquer ato de emancipação sem o consentimento dos senhores de escravos e ordenando uma compensação por qualquer perda que viessem a sofrer. Mas, Emerson talvez tenha raciocinado, essa decisão ainda poderia ser revogada. O fato principal era a locomoção, movida a vapor, da história americana numa trajetória para o sul e para o oeste atravessando todo o continente. Num discurso exaltado na Biblioteca Mercantil de Boston, em 1844, Emerson convocou o "Jovem Americano" a abraçar o "sublime e amistoso destino" da nação. "O continente fecundo é nosso", Emerson proclamou, "estado a estado, território a território, até as ondas do oceano Pacífico." Se comer metade do México, digerir a América Hispânica no sistema da Anglo-América era o modo de realizar esse destino, que assim fosse. Pois então os despotismos sonolentos de *sombrero* daquele mundo seriam despertos pelo beijo rude da democracia industrial. Que rolassem os carroções Conestoga (3 mil estavam a caminho do Oeste para o Oregon, enquanto Emerson falava), que soassem os clarins, que se engatassem os carros!

A temporada da campanha que acabou elegendo o presidente Polk e o primeiro ano de seu mandato agitaram a imprensa e fizeram-na espumar um ufanismo nacionalista, em que a expressão de peso "destino manifesto" foi escutada pela primeira vez. John Louis O'Sullivan, que publicou Whitman e Emerson, entre outros, em sua *Democratic Review*, ressentiu-se da interferência britânica, que tinha a intenção de refrear "a realização do destino manifesto de nos espalharmos pelo continente, concedido pela Providência para o livre desenvolvimento de nossos milhões que se multiplicam a cada ano". Ele e sua coescritora, a extraordinária jornalista (e especuladora de terras no Texas) Jane McManus Storm, repetiriam a expressão como um mantra até que se tornasse um item quase obrigatório no repertório nacionalista-democrata. Escrevendo tanto no jornal barato *New York Sun* (no qual, com 39 anos, ela se tornou editora de notícias nacionais) como na *Democratic Review*, Storm e O'Sullivan podem muito bem ter atingido um quarto de milhão de leitores, e em julho de 1845 eles simplesmente ordenaram que a oposição à anexação texana desistisse. "Está por fim na hora de o bom senso aceitar com decoro o inevitável e o irrecuperável. O Texas é agora nosso." Para O'Sullivan, o momento se concentrava no futuro demográfico da América. O Texas, a Califórnia e o Novo México tinham de fazer parte dos Estados Unidos, porque a população da nação aumentaria para não menos que 250 milhões, eclipsando os impérios decrépitos do Velho Mundo. E quando O'Sullivan e Storm pensavam nessa imensa população, eles certamente não tinham um matiz "moreno" em mente. O Oeste seria branco.

Mas nem Storm nem O'Sullivan queriam realizar esse ato de incorporação territorial por meio da guerra. Embora o governo mexicano tivesse cortado as relações diplomáticas depois da declaração de anexação americana, Polk enviara um emissário à Cidade do México, em dezembro de 1845, com o objetivo de propor que os Estados Unidos assumiriam as dívidas mexicanas em troca do consentimento para a anexação do Texas, e além disso propusera comprar a Califórnia e o Novo México. Os fundamentos da proposta não tinham sido bem preparados. Um governo ferozmente conservador acabara de assumir o poder no México, tomou a proposta de compra como um insulto e enterrou todo e qualquer pensamento anterior de abrir mão do Texas. Storm suspeitava que Polk agira de má-fé, que enviara seu agente sabendo muito bem que ele seria rejeitado com desprezo, dando assim ao presidente um pretexto para hostilidades. Escrevendo no *New York Sun* com o nome de "Cora Montgomery", que usaria como correspondente de guerra, ela denunciou a "classe de políticos que estão ansiosos por banhar o país em sangue para ganhar notoriedade e cargos para eles próprios". Ela e O'Sullivan queriam as duas coisas; a máxima expansão territorial com o mínimo de baixas. Tendo pressionado todo mundo a avançar, O'Sullivan então derrapou e estacionou. "Estamos", escreveu em maio de 1846, "no limiar de uma guerra longa, perturbadora, destrutiva e cara."

Polk e seu dedicado secretário do Tesouro, o defensor da escravidão nascido no Mississippi Robert J. Walker, não se deixaram intimidar. Injuriados pela ameaça adicional à Califórnia, os mexicanos tinham declarado que a questão seria resolvida pelas armas, e Polk ficou bem feliz em fazer a vontade deles. Emitiu-se uma convocação de 75 mil voluntários da "Jovem América". Enormes números se alistaram, especialmente nos estados sulistas e apalachianos. O veterano general Zachary Taylor recebeu ordens de entrar no território entre o rio Nueces (até então aceito como a fronteira texana) e o rio Grande, que os Estados Unidos agora afirmavam ser a sua fronteira no Sul. Ali ele foi atacado por uma força mexicana, fornecendo a Polk na sua declaração de guerra a justificativa de que "o sangue americano tinha sido derramado em solo americano". Coube a um jovem Abraham Lincoln, valente até as raias da imprudência, apontar que, no que concernia aos mexicanos, a terra até o Nueces era deles, e assim eram eles, e não os Estados Unidos, que podiam se considerar vítimas de invasão.

Ninguém jamais acusou Abraham Lincoln de correr atrás de popularidade. Para muitos dos jovens soldados, desde os novos imigrantes de Massachusetts aos fazendeiros de Kentucky, as batalhas eram o seu campo de provas, bem como uma demonstração triunfante da superioridade racial da Anglo-América em relação à estirpe "mestiça" dos mexicanos. A sociedade impulsionada pela tecnologia fabricava os fuzis que, na batalha de Palo Alto no chaparral texano, podiam ser carregados e disparados com rapidez superior à dos mexicanos numa base de três para um. O resultado, insistiam os que bradavam em casa, era inevitável, uma competição de raças desiguais. Os brancos, o protestantismo e a tecnologia superior estavam todos interligados, mesmo que ninguém pudesse dar uma explicação coerente de como se dava essa interligação.

O inverso, entretanto, pensavam os americanos, era autoevidente. Os mexicanos estavam fadados a perder, escreveu James Gordon Bennett no *New York Herald*, por causa da "imbecilidade e degradação" do seu povo devido ao "amálgama de raças". Mas o que era bom para a guerra ainda podia se revelar ruim para a paz. Quando a Cidade do México se rendeu ao general Winfield Scott, e seus oficiais e homens deram uma boa olhada ao redor para ver o que e quem haviam conquistado, a popularização da ideia de que a raça mestiça "vira-lata" tinha sucumbido ao Exército racialmente superior do Norte gerou um debate especialmente feio entre os maximalistas territoriais para quem a História havia feito um sinal aos Estados Unidos para que devorasse o México inteiro, e os puristas raciais que viam no fato um convite para que a miscigenação infectasse o corpo puro da Anglo-América. Tudo muito bem que as tropas se divertissem nas cantinas com as *señoritas* de olhos negros com seus decotes sedutores (sobre as quais os soldados escreviam com a pseudolibidinagem compulsiva dos culposamente excitados). Era uma história completamente diferente expor a América branca à lascívia mexicana que seria a sua destruição. O sexo e o sacerdócio brincavam sombriamente (muitas vezes na mesma frase) nas mentes americanas. O tenente Ralph Kirkham, que estava com o exército de Scott na Cidade do México, escreveu à sua mulher na Nova Inglaterra: "Suponho que não haja nenhuma nação sobre a Terra em que existam tanta maldade e vício de todos os tipos [...] são comuns os exemplos de homens que vendem as esposas e as filhas. O clero, em geral, é muito imoral e pronto a se rebaixar aos piores atos de vilania e maldade". Assim, embora houvesse um influente corpo de opinião, tanto no Congresso como na imprensa, em favor de anexar o México inteiro, os guardiães da raça, para quem a América era anglo-saxônica ou não era nada, alertavam sobre as terríveis consequências culturais. John C. Calhoun, o defensor mais militante dos direitos dos estados escravagistas, era inflexível na sua oposição à anexação de todo o México. A triste condição da América Latina, pensava ele (de forma não de todo acurada), era precisamente o seu hábito peculiar de "colocar esses homens de cor em pé de igualdade com a raça branca". Por que os Estados Unidos importariam tal erro para a sua constituição social? "O nosso, senhor, é o governo da raça branca."

Depois havia as consequências políticas a ser consideradas, uma vez que o tratado de paz conferia os mesmos direitos, inclusive o de votar, a todo e qualquer *tejano* que optasse por permanecer nos mais novos territórios da União. Um velho guarda-florestal, encontrado pelo arquiteto paisagista Frederick Law Olmsted (o homem que com o inglês Calvert Vaux criaria o Central Park de Nova York) durante uma viagem "de alforje" até o Texas em 1854 para fazer uma reportagem para o *New York Daily Times*, falou por muitos:

México! Por que diabos queremos isso? Não vale nada. As pessoas são tão fanáticas e ignorantes quanto os filhos do diabo. Eles não têm nem sequer as capacidades do meu menino negro [...]. Você entra no México com a cadeia de agrimensor, vai receber mexicanos junto com o seu território, e uma quantidade danada deles. O que vai fazer com eles? Não pode expulsá-los, porque não há nenhum lugar para onde enxotá-los. Não, senhor, eles vão ter que ficar ali, e vão se passar cinquenta anos antes de você poder vencê-los em número de votos.

Quase como se Polk tivesse escutado o velho guarda-florestal. Quando as condições de paz foram impostas ao México, mais ou menos a ponta de faca, cortando metade de seu território, ele certificou-se de que se tratava da metade com o menor número de mexicanos.

Elevaram-se vozes dissidentes quanto a esse aumento espetacular de terra americana, uma faixa de território que incorporou não só a Califórnia, o Novo México e o que seria o Arizona, mas também grandes áreas do Colorado, Utah, Nevada e Wyoming. Eram poucas vozes preciosas, mas a penetração de sua fúria compensou a escassez de seus números. O sarcasmo de Lincoln contra a hipocrisia transparente com que os Estados Unidos tinham feito o seu *casus belli* era complementado pela fumaça que se elevava das margens plácidas do lago Walden. "Como convém a um homem comportar-se em relação a este governo americano de nossos dias?", perguntava Henry David Thoreau.

> Respondo que ele não pode, sem desonra, estar associado com este governo [...] quando [...] um sexto da população de uma nação que se comprometeu a ser o refúgio da liberdade são escravos, e todo um país é injustamente devastado e conquistado por um exército estrangeiro, e submetido à lei militar, acho que não é cedo demais para que os homens honestos se rebelem e façam uma revolução. O que torna esse dever mais urgente é o fato de que o país devastado não é o nosso, mas nosso é o exército invasor.

Como tem sido frequentemente dito, na época em que a América Hispânica se tornou a Anglo-América, os mexicanos não cruzavam as fronteiras; as fronteiras é que os cruzavam. Depois da guerra, quando o Tratado de Guadalupe Hidalgo foi assinado estabelecendo a fronteira sul dos Estados Unidos no rio Grande, a questão era saber se aqueles que tinham sido mexicanos e eram agora americanos seriam tratados com todos os direitos da cidadania que lhe foi formalmente prometida. Porém, mesmo antes que o tratado fosse ratificado, havia sinais ameaçadores. O artigo x, que protegia os títulos de terra mexicanos mais antigos, foi riscado do tratado pelo Senado dos Estados Unidos, para que não pusesse em dúvida as últimas reivindicações dos anglo-americanos feitas durante o período da República texana. Para pacificar as ansiedades mexicanas, o secretário de Estado James Buchanan disse a seus congêneres que, se houvesse títulos válidos, eles seriam sempre preservados nas cortes americanas. Reviver reivindicações antigas e capciosas contra os colonos que compraram propriedade, disse Buchanan, seria "um ato de crueldade desumana". Ainda assim, àqueles antigos mexicanos que permaneceram nos territórios cedidos — e havia dezenas de milhares deles — foram prometidos "todos os direitos dos cidadãos dos Estados Unidos".

O que se seguiu, claro, era sombriamente previsível: a força da conquista imposta a um povo indefeso; o mesmo que tinha ocorrido durante a República do Texas, só que com mais força: evicções; despejos; intimidação física; linchamentos. Os carroceiros mexicanos eram atacados por gangues de mascarados armados que pretendiam assegurar que os anglos tivessem o monopólio do transporte de cargas local. Quando o número daqueles mortos nas "guerras dos carroceiros" subiu para 75, a Embaixada Mexicana em Washington fez um protesto formal, e o secretário de Estado escreveu uma carta ríspida ao governador Pease, do Texas, sobre as "violações de direitos garantidos pela lei", reclamando "medidas enérgicas para punir os agressores".

Quando chegou, em 1854, Olmsted encontrou uma sociedade de conquistadores e súditos. As proteções de Guadalupe Hidalgo já eram uma piada. "Ignorando os seus direitos e a nova língua", escreveu Olmsted, os *tejanos* "deixavam-se abusar pelos recém-chegados que se apoderavam de suas terras e propriedades sem ter nem sombra de direito e enxotavam centenas para o outro lado do rio Grande". Mal passara alguns dias na região, quando Olmsted se deparou com uma mulher branca que lhe deu a entender que ela não considerava os mexicanos "hereges ou pagãos a serem convertidos por meio de lisonjas e panfletos religiosos, mas antes vermes a serem exterminados. A dama era particularmente violenta nos seus preconceitos [dizendo que] os brancos e os mexicanos nunca deviam viver juntos de maneira alguma e que os mexicanos não tinham o que fazer ali. Estavam ficando tão impertinentes e eram tão bem protegidos pelas leis que os americanos simplesmente teriam que se reunir e expulsá-los da região". Esse processo, acreditava Olmsted, já estava em andamento. "No ano passado, um grande bando de Texas Free Companies saqueou e incendiou por mero capricho uma pacífica cidade mexicana nas margens do rio Grande; quatrocentos soldados dos Estados Unidos ficaram escutando os gritos agudos das mulheres em fuga e observando a cena com indolência. Isso se passou sem nenhuma repreensão e com total indiferença pública e oficial."

San Antonio foi a cidade em que Olmsted, com seu olho e ouvido astutos, testou o futuro texano. Com cerca de 10 mil habitantes em 1850, era o único lugar onde a população *tejana* havia em grande parte permanecido depois da guerra, acreditando afinal que ainda era sua a cidade. Mas aos olhos de um Olmsted cada vez mais mordaz era "a primeira de uma nova classe de cidades conquistadas, em cujas ruas deterioradas a nossa vida impetuosa deve ser infundida". O duro repórter ianque tornou-se romântico, atraído por um lugar que, pelo modo como vivia seus dias, resistia à renovação angla em grande escala. O "fácil tipo de vida refestelada" que outros afastavam como uma barreira ao progresso apressado, Olmsted, que não era ele próprio especialmente indolente, via que "fora adotado por possuir em geral as maiores vantagens para um ser razoável". Em San Antonio, ele afrouxou o seu empenho puritano. Em vez disso, o entusiasmo de Olmsted aumentava com o som dos tambores e trombones anunciando os artistas de rua, "saltimbancos mexicanos", que se apresentavam três vezes por semana, com casacos curtos brilhantes e calções justos cobertos de lantejoulas. Ele caminhava entre as multidões de crianças e adultos, as mãos prazerosamente sujas com a gordura dos *tamales*, deixando que os sons e os aromas o dominassem. Os saltimbancos eram um contraste brilhante à "fraca companhia local" de atores trágicos que punham óleo nos cabelos e brandiam floretes para os anglos, com o acompanhamento habitual de "amendoins e gritos".

Embora os trabalhadores mexicanos ganhassem míseros oito dólares por *mês*, Olmsted admirava o modo como a sua vida nas cidades não fora alterada. O arruinado Alamo já constituía um lugar santo para a versão anglo-texana de sua história, mas ao seu redor passavam ruas em que as portas e as janelas das casas ficavam abertas; em que gatos, cachorros e galos de rinha se pavoneavam de um lado para outro; e estranhos como ele próprio eram recebidos "com uma gentileza e dignidade graciosa e radiante". Nas noites quentes, Olmsted sentia prazer em observar o afeto dispensado às crianças que caminhavam ou corriam nos passeios com a família, enquanto serenatas explodiam de repente numa esquina.

Havia uma boa dose de sentimentalismo e condescendência no retrato da San Antonio *tejana* esboçado por Olmsted, e, à procura de boas notícias, ele talvez tenha exagerado o grau em que os mexicanos "não faziam distinção por orgulho de raça". Mas em San Antonio, por fim, ele realmente encontrou uma América "misturada", que no seu entender deveria ser mais celebrada que abominada como degenerada segundo a teoria racial daqueles tempos. E a grande surpresa para Olmsted foi o papel que os alemães desempenhavam nesse mosaico cultural. Mais de um terço de San Antonio era de imigrantes alemães, e havia outros 5 mil na cidade colonizada de New Braunfels a cerca de 24 quilômetros de distância. A imigração texana tinha começado em meados da década de 1840, quando grande parte da região Sul da Alemanha sofreu com a mesma praga das batatas e com a insegurança dos rendeiros que levaram os irlandeses a partir rumo à América. Outro tipo de desastre natural causara estragos nos campos da Alemanha: uma inundação catastrófica nos vales do Reno, Mosel e Elba, que tornara a terra imprestável e eliminara anos de colheitas um após o outro. Os governos da Grã-Bretanha e dos estados germânicos haviam realmente subsidiado a emigração, tentando aliviar a carga dos pobres sobre a sua classe média pagadora dos tributos; uma prática que os nativistas americanos hostis caracterizavam como "dumping". Esses mesmos governos na Alemanha alegravam-se igualmente de se ver livres de encrenqueiros indesejados das fracassadas revoluções de 1848-9: jornalistas, professores, médicos, poetas — a multidão habitual.

Para Olmsted, não havia nenhuma dúvida de que eram os imigrantes trazidos para o Texas por parentes distantes da rainha Vitória (os príncipes de Leiningen e Solms-Braunfels) aqueles que mostravam o caminho para a boa vizinhança cultural. Embora menos racistas com os *tejanos* do que os anglos, os alemães tinham criado o seu próprio mundo na cidade e no campo: lendo o *San Antonische* ou o *Neu-Braunfels Zeitung*; morando primeiro em cabanas de toras e depois em casas de tijolos mais firmes; abrindo hotéis em que os quartos eram embelezados com armários e cômodas de carvalho escuro, além de reproduções litográficas de paisagens americanas e alemãs nas paredes. Olmsted observou que alguns dos agricultores praticavam o tipo de agricultura intensiva que havia funcionado na Alemanha, sem levarem em conta os acres que se estendiam até o horizonte texano, e de certo modo os admirava por isso, apesar de eles serem às vezes ridicularizados pelos fazendeiros americanos. Tudo parecia uma bela versão em miniatura da América. As mulheres dos fazendeiros faziam manteiga e curavam o presunto de sabor famoso; as crianças eram enviadas às escolas gratuitas luteranas ou católicas; sociedades agrícolas, institutos de artesanato, clubes de horticultura e, claro, sociedades Harmonie, tudo florescia. O que talvez justificasse os receios de Benjamin Franklin de que os alemães criavam seu próprio mundo fechado dentro da Anglo-América; inacessível, se não hostil aos valores políticos encarnados na Constituição. Mas não foi essa a pequena Alemanha que Olmsted descreveu no sul do Texas. Ao contrário, eram os alemães que melhor conseguiam conciliar o verdadeiro republicanismo americano com a coexistência liberal ao lado da sociedade *tejana* mais antiga. Quando um tumulto racial feio rebentou em San Antonio em 1854, e o xerife convocou uma força civil de quinhentos voluntários para expulsar da cidade os mexicanos, foram os jovens alemães que se negaram a participar e humilharam os anglos forçando-os a desistir, ao afirmarem que "essa não era a maneira republicana correta". De forma ainda mais provocativa para a maioria dos anglos que haviam, afinal, se tornado americanos para proteger a escravidão, as fazendas alemãs produziam algodão com mão de obra livre, chegando a enviar a safra para o mercado com um rótulo que deixava bem claro esse modo de produção.

Para os alemães, ser texano consistia em duas coisas: a possibilidade de uma vida econômica melhor, mas acima de tudo a liberdade. Olmsted falou com um sapateiro que admitiu ter menos "conforto" do que no antigo país, mas, quando indagado por que gostava de viver na América, respondeu: "Porque aqui sou livre. Na Alemanha, não sei como serei governado. Eles governam o povo com soldados. Tentaram fazer de mim um soldado, mas eu fugi". Ele tinha planos de voltar à Alemanha para encontrar a namorada e trazê-la de volta para o Texas. "Você não vai ser preso?", perguntou Olmsted. "Oh, não", respondeu o sapateiro, cheio da fé simples americana, "pois então serei um cidadão."

29. A AMEAÇA ALEMÃ — DE NOVO

O sapateiro de New Braunfels teve sorte de não estar em Louisville, Kentucky, no agosto seguinte, do contrário sua crença na justiça e liberdade americanas poderia ter sido muito abalada. Na verdade, ele talvez não tivesse saído vivo da cidade. Em 6 de agosto de 1855, em Louisville, um tumulto destruiu casas e armazéns nas zonas alemã e irlandesa da cidade, matando ao menos 22 imigrantes. Alguns foram queimados vivos em suas casas; alguns foram apedrejados, outros mortos a facadas ou linchados. Somente o prefeito da cidade, tomando à força as igrejas para servirem de refúgios, interpôs-se entre os desordeiros e um número muito mais letal de vítimas. Como um tumulto semelhante de três dias que ocorrera na Filadélfia em 1844, a violência era sobretudo contra os católicos, mas qualquer um com nome alemão, fosse luterano ou até judeu, era um provável alvo de ataque. A sorte dos alemães do Texas, no clima de xenofobia histérica que varreu os Estados Unidos em meados da década de 1850, era que os anglo-americanos zangados tinham outros para tiranizar: os mexicanos *tejanos*.

O paradoxo era o seguinte: ao mesmo tempo que a imigração para os Estados Unidos atingia o auge, com 655 mil pessoas chegando somente no ano de 1855, impulsionadas pela esperança de uma nova vida fora do alcance do despotismo e da privação, as cidades americanas estavam nas garras do ódio nativista. O percentual da população americana total constituído pelos nascidos no exterior elevou-se naquele ano para 14%, uma proporção que permaneceria mais ou menos constante durante todo o século XIX, até que a legislação restritiva dos anos 1920 reduzisse a imigração a umas gotas monitoradas por cotas. Uns bons 50% dos recém-chegados em 1855 eram alemães; a maioria deles católica, mas superando numa proporção de dois para um a imigração irlandesa mais intensamente divulgada. Em cidades como Louisville, Cincinnati, Milwaukee, St. Louis e Chicago, eles construíram versões maiores de New Braunfels, com jornais em língua alemã, escolas em língua alemã e suas próprias igrejas, o que não os impedia, entretanto, de criar cervejarias a céu aberto onde as bandas faziam soar o som repetitivo dos trombones e as canecas voavam livremente nos domingos, para grande horror dos protestantes de espírito comedido. Pior ainda, as escolas católicas alemãs substituíam a Bíblia do rei James pela Bíblia Douai, aprovada pelos jesuítas, da Contrarreforma.

Para os jornalistas e políticos nativistas que afirmavam encarnar os valores americanos autênticos, o acréscimo de católicos alemães do Sul a uma população católica irlandesa já inchada em cidades como Boston e Nova York significava a destruição da democracia nos Estados Unidos. "Um adepto de Roma", escreveu um dos jornalistas, "é necessariamente um inimigo dos próprios princípios que incorporamos em nossas leis, e um inimigo de tudo o que consideramos caro."

Essas opiniões não eram política de sarjeta. Já em 1834, Samuel Morse (pintor e inventor do telégrafo, natural de Charlestown, Massachusetts), havia alertado, numa série de cartas ao *New York Observer*, sobre uma conspiração papista para solapar a Constituição americana. Dizia-se que Morse teria experimentado uma epifania protestante em Roma, quando, recusando tirar o chapéu na presença do papa na praça de São Pedro, um guarda suíço lhe arrancara o artefato da cabeça. A cabeça afrontada ficara rubra de indignação. "Sem dúvida", ele escreveu, "os americanos protestantes livres têm bastante discernimento para ver ao pé deles o casco fendido dessa sutil heresia estrangeira." Hordas de católicos analfabetos crédulos estavam sendo mobilizadas — da Áustria, aparentemente — para invadir a América e atraí-la para "um sistema da mais negra intriga e despotismo políticos". Coligidas como *Foreign conspiracy against the liberties of the United States* [Conspiração estrangeira contra as liberdades dos Estados Unidos], as cartas publicadas de Morse pouco contribuíram para sua campanha ao cargo de prefeito de Nova York em 1836, mas atearam uma fogueira embaixo de influentes pregadores como Lyman Beecher, o clérigo presbiteriano cujo sermão de Boston contra a invasão católica do Ocidente foi devidamente seguido pelo incêndio de um convento das ursulinas naquela cidade. Beecher era o pai de Harriet Beecher Stowe, e ele próprio um ardente abolicionista e reformador da temperança; tudo isso complica de forma muito interessante a história contra a imigração, pois homens como Morse e Beecher e muitos que se seguiram acreditavam estar agindo em defesa da democracia liberal e contra a reação católica quando demonizavam os imigrantes irlandeses e alemães. A revolução que almejavam era tanto a "gloriosa" revolução inglesa de 1688 quanto a revolução americana. A última, eles raciocinavam historicamente, era fruto da primeira. A Revolução Gloriosa de 1688 havia afinal derrubado o católico James Stuart do trono, substituindo-o pelo holandês protestante William, e fora necessária para a sobrevivência da liberdade parlamentar inglesa. Não era o que havia dito lorde Macaulay (imensamente popular nos Estados Unidos)? Em algum momento no século XVIII, a oligarquia e o "despotismo ministerial" de Hanover tinham pervertido irreversivelmente aquela preciosa Constituição. Coubera aos Pais Fundadores resgatar a Liberdade Inglesa dos britânicos e conceder-lhe uma segunda vida no outro lado do Atlântico.

Agora essa liberdade estava sendo ameaçada por algo muito pior que um monarca Stuart: por uma invasão insustável de milhões de soldados de infantaria do papa. Seguindo a declaração de Pio ix de que a liberdade de consciência era anátema, esse exército de imigrantes estava pronto para instalar, pela pura força dos números, um absolutismo católico na América. Recusando a leitura da Bíblia do rei James, eles tinham começado o processo de doutrinar as crianças e infectá-las contra a Constituição. Havia ainda coisa pior. Ignorantes, eles se reproduziam como coelhos, viviam na sujeira e geravam doenças e crimes. Já pobres e semicriminosos ao chegar ao país, estavam transformando as cidades americanas em cortiços pestilentos onde quem fazia as regras eram a ralé dos botecos e as gangues criminosas. Corriam, como ratos, para as urnas eleitorais e, por serem úteis aos inescrupulosos chefes de alas do Partido Democrata, eram recompensados com cargos desproporcionais na polícia, de modo que o crime e a "imposição da lei" eram partes indivisíveis da mesma máfia. E, o pior de tudo, para Morse, Beecher e os políticos muito mais poderosos que construíram todo um movimento popular sobre esse credo católico, os irlandeses em particular eram notoriamente hostis (não apenas indiferentes) aos sofrimentos do negro escravizado. Ponha-se tudo isso junto e o que se obtém? Um enxame urbano socialmente delinquente, exalando ódio aos negros, regido por padres, ensopado de uísque, suficientemente numeroso para impor a sua vontade nas urnas. Adeus, liberdade; adeus, América.

Os católicos não podiam vencer. Os hispânicos no Sul eram atacados pelos defensores da América anglo-saxônica por serem demasiado amistosos com os negros; ao passo que no Norte os alemães e os irlandeses eram atacados por não serem suficientemente amistosos. A maré de hostilidade, que cresceu junto com os números da imigração no final da década de 1840 e início dos anos 1850, assumiu inicialmente a forma de "lojas" semissecretas como a Organização dos Americanos Unidos e a Ordem da Bandeira dos Estados Unidos. Embora os "mecânicos" (artesãos) e os trabalhadores providenciassem muitos dos associados, os membros das classes profissionais e comerciais juntavam-se em bandos ao movimento nas grandes cidades do Leste e do Meio-Oeste. Para se habilitarem, os membros tinham de fazer o juramento de que eram protestantes e filhos de protestantes e, quando indagados por forasteiros sobre a sua organização, deviam responder que "não sabiam nada", daí o nome da organização que se tornou, por um breve tempo, o formidável partido político dos Know-Nothing [Sabem-Nada]. No seu auge, eles tinham 1 milhão de membros e elegeram o prefeito de Chicago, que imediatamente proibiu os imigrantes de ocuparem cargos municipais. Os Know-Nothing pressionavam em primeiro lugar para que o período de espera antes da naturalização fosse de 21 anos completos, correspondentes à idade da maturidade. Com efeito, isso devia limitar a cidadania àqueles que tinham nascido nos Estados Unidos ou logrado demonstrar sua lealdade inabalável por um longo período. Aos miseráveis e aos criminosos devia ser negada a admissão, e alguns dos mais radicais dos Know-Nothing queriam negar aos católicos tanto o direito de ocupar cargos como o de votar.

Eles não falavam sozinhos. Outros membros orgulhosos da elite intelectual da Nova Inglaterra eram igualmente corajosos em defender a tradição de asilo de Crèvecoeur e Tom Paine. Em 1851, Edward Everett Hale escreveu uma série de artigos para o seu jornal de Boston, o *Daily Advertiser*, em que descrevia os indefesos camponeses irlandeses, violentados por senhorios cruéis e pela incúria britânica, de pé com as costas viradas para o mar em Galway, impelidos por fim para os navios "por uma investida das baionetas". Se os sobreviventes eram pobres e desgraçados, dizia Hale, tal situação constituía ainda mais um motivo para que a América fizesse todo o possível para lhes dar uma nova vida. "O Estado deve cessar imediatamente seus esforços para forçá-los a voltar; não pode fazer tal coisa; não deve fazer tal coisa. Deve lhes dar as boas-vindas, registrá-los, mandá-los imediatamente para as regiões que precisam de mão de obra; cuidar deles, se estão doentes [...]."

No início da década de 1850, essa era a visão de uma minoria. E, num momento peculiar de atordoamento da política partidária, os preconceitos dos Know-Nothing se aglutinaram num partido e programa político real. Os democratas eram rotulados como o partido da imigração e como o partido que deixaria o Sul escravagista em paz. Contra eles erguiam-se os herdeiros dos federalistas de Hamilton, os Whigs (um pouco) mais arrogantes. Mas a unidade Whig desmoronou com as discussões sobre a tática a ser adotada para preservar uma nação amargamente dividida quanto à escravidão. O presidente Whig, Millard Fillmore, que chegara à Casa Branca depois da morte de Zachary Taylor causada pelo seu leite gelado no Quatro de Julho, acreditava poder controlar as pressões que distendiam o Norte e o Sul. Seu compromisso era admitir a Califórnia na União como um estado livre, mas permitir que os agentes federais impusessem a Lei do Escravo Fugido, perseguindo escravos fugitivos e devolvendo-os ao Sul. Em vez disso, Fillmore conseguiu destruir seu próprio partido. Alguns abolicionistas Whigs do Norte procuraram, horrorizados, um lugar para onde correr. A intensidade protestante dos Know-Nothing — sua devoção ao abolicionismo e à temperança — propiciou-lhes um lugar onde armar sua barraca, e nesse acampamento eles despejaram suas centenas de milhares de adeptos. Assim, o partido político mais peculiar da história americana foi, ao mesmo tempo, violentamente xenófobo e amigo dos afro-americanos. De um ou de outro modo, eles não eram fãs dos católicos.

A contradição estonteante só faz sentido pela insistência dos Know-Nothing em afirmar que ambas as atitudes eram o modo protestante de ser. A religião reformada pressupunha um cristão culto, leitor da Bíblia, em comunhão pessoal com Deus — inclusive, certamente, os negros —, assim como a verdadeira democracia americana pressupunha um homem informado e culto em comunhão com seu voto e o espírito dos Pais Fundadores. Ambos eram contra receber ordens de padres e papas.

Assim que um novo Partido Republicano foi organizado sobre as ruínas dos Whigs, empenhado em pôr fim, mesmo ao custo de um conflito, à difusão da escravidão na União, os Know-Nothing tinham cumprido a sua parte e sumiram tão rapidamente quanto haviam surgido. Mas deixaram um mau cheiro atrás de si. A visão expressa por um militante Know-Nothing, Daniel Ullmann, em *The American* em abril de 1855, viria a perdurar muito além da vida de seu partido quixotesco: "Onde raças vivem juntas no mesmo solo e não se assimilam, jamais podem formar um grande povo, uma grande nacionalidade [...] [a América] deve moldar, absorver as castas, as raças e as nacionalidades numa única raça americana homogênea".

30. A IMPORTÂNCIA DE FRED BEE

Há uma fotografia do coronel, na frente de uma barraca, parado ao lado de Wong Sic Chien, o cônsul chinês de Nova York, e seus colegas na Comissão de Investigação, tirada em Rock Springs, Wyoming: uma cidade carvoeira de tijolos vermelhos nas terras mais altas do Colorado. Ainda hoje é uma estação de carga da Union Pacific, ligada à sua vizinha maior, Green River. Com a gasolina a quatro dólares o galão, os negócios são promissores e as cadeias de vagões de carga, muitos deles com marcas japonesas, rolam pelas estações por uns bons quinze, vinte minutos de cada vez. Tendo vista para Rock Springs do alto dos morros circundantes, lá estão os habituais pequenos centros comerciais com sua fileira de lojas, Rite Aid, Starbucks, KFC; e alamedas com suas garbosas entradas suburbanas para dois carros. Do alto dessas paragens, a moderna Rock Springs observa as relíquias de um Wyoming industrial perdido: os bancos Beaux Arts ou com frontões flamengos, todos cobertos até a metade por tábuas; mais igrejas do que uma cidade carvoeira decadente realmente necessita, e entre elas salões de manicure asiáticos e lojas de tatuagem estranhas; um gesto de enobrecimento urbano aqui e ali; o bar de cerveja artesanal; cubas de fazer cerveja, exibindo um pinho bem esfregado e aço inoxidável. Nenhum restaurante chinês, nenhum que eu visse: uma lembrança ruim que não vai desaparecer completamente; 28 chineses massacrados num tumulto de ódio em 1885. O crime pelo qual pagaram com a vida tinha sido a recusa em participar numa greve organizada pelos mineiros galeses e suecos com quem partilhavam a mina e a cidade. Ódio puro. Quando irrompeu o tumulto, os mineiros galeses incendiaram Chinatown, mataram a tiros quem tentava fugir; quatrocentos foram impelidos para os morros, onde mais alguns morreram de frio, tentando chegar a Green River.

Esse era o tipo de coisa que provocava o velho Fred. Ele calculava que afinal alguém tinha de ser, e ele era, cônsul chinês em San Francisco; embora não tivesse a aparência mais adequada para o papel com suas suíças brancas, casaco antiquado, colarinho alto e cartola. No seu tempo, Fred Bee tinha sido muitas coisas, a espécie de coisas que se esperaria de um homem do condado de Placer: soldado, fundador-investidor de Pony Express, da Sausalito Land and Ferry Company ao norte de San Francisco e, em 1858, da Placerville-St. Joseph (Overland) Telegraph Company, a mãe da Western Union, com a qual havia acumulado uma boa pequena fortuna. Mas Fred Bee não era feito para uma vida quieta de ficar mamando cachimbo e, como era advogado, passava a maior parte de seu tempo entrando com ações na justiça para a Associação Benevolente Consolidada Chinesa. Ele julgava ser uma questão de defender a dignidade do país; a integridade da sua justiça. O Tratado Burlingame de 1868, que havia confirmado o direito de os chineses se "expatriarem" para os Estados Unidos (havia muitos trilhos de estrada de ferro a serem assentados naquela época em particular), permitira reciprocamente que os ianques fossem negociar o que quer que desejassem — tabaco ou almas — na China Ch'ing. O tratado também havia garantido que essas migrações seriam voluntárias. Os migrantes chineses seriam livres para ir e vir dentro dos Estados Unidos tão tranquilamente quanto desejassem. Embora os americanos na China insistissem em sua própria jurisdição extraterritorial, por não terem grande entusiasmo pela lei imperial, os migrantes chineses deviam gozar da plena proteção da lei concedida aos cidadãos, mesmo que tivessem sido considerados permanentemente inaptos para a naturalização.

Se a América era então uma nação continental, uma cortesia do encontro da Union Pacific e da Central Pacific em maio de 1869, os chineses é que haviam lhe dado esse feitio; não apenas os niveladores, os detonadores e os pedreiros da ferrovia, mas as multidões de homens que tornavam suportável uma vida dura: os donos de lavanderias, os negociantes de armarinhos, os lenhadores e às vezes também as moças do acampamento. E, em lugar de agradecimentos, o que eles tinham recebido, notava Fred Bee, era o cheiro de suas Chinatowns completamente incineradas, as turbas de linchamento e as ordens sumárias para deixar a cidade sem demora. Assim, eles seguiam sob a mira das armas, as turbas meneando metros de cordas na sua direção em Rock Springs, as mulheres rindo e batendo palmas, enquanto os mineiros chineses se arrastavam para dentro da escuridão, empurrando seus tristes carrinhos de mão sobrecarregados. Isso tinha acontecido em Rocklin e no resto do vale do Sacramento, em Eureka, Truckee e Tacoma, Seattle e San José e inúmeros outros lugares para cima e para baixo da Costa Oeste; e governador após governador havia feito vista grossa, sabendo que prefeitos e chefes de polícia estavam mancomunados com os malfeitores. O mínimo que a América decente poderia fazer por esses inocentes, pensava o coronel Bee, era oferecer reparação pelas suas perdas e seu sofrimento. Rocklin em 1877 fora a primeira vez em que a situação o tinha exasperado. Mas a história tinha começado muito antes disso.

Começara com o Grande Encontro para o Extermínio do "Greaser" [latino], como os garimpeiros o chamavam. O problema então não fora com os chineses, mas com os latinos que estavam sentados bem em cima do Eldorado americano e tinham o atrevimento de imaginar que poderiam ficar com uma cota dessa riqueza. Apesar de tudo, não fora um dos mexicanos, chilenos ou califórnios quem fizera a primeira greve. Fora James Marshall, que trabalhava no canal de descarga da serraria que estava construindo para o sr. John Sutter, numa manhã gelada de janeiro de 1848. Mas os *"greasers"* tinham deitado a mão no ouro ao redor de Sonora. É verdade que haviam construído a cidade em primeiro lugar, dando-lhe o nome de sua terra natal no Noroeste do México, com a intenção de procurar depósitos de ouro que sabiam existir por ali. É verdade que garimpavam por gerações, muito antes que a Califórnia tivesse visto sequer um sinal dos anglos. Garimpar as "aluviões auríferas", peneirar os grãos e pepitas de ouro dentre o monte de entulho e sujeira que a erosão desprendera dos veios da rocha era uma antiga técnica mexicana. *Placera* era a palavra espanhola para depósito aluvial.

Para os americanos que se precipitaram para o sul de Sierra Nevada em 1848 e 1849, a presença anterior de tantos chilenos, argentinos e, mais inconvenientemente, dos califórnios que o recém-cunhado Tratado de Guadalupe Hidalgo decretara serem americanos era uma irritação. Mas eles podiam ser desalojados sem muita dificuldade por métodos experimentados e seguros de ameaças, assaltos aos acampamentos, linchamentos e tumultos raciais ocasionais. Por isso, o Grande Encontro para o Extermínio do Greaser congregava os interessados para coordenar todos esses esforços. Mas, quando os chilenos tiveram o descaramento de se organizar e de se armar para se defender, os meios institucionais deram um jeito de contornar a situação. Foi imposta uma taxa de três dólares por mês aos "mineiros estrangeiros". Embora os califórnios e os mexicanos fizessem então parte dos Estados Unidos pós-guerra, o mero fato de falar espanhol era frequentemente o bastante para ser obrigado a pagar a taxa punitiva. Funcionou. No final de 1849, havia 15 mil mineiros hispânicos trabalhando nas aluviões auríferas em torno de Sonora e em outros lugares na Sierra sulista. Um ano mais tarde, restavam apenas 5 mil. Não seria a sua corrida do ouro.

Em 1852, a Taxa dos Mineiros Estrangeiros foi reeditada com uma cláusula específica isentando todo aquele que pudesse se tornar, no devido tempo, um cidadão naturalizado. Isso significava que a taxa era dirigida àqueles que, assim fora decidido, jamais poderiam alcançar a cidadania; que haviam sido declarados constitucionalmente inassimiláveis. Isso significava os chineses. Havia apenas alguns milhares deles na Califórnia nessa época, mas já os locais, na defensiva, começavam a ter pavor das hordas futuras. A menos que fossem, é claro, aqueles que ganhavam dinheiro com seu transbordo, como o corretor de mão de obra Cornelius Koopmanschap, de San Francisco e Cantão. Ele e expedidores como ele, que conheciam bem o Sul da China, tinham estabelecido uma relação lucrativa com seus congêneres no delta do rio Pearl, o reservatório mais profundo de emigrantes chineses para os Estados Unidos. Sua província de Guangdong era a mais profundamente infiltrada com armas e dinheiro ocidentais. A vitória britânica na Guerra do Ópio havia aberto Hong Kong e Cantão, e o interminável ciclo de miséria, fome, epidemia e guerra civil criara um poço de desespero do qual os negociantes de mão de obra podiam retirar recrutas. Os homens que iam para a Montanha de Ouro, como os Estados Unidos eram então conhecidos, mandariam o dinheiro ganho de volta para suas casas e vilas, a ser acompanhado no devido tempo pelas suas triunfantes pessoas. E, embora a campanha contra os chineses sempre os chamasse de "cules", eles não embarcavam como escravos orientais. Mas as condições em que emigravam, concordando em reembolsar os negociantes que providenciavam seu transporte e custos médicos (com um lucro saudável) contando com os ganhos futuros, significavam que eles também não eram exatamente livres. Os emigrantes eram trabalhadores contratados como aprendizes, sujeitos à dominação dos negociantes via dívida e, uma vez na Califórnia, da sociedade chinesa Seis Companhias, que geria oficialmente os interesses da comunidade.

Mas, ainda assim, era a Montanha de Ouro. "Eles querem que o chinês venha e farão com que se sinta bem-vindo", prometiam os panfletos na China. "Haverá um bom dinheiro, casas grandes, comida e roupas da mais fina descrição [...]. É um país agradável, sem mandarins e soldados. Todos iguais; o homem com poder não é maior que o homem sem poder [...]."

Segundo a Seis Companhias, em 1855 havia mais de 40 mil imigrantes chineses na Califórnia. À parte as adolescentes, frequentemente sequestradas para a prostituição ou vendidas pelas suas famílias, eram todos homens; e nem todos vinham trabalhar como mineiros. Desde o início as comunidades chinesas foram astutas em perceber que o mundo solteiro dos garimpeiros requeria uma legião de bens e serviços que as mulheres normalmente forneciam além do sexo: lavanderia, mercearia, culinária, hotéis, lenha, produtos frescos, peixe. Eram todos empregos subalternos, abaixo da dignidade masculina no Sul da China, mas propiciariam um meio de vida constante, caso o ouro, literalmente, não aparecesse.

Eles vinham em cargas de navio, tão apinhados nos porões que poderiam muito bem ser tomados como escravos, sujeitos à disciplina feroz dos expedidores mercantis. Quando chegavam a Sierra, seguiam-se imediatamente abusos e intimidações. Em 1852, uma gangue de sessenta mineiros brancos atacou duzentos homens chineses indefesos no seu acampamento às margens do rio American no condado de Tuolumne, e continuou atacando outros quatrocentos rio abaixo. Depois disso, os chineses sofreram repetidas ameaças à ponta de faca e sob a mira de armas de fogo. Mas muitos ainda persistiam, seguindo a esperança de fortuna. Embora uma lei da Califórnia tivesse proibido os chineses de protocolar legalmente suas queixas, alguns se apoderaram de minas abandonadas pelos brancos e, como vinham de uma região de muita água na China, souberam compreender bastante bem as ravinas para ter mais sucesso. Outros entraram ainda mais campo adentro, chegando até Nevada, Oregon e Washington, e, subindo as montanhas Rochosas, até Idaho, Wyoming e Montana. Em 1870, um quarto de todos os mineiros no Oeste eram chineses, e um ódio paranoico acompanhava todos os seus passos, por onde quer que andassem.

Mas as oportunidades de negócios para aqueles que forneciam mão de obra chinesa estavam apenas começando a florescer. Em 1862, o Congresso, por ordem de Lincoln, aprovou o financiamento para uma ferrovia transcontinental, e os trabalhos tinham começado em 1863. A escolha da hora oportuna para iniciar os trabalhos não foi acidental, ocorrendo como aconteceu no meio da guerra. Se a política da escravidão estava rasgando a União ao meio, as ferrovias fariam uma das extremidades contornar o conflito e enlaçar de novo o país. A linha para o Oeste da Union Pacific era dominada por mão de obra irlandesa, que usava picaretas e mulas, e vivia em alguns dos acampamentos de trabalho mais desordeiros da América. Sua companhia oposta, a Central Pacific, movendo-se para oeste a partir de Sacramento, enfrentava o desafio mais assustador de uma elevação íngreme de aproximadamente 2100 metros em apenas uma centena e meia de quilômetros, do vale do Sacramento até o cume de Sierra Nevada.

A Central Pacific tornou-se possível por meio de um consórcio de quatro investidores principais, Collis P. Huntingdon, Mark Hopkins, Leland Stanford e Charles Crocker. Como governador da Califórnia no ano da Lei das Ferrovias, Stanford tinha se manifestado contra a Ásia "com seus incontáveis milhões" mandando "para nossas praias a ralé da sua população". Não há dúvida, dizia Stanford, fazendo soar uma nota que se tornaria ortodoxia acadêmica entre muitos cientistas sociais na academia trinta anos mais tarde, "de que o assentamento entre nós de um povo degradado e desonesto deve exercer uma influência deletéria sobre a raça superior".

Mas, entre os parceiros da Central Pacific, Stanford não era o único com a tarefa urgente de encontrar mão de obra adequada para construir a linha. As baixas já eram elevadas, e greves violentas, comuns. Crocker precisava de uma força de trabalho de longo prazo, constituída por ao menos 5 mil homens, para que a empreitada fosse terminada no tempo aprazado, e no inverno de 1865 tinha apenas oitocentos homens, na sua maior parte irlandeses. Foi seu irmão mais velho, Edwin Bryant Crocker, o advogado da companhia, quem sugeriu a possibilidade de contratar os trabalhadores chineses que haviam sido empregados para a construção da California Central Railroad, uma obra reconhecidamente muito mais fácil. Eles podiam ser enviados pela confiável Seis Companhias, trabalhavam bem em equipe, e dizia-se que eram "dóceis e diligentes". O superintendente das obras, James Strobridge, odiava a ideia de ser "patrão dos chineses", acreditando que eram demasiado frágeis para esse tipo de trabalho, acolhendo as informações recebidas de que, por terem menos pelos no corpo, os asiáticos eram de certo modo mais efeminados que os homens europeus. Mas Strobridge tinha pouca escolha. Ele dispunha de meros trezentos trabalhadores, a maioria dos quais, ao término de uma seção dos trilhos, desaparecia em farras e bebedeiras, e poucos retornavam. Um grupo experimental de cinquenta chineses foi recrutado nas cidades ao redor das montanhas, e empregado pelo cético Strobridge para encher as carroças de lixo com escombros de rochas e depois dirigir os veículos. Satisfeito com o trabalho, Strobridge então deu picaretas a alguns deles para que trabalhassem numa escavação mais fácil. À medida que cada tarefa aumentava em dificuldade, os chineses superavam as expectativas de seu empregador.

No outono de 1866, 3 mil chineses tinham sido contratados, e Stanford, que havia pouco tempo fora tão insultuoso quanto ao estrago causado à Califórnia pelos importados chineses, aproveitava então toda oportunidade para cantar loas a seus "chineses". Em 1867, eles eram 75% da força de trabalho da

Central Pacific; no seu auge, entre 10 mil e 12 mil homens. Eram um exército de cavar túneis capaz de fazer prodígios, comparável aos que construíram a Grande Muralha, uma analogia muito invocada pelos administradores orgulhosos da linha.

Havia muitas maneiras de morrer pela Central Pacific. Os encarregados dos explosivos, dependurados em cestos perigosos diante da parede da rocha, balançavam para trás com a explosão, depois de furar a pedra e acender o estopim. Às vezes a nitroglicerina que usavam era tão volátil e violenta que a explosão os apedrejava com enormes pedras voadoras. Muitos eram surpreendidos pelas avalanches. Cinco foram mortos perto de Donner Summit no Natal de 1866. A companhia tinha oferecido a seus trabalhadores barracas de lona, e os antigos mineradores de estanho irlandeses e córnicos as usavam. Mas, por boas razões, os chineses achavam que as barracas provavelmente ficariam soterradas embaixo dos sedimentos de catorze metros que se acumulavam por obra do vento da montanha, e preferiam uma existência subterrânea semelhante à das toupeiras, escavando longos túneis, tanto para trabalhar como para se abrigar, alguns suficientemente largos para conter um trenó de duas mulas. Mas inevitavelmente uma avalanche às vezes bloqueava as entradas dos abrigos ou as chaminés, e os trabalhadores eram enterrados vivos lá dentro, os corpos irrecuperáveis até o degelo da primavera.

Era um micromundo chinês ou americano? Os trabalhadores falavam cantonês e eram abastecidos com seu próprio tipo de alimentos: abalone, cogumelos secos, sibas e ostras, repolho e carne de porco salgados, e muito arroz. Na primavera e no verão, se estivessem perto de alguma das pequenas vilas com granjas hortícolas espalhadas ao longo da estrada, havia legumes, feijão e cebolas frescos. Sua bebida padrão era o chá verde, feito com neve derretida ou água do rio escrupulosamente fervida, servido num bule de ferro ao lado do qual ficavam os imensos tonéis de uísque exigidos pelos córnicos e irlandeses. "Eu nunca vi um chinês bêbado", disse Strobridge mais tarde, num depoimento para o Senado da Califórnia sobre os efeitos morais da imigração asiática. O chá da China salvou vidas, porque todos aqueles que engoliam a água diretamente dos rios poluídos pagavam o preço alto de disenterias violentas e às vezes fatais. Os chineses eram também meticulosos a respeito de sua higiene. Os cozinheiros, designados para cada grupo de mais ou menos uma dúzia de trabalhadores, ferviam água nos barris de pólvora negra esvazia-

315

dos, que eram usados para banhos de assento diários depois do último turno. Por uma carga horária que ia do amanhecer ao entardecer, seis dias por semana, eles recebiam cerca de trinta a 35 dólares por mês (em ouro), que iam direto para o chefe do grupo responsável por comprar as provisões. (Os irlandeses e os córnicos recebiam comida e pensão grátis.) Essas despesas deixavam aos trabalhadores uns míseros vinte dólares. Em 1867, eles já tinham se tornado suficientemente americanos para decidir que não era o bastante. Dois mil fizeram greve por um dia de dez horas, um salário mensal de quarenta dólares e a eliminação da possibilidade degradante de serem açoitados ou confinados para que não abandonassem o emprego. Crocker tentou interromper a greve, emitindo uma convocação de mão de obra ex-escrava, mas poucos afro-americanos responderam ao convite. Assim, Crocker, cuja benevolência com os chineses fez com que os irlandeses os chamassem de "animais de estimação de Crocker", tornou-se inflexível, bloqueando os suprimentos de alimento e forçando-os a voltar ao trabalho para não morrerem de fome.

Em 10 de maio, em Promontory, perto de Ogden, Utah, o último "prego de ouro" unindo as duas linhas foi introduzido. As turmas da Central Pacific consideraram uma questão de honra bater o recorde de suas rivais na Union Pacific, assentando os últimos dezesseis quilômetros de trilhos em apenas doze horas. Na hora do espetáculo, aqueles que executaram o arremate final eram irlandeses, um grupo de cerca de mil chineses chegando por trem de Victory a Promontory, mais ou menos uma hora antes das cerimônias. Mas ainda assim eles foram necessários, pois os dignitários como Leland Stanford tiveram tanta dificuldade em inserir os últimos pregos que os trabalhadores chineses, de casacos e calças de brim azul, os ajudaram começando a martelar, e deixando aos administradores a tarefa de aplicar apenas as últimas pancadas amaneiradas antes de acenderem seus charutos. Strobridge, que relutara tanto em contratar os chineses e era então seu grande defensor, convidou-os para seu vagão arrumado para um banquete, e cumulou de atenções os chefes dos grupos chineses, reconhecendo que a ferrovia americana transcontinental jamais teria sido construída sem a labuta e sacrifício chineses.

O número daqueles que pereceram ao longo da empreitada nunca será conhecido. Oficialmente, a Central Pacific registrou 137 mortes durante os quatro anos de construção. Mas, em 30 de junho de 1870, um jornalista do *Sacramento Reporter* viu um trem carregado com ossos de corpos chineses, que ele estimava serem ao menos 1200, e comentou a discrepância entre a estatística oficial e o vagão carregado de restos mortais. Os ossos estavam sendo levados para o Oeste, para San Francisco, ao longo dos trilhos que os chineses haviam assentado, para serem embarcados rumo à China a fim de repousarem entre os seus ancestrais.

Costa a costa, a unificação ferroviária da América do Norte foi saudada como uma segunda revolução; a complementação necessária da primeira, quase um século mais tarde. Quando a notícia foi repassada, fogos de artifício explodiram no céu acima do Central Park de Frederick Law Olmsted, o Sino da Liberdade soou na Filadélfia, e em San Francisco as pessoas começaram a beber. Quando a cidade recobrou a sobriedade, não perdeu tempo em aprovar uma legislação antichinesa, só por precaução caso os asiáticos tivessem a ilusão de esperar um voto de agradecimento. A vida em Chinatown tornou-se tão desgraçada quanto possível. As largas cangas sobre os ombros com seus cestos dependurados, usadas para carregar legumes e roupas das lavanderias, foram proibidas nas ruas por serem consideradas um perigo. Foi posto em prática o regulamento do "ar cúbico", que exigia 14 metros cúbicos para cada habitante, dando à polícia o direito de entrar em qualquer residência para detectar infrações. Qualquer um preso por essa ou qualquer outra contravenção estava sujeito a ter seu rabicho cortado e a cabeça raspada, num gesto de humilhação gratuitamente agressiva. O mais emblemático de tudo, um incêndio em Chinatown deu à cidade o pretexto de proibir as lavanderias de madeira (numa cidade em que quase tudo tinha estrutura de madeira e os incêndios aconteciam todos os dias).

San Francisco — e quase toda cidade de alguma importância na Califórnia — queria que os "chinas" dessem o fora. O término do projeto da ferrovia significava que 25 mil operários de ambas as companhias estavam agora desempregados. Outro revés econômico, que se transformou numa recessão profunda em 1873, só tornou a competição por trabalho ainda mais brutal. Os preconceitos da classe trabalhadora branca, sobretudo irlandesa, então se endureceram, gerando algo parecido com uma guerra racial. Dizia-se que os chineses estavam chupando como parasitas a riqueza da economia americana para despachá-la rumo a Cantão e Hong Kong e, ao assumirem empregos como enroladores de charutos e sapateiros em escala industrial por salários que nenhum trabalhador branco aceitaria, estavam artificialmente depreciando o mercado de mão de obra. Sua dispersão crescente para o interior do país, pelo Meio-Oeste e mais além na direção do Leste, significava, assim alegavam seus antagonistas, que em pouco tempo os trabalhadores americanos em todo o país teriam o seu meio de vida rebaixado ao nível dessas pessoas que "viviam como animais". Em torno dessas queixas surgiu uma caricatura mais geral de John Chinaman como um monstro de astúcia sinistra, viciado em prostitutas e ópio, "traiçoeiro, sensual, covarde e cruel", conforme a descrição de Henry George num relato clássico do caso antichinês no *New York Herald Tribune*.

A inflamação de todo esse veneno polêmico era uma oportunidade demasiado boa para que escritores de olho numa grande chance de ganhar dinheiro a deixassem escapar. Em 1870, Bret Harte trabalhava para a Casa da Moeda dos Estados Unidos em San Francisco, enquanto editava o *Overland Monthly* e aproveitava a voga de histórias extravagantes do Oeste que, depois do término da ferrovia, se tornara coqueluche no Leste. Ele acabara de entregar ao editor uma coletânea de suas histórias do Oeste, *The luck of Roaring Camp*, que seu outrora amigo Mark Twain leria com olhos descrentes. Em setembro de 1870, pouco tempo antes de decidir de repente voltar para Nova York, Harte publicou nas páginas de sua própria revista alguns versos rimados chamados "Plain language from truthful James" [Linguagem franca do James sincero], que muito rapidamente se tornaram conhecidos como "The heathen Chinee" [O bárbaro china]. O epônimo James era o narrador de um jogo de pôquer, em que o ruidoso mineiro Bill Nye é derrotado pelo astuto Ah Sin, que oculta suas cartas. Os versos eram acompanhados por ilustrações que brincavam com todo o estereótipo grotesco do asiático de olhos oblíquos, tagarela e de rabicho.

De volta ao Leste, Harte distanciou-se dissimuladamente do poema, "o pior que já escrevi", e alegou que tinha sido escrito como paródia da ignorante intolerância contra os chineses. Mas ele sabia muito bem que o poema brincava com aqueles preconceitos, até na métrica monótona que era perfeita para a recitação no bar e no teatro de variedades:

Which I wish to remark
And my language is plain

That for ways that are dark
And for tricks that are vain
The heathen Chinee is peculiar
Which the same I would rise to explain.

[O que quero comentar
E minha fala não tem rodeios
Que por modos que são obscuros
E por truques que são vãos
O bárbaro china é peculiar
Exatamente o que queria explicar.]

The luck of Roaring Camp já o havia transformado no escritor americano do Oeste, mas "The heathen Chinee" foi um sucesso ainda maior em todo o país, por todas as más razões. Harte cuidou de incluir perto do final um verso dirigido a todo o forte sentimento quanto ao dano que a imigração chinesa causara à vida dos honestos trabalhadores americanos:

I looked up at Nye
And he gazed upon me
And he rose with a sigh
And said "Can this be?
We are ruined by Chinese cheap labor"
And he went for that heathen Chinee.

[Levantei os olhos para Nye
E ele me olhou atento
E levantou-se com um suspiro
E disse "Será possível?
Arruinados pelo trabalho barato dos chineses"
E foi para cima daquele bárbaro china.]

A última das ilustrações mostra Ah Sin atirado ao chão, atacado e depois jogado porta afora pelo chute de uma bota. E essas eram as imagens não apenas no *Overland Monthly,* mas também na versão de bolso impressa junto

319

com horários e brochuras das ferrovias de Nova York a Chicago. Bret Harte tornara respeitável a animosidade mais grosseira, assim como transformara o ataque físico aos chineses uma questão hilária de zombarias.

Assim, agora era correto pôr as mãos no "bárbaro china" e passar da violência verbal para a física. Depois que um fazendeiro branco foi pego no fogo cruzado entre duas gangues chinesas em Los Angeles em 1871, o resto da cidade de 5 mil habitantes passou a comportar-se agressivamente, queimando o bairro chinês por inteiro e matando dezesseis pessoas. No dia seguinte, alguns corpos ainda estavam balançando de pilares de portão e de vigas transversais. Era apenas o início de um dos grandes pogroms americanos: uma limpeza étnica total das cidades do Oeste. Fazia parte, claro, da afirmação de supremacia racial em outras esferas da vida da nação: os últimos atos de genocídio de americanos nativos; a liquidação da Reconstrução no Sul. O Partido Democrata, que se aproveitou da eleição quase indefinida de 1876 para acabar com os direitos civis na antiga Confederação, também agarrou a oportunidade de ganhar votos da classe dos trabalhadores apresentando-se como o defensor do movimento antichinês. Em San Francisco, Dennis Kearney, um bombástico demagogo irlandês com o dom da loquacidade venenosa, usou a oportunidade das audiências do Senado Estadual no Palace Hotel para agitar as multidões — de milhares — reunidas num terreno baldio próximo ao alcance da sua voz. Dentro do hotel, o coronel Bee, como advogado da Seis Companhias, estava defendendo a reputação moral e social dos chineses, e Charlie Crocker e James Strobridge atestavam sua probidade, diligência e sacrifício heroico na Central Pacific. Lá fora, Kearney ensinava a multidão a entoar o seu slogan "Os chineses têm que sumir", e perguntava-lhes se estavam "prontos a marchar até o cais para impedir que os chineses leprosos desembarcassem". Ameaçava-se com "a lei do juiz Lynch" todo e qualquer empregador branco que não demitisse os trabalhadores asiáticos. Os capitalistas e os monopolistas é que tinham lançado esses vira-latas subumanos sobre os bons trabalhadores brancos, vociferava Kearney, e eles pagariam por esse crime. "A dignidade do trabalho deve ser mantida, ainda que tenhamos de matar todo desgraçado que nos faça oposição." Dentro do hotel, pressionado por Bee, Charlie Crocker teve a coragem de afirmar que, se a questão fosse apresentada "calma e deliberadamente" perante o povo de San Francisco, ele acreditava que 80% da população desejaria que os chineses ficassem. Qualquer um, disse ele, podia incitar uma tempestade de fúria ameaçadora. Mas Bee e Crocker eram generosos demais a respeito das simpatias de seus colegas californianos. A realidade era que 80% do povo da Califórnia votava a favor dos democratas, tendo em mente a visão exatamente oposta. Quando foi indagado por um dos senadores se acreditava que a civilização chinesa era inferior à ocidental, Crocker respondeu que achava na realidade que fosse um tanto superior. Frank Pixley, um antigo procurador-geral do Estado, era mais representativo da inflamada opinião pública, quando disse que não podia esperar pelo dia em que pudesse parar em Telegraph Hill e ver corpos chineses dependurados e o resto dos chinas abandonando a cidade.

Como Jean Pfaelzer e Alexander Saxton documentaram com detalhes comoventes, o que então se seguiu foi uma epidemia de prisões de suspeitos pela polícia americana, expulsões em massa, incêndios e assassinatos, espalhando-se da Califórnia a Denver no Colorado, Tacoma e Seattle em Washington, e Rock Springs, Wyoming. Na maioria dos lugares, era dado um ultimato às comunidades chinesas para que saíssem em algumas horas ou, quando muito, em um dia. Para acelerar o processo, algumas casas e lojas eram incendiadas, às vezes com as pessoas lá dentro. Assim que a população aterrorizada se punha a caminho, a tarefa era terminada com um grande incêndio da Chinatown, incinerada de alto a baixo. Em outros lugares, como a cidade de Truckee, não muito longe da fazenda de Crocker e da casa de Bee em Placerville, a tática, em resposta às queixas de ilegalidade, era um pouco mais sutil. Ali, Charles McGlashan organizou um boicote de alguns empregadores que contratavam trabalhadores chineses, o que ameaçou estrangular lentamente toda a economia da cidade, forçando demissões e evicções em massa, mas permitindo que McGlashan e as forças "anticules" em Truckee alegassem que os chineses tinham partido por sua livre e espontânea vontade.

A reação das autoridades locais e federais era sobretudo fazer vista grossa a tudo isso ou, pior, levar a fúria ao poder. Em 1882, o presidente Chester Arthur assinou a Lei de Exclusão dos Chineses, que deveria amenizar o movimento. A imigração chinesa, exceto para "negociantes, diplomatas, estudantes e viajantes", foi interrompida por dez anos, e reafirmou-se o princípio, já codificado na Lei de Naturalização de 1870, de que nenhum imigrante chinês jamais poderia ser considerado apto para a cidadania. Esse princípio seria renovado década após década, e revogado somente em 1943, depois de Pearl

Harbour, quando a China de Kuo Ming Tang tornou-se de repente aliada da América contra os japoneses.

Nesse clima de tanto ódio e violência dominados pelo pânico, merece reconhecimento a decência corajosa dos poucos americanos que se agarravam a um sentido mais antigo, menos paranoide de *E pluribus unum*, e que nem sequer viam razão para que os asiáticos não pudessem um dia ser americanos. Não havia motivos para que um respeitável negociante e veterano da guerra civil já numa meia-idade avançada como Fred Bee se comprometesse em ser o paladino da comunidade chinesa, muito menos seu cônsul. Ele ganhava uma remuneração pelos seus serviços no tribunal, mas era também garantido que recebesse ameaças de morte. Mas Fred Bee ocupava-se desse compromisso, não só com algo mais do que a cota padrão de honra cívica, mas com a satisfação que um cidadão americano sente ao fazer com que a lei cumpra o que deve cumprir: proteger todos aqueles por quem é responsável. Bee mirava os prefeitos locais e os governadores a quem desprezava por traírem seu compromisso público, e aqueles muito além no campo de batalha: os políticos sem espinha dorsal de Washington, que estavam prontos a tolerar ou até instigar o poder das turbas para melhor ligar suas próprias sortes à fúria pública, por mais ignorante e cruel que esta fosse. Bee aproveitou a oportunidade de lembrar ao Congresso e ao presidente que o governo dos Estados Unidos fora compensado com 700 mil dólares pelos incêndios das missões cristãs na China. Se as autoridades locais e estaduais continuassem a ser indiferentes à ilegalidade, e o governo federal se recusasse a refreá-la, os chineses bem que poderiam acalentar a ideia de infligir dano aos americanos em seu país, e não seria talvez tão fácil assim buscar reparação. Alguns funcionários do escritório do procurador-geral dos Estados Unidos estavam prestando atenção e, num lance que tinha muito de uma vitória de Pirro, os homens da Guarda Nacional foram enviados a Rock Springs para manter a ordem e escoltar até o lugar da extração do carvão todo e qualquer mineiro chinês que quisesse trabalhar nas minas. Os homens da Guarda e as tropas federais continuaram a ser uma presença na cidade até 1898.

Bee sabia que os tribunais criminais estavam armados contra as condenações de qualquer um daqueles que tivessem realmente cometido assassinato. Um juiz da Suprema Corte da Califórnia, Hugh Murray, havia transmitido a opinião de que, como os chineses tinham cruzado o estreito de Bering em tempos ancestrais, tornando-se ao longo dos séculos efetivamente índios, a cláusula constitucional que proibia os americanos nativos de depor contra os cidadãos também se aplicava a eles. Assim, Bee mudou de tática e fez algo afrontoso. Em nome da Seis Companhias, processou cidades inteiras pelas perdas de propriedade durante os tumultos e as marchas forçadas. Ele chamava os processos de reparações. Embora Bee raramente ganhasse processos por qualquer dano substancial, sua persistência desconcertava as autoridades locais, que se viam obrigadas a impor tributos a seus cidadãos, se os queixosos tivessem sucesso. A determinação corajosa de Bee e de seu parceiro Benjamin Brooks, no sentido de usar o Tratado Burlingname e a Constituição para estabelecer decências legais básicas, incentivou os próprios chineses a pensar que um dia poderiam ser tratados com um pouco de respeito humano. Quando, em 1892, um congressista californiano, Thomas Geary, apresentou um Ato do Congresso requerendo que todos os chineses portassem carteira de identidade com foto, e o presidente Benjamin Harrison — demasiado tímido para desafiar o preconceito público num ano de eleição — assinou o ato e converteu-o em lei, a Seis Companhias ordenou que mais de 100 mil de seus afiliados desafiassem a lei e recusassem portar as degradantes carteiras. Na sua declaração oficial, provavelmente rascunhada por Fred Bee, eles realmente ousavam presumir que "como residentes dos Estados Unidos, reivindicamos um caráter humano comum a todas as outras nacionalidades". Apesar de outro pânico econômico em 1893 usá-los como bodes expiatórios, a comunidade chinesa pedia "uma chance igual na corrida da vida, neste nosso lar de adoção".

Havia muitos em posições de autoridade que pensavam "só passando por cima de nossos cadáveres". Um deles era Terence Powderly, antigo líder dos Cavaleiros do Trabalho, que tinham estado na vanguarda do movimento antichinês nas décadas de 1870 e 1880, e comissário-geral da Imigração de 1897 a 1902. Assegurando que Angel Island, o centro de detenção de imigrantes ilegais na baía de San Francisco, era destinado a impedir a entrada do maior número possível de chineses, Powderly declarou com um floreio que estabeleceu o tom para as futuras gerações de funcionários da imigração: "Não sou intolerante, mas sou americano e acredito que a autopreservação é a primeira lei das nações e da natureza". A autopreservação decretava que quase nenhuma chinesa fosse admitida, porque eram todas prostitutas ou, se aparente-

323

mente casadas de forma legal, selariam o destino dos Estados Unidos reproduzindo geração após geração de bárbaros chinas.

Mas a história de apenas um desses jovens americanos chineses nascidos nos Estados Unidos apontava o caminho para um futuro menos paranoide. Wong Kim Ark, o filho de 23 anos de uma família de negociantes de San Francisco, estivera visitando a família na China em 1895. Seus papéis estavam em ordem, mas o fiscal da alfândega, John H. Wise, célebre por seus preconceitos e responsável pela imigração da Costa Oeste, negou-lhe o ingresso no país alegando que ele não era um cidadão e assim barrando-o pela Lei de Exclusão. Wong recebera de fato permissão para voltar à Califórnia depois de uma viagem anterior em 1890 e, quando foi detido a bordo de um navio na baía, contratou um advogado para entrar com um pedido de habeas corpus. A Décima Quarta Emenda, que especificava que todos os nascidos nos Estados Unidos tinham direito à cidadania, aplicava-se tanto para os filhos de inelegíveis como os seus pais quanto para todos os demais. O promotor público argumentou que para pessoas de grupos étnicos considerados inassimiláveis o nascimento não era o suficiente para dar direitos de cidadania, e pintou um quadro de autodestruição nacional caso a reivindicação de Wong fosse aceita; a América à mercê de "pessoas que são necessariamente uma ameaça ao bem-estar de nosso país". Felizmente, como registra Erika Lee no seu excelente relato do caso, o juiz que presidia a sessão considerou a questão de forma muito mais simples: "Basta que ele tenha nascido aqui, seja qual for o status de seus pais". Só atos criminosos podiam causar a renúncia desse direito garantido pela Décima Quarta Emenda. Wong foi liberado e, quando o caso foi julgado por apelação na Suprema Corte dos Estados Unidos, a opinião do juiz da Califórnia foi sustentada. Embora os imigrantes chineses fossem maltratados por muitas gerações, a mera ideia de um americano asiático já não constituía uma contradição em termos.

E para aqueles que, ao contrário de Wong Kim Ark, não tinham nascido nos Estados Unidos havia outra opção nas décadas depois da exclusão. Eles podiam fingir que eram mexicanos. Como o governo mexicano era mais hospitaleiro para a imigração chinesa, e como os controles na fronteira eram mais frouxos, sendo premente a necessidade de mão de obra mexicana temporária nas fazendas e pomares do sul da Califórnia, a primeira geração de contrabandistas *coyotes* despachava os chineses, vestidos com serapes e *som-*

breros, os rabichos cortados, pela fronteira. Eles chegavam frequentemente à baía de San Francisco, saíam dos navios para vapores que se dirigiam ao México e depois eram levados em vagões de carga fechados, ou às vezes (se o disfarce era bastante bom) por uma fila de mulas de carga ou até a pé, para cruzarem a fronteira entre Sonora e Arizona, ou entre a Baja California e San Diego. As rotas eram exatamente o que são hoje em dia; os negócios, tão lucrativos quanto agora; os negociantes eram às vezes mexicano-chineses como José Chang; chineses puros como Lee Quong, "o judeu"; às vezes operadores americanos como B. C. Springstein ou Curly Edwards. E, já nas primeiras décadas do século xx (especialmente durante a Proibição), os lucros do contrabando humano eram aumentados pelas drogas e bebidas (ópio e uísque) que os ilegais traziam consigo. A fronteira tinha aproximadamente 480 quilômetros de comprimento; nunca havia soldados de patrulha suficientes, nem viajantes "alinhados" nos trens de carga, e a indústria em Sonora que forjava certificados de residência para os "mexicanos" era brilhantemente profissional. Além disso, como disse um dos inspetores de imigração, era difícil distinguir entre mexicanos e chineses. Ao menos 17 mil chineses sem documento entraram nos Estados Unidos dessa maneira entre 1882 e 1920, uma gota no balde que deveria vir no futuro. Mas os povos para quem a promessa de Crèvecoeur tinha sido muito amargamente quebrada estavam descobrindo seu modo de torná-la realidade.

31. GRACE SOB PRESSÃO

Espiando entre a névoa e a chuva, Frédéric Auguste Bartholdi estava dentro da cabeça que havia projetado: a cabeça da Liberdade Iluminando o Mundo. O dia, 28 de outubro de 1886, se desenrolara bem, apesar do tempo. Um milhão de pessoas tinham assistido ao desfile que começava no City Hall Park e descia pela Broadway. As bandas haviam sido adequadamente ensaiadas; a flotilha de rebocadores e barcos a vapor no porto, uma alegre cacofonia de cornetas e assovios. Até o poema escrito por um certo Sydney Herbert Pierson condissera com a ocasião: "Hoje os escravos do antigo desprezo e ódio/ Contemplam através das águas.../ A flama da tocha resplandecente no portão do oceano". Por volta das quatro horas, com a luz definhando, Bartholdi aguardava atento o fim do discurso do secretário Evarts, o sinal para que ele tirasse o véu da estátua. Uma explosão de aplausos veio dos 2 mil dignitários sentados diante do pedestal. Bartholdi deu um puxão na corda e, com a precisão que havia pedido em orações, o grande véu tricolor caiu da face do colosso. Elevou-se um brado do público, e fortes apitos e buzinas dos barcos rebocadores. Mas então, quando os sons acabaram por silenciar, o secretário Evarts continuou seu discurso inacabado. A face de Grover Cleveland (que gostava de uma boa brincadeira) era uma máscara de autocontrole atento, mesmo que a tentação de dar umas risadinhas fosse talvez explosiva. Mas, em vez de rir, ele por sua vez se levantou, harmonioso e adequado como de costume, para aceitar a estátua, um presente da República irmã da França: "Não estamos hoje aqui para nos inclinar diante da representação de um feroz deus guerreiro cheio de ira e vingança, mas contemplamos alegremente a nossa divindade mantendo vigilância e guarda sobre os portões abertos da América [...]".

Ainda estavam realmente abertos. Nos seis meses seguintes, um quarto de milhão de imigrantes viu o braço de cobre erguido com seu farol de liberdade, enquanto seus navios navegavam para dentro do porto e passavam aos galpões de processamento em Castle Gardens. Em 11 de maio de 1887, treze vapores, vindos de Liverpool (*Wyoming*, *Helvetia* e *Baltic*), Antuérpia, Glasgow, Bremen, Hamburgo, Marselha, Le Havre e Bordeaux (*Chateau d'Yquem*), descarregaram quase 10 mil num único dia. E o *New York Times* já se cansara do espírito hospitaleiro. "Devemos aceitar os miseráveis da Europa, seus criminosos, seus lunáticos, seus revolucionários loucos, seus vagabundos?", perguntava o jornal. Eram trabalhadores "que viviam de lixo" e representavam "uma ameaça permanente à saúde da cidade". Outro editorial (pois o *Times* se expressava regularmente sobre o assunto) opinava que "em todo encontro de anarquistas, em toda declaração oficial a respeito da condição dos trabalhadores ou dos internos de nossas casas de caridade e asilos para loucos, em toda reportagem relativa a focos de peste nos cortiços de nossas grandes cidades, sente-se algo que lembra ao povo dos Estados Unidos que a imigração sob as restrições agora existentes não é uma bênção".

Sete anos mais tarde, em 1894, a Liga de Restrição à Imigração era devidamente fundada para combater o universalismo irresponsável e sentimental (a seus olhos) daqueles que fitavam a tocha da Liberdade no Porto de Nova York e enxugavam as lágrimas dos olhos. Os homens que criaram a liga tinham os olhos secos, quando consideravam o destino dos golpeados pelas tempestades. Se não eram sentimentalistas, tampouco gritavam nas ruas como Dennis Kearney, ou defendiam os trabalhadores com discursos bombásticos como Terence Powderly. Provinham da nata do patriciado do Leste; aqueles que se sentiam lisonjeados por pertencer à sua aristocracia social e intelectual, e um número vergonhoso deles era de professores universitários. E tampouco quaisquer professores universitários, mas os pais fundadores das ciências sociais nos Estados Unidos: estatísticos, eugenicistas, biólogos, economistas e ecólogos. Às vezes, como no caso de Madison Grant, o autor de *The passing of the great race* [O fim da grande raça] (1916), eram uma combinação de todos esses empenhos científicos, pois Grant publicou suas apreensões sobre o desaparecimento do alce e do caribu, antes de declarar que a América branca estava cometendo "suicídio racial", ao permitir que os biologicamente degradados assumissem tal número de empregos que outros, numa camada mais enaltecida, não tinham opção senão limitar o tamanho de suas famílias.

Eles não eram, portanto, excêntricos xenófobos, os restricionistas. Princeton e Yale eram proeminentes entre suas universidades. Sua inteligência mais vigorosa era, defensavelmente, Francis A. Walker, o decano dos estatísticos americanos e o presidente do Instituto de Tecnologia de Massachusetts. E a própria liga nasceu rio Charles acima nos salões sagrados de Harvard, por obra de três graduados cujos nomes pertencem à mais pura elite das antigas famílias da Nova Inglaterra: Prescott Farnsworth Hall (que serviria como secretário de uma organização nacional de sociedades de restrição à imigração até a década de 1920, quando a sua política se tornou lei), Robert DeCourcy Ward (o primeiro professor de meteorologia em Harvard) e Charles Warren, cujo nome ainda adorna o centro de pós-graduação de história americana naquela universidade. O objetivo afirmado na sua constituição era "despertar a opinião pública para a necessidade de uma exclusão adicional de elementos indesejáveis à cidadania ou prejudiciais ao nosso caráter nacional". Eles usavam a rede já formidável de ex-alunos de Harvard para divulgar suas ideias; fazê-las chegar a políticos poderosos como o senador de Massachusetts Henry Cabot Lodge e seu amigo íntimo e também ex-aluno Theodore Roosevelt. Com mais de 5 milhões de imigrantes chegando entre 1880 e 1890, eles acreditavam que o futuro da América estava em perigo. As virtudes da nação tinham sido herdadas da estirpe "robusta" (uma palavra que eles gostavam de repetir) dos ingleses, escoceses e (até) irlandeses, junto com uma decente tintura nórdica de escandinavos e alemães. Esse pedigree inato de vontade resoluta, firmeza e beleza, o produto de gerações de tentativas, estava agora sob o cerco das sub-raças poluidoras que se derramavam por Nova York vindas do Sul e do Leste da Europa: italianos, "eslavos" (poloneses, rutenos, lituanos), húngaros e romenos, armênios e sírios, e os mais abomináveis de todos, "os hebreus".

De suas casas nas faculdades e dos clubes de cavalheiros (os hebreus nem precisavam se candidatar), os professores universitários e os patrícios podiam sentir o cheiro ruim de cebolas cozinhando e roupas de baixo encardidas; podiam ver as unhas entupidas de sujeira dos trabalhadores mal pagos nas oficinas de roupas das casas de cômodos, e eles tremiam pela América enquanto pressionavam os lenços de linho contra o nariz. Eram todos muito viajados. Todos adoravam a Europa: mas era a Europa de Michelangelo, a dos incontáveis Hotéis Bristol, e não a dos cortiços com suas moelas de galinha, nem a dos bordéis ensebados. Agora o pior da Europa estava invadindo a praia americana, despachando seus loucos doentes, seus miseráveis tuberculosos, seus agitadores sinistros. Só quem compreendia, como insistiam em dizer, a base *científica* da ameaça interpunha-se entre a América e a morte pela infestação subumana.

O ano de 1893 era perfeito para começar a campanha que culminaria na fundação da Liga de Restrição à Imigração. O país estava no meio de outro de seus colapsos econômicos: falência de bancos; desemprego maciço. Numa tentativa de reanimar o espírito nacional, a Exposição Mundial de Colombo fora inaugurada em Chicago, revelando-se uma maravilha iluminada pela eletricidade. Mas, mesmo ali, a palestra proferida pelo professor de história de Wisconsin, Frederick Jackson Turner, atribuindo a expansão triunfante da democracia à fronteira continental em movimento, teve um tom de despedida, quando Turner declarou fechada essa fronteira. A claustrofobia ideológica gerava paranoia. Agora que a invasão das Raças Inferiores tinha penetrado o interior dos Estados Unidos, não havia mais lugar para onde fugir (exceto para suas elegantes casas de veraneio no Maine e em Long Island). Eles haviam conseguido fechar a porta aos chineses no Oeste só para sucumbir ao que o *Times* chamava "os chineses das cidades do Leste"? As filas de desempregados cada vez mais compridas e uma feroz competição por empregos recrutavam as forças da mão de obra organizada para a causa da restrição. No Sul rural e em certas regiões do Meio-Oeste, a sensação de uma trama capitalista para inundar a América com o que o político populista Tom Watson chamava "a escória da criação", ao mesmo tempo que se defendia o padrão-ouro para tornar o crédito mais difícil para as pessoas comuns, agravou o ressentimento. Afinal, a Câmara do Comércio dos Estados Unidos e as associações dos manufatureiros é que resistiam às restrições de imigração em nome de custos mais baixos de mão de obra. Nesse meio-tempo, os trabalhadores brancos honestos eram abandonados a seus próprios recursos para enfrentar a situação da melhor forma possível.

Em junho de 1896, Francis Walker, do MIT, publicou seus argumentos em prol da restrição na *Atlantic Monthly*. O fato de que havia conquistado respeito como soldado da guerra civil, como comissário de Assuntos Indígenas (presidindo, é claro, a era dourada da sua liquidação nos anos 1870) e como fundador de associações nacionais de economistas e estatísticos significava que a adesão de Walker à causa restricionista emprestava a esse movimento uma inestimável respeitabilidade intelectual. No artigo, ele reconhecia que a América fora construída sobre a hospitalidade aberta dos Pais Fundadores, mas que isso não significava necessariamente que a sua palavra devia ser lei para sempre. Eles haviam desbravado florestas com impetuosidade; agora achava-se prudente conservá-las. Portanto, embora os nossos "pais tivessem razão [...] ainda assim não é fora de propósito que o americano patriótico se encolha de terror ao contemplar as vastas hordas de camponeses ignorantes e brutalizados que se aglomeram em nossas praias". A imigração fora outrora um teste de vontade e fibra; era agora uma "imigração canalizada" gerida por agentes inescrupulosos na Europa central e na oriental, que trancavam suas vítimas em vagões de carga, lançavam-nas em Ellis Island e depois as levavam para a frente de mineração de carvão na Pensilvânia e nos Apalaches. Àqueles que diziam "eles fazem as tarefas que não queremos executar", Walker perguntava se isso era uma boa coisa, visto que a geração de Andrew Jackson e Ralph Waldo Emerson não julgara nenhuma tarefa indigna deles. Se os irlandeses gostavam que os italianos realizassem o trabalho subalterno antes destinado a eles, talvez se o barão Hirsch enviasse 2 milhões de judeus (o medo dos judeus era sempre contado em milhões) os italianos pudessem se manter longe do trabalho que julgavam aviltante, mas a que custo para a República?

Walker, que ao se inflamar podia chegar a ser macabro com seus horrores sinistros próprios de histórias em quadrinhos, resumiu o que a América se tornaria, se nada fosse feito: uma visão noturna da "polícia expulsando dos montes de lixo os seres miseráveis que tentam cavar naquelas profundezas indescritíveis de sujeira e lodo um espaço para dormir. Foi nesse tipo de cimento que as fundações de nossa República foram assentadas?".

Os restricionistas sabiam como parecer racionais, exigindo no início um teste de leitura e escrita. Não era sensato requerer que os imigrantes fossem capazes de ler cinquenta e poucas palavras *em qualquer língua*? (Isso geralmente significava a língua oficial da sua nação de origem, o que teria barrado os judeus da Zona de Residência russa, que, na sua maior parte, sabiam apenas hebreu e iídiche; ou os tchecos do Império Habsburgo que não se davam ao trabalho de falar alemão.) Mas a pressão subiu no Congresso, que ouviu os discursos de Henry Cabot Lodge sobre o assunto, e uma lei foi aprovada em ambas as casas só para o presidente Cleveland (no seu segundo mandato) vetá-la, o que fez com uma eloquente reafirmação dos argumentos clássicos de Crèvecoeur-Paine a favor da singularidade do experimento americano. Talvez ele tenha se lembrado daquele dia chuvoso em outubro de 1886. Essa lei, disse o presidente, seria

> um desvio radical de nossa política nacional relativa aos imigrantes. Até agora temos acolhido todos os que chegam aqui de outras terras, à exceção daqueles cuja condição moral ou física [...] representava um perigo para o nosso bem-estar e segurança nacionais. Temos encorajado aqueles que vêm de países estrangeiros a tentar a sorte conosco e contribuir para o desenvolvimento de nosso vasto domínio, obtendo em troca uma participação nas bênçãos da cidadania.

Em repúdio ao argumento restricionista de que a imigração significava um dano econômico, Cleveland prosseguiu: "O estupendo crescimento deste país, devido em grande parte à assimilação de milhões de robustos cidadãos patrióticos adotivos, atesta o sucesso dessa política generosa e liberal". Propostas semelhantes chegariam às escrivaninhas dos presidentes Taft e Wilson, e cada um deles aplicaria mais uma vez o veto.

Uma guerra avultava no horizonte, tanto nas fileiras dos cientistas sociais como na Sérvia e na Bélgica. Em 1914, Edward Allsworth Ross, outro dos mais reverenciados patriarcas da ciência social, demitido de Stanford em 1900 pela viúva de Leland por comentários insensatos sobre a moeda lastreada na prata e o apoio à exclusão asiática, publicou *The Old World in the New*. O livro de Ross, o mais influente em todo o debate antes da bíblia racista de Madison Grant, é a familiar litania de males alegadamente introduzidos pelas "raças inferiores" da nova imigração. E como muitos do gênero, à guisa de ciência, o texto realmente confirmava os receios com uma linguagem hiperbólica insana. Com as polonesas produzindo sete filhos em catorze anos, "a Idade Média" fora introduzida na América. A mente hebraica era calculista e "combinatória", adequada para antecipar os preços das ações, em contraste com "a livre fantasia poética dos celtas". O capítulo mais concernente à eugenia falava de como o "sangue que está sendo injetado nas veias de nosso povo é subcomum". Olhem para a multidão que desce pela prancha de desembarque, escreveu Ross, e verão "pessoas hirsutas, vulgares, de cara larga e mentalidade obviamente mesquinha [que] despidas pertencem decerto às cabanas de varas trançadas do final da Grande Era do Gelo". (Muitos dos restricionistas eram ligados às sociedades de história natural e zoologia e planejavam as suas exposições.) "A feiura", prossegue Ross, é um sintoma e uma ameaça eugênica, pois

em cada face havia algo errado: lábios grossos, bocas ordinárias, lábio superior longo demais, queixos mal formados, cavaletes do nariz côncavos [...] havia cabeças cônicas semelhantes a pães de açúcar; caras de lua, bocas fendidas, mandíbulas protuberantes, bicos de ganso, características que nos levariam a imaginar que um djim malicioso se divertia formando seres humanos a partir de um conjunto de moldes tortos descartados pelo Criador.

Esse era o tipo de texto que receberia um caloroso berro de aprovação de nazistas como Alfred Rosenberg, para não mencionar seu Líder.

Mas o paradigma dominante na ciência social não passou completamente sem contestação. O grande antropólogo de Columbia, Franz Boas, neto de judeus ortodoxos como seus admiradores e demonizadores gostam de lembrar, dedicou a vida a atacar o darwinismo social de Herbert Spencer; a pseudobiologia de normas raciais. As culturas, argumentou Boas, eram certamente diferentes, mas não deviam ser arranjadas numa espécie de hierarquia da capacidade mental e física. No final de seu *The mind of primitive man* [A mente do homem primitivo], Boas esperava que sua obra pudesse "nos ensinar uma tolerância maior a formas de civilização diferentes da nossa, e que devemos aprender a considerar as raças estrangeiras com maior simpatia".

A presunção dos reitores das universidades americanas, e dos principais membros de seus corpos docentes, que se achavam no direito de falar pelas suas instituições, só parece ter provocado nos dissidentes a vontade de articular uma visão desafiadora. Boas estava determinado a atuar como um "intelectual público" para negar ao reitor de Columbia, Nicholas Murray Butler, um restricionista, o direito de falar pela universidade. E havia alguns filhos da Mãe Harvard — e estudiosos dos filósofos George Santayana e do pragmatista William James — que pediam licença para discordar de seu reitor, Abbott Lawrence Lowell, outro cruzado de Boston, pertencente à elite social das antigas famílias da Nova Inglaterra, que lutava pela raça superior. Na esteira de ataques na imprensa aos "estrangeiros naturalizados" em 1915, Horace Kallen publicou um artigo na revista *The Nation*, apresentando uma visão mais sutil da adaptação dos imigrantes à vida americana. Kallen acreditava que, depois do ímpeto inicial de assimilação, os imigrantes revisitavam frequentemente as suas tradições culturais e a sua língua, sem considerar absolutamente que estivessem comprometendo sua lealdade americana, uma etapa que Kallen chamava "dissimilação". O seu alvo particular era seu colega na Universidade de Wisconsin, onde ambos lecionavam: Edward Allsworth Ross. Por que, ele se perguntava, Ross era tão ligado à insipidez convencional de uma única versão da identidade americana, e por que tinha tanto pavor da "diferença" — a primeira vez, acho eu, que essa palavra foi usada para validar o caráter cultural. Kallen propunha substituir a obrigação da homogeneidade pela "harmonia", uma noção que ele então elaborava no sentido de ver a América como uma "orquestra da humanidade", cada seção com seu próprio tom e textura musical; ainda assim, cada uma fazendo parte de um todo miraculosamente unido.

É cedo demais para dizer se os fundadores do pluralismo cultural americano — pensadores como Boas, Kallen e Randolph Bourne, que em 1916 elogiou o que os novos imigrantes trouxeram para a estagnação da América — venceram a guerra. Será talvez sempre cedo demais. Os descendentes de Ross, como Samuel P. Huntingdon, de Harvard, treinados por uma guerra de civilizações travada na fronteira do rio Grande, ainda estão conosco. E foram os restricionistas que venceram a batalha imediata nos lugares que importavam, nos salões da autoridade e poder. Os reitores de universidade Lowell e Butler conseguiram estabelecer cotas para Columbia e Harvard (Yale e Princeton não tiveram melhor sorte), que reduziram pronunciadamente os números de judeus admitidos depois da Primeira Guerra Mundial, e instituiu-se ao mesmo tempo um sistema de cotas mais sério baseado no grau desejável do caráter étnico e cultural. Foi essa política que fechou as portas a imigrantes que necessitavam desesperadamente do refúgio de Crèvecoeur e pereceram aos milhões nos campos da Solução Final. Mas Madison Grant dorme no seu túmulo em Sleepy Hollow, Nova York, junto com os patriotas da revolução americana.

Foi só em 1965 que Lyndon Johnson, aproveitando de certo modo a energia suprida pela suposição de que Kennedy escrevera *A nation of immigrants*, conseguiu abolir o sistema de cotas. Mas o que ajudou, mais do que o orgulho irlandês do presidente assassinado, foi uma tradição diferente de compreender a experiência dos imigrantes, uma tradição que havia prosseguido ao lado de todas as jeremiadas barulhentas sobre o estrago que os imigrantes causavam à essência social e cultural do caráter nacional. Esse trabalho era mais empírico e prático que altissonante na sala comum, e foi realizado por uma classe de assistentes sociais totalmente diferente de pessoas como Madison Grant e Edward Ross. É surpreendente que os professores universitários e os patrícios que tapavam o nariz diante das casas de cômodos fossem todos homens, mas aquelas que realmente entravam nos cortiços — que escutavam as histórias, enxugavam os rostos doentios e davam-se ao trabalho de viajar para regiões remotas na Rutênia e na Polônia *de onde vinham* os imigrantes — fossem mulheres?

E que mulheres! A mais frequentemente celebrada tem sido Jane Addams, que fundou o primeiro dos centros de serviços comunitários e assistência social da cidade, a Hull House, na rua Halsted, em Chicago. Mas foi a sua brilhante e infatigável protegida Grace Abbott que, três anos depois de Edward Ross ter publicado sua miscelânea de mitos paranoides mascarada como ciência social, escreveu o primeiro estudo solidário sobre *The immigrant and the community*. Em 1917 os Estados Unidos entraram na Primeira Guerra Mundial, e ambos os partidos haviam estimulado um palavrório de fúria patriótica: os democratas desgostosos com o internacionalismo de Wilson pediam "América primeiro", enquanto os republicanos, tentando sobrepujá-los, exigiam

"Americanismo não diluído". Se devia haver um caminho a seguir, os imigrantes poderiam constituir uma quinta-coluna, especialmente se não passavam de "estrangeiros naturalizados". Grace Abbott quis refutar, sistemática e estatisticamente, cada um dos truísmos reciclados por Ross sobre a nova imigração, e ela mostrava de modo conclusivo, por exemplo, que os americanos nascidos no país e condenados por crimes constituíam uma proporção muito mais elevada da população do que os nascidos no exterior. No Nordeste da América, onde os imigrantes estavam principalmente concentrados, os nativos brancos que recebiam assistência social eram também uma proporção mais elevada que entre os "novos imigrantes".

Mas o que dá ao livro de Grace Abbott o seu valor duradouro não é o seu contra-ataque a uma pseudossociologia; é antes a força da sua narrativa: o retrato da própria experiência imigrante, vista pelas muitas histórias de vida que a autora escutou, compreensiva. Movendo-se pelas suas páginas estão as suas horas passadas nos bondes e nos estabelecimentos de condições precárias e trabalho mal pago, nos tribunais de polícia, nas tabernas do chefe do bairro e nos "bancos de imigrantes" dos vendedores ambulantes. É, ao mesmo tempo, a história das adversidades e resistência das moças polonesas que, sem saber nem uma palavra de inglês, eram jogadas no trabalho das fazendas e no serviço doméstico; do operário italiano na ferrovia; da costureira judaica; um manual de sobrevivência para os imigrantes e uma prescrição para as autoridades públicas sobre como ajudar essas multidões a ganhar a vida na América. Abbott já não estava interessada em debater as restrições. Supunha que ela e seus colegas mais liberais tinham, por enquanto, perdido a discussão; que havia critérios rigorosos de admissão em vigor; mas ela queria fazer tudo o que estivesse ao seu alcance para inserir os imigrantes que satisfizessem os requisitos na corrente da vida americana. Como Kallen, ela não compreendia a vida americana como uma homogeneidade imaginária e monótona, mas como uma rica contiguidade de vizinhanças culturais. Essa, assim supunha Grace Abbott, era a glória única da América.

Mas Grace Abbott foi criada para pensar de forma independente. Seu pai, um herói da guerra civil, tornou-se um governador reformista de Nebraska; a mãe foi uma ardente feminista e sufragista no início desses movimentos. A irmã mais velha, Edith, foi uma recruta na Hull House de Jane Addams, passando depois a diretora da Escola de Educação Cívica e Filantropia (mais tar-

334

de Administração do Serviço Social) da Universidade de Chicago. O sucesso de Edith em Chicago atraiu Grace também para lá, em busca de um doutorado. Uma vez adquirido o título, ela sabia exatamente o que queria fazer: ser útil no tumulto da grande metrópole. Mudou-se para Hull House, foi reconhecida como extraordinária por Addams, e em 1908 tornou-se a primeira diretora da Liga de Proteção aos Imigrantes, associação que administrou ao lado da igualmente extraordinária Sophonisba Breckinridge de Kentucky.

Era como se Grace tivesse compreendido, bem cedo, o que ocorrera de errado com todas as grandiosas teorizações sobre os imigrantes e a vida americana: tinham sido feitas por pessoas que nunca haviam chegado perto dos imigrantes; que não faziam ideia de onde ficava a Rutênia ou do que significava, e que teriam estendido a mão para agarrar os sais aromáticos à mera sugestão de que intérpretes pagos com dinheiro público seriam uma boa ideia para ajudar os imigrantes no seu assentamento. Em vez de contemplar um panorama senhorial, Abbott simplesmente embarcou junto, até onde foi possível, na aventura. O que ela notou imediatamente foi o extraordinário número de garotas e jovens mulheres solteiras e desacompanhadas. Entre 1909 e 1914, havia meio milhão de mulheres imigrantes entre catorze e 29 anos; 84 mil jovens, só de polonesas; 23 mil da Rutênia galiciana; 65 mil judias jovens da Rússia e da Polônia; todas muito claramente à mercê de toda uma indústria que aguardava a hora de explorá-las, enganá-las e endividá-las de todas as maneiras possíveis. Grace escutava as histórias de garotas enviadas aos tios, que as acolhiam por uma ou duas noites no distrito ao redor dos currais de imigrantes, arrumavam-lhes talvez alojamentos pobres, e depois as abandonavam à sua própria sorte. Algumas que tinham contado com alguém à sua espera na estação ferroviária não encontravam ninguém e ficavam paradas na plataforma com sua patética malinha, sem saber uma palavra de inglês, até serem abordadas por um abutre local que enfiava o braço delas no seu e levava-as para uma taberna. Muitas eram enganadas ainda antes de embarcarem no trem no porto de entrada, pois as companhias de vapores que forneciam os bilhetes de trem para a continuação da viagem aplicavam o golpe de percursos absurdamente tortuosos; levar os passageiros, por exemplo, de Nova York a Chicago via Norfolk, Virgínia.

Não havia muito que Grace Abbott pudesse fazer contra essas fraudes, exceto divulgá-las, mas ela montou um sistema de boas-vindas e recepção para os recém-chegados, especialmente as mulheres, ocupando prédios bem diante das estações, com equipes compostas sobretudo de mulheres que falassem as línguas relevantes. Cartazes bem visíveis nessas mesmas línguas eram afixados nas plataformas, além da equipe que ia ao encontro dos trens, mesmo quando eles chegavam, como frequentemente acontecia, entre a meia-noite e as seis da manhã. Se os imigrantes iam continuar viagem para um destino mais além, arrumava-se acomodação para a noite e explicava-se claramente a próxima etapa da viagem, evitando o destino da garota norueguesa que se dirigia a Iowa, mas em Chicago fora tirada de um trem rumo ao Oeste por homens que afirmavam que ela precisava mudar de trem, tendo sido depois assaltada e violentada. Em 1913, o Congresso e o presidente Wilson autorizaram o secretário do Trabalho a tornar oficiais as estações de recepção de Abbott; ainda mais necessárias porque ela se queixava de que invariavelmente a administração das leis da imigração era deixada nas mãos de homens insensíveis. Eles eram especialmente cruéis, se confrontados com uma gravidez fora do casamento. Abbott recordava o caso pré-guerra de um jovem casal austríaco da Galícia: o homem, impedido de emigrar por causa do serviço militar, chegou finalmente com a sua mulher num estado de gravidez adiantado. Ele foi admitido, mas a ela foi negada a entrada por razões morais à disposição das autoridades da imigração. Horrorizada com a separação, Abbott incentivou uma campanha entre as suas mulheres de Chicago, que gerou pressão suficiente para conseguir revogar a decisão, e o casal se casou no dia da chegada da moça.

Grande parte do livro é um compêndio de conselhos sobre o que evitar: agências de emprego falsas que constituíam frequentemente um conduto à prostituição; "bancos" de imigrantes que eram usados principalmente para remeter os ganhos para casa, e que muitas vezes não passavam de fraudes administradas por russos e húngaros, que depois desapareciam junto com os depósitos; parteiras inexperientes com equipamento imundo capaz de causar cegueira pós-natal ou coisa pior. (Abbott era muito a favor das parteiras, sobretudo porque as próprias mulheres preferiam nascimentos em casa a partos no hospital, mas queria treinamento e licenciamento apropriadamente regularizados em toda e qualquer língua que fosse conveniente.) Nos casos em que não podia fazer muito, ela esperava ao menos educar o indefeso sobre o que esperar: as condições deploráveis dos trabalhadores sazonais, nos acampamentos de madeireiras no Maine ou nos campos de trigo de Dakota, ou, o pior de tudo, os vagabundos das ferrovias que eram obrigados a dormir em tarimbas nos vagões de carga e forçados a pagar à companhia quatro ou cinco dólares de seus ganhos desprezíveis por uma comida ruim, aguardente, tabaco e luvas. Não se podia esperar nada de bom dos chefes dos bairros nem da polícia, ela alertava. Muito cuidado, principalmente com esta última, que vai esperar subornos que podem ou não impedir a brutalidade. A polícia de Chicago às vezes tratava os imigrantes como divertimento. Um homem que não conseguiu compreender a ordem gritada para sair da lata de lixo sobre a qual estava sentado foi baleado e morto por sua incompreensão. Um menino esloveno de quinze anos, jogando dados numa casa com seus amigos, recebeu da polícia armada a ordem de mãos ao alto, mas ainda assim foi baleado e morto à queima-roupa. Quando a polícia ficava sabendo de uma greve violenta ou de uma bomba explodindo, era capaz de fazer prisões aleatórias na comunidade, sem sequer ter um pretexto que ligasse o preso ao crime, simplesmente como uma mensagem para que os italianos ou os polacos "se comportassem".

É quando ela chega às passagens finais de seu livro, entretanto, que Grace Abbott faz todo o excesso retórico dos professores universitários e dos patrícios parecer remoto e absurdo. Quando eles pedem que as crianças repudiem a tradição e a língua de seus pais, será que não se detêm para considerar que, como apresentam alguma facilidade com o inglês, as crianças são o canal pelo qual os pais e as mães falam com os chefes, a polícia, os juízes, os médicos? E que é necessário *para o bem das crianças* restaurar a autoridade natural de seu pai e mãe? Como poderia o total repúdio de sua cultura nativa ajudar nesse ponto ou, na verdade, fazer bem à América? Afinal, muitos dos imigrantes, tchecos e lituanos, tinham vindo de países onde as autoridades, alemãs ou russas, haviam tentado reprimir sua língua materna. Abandoná-las agora seria uma traição. "Em nosso zelo para ensinar o patriotismo, estamos frequentemente ensinando o desrespeito pela história e tradições que os ancestrais dos pais imigrantes contribuíram para criar."

"O americanismo", diz Grace Abbott, seguindo Horace Kallen, é uma senha, uma conveniência imbecil, e ela cita com aprovação o trecho em que o antropólogo William Sumner comenta que o significado mais frequente de americanismo é o "dever de aplaudir, seguir e obedecer a qualquer coisa que a panelinha dominante dos jornais e políticos nos manda dizer ou fazer". O que é um americano? — ela (mais ou menos) pergunta, e dá uma resposta mais rica e mais sutil que a de Crèvecoeur, uma resposta para a era moderna da América.

> Somos muitas nacionalidades espalhadas sobre um continente com todas as diferenças e interesse que o clima provoca. Mas em vez de nos envergonharmos disso [...] devemos reconhecer a oportunidade particular para servir ao mundo. Se os ingleses, os irlandeses, os poloneses, os alemães, os escandinavos, os russos, os magiares, os lituanos e todas as outras raças sobre a terra podem viver juntos, cada um dando a sua contribuição distinta para a nossa vida comum, se podemos respeitar essas diferenças que resultam de um ambiente social e político diverso, bem como os interesses comuns que unem todos os povos, estaremos à altura da oportunidade americana. Se, ao contrário, seguirmos cegamente a Europa e cultivarmos o egotismo nacional, precisaremos desenvolver o desprezo pelos outros, fomentar os ódios e invejas nacionais que são necessários para o nacionalismo agressivo.

Depois da guerra, não seria correto que os Estados Unidos defendessem o internacionalismo, e a causa das "nacionalidades oprimidas [...] a sua causa não devia ser a nossa causa"? Assim não foi provavelmente nenhuma surpresa para Abbott, quando Henry Cabot Lodge, o restricionista *par excellence*, falou de forma amarga e bem-sucedida contra a participação americana na Liga das Nações.

Depois, mais uma vez você sente, lendo as suas páginas encantadoras, que nada disso importa, se ela puder simplesmente sair para a calçada, entrar no alarido rouco da rua Halsted com seu estardalhaço de bondes, jornaleiros e vendedores de rua, um piano ragtime vindo das tabernas, e contemplar algo que a faça renovar sua fé nesta América de diferenças vizinhas, senti-la profundamente lá dentro de seus ossos de Nebraska. Na Sexta-Feira Santa grega (pois os gregos são a comunidade mais próxima do centro de assistência social) é exatamente o que ela faz, deparando-se com uma procissão de velas amarelas escuras seguindo pela rua, os padres e os meninos cantando os hinos graves dos séculos egeus. Se alguém se deparasse com essa cena, ela escreve, jamais suporia estar nos Estados Unidos da América. Mas "depois de um minuto de reflexão", ao observar os policiais irlandeses que abrem o caminho

338

para a procissão, e as filas de judeus, polacos e lituanos que contemplam com uma mistura de reverência e curiosidade, percebe "que esse panorama só poderia ser representado numa cidade americana".

32. O CORÃO DE JEFFERSON

Por toda a cidade, Expeditions e Explorers invendáveis estavam enfileirados em terrenos de revendedores como gado esperando o caminhão do matadouro. Quando o céu se toldou sobre Dearborn, cinza e opressivo, os contadores nervosos da corporação tremiam sobre seus ábacos, que no final do trimestre da primavera anunciavam uma perda de 8,7 *bilhões* de dólares. Mas, se esse era o começo do fim da Ford Motor Company, nunca se ficaria sabendo em Fair Lane, o rancho urbano em estilo de pradaria de Henry Ford, construído nos seus anos senhoriais apenas a três quilômetros da fazenda em que ele nasceu. O Fair Lane amplamente horizontal é construído com calcário rústico de Marblehead e tem a obscuridade baronial que os grandes capitães da indústria frequentemente requeriam, como se um banho de luz pudesse de certo modo distrair até o convidado de fim de semana de uma apreciação apropriadamente calvinista da relação entre labuta e triunfo. Na metade superior dos painéis de carvalho da escada estão as janelas de vitrais com os suportes heráldicos dos Ford — vacas leiteiras e feixes de trigo, lembrando ao admirador a sua origem rústica e humilde, junto com homilias que repetem no aposento subterrâneo: "Quem corta a sua própria lenha é aquecido em dobro".

De muitas maneiras, Henry Ford foi o oposto do capitalista flibusteiro de mercado livre presente na teoria econômica americana clássica. Ao longo de toda a sua vida, ele foi obcecado pelo estrago que a vida industrial não regulada estava causando na América agrária mais antiga, da qual se imaginava verdadeiro filho (mesmo que houvesse uma parte igualmente forte dentro de si que mal podia esperar para tirar o cheiro de vaca de suas calças de brim). Não seria inteiramente absurdo vê-lo mais como o último jeffersoniano que como a personificação dos grandes negócios hamiltonianos, pois ele prezava no operário a autossuficiência de pequeno proprietário, tanto quanto ela fora tradicionalmente apreciada no agricultor. Esquece-se frequentemente que ele construiu tratores e maquinário agrícola motorizados antes do Modelo T, e ele sempre pensava nos seus carros como libertadores dos moradores das pradarias, que, sem os veículos, ficavam aprisionados pelo trabalho duro e pelas imensas distâncias. Do início ao fim, ele foi amigo dos fazendeiros.

Assim que ficou encarregado da vida de milhares, Ford sentiu o mesmo tipo de responsabilidade senhorial pelo seu bem-estar que Jefferson sentira pelos seus escravos em Monticello. Ele estava perfeitamente disposto a incorrer na ira do *Wall Street Journal* e de seus colegas capitães da indústria em 1914, quando dobrou o salário dos trabalhadores nas suas linhas de produção em Dearborn para inauditos cinco dólares por dia. Mas havia muitas condições desagradáveis nessa generosidade. Ford andara lendo ciência social e compreendeu que o rendimento líquido de seus trabalhadores dependia da sua experiência e caráter sociais, em vez de ser simplesmente um cálculo de homens, máquinas e capital. Por isso, a necessidade de controlar esse caráter social. E, dado que muitos milhares de seus operários em Dearborn eram novos imigrantes, ele criou o "Departamento Sociológico" da companhia para cuidar da sua vida diária e também vigiá-la. A sobriedade e a virtude conjugal não eram meramente encorajadas, mas obrigatórias. Entretanto, a necessidade mais imperiosa de todas, se quisessem provar que eram verdadeiros trabalhadores americanos, era saber inglês. Assim, foi criada uma Escola de Inglês especial para a educação de adultos. A frequência não era opcional, se os trabalhadores quisessem manter o emprego. A primeira frase ensinada aos que tinham vindo da Hungria ou Polônia, Síria ou Sicília, era "Eu sou americano".

Na primeira cerimônia de formatura da Escola de Inglês em 1914, num estádio de Dearborn, fora montado um palco com um pano de fundo pintado representando um vapor atlântico chamado — que outro nome? — *E pluribus unum*. À sua frente via-se um enorme caldeirão com alças, feito de madeira e papelão, como uma peça de uma cozinha de Brobdingnag, e nele estava pintado ESCOLA DE INGLÊS FORD com grandes letras brancas. De uma prancha de desembarque desciam os formandos com as roupas de suas origens étnicas — húngaros, poloneses, alemães, italianos — e entravam no "Melting Pot" [cadinho], de onde saíam com ternos e vestidos acadêmicos, segurando bandeiras americanas, enquanto a banda dos trabalhadores tocava "My country 'tis of thee" [Meu país é teu]. Samuel Marquis, um ex-pastor episcopal e o gênio que

340

presidia tanto o Departamento Sociológico como a Escola de Inglês, havia orquestrado a cerimônia para que cada mês, dos nove que os estudantes haviam levado para dominar o inglês, fosse representado por um minuto de sua cerimônia de formatura. Nos anos seguintes, tanto os estudantes como os ex-alunos (cuja organização era chamada The American Club) participaram das festividades do Dia da Americanização realizadas no Quatro de Julho, nas quais milhares marchavam até a prefeitura em Detroit, uma cidade onde cerca de três quartos da população branca haviam nascido no exterior.

Parece improvável que Henry Ford soubesse que o símbolo do melting pot para a transformação assimilativa dos futuros cidadãos tinha sido invenção de Israel Zangwill, um judeu britânico e assim membro da única raça que Henry Ford acreditava ser totalmente inassimilável à América; uma mensagem martelada implacavelmente no seu *Dearborn Independent* e no seu livro *The international Jew: the world's foremost problem*, uma obra que o jovem Hitler achava tão instrutiva que mantinha um retrato de seu herói Ford na intimidade do seu gabinete.

A peça de quatro atos de Zangwill, *The melting pot*, representada pela primeira vez em 1908, apresenta uma série de estereótipos: o professor de violino melancólico e sensível, David Quixano (uma escolha peculiar de nome para um judeu da Zona de Residência russa), o único sobrevivente do pogrom de Kishineff, quando tinha visto a sua família, inclusive uma irmã pequena, assassinada diante de seus olhos. Oposta a David, o violinista, está a aristocrática assistente social Vera, claro que também da Rússia. Numa visita para lhe agradecer o concerto de violino para as crianças do centro de assistência social, Vera descobre, sonhadora, as partituras muito manuseadas da "Chacona" de Mendelssohn e Bach e deixa-se seduzir por David, de corpo e alma, pois, como ela murmura, o rei Davi não era harpista? Ela deseja muito escutar a grande obra sinfônica que ele está elaborando, intitulada *The melting pot*. "A América é o melting pot de Deus", ele explica à não-judia graciosa e de olhos largos, "onde todas as raças da Europa estão se fundindo e re-formando [...] vossas cinquenta línguas, vossos cinquenta ódios e rivalidades sanguinários, vossas cinquenta inimizades e vinganças, para dentro do melting pot todos vós. Deus está fazendo o americano." Mas ESPERE! Uma pequena nuvem escura aparece sorrateira no horizonte; uma Verdade Terrível. A própria Vera é filha do barão russo antissemita que havia liderado o pogrom. Quando ele encontra no barão mau (em visita a Nova York e por que não?) a sua nêmesis, Tudo Parece Perdido mesmo que Vera seja de natureza boa, disposta a se converter. Os meses passam, e ocorre uma reunião tímida e dolorosa que termina com os dois um nos braços do outro. Atrás deles, o sol se põe lentamente no Porto de Nova York, enquanto David em êxtase exclama: "Ah, Vera, o que é a glória de Roma e Jerusalém, onde todas as nações e raças vinham celebrar cultos e relembrar o passado, em comparação com a glória da América, onde todas as raças e nações vêm trabalhar e aguardar ansiosamente o futuro?". De repente uma seta de ouro ilumina o braço estendido e a tocha da Estátua da Liberdade, enquanto a cortina cai muito lentamente.

Pode não ser Crèvecoeur, mas não havia nada em *The melting pot* de Zangwill para provocar azedume no barão de Dearborn, mesmo que tivesse sido escrito por um semita voraz. Mas como é que ele teria reagido aos outros semitas que se reúnem nos dias de hoje no Centro Islâmico Americano em Ford Road? Pois a enorme mesquita com seus três domos dourados e dois minaretes, espremida — numa distância conveniente — entre a igreja ortodoxa grega e a capela luterana na mesma faixa de terra, representa o fruto mais da filosofia de Horace Kallen e Grace Abbott que a de Ross e Ford.

"Não sou naturalizado", diz Chuck (Khalil) Alaman para mim com certa dureza, enquanto nos sentamos dentro da mesquita antes das orações da sexta-feira. "Sou um americano que na realidade tem um pouco de sangue libanês, um pouco de sangue canadense francês, e sou muçulmano."

Chuck é um engenheiro civil aposentado nos seus setenta anos, cabelos prateados e maneiras elegantes e afáveis. Se muçulmanos como Chuck fazem os americanos perderem o sono, o país enfrenta mais dificuldades do que aparenta ter, levando-se em consideração que um dos principais partidos indicou como candidato à presidência alguém cujo nome do meio é Hussein. Pois Chuck, que serviu nas forças armadas na Guerra da Coreia, é um patriota profundamente apaixonado que passou por maus momentos depois do Onze de Setembro, quando ser um americano muçulmano patriótico era considerado uma impossibilidade. "Foi um período muito ruim, o pior. *Asalaam aleykum*", ele cumprimenta um devoto que chega, terminando com "Gosto de dizer que sou tão americano quanto a torta de maçã".

Ou *lahme*, quero dizer mas não digo. Muçulmanos do Líbano e da Síria têm vivido em Dearborn por mais de um século; fazem parte da mesma emigração que abandonou as relíquias do Império Otomano. Sei disso por causa do mapa do itinerário dos Schama, e fico momentaneamente dominado por um enorme desejo de tomar chá de hortelã. As pessoas de sua região do centro do Líbano vieram para a cidade, é claro, com o objetivo de trabalhar nas fábricas Ford. No seu repulsivo catálogo de estereótipos, Edward Ross incluiu os sírios, a quem classificava como "estranhos à verdade", levantinos matreiros, untuosos, treinados em ganhar as boas graças dos outros de forma tortuosamente inconfiável. Essa descrição não poderia estar mais distante dos libaneses que saíam do seu turno penoso na linha de produção e iam direto para a loja do pai de Chuck. Ali eles podiam inalar e comprar os sabores secos da terra natal: chás de ervas de todos os tipos, pistache, figos e uvas, muitas espécies de arroz, lentilha, gergelim, sumagre; e, apesar daqueles que talvez tivessem passado pelo Melting Pot de Ford, falar o árabe suavemente belo de seu antigo lar.

Ocorreram mais duas migrações: a primeira depois da Segunda Guerra Mundial, quando terminou o mandato francês, Israel foi fundada e os palestinos vieram em multidões para o Líbano; a segunda em 1976, durante a guerra civil libanesa. Ao longo de todo esse tempo, havia apenas uma pequena mesquita informal e um açougue halal. Os libaneses de Dearborn, talvez cerca de quinhentas famílias, compravam sua carne nos açougues kosher, e, crescendo nesse mundo, Chuck diz: "Nunca me senti oprimido nem pela etnicidade, nem pela religião. Éramos conhecidos como maometanos naquela época, e os garotos na escola não sabiam muita coisa sobre nós; éramos apenas garotos que jogavam futebol americano de toques no parque com todos os outros. Eu era, bem, eu sou, parte do mosaico". Na verdade, Chuck é exatamente o tipo de americano que Grace Abbott tinha considerado uma esperança para o futuro: um americano cujo credo e cultura eram mais um tributo à capacidade da América para o pluralismo do que um problema.

E então vieram o Onze de Setembro e a Guerra do Iraque, e a vida tornou-se bem mais difícil. Chuck se lembra de estar numa loja quando aconteceu o ataque, fitando sem poder acreditar as imagens terríveis na tela da televisão, e logo rezando em silêncio para que não tivesse sido um ataque de muçulmanos. Em Dearborn, diz ele, quase nunca houve problema. Ninguém virava as costas ou recusava apertar a sua mão; na verdade, eles eram até mais compreensivos, conhecendo a força do seu coração americano. Fora da cidade, "Bem...", diz ele, não querendo afirmar nada, mas deixando que eu faça

343

minhas conjeturas. Na parede do vestíbulo onde estamos sentados existe um código de honra, nada de excepcional para os fiéis, mas incluindo um aviso significativo para não darem ouvidos à "literatura de fora", que significa, é claro, as convocações incendiárias para jihads por parte de muçulmanos que não participam das tradições de Dearborn. E, longe da câmera, Chuck confessa que a imigração mais recente — especialmente do Iraque — não tem sido, por razões muito óbvias, tão tranquila quanto ele gostaria. "Eles não falam muito inglês e não querem o Corão traduzido. Eles se isolam mais do que eu gostaria, vou lhe dizer." Quando critico Obama com severidade por retirar apressadamente duas mulheres com lenços na cabeça da foto oficial num dos comícios da sua campanha, Chuck suspira, mas diz que compreende. Ele talvez tivesse feito o mesmo, diz.

Mas no momento Chuck Alaman está otimista. O simples fato da candidatura de Obama, com raízes no Quênia muçulmano e no Kansas cristão, é uma fonte de admiração para ele; uma justificação da América, qualquer que seja o resultado da eleição presidencial. "Você sabia", ele pergunta, "que o primeiro membro muçulmano do Congresso, Keith Ellison [também afro-americano], com mentalidade de *Minnesota*, fez o seu juramento sobre o Corão de Jefferson?" Confesso que nem sequer sabia que Jefferson tinha um Corão. Mas Chuck estava certo. O virginiano comprara os dois volumes da tradução londrina de George Sale em 1765, e eles logo entraram na biblioteca de Monticello, mais usados, dizia-se às vezes, na sua pesquisa sobre direito comparado do que em teologia. Apesar de não haver razão para que Jefferson tivesse menos interesse em Maomé como professor moral do que em Jesus. Quando se espalhou, em março de 2007, a notícia de que um congressista iria realmente fazer o seu juramento de lealdade sobre o Corão, não demorou muito para que um colega membro da Casa, um certo Virgil Goode, advertisse que era O Começo do Fim da América, e se sentisse encorajado a acrescentar que "teremos muitos outros milhões de muçulmanos nos Estados Unidos, se não adotarmos políticas de imigração rigorosas".

Para a maior parte de todos os demais, o momento incontroverso do juramento do congressista Ellison sugere tudo que é certo a respeito dos Estados Unidos, quando muito está errado. O melhor de tudo, quando indagada sobre o quanto aquele dia significava para ela, Cilida, a mãe do congressista, deu a resposta perfeita. "Eu sou católica. Vou à missa *todos* os dias."

344

PARTE IV
ABUNDÂNCIA AMERICANA

33. RODANDO DE TANQUE VAZIO?

Eu não estava sobre a plataforma da carroceria antes de o caminhão partir roncando; cambaleei, um dos viajantes me agarrou, e me sentei. Alguém passou uma garrafa de zurrapa, o resto no fundo, tomei um grande trago no ar selvagem, lírico, cheio de chuviscos de Nebraska. "Iuuupi, aqui vamos nós!", gritou um menino de boné de beisebol, e eles aceleraram o caminhão até 110 e ultrapassaram todo mundo na estrada. "Estamos viajando neste filho da puta desde Des Moines. Esses caras não param nunca. De vez em quando você tem que gritar que parem pra mijar, senão tem que mijar no ar, e aguentar, irmão, aguentar."

Olhei para o grupo. Havia dois meninos das fazendas da Dakota do Norte com bonés vermelhos de beisebol, que é o chapéu típico do menino de fazenda da Dakota do Norte, e eles iam para as colheitas; seus pais tinham dado permissão para que pegassem a estrada por um verão. Havia dois meninos urbanos de Columbus, Ohio, jogadores de futebol na escola secundária, mascando chiclete, piscando, cantando na brisa, e eles disseram que estavam viajando de carona pelos Estados Unidos durante o verão. "Vamos para L. A.!", gritaram.

"O que vocês vão fazer lá?"

"Ora, não sabemos. Nem importa!"

Jack Kerouac, *On the road*, 1957

Em 1958, esse era o modo como eu via a América de longe, querendo que o 226 tomasse uma curva errada em Cricklewood Lane e acabasse em Oklahoma: o trigo tão alto quanto o olho de um elefante (eu tinha visto o espetáculo); um bojo azul sem nuvens como céu; os salgueiros fazendo o que quer que seja que os salgueiros fazem; os pintos da pradaria idem; uma estrada reta, antiga e vazia rumo ao oeste para a felicidade. *Iuuupi!*

Eu tinha razão. Se quiserem uma palavra para descrever o estado de espírito americano, ela seria: ilimitado; a viagem na estrada a chamar, o afrouxar trêmulo dos grilhões. Os limites naturais — montanhas, rios — ali estão para serem admirados e depois, sem demora, cruzados, vadeados, mapeados, deixados para trás. O país foi inventado para livrar-se das fronteiras da paróquia, da herdade nobre, da propriedade rural; todas as antigas jurisdições do Velho Mundo que tolhiam o movimento livre. (Na França do século XVIII, por exemplo, os migrantes sazonais precisavam de papéis assinados pelo padre da sua paróquia para evitar a atenção da polícia.) A América significava desprender-se da segurança de uma Igreja e de um Estado nervosamente vigilantes. Desde o momento em que você pisava a bordo e fitava a água do mar cinzenta além do porto, a América lhe dizia para abraçar o perigo do espaço ilimitado pela chance de começar de novo. No Velho Mundo, você sabia o seu lugar; no Mundo Novo, você o criava. Assim a liberdade americana tem sido sempre a liberdade de seguir adiante. Não importa o que o aflija, não importa o que tenha dado errado; sempre que a calamidade estiver no seu encalço ou o pedaço de terra que lhe coube parecer pequeno demais para os seus sonhos, haverá sempre o amplo azul mais além, a pradaria logo depois do próximo morro, esperando pelo seu gado ou pela sua enxada. Diga alô, dê-lhe uma boa cutucada, e logo surgirá a sua cota da abundância: uma colheita de cereais, uma cintilação mágica no rio, um jorro do ouro negro. Ao anoitecer, você pode balançar na varanda e observar o seu pequeno reino, o reino do homem comum; o contentamento do seu coração.

Quando os governos britânicos do século XVIII decidiram que a linha das montanhas Allegheny seria o limite oeste de seu império americano, pois os custos tornavam qualquer extensão maior indefensável, é que ele se condenou, irreversivelmente, à destruição. A América tem sido sempre o impulso para avançar, que vencerá todas as vezes o confinamento do Estado regulador. Benjamin Franklin fez o possível para explicar a amigos e ao Parlamento que o fato soberano sobre a América era a magnitude territorial. Era, escreveu a seu filosófico amigo escocês lorde Kames, "um país imenso, favorecido pela Natureza com todas as vantagens de clima, solo, grandes rios e lagos navegáveis etc. e *deve* tornar-se um grande país, populoso e poderoso, e será capaz, em menos tempo do que em geral se pensa, de livrar-se dos grilhões a ele impostos". "Surge por toda parte uma inclinação inexplicável em todas as pessoas de seguir para o Oeste", escreveu em outra ocasião, vendo com a sua imaginação, mesmo sentado na sua casa em Londres, o machado e a enxada, as árvores tombando; as matas cerradas desbravadas; a terra submetida ao arado; os vales de rio abrindo-se para o comércio. Mas os senhores do império mercantil em Londres não podiam ver nada disso. Pois o seu era um cálculo de lucros nacionais divididos pelos custos da defesa e arrecadação de renda. Não estavam muito interessados na atividade da colonização, exceto como fonte de matérias-primas e um mercado para as manufaturas britânicas; e talvez uma esponja para absorver o "tipo mais vil" de suas próprias ilhas.

A América do Norte continental era então uma conveniência (distinta das ilhas do açúcar do Caribe, que eram uma necessidade). Mas para que o seu valor não se transformasse numa insignificância pelos custos de uma guerra perpétua, ela precisava estar numa fronteira fiscalmente defensável. O nervosismo a respeito de exageros na demarcação de fronteiras em outras regiões do Império Britânico — em particular, na Índia — afetou as decisões sobre a América. Na mente oficial, pioneirismo era outro nome para irresponsabilidade estratégica. Porém, mesmo quando tentava manter a linha fronteiriça, o governo longínquo não tinha escolha senão encorajar alguns assentamentos na fronteira oeste, nem que fosse para impedir o avanço dos franceses e proteger as fronteiras da América Britânica de seus soldados e aliados índios. O inconveniente era que sempre havia outra linha interior — o Mississippi, por exemplo — que, se tomada e fortificada pelo inimigo, ainda poderia aplicar um golpe de gravata na América Britânica.

Assim, a política britânica na fronteira oeste oscilava entre o confinamento e a permissividade. Mas por fim a percepção americana do conservadorismo territorial desencadeou a primeira revolução de agentes imobiliários descontentes, que acreditavam que o mercado de terras de primeira qualidade devia superar a timidez geopolítica. Mapear o interior fora promover um investimento. A primeira carreira de Washington foi de agrimensor, e ele tinha uma fé quase mística no vale de Ohio como o melting pot do império continental americano. Para Franklin, o vale de Ohio significava homens e dinheiro, grandes quantidades de ambos, e uma bela parte dos lucros para si próprio.

Em 1782, depois que a luta havia terminado e as terras no interior foram postas à venda, Franklin publicou *Information to those who would remove to America*, em que o tom de cautela se rendia ao descarado chamariz. Após desiludir enormemente os emigrantes potenciais quanto à fácil disponibilidade de "cargos lucráveis" e ao mito, aparentemente difundido, de que a terra e os negros eram distribuídos de graça, Franklin apresentou sua propaganda sedutora. "Quais são as vantagens que eles podem razoavelmente esperar?", pergunta. A primeira é que

A terra sendo barata neste país, nas imensas florestas ainda sem habitantes, e sendo muito improvável que sejam ocupadas numa era vindoura, de maneira que uma propriedade de cem acres de solo fértil coberto de matas pode ser obtida, perto das fronteiras, em muitos lugares por oito ou dez guinéus, os jovens trabalhadores cheios de vigor que sabem cultivar cereais e criar gado [...] podem se estabelecer facilmente por aqui. Um pouco de dinheiro poupado dos bons salários que ali recebem ao trabalharem para outros torna-os capazes de comprar terra e começar a sua plantação, na qual são assistidos pela boa vontade de seus vizinhos e por algum crédito. Por esse meio, as multidões de pobres da Inglaterra, Irlanda, Escócia e Alemanha tornaram-se em poucos anos fazendeiros ricos que, nos seus países, onde todas as terras estão completamente ocupadas [...] nunca poderiam ter saído da pobre condição em que nasceram.

Seguir para o Oeste, sugeria Franklin, é ganhar dinheiro com rapidez. Ele "conhecia pessoalmente" várias pessoas que haviam comprado grandes extensões de terra na fronteira oeste da Pensilvânia por dez libras cada cem acres e que, à medida que o limite das fazendas se estendia para o Oeste, tinham vendido a mesma terra por três libras cada acre: um sucesso americano!

Uma geração mais tarde, nos anos 1830, Alexis de Tocqueville viu nesse "espírito inquieto" a grande peculiaridade americana. Não importa quão prósperos os tempos, nem quanto progresso o cidadão pudesse estar fazendo, ficar satisfeito com o que possuía estava fora de questão para um verdadeiro americano. Temendo a possibilidade da perda, os americanos estavam "sempre ruminando as vantagens que não possuem", compelidos a encontrar um caminho expedito para algo melhor. O contentamento passivo não era aparentemente uma opção americana. Tocqueville viu com sua sagacidade habitual a tensão na vida americana entre o assentamento e a impaciência agitada de seguir adiante. Eram, e são, dois impulsos em conflito. Por um lado, havia a direção para a qual as carroças rolavam, a cabana de toras na clareira; que, com o desmatamento e cultivo da terra, daria lugar ao quintal com uma cerca de estacas e à casa da fazenda. Por outro lado, havia a vontade irreprimível de levantar-se e progredir. Da tensão não resolvida entre os dois instintos, pensava Tocqueville, poderia surgir a loucura social: a felicidade como um fogo-fátuo malévolo, sempre fazendo cabriolas diante dos americanos que, correndo sem fôlego no seu encalço, tentam pegá-lo. De que outro modo explicar hábitos irracionais que não provocavam nem um ar de incredulidade nos rostos da América?

> Nos Estados Unidos, um homem constrói uma casa onde passar seus últimos anos, mas a vende antes de o telhado ser colocado, e a aluga assim que as árvores estão começando a dar fruto [...] ele se estabelece num lugar, que logo depois abandona para carregar seus desejos mutáveis a outro lugar. Se seus negócios privados lhe deixam algum tempo de lazer, no mesmo instante ele mergulha no redemoinho da política, e se no final de um ano de trabalho incessante descobre que tem alguns dias de férias, sua curiosidade ansiosa o faz rodopiar sobre a vasta extensão dos Estados Unidos, e ele viajará 2400 quilômetros em poucos dias para escapar da sua felicidade. A morte por fim o alcança, mas bem antes de ele se cansar da busca inútil dessa ventura absoluta que está sempre em fuga.

A América não podia deixar de ser assim. Estava sempre se movendo para o "futuro orgástico" de Gatsby, assinalado pela luz verde no final da doca. "Ele nos escapou então, mas não importa — amanhã correremos mais rápido, esticaremos os braços ainda mais longe... E uma bela manhã —" o barco de

Fitzgerald é por fim "reconduzido sem se deter ao passado". Mas essa nota final de pessimismo é notavelmente mal interpretada pela maioria dos alunos da escola secundária que são obrigados a ler o livro, ao menos segundo o *New York Times*. Em fevereiro de 2008, o jornal publicou uma reportagem sobre uma classe de estudantes imigrantes de primeira geração da Boston Latin School, a maioria dos quais não via a luz verde como uma miragem tantalizante, o fulgor que iluminou a destruição de Gatsby, mas quase como o seu oposto: um farol de liberdade; o seu próprio sinal de avançar. Jinghzao Wang, catorze anos e imigrante de primeira geração, disse ao *Times* que ela adotara a luz verde de Fitzgerald como um símbolo de sua determinação de ingressar em Harvard.

É possível compreender seu raciocínio. Ninguém jamais ganhou uma eleição nos Estados Unidos fazendo preleções à América sobre limites, mesmo que o bom senso sugira que essas homilias possam estar atrasadas. Em 1893, o historiador Frederick Jackson Turner de Wisconsin observou que o superintendente do censo dos Estados Unidos havia declarado que, sendo a área "não assentada" do país tão fragmentada, não se poderia dizer, para fins do censo, que ainda fosse uma fronteira. Turner considerou a declaração grave, o fim da "primeira época" da história americana. Era, ele lamentava, o fim de repetidos começos, uma vez que, a cada impulso para o Oeste, a sociedade americana tivera de recomeçar tudo a partir do zero, dando assim à nação sua sensação revigorante de juventude perpétua. Mas nem tudo estava inteiramente perdido. Três anos mais tarde, em 1896, num ensaio chamado "O problema do Oeste", Turner profetizou que algum tipo de reação americana robusta ao fechamento da fronteira modelaria o que ele chamava um "novo americanismo"; uma "afirmação drástica do governo nacional e expansão imperial sob o comando de um herói popular". A fronteira dera origem à democracia. O seu fechamento daria origem a algo mais surpreendente? "As forças da reorganização são turbulentas", escreveu sombriamente, "e a nação parece um caldeirão das bruxas."

Cada vez que os Estados Unidos experimentam uma sensação inusitada de claustrofobia, novas versões de revigoramento das fronteiras têm sido vendidas aos eleitores como tônico nacional. Nos anos 1890, o imperialismo vigoroso de Teddy Roosevelt, a resposta às preces de Turner, destinava-se a livrar o país de seu pânico de fim-da-fronteira. E se a fronteira mutante já não podia gerar democracia em, digamos, Montana ou Novo México, talvez pudesse gerá-la na Eslováquia, Letônia ou Cuba. Essa era, em todo caso, a esperança do internacionalismo wilsoniano; o ímpeto irreprimível de ser pioneiro por meio da política. Em 1960, no meio da Guerra Fria, experimentada mais uma vez como uma constrição da energia nacional, o discurso inaugural de Kennedy prometeu outra saída do aperto. A espinha da América já não estava encostada em algum tipo de muro, de Berlim ou outro qualquer. Estava Erguida e Ativa: "iria a qualquer lugar" e "pagaria qualquer preço" para defender a liberdade. Qualquer lugar veio a incluir a Fronteira Mais Nova da Lua, na qual os astronautas das *Apollos* 15 a 17 realizaram a viagem em última análise sem sentido, circulando pela superfície lunar no seu buggy de rodas grandes à procura de pedras bacanas.

A grande exceção ao otimismo obrigatório foi Jimmy Carter. O seu destino na eleição de 1980 contra o inabalavelmente ensolarado Ronald Reagan tornou-se uma lição prática sobre as penalidades da franqueza. Carter não proferiu menos de quatro discursos na televisão sobre o tema da energia que, profeticamente, ele via como o árbitro da segurança. De abril de 1977 a seu discurso mais dramático em meados de julho de 1979, delineando uma política nacional de energia projetada para reduzir a dependência do petróleo estrangeiro por meio de uma cota sobre importações, conservação de energia e incentivos fiscais para investimentos em combustíveis alternativos, o seu público de televisão diminuiu drasticamente (de 80 milhões para 30 milhões). A reação da imprensa ao extraordinário discurso de 15 de julho, em que o batista renascido leu repreensões a si próprio enviadas por cidadãos perplexos, antes de pedir que a América enfrentasse os fatos sobre a dependência do petróleo, foi hostil. O *Los Angeles Times* criticou o presidente por "repreender seus concidadãos como um pastor repreende seu rebanho pródigo". A *National Review* de William Buckley confessou galhofeiramente a sua surpresa ao descobrir que Deus fazia parte do ministério de Carter. Por outro lado, a reação popular ao discurso, medida pelas pesquisas de opinião, foi positiva, os índices de audiência do presidente subindo 11%. Os vários desastres que esmagaram a presidência de Carter — sobretudo a crise dos reféns no Irã, a grave inflação, o colapso gradual mas inequívoco da própria capacidade presidencial de pedir a cooperação do país de um modo que equilibrasse franqueza com otimismo —, tudo anuviou a coragem e clareza prescientes da sua política energética. Em retrospectiva, tornou-se apenas outro item na lista de pecados do pregador, para o qual a solução era o arrependimento coletivo.

Ronald Reagan, por outro lado, não era de bater no peito para fazer mea--culpa. A sua solução foi deslocar a responsabilidade pela difícil situação econômica dos Estados Unidos, dos hábitos míopes dos negócios e dos consumidores que tinham perturbado Carter, para o leviatã pesado do governo: o "problema" e não a "resposta", como disse memoravelmente. Em vez do intervencionismo de Carter em nome do bem comum, o que se fazia necessário, proclamava Reagan, era que o governo saísse do caminho; desregulasse a indústria de energia e extraísse do solo o máximo possível de combustível de hidrocarboneto, e com a maior rapidez possível. A América entregaria a mercadoria; a América sempre cumprira o prometido. As pessoas engoliram as suas declarações. Observar os dois juntos na televisão era como contemplar um velho e alegre papagaio, a crista inclinada para um lado, confrontando uma sombria criatura das profundezas do mar, os lábios de peixe abrindo-se ocasionalmente para revelar um sorriso assustador. Um papagaio-peixe, claro, é o que os americanos necessitavam, mas, obrigados a escolher, eles pouco hesitaram. Apenas seis estados mais o distrito de Columbia se opuseram a que uma vitória esmagadora desabasse sobre Carter.

Na próxima vez em que um candidato foi valente ou imprudente a ponto de sugerir que os Estados Unidos estavam chegando ao fim da sua abastança, e que havia um preço a ser pago tanto pelo uso como pelo esgotamento dos combustíveis fósseis, ele também pagou um preço alto nas urnas. O contraste não poderia ser mais gritante. Tanto George Bush como Dick Cheney vinham da indústria de petróleo; ambos eram céticos em relação à ciência do aquecimento global; ambos achavam que não havia escassez de energia, mesmo na era do SUV, que não pudesse ser remediada eliminando-se a proibição de George H. W. Bush a perfurações ao largo da costa e em regiões ambientalmente sensíveis, e desenvolvendo-se a energia nuclear o mais rápido possível (uma opção que Carter também havia recomendado). Al Gore, por outro lado, era apresentado pelos seus opositores como um falso profeta do apocalipse da energia, alertando sobre a ira futura, se a América não corrigisse seus modos pródigos de ser. Quanto mais energicamente o "homem do ozônio" fazia preleções ao país, mais engraçada devia ser a piada. E, uma vez instalado no poder em 2001, o governo Bush-Cheney não perdeu tempo em repudiar os

354

acordos de Kyoto sobre medidas para combater a mudança climática, e em desregular a indústria de energia, tão completamente quanto possível. Criou-se uma força-tarefa sobre política de energia sob a presidência do vice-presidente Cheney. As suas atas permaneciam secretas, e assim que se levantou na imprensa a suspeita de que grande parte do seu pessoal e daqueles que eram consultados tinham uma relação enviesada com executivos da indústria, tomou-se a decisão de manter a identidade de todos em sigilo. Invocando o privilégio de executivo, Cheney resistiu a todas as demandas do Congresso e de ações judiciais de organizações ambientalistas para revelar os nomes. Quando, em 2007, o *Washington Post* revelou a identidade de quarenta dos consultados, poucos ficaram surpresos ao descobrir que incluíam executivos da Exxon e Mobil, um perfurador amigo de Cheney de Wyoming, e Kenneth Lay, o CEO da Exxon.

Ultimamente, entretanto, George Bush começou a soar como Jimmy Carter, com uma pitada da preocupação de Al Gore com a mudança climática. Em dezembro de 2007, foi assinada a Lei de Segurança e Independência Energética tornando obrigatórios padrões de eficiência de combustível para automóveis de ao menos 56 quilômetros por galão [3,8 litros] em 2010, e aumentando o suprimento de biocombustíveis para 36 bilhões de galões. O modesto compromisso com uma eficiência de combustível mais elevada foi imediatamente denunciado por Grover Norquist, o diretor de Americanos pela Reforma dos Impostos, como uma medida que mataria americanos por forçá-los a dirigir carros menores e mais vulneráveis.

A ansiedade exótica de Norquist, de que o caráter nacional da América, para não falar de sua integridade física, estava sendo exposto ao perigo por fanáticos ambientalistas, tem sido vencida pelo galão a quatro dólares, uma corrida popular de volta ao transporte público e o abandono dos SUVs e minivans que foram o esteio dos lucros da indústria automobilística. Apanhados em situação pouco auspiciosa por uma mudança repentina e maciça na demanda, os três grandes fabricantes estão soterrados em estoques de segurança redundantes. Mas a maior questão para a presente campanha e para o futuro é se uma América de limites pode ser realmente vendida ao eleitorado. John McCain, que por anos subscreveu o pessimismo ambientalista quanto ao aquecimento global e aos danos ecológicos, compreende a perplexidade dos americanos que tiveram de abandonar os planos de uma viagem de carro nas férias e têm uma van na garagem que não podem usar, e mudou a sua convicção. Agora a sua posição está mais próxima da de George Bush ultrapassado que da versão reformada. Ele também quer abandonar a proibição do Bush mais velho quanto a perfurações em regiões ambientalmente sensíveis. Abra-se o Refúgio Nacional da Vida Selvagem do Ártico, traga-se o equipamento, e o preço da gasolina retornará magicamente ao nível americano apropriado de dois dólares o galão. Foi azar de McCain que, no dia em que ele devia oferecer esse remédio, um furacão o tenha impedido de aterrissar numa plataforma ao largo da costa, e um petroleiro tenha colidido com uma barcaça no delta do Mississippi, derramando óleo cru e produzindo uma mancha de óleo de dezenove quilômetros.

A aposta de McCain é que o otimismo ambiental está inscrito no caráter americano. Ele ainda pode estar certo. Mesmo na sua situação difícil, não são muitos os que querem ouvir que o país chegou ao fim de seu quinhão providencial de abastança inesgotável. O apoio público para acabar com as restrições de perfuração aumentou muito, mesmo enquanto os consumidores tentam trocar os seus carros por veículos menores com maior eficiência de combustível, do tipo que Grover Norquist condenou por serem impatrioticamente perigosos. Mas há igualmente a percepção de que, se a natureza decepciona, esse outro recurso infinito, o know-how americano, pode compensar a diferença. Foi a engenhosidade nativa, plantada no solo mais implacável, que conseguiu gerar produtos. Domar o indomável rio Colorado com a estupenda represa Hoover produziu um suprimento de água, no árido deserto do Oeste, suficientemente copioso para abastecer cidades populosas e fazendas de plantio intensivo. No vale Imperial, Califórnia, um dos lados do canal All-American é uma paisagem de dunas tão árida que poderia ser usada (e frequentemente o é) como uma versão hollywoodiana do Saara; no outro lado, estão campos tão abundantes que produzem vagens, aspargos e morangos para os supermercados, e alfafa para os comedouros do gado, o ano inteiro. Não faz mal que o reservatório do lago Mead, que distribui água para essas cidades, e mais abaixo no rio, para as fazendas, esteja com 50% da sua capacidade; tudo dará certo. As torneiras de Los Angeles estão secando? A solução, disse para mim um fazendeiro, indignando-se cada vez mais com a ideia de vender parte de seu excedente de água para as cidades de Nevada e da Califórnia, está bem diante da porta "deles": dessalinizar o Pacífico!

Não acabou, portanto, a percepção americana de um direito nacional à abundância; uma terra em que ninguém ganha menos do que lhe cabe e a próxima geração é sempre mais rica do que a última. Mas, por outro lado, o sonho de uma abundância grátis, a miragem da América como um jardim perenemente frutífero, recua por um longo caminho ao passado nacional.

34. OS CAMPOS DE MORANGOS, 1775

Foi quando os cascos e os machinhos de seu cavalo se tingiram de escarlate com os morangos esmagados que Billy William Bartram imaginou que devia ter chegado aos Campos Elísios. Só não tinha esperado que estivessem localizados na região montanhosa no noroeste da Geórgia, nem que seus habitantes fossem cherokees. Bartram estava estudando plantas no Sul para o dr. John Fothergill, o quacre de Londres cuja coleção de flora americana só ficava atrás da existente em Kew. A vocação surgiu naturalmente, pois seu pai, John, cidadão da Filadélfia, fora reconhecido como botânico do rei. Ninguém tinha sido mais assiduamente enciclopédico na sua missão de difundir no exterior a reputação da *flora americana* do que John Bartram; ainda assim ele nunca ficara especialmente contente que seu filho seguisse seus passos. Preferia que ele tivesse optado por uma profissão mais lucrativa e ficou desanimado com os esforços de Billy (enfim fracassados) de se tornar plantador de anileira. Mas, relutantemente ou não, John Bartram reconhecia no filho alguém que não podia deixar de se entusiasmar com a descoberta de uma nova variedade de *Robinia* ou *Philadelphus*, e assim ele se resignou com o caminho escolhido pelo filho.

Isso levara William na direção do sul, através das Carolinas e da Flórida, tomando copiosas anotações e fazendo esboços para o dr. Fothergill, além de registrar as suas impressões do cenário e das pessoas à medida que avançava. A diferença entre pai e filho era tanto de gerações culturais quanto de temperamento pessoal. O Bartram pai era um racionalista do Iluminismo, para quem as informações científicas, escrupulosamente registradas, já constituíam suficiente prodígio. William, **por outro lado**, embora se orgulhasse dos detalhes exatos, era um botânico romântico, para quem havia em cada curva da trilha pelos morros um milagre vivo à espera. Assim, uma espécie singularmente bela de *Aesculus pavia*, que chegava a quase dois metros de altura sobre as cristas de um morro na Geórgia, tinha ramos que terminavam "com um pesado cacho ou tirso de flores rosadas ou róseas salpicadas ou matizadas de carmim". Mas o que Bartram queria que se visse na sua prosa fogosa eram "essas espigas pesadas de flores, carregadas com o orvalho matutino, [que] inclinam as hastes flexíveis para o chão [...]".

Comparada com esse tipo de entusiasmo, que importância tinha a notícia, ouvida em Charleston, da luta em Lexington algumas semanas antes, entre os britânicos e as milícias dos Patriotas prontas a atacar a qualquer minuto? Enquanto Bartram subia o rio Savannah, longe dos campos de arroz alagados da Low Country, e alcançava os morros ondulados, o seu entusiasmo aumentava junto com a topografia. Entre Augusta e Forte James, passou por "montes de ossos brancos e desgastados de antigos búfalos, alces e veados, misturados indiscriminadamente com os de homens, meio cobertos de musgo [...]". Billy estava entrando no seu romance gótico. "Como murmuram harmoniosa e docemente os regatos ondulantes e os riachos efêmeros, vagueando pelos vales sombreados, passando por escuras cavernas subterrâneas ou arremessando-se sobre precipícios rochosos íngremes, as suas margens frias e úmidas condensando os vapores voláteis que caindo mesclam-se em gotas cristalinas sobre as folhas e galhinhos elásticos dos arbustos aromáticos e das flores encarnadas!" Calma, protesta o leitor, mas é tarde demais; Bartram já está perdido no vale de Tempe, bem no interior da "Nova Aquisição", que significava a terra arrancada dos cherokees depois de uma derrota. Nenhum romance seria completo sem ruínas misteriosas, que Bartram contempla devidamente na forma de antigos túmulos indígenas, achatados no topo como os montes de Wiltshire, mas aqui cobertos no alto com cedro vermelho, os lados recortados com "mirantes" ou guaritas de sentinelas, e os terraços abaixo plantados com milho. "É razoável supor", especula Bartram, que "deviam servir a um objetivo importante naqueles dias, pois eram obras públicas e teriam exigido trabalho unido e a atenção de toda a nação [...]."

A imagem romântica trivial do índio americano era a de um selvagem solitário e altivamente meditativo, imaginado em clareiras de florestas ou caçando veados e alces com seu arco e flecha; muito menos familiar era a ideia de tribos como os cherokees, que moravam em cidades e grandes vilas, construíam obras públicas, constituíam uma sociedade complexa. Mas isso é exa-

358

tamente o que Bartram encontraria, quanto mais fundo penetrasse no interior do mundo cherokee. No Forte Prince George, ele esperou três dias pelo índio que fora encarregado de lhe servir de guia, antes de decidir partir sozinho sob um céu trovejante. Subindo até a crista da cordilheira Oconce, ele baixou os olhos para a imensidão da montanha "ondulada como o grande oceano depois de uma tempestade, as ondas diminuindo aos poucos, ainda assim perfeitamente regulares como a squama dos peixes ou as imbricações das telhas num telhado". (Estava abaixo da dignidade poético-científica de Billy chamá-las de escamas.) Ele desce pelas margens de rios brilhantes, dá nome a uma montanha (Magnólia) e palpita diante do espetáculo de "belezas errantes" (*Calycanthus floridus, Philadelphus inodorus, Convallaria majalis, Leontice thalictroides, Anemone hepatica...*) que "passeiam sobre as pedras úmidas que formam declives musgosos". Encontra uma cabana de caça indígena abandonada, em que se abriga de uma enorme tempestade elétrica à noite, come carne-seca e biscoitos, e escuta os curiangos. De manhã espraiam-se diante dele, no seu esplendor brilhante, "os canteiros pintados" dos morangos silvestres. Em pouco tempo, ele é recebido pelo chefe de Watauga e seus dois filhos na casa deles (uma estrutura de toras, emboçada com barro por dentro e por fora), oferecem-lhe "carne de veado ensopada", bolinhos de milho quentes com leite e pudim de canjica, e mais tarde uma tragada num enorme cachimbo de um metro e vinte, embrulhado em "pele de cobra pontilhada". "Durante a minha estada aqui, cerca de meia hora, experimentei a mais perfeita e agradável hospitalidade a mim concedida por essas pessoas felizes [...]. Quero dizer, felizes pelo seu caráter, pelas suas noções de honradez com respeito à nossa conduta social ou moral."

Com sua exagerada projeção romântica, Billy Bartram é então encerrado no paraíso terrestre americano. Ele cavalga por uma clareira na floresta, e dali emerge para ver abaixo "uma vasta extensão de prado verde [...] um rio cheio de meandros, saudando nas suas várias curvas os outeiros verdes intumescidos de turfas, embelezados com tabuleiros de flores e [claro] campos de morangos; bandos de perus passeando ao redor, grupos de veados cabriolando nas campinas ou saltitando sobre as colinas", e o mais sedutor de tudo, "grupos de inocentes donzelas cherokees" enchendo os cestos de frutinhas, com as quais vão colorir os lábios e a face. Atiçados pelas jovens dos morangos, Bartram e seu amigo comerciante as espiam, "embora não quiséssemos nada mais que uma brincadeira inocente com essa reunião alegre de hamadríades, deixaremos a cargo da pessoa de sentimento e sensibilidade imaginar até que ponto nossas paixões poderiam nos ter precipitado, assim animados e excitados, não fossem a vigilância e os cuidados de algumas matronas invejosas que estavam emboscadas e, nos avistando, soaram o alarme, tempo suficiente para que as ninfas se reagrupassem".

Depois de Eros, o poder. Entrando sozinho a cavalo nas cidades Overhill, Bartram encontra a "caravana" de Little Carpenter [Pequeno Carpinteiro], Ata-cul-culla, a quem ele chama de "imperador ou grande chefe" dos cherokees. Quando o chefe lhe pergunta se sabia o seu nome, Bartram tem bastante sangue-frio para responder que sim, certamente, e apresenta-se como sendo da tribo dos "homens brancos, da Pensilvânia, que se consideram irmãos e amigos dos homens vermelhos, mas principalmente dos cherokees, e, apesar de morarmos a uma tão grande distância, somos unidos pelo amor e amizade, e o nome de Ata-cul-culla é caro a seus irmãos brancos da Pensilvânia".

O chefe deu as boas-vindas a Bartram, mas continuou descendo seu caminho para o encontro perto de Charleston, cujo resultado traria desastre para os cherokees, pois decidiram que se tornariam aliados do rei, e não da revolução. (À exceção de 1812, eles tinham toda uma história de escolher o lado errado nas guerras americanas.) Mas, embora tenha publicado o seu *Travels* em 1791, Bartram se recusa a toldar o momento de fraternidade humana instintiva com qualquer agouro. Na verdade, a amizade entre o botânico quacre e o cherokee se aprofunda quando, no seu percurso de volta para a costa, ele visita a cidade de Cowee, onde cerca de cem casas foram construídas em torno de uma "Casa do Conselho" circular ou "rotunda" de grandiosos pilares, na qual os cidadãos podiam se encontrar para discutir as atividades tribais ou o estado da colheita. O cherokee homenageia Bartram com uma festa bem elaborada, em que ele escuta as "orações" dos anciãos e depois assiste às danças do jogo de bola (como lacrosse, só que se joga com duas raquetes), os jovens dançarinos aos gritos, "ornamentados com pulseiras, gorjais e contas de prata", dançando num semicírculo diante de uma linha de jovens adornadas com fitas. Como de costume, Bartram está enfeitiçado.

Embora compreenda a inimizade entre os cherokees e os creeks, e entre essas duas tribos e os choctaws, Bartram é bastante inocente para idealizar o que ele vê nas montanhas cobertas de matas, nos prados brilhantes e nos campos de morangos, como a sociedade americana perfeitamente autossustentável. "Fisicamente altos e graciosos, os cherokees gostam de suas crianças. Os homens se comportam bem com suas mulheres e tratam com carinho os seus velhos. A tribo caça, mas também cultiva, de modo que o milho, o melão, a vagem, a abóbora e a abobrinha são plantados numa horta comum." É claro que não estão precisando de uma civilização "branca", cujas incursões lhes trouxeram apenas encrenca e rum. E não precisam de melhoramento. É espantoso, medita Bartram, que tenham sido capazes de resistir à corrupção do mundo branco por tantos anos, e ele receia que a magia de seu mundo não sobreviva por muito mais tempo às hordas de colonos famintos de terra que fazem pressão sobre seu território. Mas, esperava Bartram, num país abençoado com tanta fartura, não havia uma profusão de riquezas para circular entre todos?

35. CAMINHO BRANCO, 1801-23

Havia dias em que o agente achava impossível cumprir sua missão e perguntava-se por que, nos seus sessenta anos, tinha aceitado um cargo tão ingrato. Mas, por outro lado, Return Jonathan Meigs nunca fora de se encolher diante de um desafio. As gravuras do retrato do coronel mostram um velho rijo e pomposo como um pavão; olhos de contas e esquelético. Assim, quando seu velho camarada da campanha de Quebec de heroica e desastrosa lembrança, Henry Dearborn, então secretário da Guerra do presidente Jefferson, perguntara se Meigs poderia ir ao Tennessee para ser o agente dos Estados Unidos entre os cherokees, ele não havia hesitado. Todo mundo parecia seguir para o Tennessee mais cedo ou mais tarde. Além disso, podia então deixar seu filho, Return Jonathan Jr., bem seguro numa posição de autoridade e eminência em Ohio, com as perspectivas mais brilhantes do mundo, não precisando de nenhuma atenção paternal para assegurar seu futuro progresso. Meigs escutara belas histórias sobre as montanhas Smoky, sobre a região alta do norte da Geórgia, e a velha paixão de aventuras que o enviara em 1788 às regiões mais selvagens do oeste de Ohio ainda não morrera no seu velho corpo. Fora na fronteira de Ohio que ele tinha visto os índios em plena fúria, mas quando chegou a hora de falar com eles sobre a devolução dos cativos descobriu que eram homens como ele próprio; homens cuja forma de pensar ele acreditava compreender. Seriam os cherokees muito diferentes?

Mas aqueles índios na região de Ohio tinham sido valentes e guerreiros. Agora, assim ele compreendia a sua missão, o que lhe pediam era algo de todo diferente, algo que despertara em Return Jonathan, desde o início, sentimentos definitivamente misturados. A política do governo em relação aos cherokees, assim como em relação às outras tribos do sudeste, era apoiá-los como proprietários de suas terras, e proteger esses direitos contra os brancos da fronteira que procuravam desapossá-los, ocupando simplesmente os terrenos e desafiando a lei a vir expulsá-los. Nem Washington, nem seu secretário da Guerra, o general Henry Cox, imaginavam que os índios podiam ser protegidos para sempre. Mas tampouco desejavam ter guerras intermináveis na fronteira. Assim a política devia ser mais de pacificação social que militar. Os cherokees (e, quanto a isso, os creeks, os chickasaws e os choctaws) deviam ser transformados em verdadeiros americanos, o que significava fazendeiros. Em todo caso, suas antigas terras de caça tinham sido invadidas pelos brancos e esvaziadas da caça; e (dizia-se) seus jardins comunais nunca produziam colheitas suficientes para sustentá-los de ano a ano. O éden cherokee de Bartram fora uma fantasia. Mas, se os índios pudessem ser persuadidos de alguma forma a adotar uma vida civilizada, o machado de guerra sendo substituído pelo arado, cada família com o seu, as mulheres suplementando as colheitas com algodão (pois os cherokees eram donos de escravos), eles poderiam cardar e fiar, e já não seriam uma ameaça. Para a mente americana econômica e ordeira, os terrenos de caça eram um desperdício chocante de boas terras que poderiam se tornar produtivas. Como havia no máximo 16 mil cherokees reivindicando ocupar milhões de acres, o abandono da antiga vida liberaria uma grande porção da terra para a venda e o cultivo. Talvez os cherokees pudessem ser induzidos a desfazer-se dela em troca da liquidação das dívidas exorbitantes que pareciam ter deixado acumular com os negociantes brancos.

Num dos muitos encontros que teve com os chefes indígenas em Washington, Thomas Jefferson explicou a política de forma muito clara e generosa, assim pensava Meigs:

> Eu lhes rogo que, nas terras que agora lhes são dadas, comecem a dar a cada homem uma fazenda; que ele a cerque, cultive, construa nela uma casa aquecida, e

quando morrer, que a fazenda passe a pertencer à sua mulher e a seus filhos. Nada é tão fácil como aprender a cultivar a terra; todas as suas mulheres compreendem o cultivo e, para torná-lo ainda mais fácil, estamos sempre prontos a lhes ensinar como fazer arados, enxadas e os utensílios necessários. Se os homens tomarem o cultivo da terra das mãos das mulheres, elas aprenderão a fiar, tecer e fazer roupas para as suas famílias [...]. Quando possuírem propriedades, vocês vão querer leis e magistrados que protejam a sua propriedade e a sua pessoa [...] vão achar que nossas leis são boas para esse fim [...] vão unir-se conosco, juntar-se a nós em nossos grandes conselhos e formar um único povo conosco, e seremos todos americanos; vocês vão se misturar conosco pelo casamento, o seu sangue correrá em nossas veias e espalhar-se-á conosco sobre todo este grande continente.

A ideia pode ter sido nobre, e inspiraria toda uma geração de cherokees a levar a sério o sonho jeffersoniano. Mas o presidente estava fazendo jogo duplo. Em 1802, ele avisou o estado da Geórgia de que um dia os direitos dos cherokees lhes seriam devolvidos. Mas seus próprios oficiais, especialmente o coronel Meigs, acreditavam em suas intenções mais grandiosas. O primeiro agente federal para a tribo, Leonard Shaw, tinha sido favorável à fusão dos índios e americanos, e casara-se com uma cherokee puro-sangue, ganhando instantaneamente o ódio suspeitoso dos homens da fronteira. Return Jonathan veio a conhecer bastante bem os cherokees a ponto de compreender que estava fora de questão a sua fácil conversão em massa ao cultivo com cavalo-e-arado; que a caçada era inerente à sua cultura; que lhes dava comida e roupas, e que ligado à divisão de trabalho entre os sexos havia todo um calendário cultural. A sua religião, as suas danças, a sua comida e tabaco eram todos impensáveis sem essa união de opostos: floresta e pomar.

Mas Meigs também sabia que o mundo cherokee já fora gravemente ferido pela história. Escolher os britânicos na Guerra da Independência lhes tinha arrancado à força cessões de terra punitivas, de modo que agora só cerca de um terço do território que julgavam pertencer aos ancestrais da tribo era realmente seu. A pressão dos colonos brancos era implacável e apoiada pelos políticos da Geórgia que queriam seus votos. Os brancos, frequentemente ex-patriotas das milícias que tinham lutado contra os índios, não podiam estar mais longe do paternalismo magnânimo de Washington, Knox, Jefferson e do próprio Meigs, a quem os cherokees homenagearam com o nome de Caminho Branco. Os colonos viam os índios como selvagens bárbaros, que precisavam ser afastados do caminho ou exterminados, para que os brancos cristãos decentes, que compreendiam o que era uma enxada, pudessem pôr mãos à obra e fazer o sertão florescer. Assim, se por alguma razão incompreensível o governo federal era brando com os índios, eles fariam o possível para dar aos vermelhos boas razões para ir embora, levando-os a compreender que não poderia haver uma aconchegante vida em conjunto na Geórgia e no Tennessee.

Assim, mesmo enquanto Meigs trabalhava para influenciar aqueles entre os próprios cherokees (em geral os chefes mais velhos e os valentes mais jovens) que não acreditavam na boa-fé do governo, procurando convencê-los de que o Pai Branco falava a sério, o registro triste de roubos casuais, ataques e assassinatos com faca, com os culpados americanos ficando impunes, solapava os seus melhores esforços. Em 1812, depois de uma série de oito assassinatos de cherokees pelos quais ninguém respondeu perante a justiça, um furioso Meigs escreveu que "os índios são condenados e executados com base no testemunho de qualquer cidadão branco de caráter e inteligência comuns, quando, ao mesmo tempo, um branco pode matar um índio na presença de cem índios e o testemunho desses cem índios não significa nada e o homem será absolvido".

Para acrescentar insulto à injúria, o governo federal, angustiado pela impossibilidade de oferecer uma verdadeira justiça às vítimas cherokees, ofereceu em seu lugar dinheiro. O secretário Dearborn achava que a quantia de duzentos a trezentos dólares para cada homem ou mulher assassinado estaria mais ou menos correta. Sabendo que tudo isso era abominável, Meigs decidiu mesmo assim oferecer o dinheiro, por ser a única forma de reparação que os cherokees obteriam. Inicialmente os chefes ficaram horrorizados, mas havia tantos casos sofridos que, depois de 1803, eles aceitaram algum pagamento, embora mantivessem nos seus livros, como William McLoughlin escreve na sua extraordinária obra *Cherokee renascence in the new Republic*, uma conta diferente das vidas que lhes eram devidas. Um padrão mortífero se estabeleceu. Os colonos da fronteira roubavam terras e atacavam os cherokees, mas não podiam ser intimados a prestar contas de seus atos. Os cherokees retaliavam roubando cavalos, o que dava aos colonos ainda mais razão para tratá-los como criminosos vermelhos.

A incapacidade do governo dos Estados Unidos para cumprir suas pro-

364

messas provocou o surgimento de uma facção entre os cherokees que não via razão para que abandonassem docilmente seu tradicional modo de vida. Também suspeitavam (corretamente) que ao menos parte do motivo para transformá-los em fazendeiros exemplares era tornar possível que milhões de acres de suas terras fossem cedidos e vendidos. Contentar-se com algodão e milho e viver sob o cerco de um mundo de brancos hostis e brutais que os queriam longe dali era morrer aos pouquinhos, uma agonia lenta e dolorosa. O coronel, quando era honesto consigo mesmo (o que frequentemente acontecia), sabia que eles tinham um argumento forte e acreditava, incorretamente, que o coração dos cherokees jamais aceitaria a agricultura sedentária. Mas ele foi consciencioso em fazer todo o possível para concretizar o sonho de Jefferson do Progresso Indígena. Distribuía ferramentas para a lavoura, picaretas e arados, bem como máquinas de cardar e rodas de fiar para o algodão, que ele percebeu, um tanto surpreendido, que as mulheres cherokees já cultivavam com sucesso. Acreditava também que a verdadeira salvação dos índios estava na educação (uma característica da dinastia Meigs) e estimulou a cessão de terras em troca de somas de dinheiro que eram aplicadas à criação de escolas e ao pagamento dos professores.

Preso entre invasões ilegais dos brancos, de um lado, e a resistência indígena de linha dura, do outro, Meigs acreditava que não tinha alternativa senão ganhar a confiança de chefes que se inclinassem a vender e assentar. O mais proeminente era Doublehead, e o coronel sabia muito bem que ele tinha adotado o novo modo de vida como um meio de enriquecer a si mesmo e à sua vila. Mas não era esse, afinal, o modo de vida americano? Quando Meigs e Doublehead embarcaram juntos numa campanha para a venda de antigos terrenos de caça, as consequências eram previsíveis. Depois de um jogo de bola em agosto de 1807, Doublehead foi morto por um grupo de jovens chefes exasperados com a sua traição à terra natal.

Meigs devia ter previsto que isso ia acontecer. Ele próprio tinha escrito a Dearborn que "eles decidiram há muito tempo não se desfazer de mais nenhuma terra. Não há nenhum homem na nação que ouse defender essa medida". Ainda assim, a pressão por terra era implacável. Os depósitos de minério de ferro, havia muito conhecidos, mas não explorados, tornaram-se mais uma razão para a desapropriação. As primeiras décadas do século XIX foram o período da heroica construção de estradas nos Estados Unidos. Para ligar o interior com a costa, o governo federal e os estados queriam uma rota que ligasse Nashville e Chattanooga com Augusta e o litoral leste, uma linha que cortava todo o território cherokee.

Um fatalismo sombrio começou a se insinuar na velha e astuta cabeça de Return Jonathan. Ele acabara de enterrar a sua segunda esposa, Grace, e, a cada dia de distúrbios que passava, ele pensava duas vezes sobre o destino definitivo dos cherokees. Se a agricultura sedentária não ia funcionar, quer pela agressão dos brancos, quer pela reação dos índios, o que funcionaria? Por volta de 1808-9, ele começou a considerar a ideia apresentada pelo próprio Jefferson cinco anos antes, a de uma "troca" de terras; centenas de milhares de acres de território a oeste do Mississippi em troca do abandono do presente território. Dito de outra maneira, era uma política de "remoção", por enquanto voluntária. Jefferson racionalizava o que estava propondo em termos de tratar os índios *mais* como pioneiros brancos, e não menos. Por que não desejariam deslocar-se para o Oeste, onde estariam livres dos saqueadores e grileiros brancos e onde a caça era seguramente abundante, se eles insistiam em manter o seu antigo modo de vida? Para aqueles que desejavam cultivar a terra, o dinheiro pago pela sua terra no Leste poderia ser o suficiente para comprar acres no Oeste. Seriam donos de propriedades rurais. Por que não agarrariam tal oportunidade? A resposta, claro, é que esse plano representava o abandono da bela promessa de Jefferson de que os índios partilhariam o destino e a abundância americanos, e de que as duas raças avançariam juntas como um único povo de agricultores. Além disso, como sabia muito bem o presidente, que se agarrava em todas as vicissitudes da vida às encostas dos morros da sua Virgínia, a terra era mais do que um bem territorial. A terra era um lugar impregnado de qualidades poéticas e até místicas, e o lugar específico que os cherokees chamavam de lar eram aqueles morros ornados com azaleias silvestres que tanto tinham entusiasmado William Bartram. O lar eram os campos de morangos. Nesse sentido, os cherokees não eram, pelos padrões de Tocqueville, verdadeiros americanos. Partir não era uma oportunidade, era uma calamidade. Além disso, os cherokees não sabiam o que havia além do Mississippi, a não ser que alguns homens brancos o chamavam de "O Grande Deserto Americano".

Ainda assim, apesar de todos os seus pressentimentos, algumas centenas de cherokees, que se sentiam muito sob pressão ou que acreditavam nas pala-

366

vras tranquilizadoras de Caminho Branco, partiram realmente na direção do oeste, para Arkansas. Muitos dos chefes que optaram pela transplantação tomaram essa decisão armados com a confiança, assegurada por Meigs, de que "levariam a sua terra com eles" — que um acre da Geórgia e do Tennessee lhes daria o direito a precisamente a mesma porção de terra no seu novo lar. A imensa maioria dos cherokees optou por permanecer e depositou a sua fé na segurança do seu título de terra, prometido por sucessivos tratados. Encorajados por Meigs, eles entraram, pelo menos uma vez, no lado certo de uma guerra americana, formando uma força voluntária em 1812-4, que serviu sob Andrew Jackson, um atacante de índios e especulador de terras. Seus vizinhos, os creeks, fizeram a escolha errada, colocando-se ao lado dos britânicos, e foram devidamente punidos. Mas, para o seu horror, parte das cessões de terra impostas aos creeks incluía mais uns bons 2 milhões de acres que pertenciam aos cherokees, os aliados da América! O presidente Madison havia realmente condecorado guerreiros cherokees por bravura na guerra, mas fora incapaz de impedir que as milícias brancas de Jackson caíssem numa farra de matança e destruição das fazendas e rebanhos dos cherokees, ao voltarem da batalha. Para as milícias, os desmandos pareciam um divertimento. Os guerreiros retornaram para encontrar as vilas saqueadas, as carcaças em decomposição de porcos, ovelhas, gado e cavalos, as casas em ruínas carbonizadas. A ideia, claro, era aproveitar a oportunidade da guerra para aterrorizar os cherokees e forçá-los a abandonar as suas terras o mais cedo possível. Horrorizado, Meigs calculou os danos por perdas sofridas pelos cherokees nas mãos dos saqueadores desmobilizados em quase 21 mil dólares, uma enorme soma pelos padrões da época, tão imensa que fez Andrew Jackson zombar da ideia de que alguém acreditaria realmente na palavra de um índio, muito menos que pagaria danos.

Por alguns meses, Meigs achou que fora bem-sucedido na sua defesa dos interesses indígenas em Washington. Os danos foram confirmados, e os 2 milhões de acres que o coronel havia provado pertencerem indiscutivelmente aos cherokees lhes foram devolvidos. Mas isso só fez com que a ira da fronteira, liderada por Jackson, caísse sobre a cabeça do presidente Madison. A mensagem do presidente para Meigs foi a seguinte: faça com que eles entreguem parte das terras, se não quiserem perder tudo. Meigs tentou, mas em vão. E agora, apesar de tudo que os cherokees já tinham sofrido à guisa de violações dos tratados de governos anteriores, o coronel começou a pensar que a sua pretensão de serem tratados como uma nação soberana fora burlada, se é que não estava condenada ao fracasso. Detectou uma brutalidade sem precedentes em Jackson, e ele tinha razão. Os anos de fome em 1816 e 1817 só persuadiram o coronel de que seu pessimismo era justificado. Talvez os cherokees encontrassem realmente uma situação melhor em algum outro lugar. Em Hiwassee, onde Meigs estava baseado, ele escutou Jackson explicar aos chefes cherokees as suas alternativas: remoção para Arkansas, o governo fornecendo uma arma de fogo e um cobertor, ou permanecer e viver de acordo com as leis da Geórgia e do Tennessee. Eles deviam compreender que não tinham um "território" ancestral; obteriam 640 acres cada um. Os chefes responderam: "Desejamos permanecer em nossa terra e mantê-la com firmeza. Suplicamos a nosso pai, o presidente, que nos faça justiça". Não queriam nem ir embora nem ser cidadãos americanos. Haviam suposto que já tinham uma nação, e que os presidentes Washington e Jefferson pensavam da mesma forma. Se fossem forçados a seguir para o Oeste, seriam reduzidos a "um modo de vida selvagem", e Washington e Jefferson não tinham desejado que "permanecêssemos em nossas terras e seguíssemos os trabalhos da agricultura e da civilização"? Jackson lhes disse que sua terceira via já não era uma opção e que eles deviam escolher entre as duas que ele estava oferecendo. Se recusassem, seriam considerados "inamistosos". Intimidados pela ameaça sinistra, cerca de metade — mas apenas metade — dos 67 chefes assinou.

Meigs disse a seus amigos índios que considerava o deslocamento a melhor solução. Se permanecessem, enfrentariam a "extinção" final, enquanto no Oeste ainda poderiam ser uma nação. Essa era também a linguagem que Jackson usava, mas a "extinção" não era algo predeterminado pela história, só por causa dos números de imigrantes brancos. Era uma política real determinada por homens reais. O que Jackson queria dizer era que eles já não podiam esperar que o governo federal os protegesse em nome de alguns antigos tratados assinados por uma geração sentimental. O que o governo devia fazer: estabelecer fortes para atirar em seus próprios homens? Realmente, a ideia era ridícula. E a parte mais triste da história é que Caminho Branco tinha começado a falar do mesmo modo. O mais aventureiro da grande dinastia Meigs tornara-se um covarde moral, racionalizando que estava fazendo o correto pelos cherokees, quando uma grande parte de seu ser devia saber que o oposto era verdade.

O que piorava tudo era que as sementes que ele próprio havia plantado entre os cherokees nos anos Jefferson estavam agora dando fruto, desmentindo a calúnia de Jefferson de que os índios nunca seriam capazes de se modernizar. Eles tinham um cultivo do algodão (incluindo, para que não seja esquecido na imagem romântica do índio, escravos); eles fiavam e teciam. Suas escolas estavam começando a produzir crianças cherokees alfabetizadas na sua língua e em inglês, e a influência dos missionários morávios bastante benévolos conseguira até algumas conversões.

Mas a história do sucesso era aquilo em que Andrew Jackson não acreditava, nem queria ouvir. E após a batalha de Nova Orleans (vencida depois que a guerra com a Grã-Bretanha tinha terminado), ele era politicamente intocável. Jackson era, muitas pessoas sabiam, um futuro presidente, e ele deixava claro que estava ansioso por terminar o que chamava a "farsa" de tratados entre o governo e selvagens pretensiosos que se imaginavam pequenos reis.

O que o incitava era tanto a política quanto o racismo (do qual havia um veio profundo em Jackson, apesar da sua adoção de duas crianças índias). A sua era a autêntica voz da fronteira democrática, não só falando por todos aqueles que não podiam esperar para pôr as mãos na terra dos índios, como esperando a lealdade destes últimos. O sonho da abundância americana para o homem comum nasceu da determinação de Jackson em desapossar dezenas de milhares de índios — chickasaws, choctaws, seminoles e creeks, além dos cherokees — da única terra natal que haviam conhecido, porque estavam por acaso no meio do caminho. Era absurdo, até ofensivo, Jackson dizia a si mesmo, pretender que as "nações" indígenas pudessem ser um dia incorporadas na União, sob suas próprias condições, como estados indígenas.

Return Jonathan Meigs morreu em 1823 com 82 anos, e a maneira da sua partida desmentiu a convicção sombria em seus últimos anos de que a transplantação — com efeito, o desemaranhar-se das vidas indígena e branca que haviam se tornado tão entrelaçadas no interior — seria a melhor solução. Um chefe cherokee idoso viera vê-lo na agência em Hiwassee, para debater a sensatez da remoção. Meigs percebeu que o ancião estava doente e ofereceu-lhe seu alojamento, enquanto ocupava uma barraca lá fora. Mas foi em Meigs que uma congestão nasal se transformou em pneumonia, matando-o. O funeral para Caminho Branco foi acompanhado por uma longa fila de chefes cherokees, guerreiros valentes e mulheres, todos os quais tinham confiado em outro Meigs, talvez até demais, encarregando-o de defender seus melhores interesses. Um canto cherokee elevou-se sobre as montanhas com uma espiral de fumaça.

Talvez fosse bom que Meigs não tivesse vivido para ver o desfecho que foi mais trágico do que poderia ter imaginado. E assim aconteceu, porque os cherokees tinham escutado bem demais o seu tutor Caminho Branco. Na década de 1820, eles tinham uma língua escrita desenvolvida por George Gist, conhecido como Sequoyah, baseada nas 86 sílabas existentes no núcleo de sua língua falada. Uma vez estabelecida a língua, seguiu-se um jornal bilíngue, o *Cherokee Phoenix*. Em lugar da reunião dos antigos conselhos tribais nas casas redondas, John Ross, o carismático chefe da maioria contra a migração, um oitavo cherokee e sete oitavos escocês, produziu uma Constituição escrita, modelada pela dos Estados Unidos. Organizaram-se eleições; foram criados tribunais de justiça e magistrados, uma milícia e uma força de polícia. Em menos de dez anos, com a ameaça de deportação em massa sempre nas suas costas, os cherokees tinham se tornado um verdadeiro microestado comparável a muitos dos que reivindicavam independência na Europa.

Era como se Ross e seus aliados no nacionalismo cherokee, muitos dos quais, como o major Ridge, tinham lutado na Guerra Creek e haviam se amargurado com a indiferença de Jackson em relação à sua própria milícia de índios, agora quisessem demonstrar para as sombras de Jefferson e Meigs que eles podiam realmente criar uma moderna cultura social e política. Fora precisamente esse *esforço* para ser como a América que periodicamente deprimira Meigs, levando-o a desejar que eles retornassem às suas caçadas de alces e às suas danças de espíritos em qualquer região em que pudessem ser deixados em paz. E foi certamente a realidade de seu progresso na agricultura, no cultivo do algodão e na política que incitou Andrew Jackson a livrar-se dos cherokees o mais cedo possível. Pois quem poderia dizer que ideias fantásticas eles não poderiam ter se o experimento de construir uma nação indígena tivesse espaço para amadurecer? Eles poderiam obter realmente *sucesso* em cultivar safras para a venda no mercado, e então seria impossível erradicá-los! Talvez começassem a ter ideias perigosas de que outros poderiam ser chamados para protegê-los, aqueles outros que em geral marchavam sob a bandeira

370

da Grã-Bretanha, a nação que Jackson mais detestava no mundo. À medida que os cherokees se tornavam mais organizados e exasperadoramente articulados, transformavam-se de um aborrecimento numa ameaça.

E de repente a sorte colocou diante dos cherokees algo imprevisível. Um certo Benjamin Parks descobriu minério de ouro nas colinas do oeste da Geórgia, numa área percorrida por Bartram, dando início à primeira "corrida" na história americana. Os cherokees sabiam de grãos de minério aluvial, e a cidade mais próxima do achado feliz era chamada Dahlonega, a palavra cherokee para "dinheiro amarelo", mas eles não tinham se dado ao trabalho de tomar alguma medida sistemática a esse respeito. Agora, o mero pensamento de que, enriquecidos pelo ouro, os cherokees talvez fossem capazes de adiar indefinidamente a sua transplantação levou Jackson, eleito presidente em 1828, a apresentar no Congresso a Lei de Remoção dos Índios em 1830.

Sob suas condições, não apenas os cherokees, mas todas as "Cinco Tribos Civilizadas" — choctaw, creek, chickasaw e seminole — deviam ser removidas das suas terras a leste do Mississippi e conduzidas para um assentamento alternativo em algum lugar a oeste do rio, bem na região escarrapachada sobre o meridiano 100, chamada por Stephen Long, e por boas razões, "O Grande Deserto Americano" (hoje Oklahoma). O pouco que se conhecia da área deixava claro que era, em especial a oeste do meridiano 100, árida e inadequada justamente para o tipo de agricultura sedentária que os índios haviam recebido instruções para desenvolver com maestria. A Lei de Remoção tentava mascarar suas deportações em massa como um convite voluntário para migrar, fazendo com que parecessem semelhantes ao movimento para o Oeste dos pioneiros brancos na Trilha de Oregon. Mas alguns chefes cherokees como Ross observaram que os migrantes de Oregon passavam direto pela região para a qual eles estavam sendo removidos. Se ela tivesse qualquer potencial sério, já teria certamente atraído colonos. Mas o presidente deixou claro que, se alguém decidisse permanecer, a partir daquele momento teria de se submeter às leis dos estados em que eles residiam. Era, com efeito, uma ameaça. Jackson eliminaria toda proteção para os índios (violando as garantias firmadas por Washington, Jefferson e Adams) e soltaria sobre eles o governo da Geórgia e do Tennessee, que sem dúvida tratariam sem nenhuma consideração qualquer noção de que as tribos possuíam muitas terras, ainda mais terras em que os colonos brancos e os garimpeiros de ouro estavam de olho.

Foi um dos momentos mais moralmente repugnantes da história americana, uma situação que de direito devia tirar o seu principal ator, o sétimo presidente, da moeda de qualquer país com respeito por si próprio. Mas lá está ele com seu imperioso topete na frente da nota de vinte dólares, o promotor da limpeza étnica da primeira era democrática. Jackson fez vários discursos sobre o tema, nos quais ele se apresentava e à sua política como o salvador dos índios, que do contrário estariam condenados a desaparecer, rodeados como estavam pelas artes e indústrias de uma "raça superior". Eles não tinham nem a inteligência, nem a inclinação, dizia ele, para se transformarem numa sociedade moderna viável, em face de todas as evidências em contrário.

Não é que a feroz imoralidade da Lei de Remoção tivesse passado despercebida na época. Ela passou raspando no Congresso, na Câmara dos Deputados por apenas cinco votos, e muitas das vozes mais eloquentes da época discursaram amarga e extensamente contra a lei; o senador Theodore Frelinghuysen, de Nova Jersey, levou três dias para repassar todos os solenes compromissos assumidos por governos passados com os índios, nos quais havia o entendimento implícito de que eles tinham direito à terra por "posse imemorial". "Se abandonarmos esses proprietários aborígenes de nosso solo, esses primeiros aliados e filhos adotivos de nossos antepassados, como justificaremos essa transgressão para nós mesmos [...]. Vamos tomar cuidado de como estamos contribuindo, pelos abusos opressivos dos sagrados privilégios de nossos vizinhos indígenas, para as angústias do futuro remorso." A oposição mais improvável veio de uma figura lendária que representava a fronteira ainda mais emblematicamente que Jackson: David Crockett, assim como o presidente, natural do Tennessee. Crockett lutara ao lado de cherokees como John Ross na batalha de Horseshoe Bend e passara a admirar a sua tenacidade e coragem. Ele pagaria nas urnas pela temeridade de sua oposição, perdendo uma reeleição para a Câmara dos Deputados, embora tivesse ganhado numa segunda tentativa. Muitas das maiores figuras do Congresso como Henry Clay e Daniel Webster falaram com indignação da iniquidade do projeto de lei, mas o orador que mais captou a enormidade do que estava sendo proposto, a destruição de um povo arquitetada por ganância e cobiça, e que tentou invocar a tradição moral americana contra a calamidade, foi Edward Everett, o deputado de Massachusetts, mais tarde governador desse estado e reitor de Harvard. "O mal", disse Everett, era enorme, o sofrimento inevitável impossível de ser calculado. Não manchem a bela fama do país [...]. Nações de índios dependentes são, sob o pretexto da lei, expulsas de suas casas para o sertão. Não se pode explicar tal coisa; não se pode minimizá-la pela razão [...]. Os nossos amigos verão essa medida com tristeza e apenas os nossos inimigos, com alegria. E nós próprios, senhor, quando os interesses e as paixões do momento passarem, olharemos para trás, receio, com uma censura a nós mesmos e um arrependimento tão amargo quanto inútil.

Nada disso teve o menor efeito sobre a determinação implacável de Jackson no sentido de expurgar o Sudeste de índios. Quanto mais civilizados eles fossem, mais razão haveria para erradicá-los. Nem a Suprema Corte conseguiu causar grande impressão. Quando Ross e o partido antirremoção processaram o estado da Geórgia por usurpação ilegal e por não ter estatura para alterar tratados compulsórios acordados entre o governo federal e a nação cherokee, a corte inicialmente descartou o argumento. Mas o maior advogado da época, William Wirt, defendendo os índios, não teve dificuldade em mostrar pela letra dos antigos tratados que os cherokees tinham sido realmente tratados como uma nação, e a corte do presidente do Supremo Tribunal John Marshall confirmou a causa indígena, desautorizando a Geórgia de, entre outras presunções, manter uma loteria para vender as terras dos índios. O editor de jornal Horace Greeley relatou que Jackson teria dito com desdém: "John Marshall deu a sua opinião. Agora ele que a imponha à força". Apócrifo ou não, o desprezo pela Constituição soa certamente como o Jackson autêntico.

Jackson anunciou a medida como a mais pura benevolência, e sua realização como uma "feliz consumação". No seu segundo discurso ao Congresso, Jackson finalmente acabou com o sonho de Jefferson de serem "todos americanos", gabando-se de que a remoção "separaria os índios do contato imediato com os brancos" e

iria torná-los capazes de buscar a felicidade à sua maneira e segundo suas rudes instituições [...] e talvez faria com que aos poucos abandonassem seus hábitos selvagens e se tornassem uma comunidade interessante, civilizada e cristã [...]. A humanidade tem chorado frequentemente o destino dos aborígenes deste país[...]. Levar ao túmulo o último de sua raça e pisar sobre as sepulturas de nações extintas provoca uma reflexão melancólica [...] [mas] que homem bom preferiria um país coberto de florestas e percorrido por alguns milhares de selvagens à nossa extensa República, guarnecida de cidades, grandes e pequenas, e prósperas fazendas [...] e repleta de todas as bênçãos da liberdade, civilização e religião? [...] Sem dúvida, será doloroso abandonar os túmulos de seus pais, mas o que eles [fazem] mais do que nossos ancestrais já fizeram ou do que nossos filhos estão fazendo agora? Para melhorar sua condição numa terra desconhecida, nossos antepassados abandonaram todos os objetos terrenos que lhes eram caros [...]. Quantos milhares de nosso próprio povo não abraçariam alegremente a oportunidade de partir para o Oeste nessas condições?

Tudo o que os índios tinham de fazer para se tornarem verdadeiramente americanos era enganchar as suas carroças na religião do Andando Para a Frente.

Tudo a esse respeito era enganador: a caricatura dos cherokees como ainda "selvagens", incapazes de se defender contra as hordas brancas, precisando de separação para o bem de seus próprios interesses, e o mesmo tipo de argumento seria escutado de novo na futura história da limpeza étnica dentro e fora da Europa. A honra da América está na impetuosidade daqueles que se opuseram a Jackson. Eles continuaram a se opor, mas enfrentavam o presidente mais autoritário que os Estados Unidos já conheceram, apresentado ao mesmo tempo como um novo tipo de democrata; alguém que não tinha escrúpulos em violar a Constituição, ignorar a Suprema Corte, rescindir unilateralmente tratados. Quando um "tratado" foi assinado com uma facção pequena mas influente dos cherokees levados ao desespero pelas intimidações violentas de Jackson, e aprovado no Congresso por um único voto de diferença, Everett exigiu que o presidente fosse aos degraus do Capitólio e queimasse os tratados existentes com as assinaturas de Washington, Adams e Jefferson neles inscritas.

E para que fim esse crime monstruoso foi cometido? Para que os mitos do movimento das fazendas, de milhões de americanos passando a ocupar o espaço vazio, o "jardim" que uma Providência generosa lhes outorgara, pudessem ser mantidos. Mas o que os colonos brancos do oeste da Geórgia e leste do Tennessee estavam realmente fazendo era apoderar-se da abastança do outro.

Ross tentou de tudo, exagerando o seu desempenho numa entrevista com

Jackson em 1834, que talvez tenha contribuído para a soma relativamente escassa — 5 milhões de dólares — que os cherokees deveriam receber para abandonar seus milhões de acres. A loteria seguiu em frente, e quando as propriedades foram distribuídas, Ross retornou das negociações em Washington para descobrir que a sua casa tinha sido tomada e que ele e a sua família haviam sido sumariamente despejados. O ganhador da loteria já estava instalado, e Ross teve de deixar o cavalo com ele, enquanto seguia a pé em busca de sua família. Eles se mudaram para uma cabana de toras de dois quartos, onde moraram durante o resto de seu tempo no território, e ninguém reclamou.

Jackson e o Departamento da Guerra queriam que as remoções fossem "voluntárias", mas Ross se recusou a arredar pé de sua política de resistência desafiadora, exortando os cherokees no conselho a permanecer unidos. Assim eles ficaram unidos na desgraça. O "Tratado", promulgado em 1836 pela maioria de apenas um voto a mais, providenciou um período de graça de dois anos antes que a remoção se tornasse coercitiva. Apenas um punhado de cherokees aproveitou a oferta. A imensa maioria, dando ouvidos a Ross, aguardou o seu destino.

No fim da primavera de 1838, sob a presidência de Martin van Buren, o sucessor de Jackson, tendo expirado o prazo final para a remoção voluntária, os cherokees, a última das "Cinco Tribos Civilizadas" a resistir no Sudeste, foram cercados e caçados pelas tropas de 7 mil soldados do general Winfield Scott, encarregadas da gloriosa missão. Os traumatizados e humilhados cherokees, muitos dos quais eram crianças e idosos, foram presos em cercados e currais em condições da mais absoluta sordidez e privação. Assim, tantos ficaram doentes e morreram dos maus-tratos que os oficiais encarregados da operação a abandonaram por horror aos atos que deles eram exigidos. Milhares de índios foram arrebanhados em barcos frágeis para a primeira fase da viagem rumo ao Oeste. Um desses barcos, no rio Arkansas, trinta metros de comprimento e seis de largura, segundo o reverendo Daniel Butrick, que o viu, estava tão abarrotado de índios apavorados que "a madeira começou a rachar e ceder e o próprio barco estava a ponto de afundar [...]. Quem pensaria em aglomerar homens, mulheres e crianças, doentes e sadios todos juntos, num local tão apertado, se é que havia mais espaço [...] do que o conveniente para porcos conduzidos ao mercado?". Durante a noite, eram vigiados como criminosos condenados. Outros eram atulhados em vagões de carga, os mortos e os moribundos jogados fora, antes que os sobreviventes fossem obrigados a percorrer a pé, numa fila quilométrica, o resto dos cerca de 1300 quilômetros até o seu novo lar no Grande Deserto Americano. Estarrecido com o tratamento do Exército, Ross suplicou que o deixassem assumir o comando do transporte. Ele obteve essa licença, só para ver um quarto dos 16 mil membros de seu povo morrer.

Em janeiro de 1839, um viajante do Maine, que publicou seu relato no *New York Observer*, viu uma triste caravana de 2 mil cherokees, estendendo-se por cinco quilômetros,

> os doentes e os fracos carregados em carroças — muitos a cavalo e multidões a pé — até mulheres idosas, que pareciam quase a ponto de caírem mortas nos túmulos, viajavam com cargas pesadas amarradas às costas — ora sobre terreno congelado, ora sobre ruas lamacentas, sem nenhuma cobertura para os pés a não ser o que a natureza lhes dera [...] ficamos sabendo com os habitantes à beira da estrada por onde os índios passavam que eles enterravam catorze ou quinze a cada lugar de parada [...]

Na Geórgia e no Tennessee, os fazendeiros jubilosos se mudaram para as propriedades que lhes foram destinadas. Muitos dos que esperavam fazer fortunas colossais se decepcionaram, pois havia menos ouro do que a primeira onda alvoroçada de garimpeiros tinha predito. Desde o momento em que o último dos cherokees se arrastou para oeste do Mississippi até o fim da corrida do ouro na Geórgia, passaram-se apenas cinco anos.

36. 1893

No início de março de 1893, a Reading and Pennsylvania Railroad entrou em falência. As companhias ferroviárias, que não podiam errar ao calcular a sua parte no futuro americano, haviam superestimado a demanda. Foram seguidos por alguns dos maiores nomes nesse ramo de negócios, onerados por receitas em queda acentuada e passivo de créditos. A bancarrota da National Cordage Company, considerada sólida, foi outro golpe escandaloso. Pelo final do ano, 15 mil companhias haviam declarado insolvência, sendo mais de seiscentas delas bancos que fecharam as portas. Quando o Tesouro dos Estados Unidos anunciou em 5 de maio que suas reservas de ouro, exigidas para lastrear a moeda, tinham caído abaixo do número mágico de 100 milhões, Wall Street entrou em pânico, dando baixa em milhões de dólares do estoque de capital. A chuva constante de falências transformou-se num aguaceiro. No verão, muitas cidades industriais na América tinham taxas de desemprego de 18% a 20%. Em alguns dos estados densamente manufatureiros do Meio-Oeste, até um em dois homens adultos estava desempregado. Com os bancos sobreviventes restringindo os empréstimos, os pequenos negociantes sofreram um golpe especialmente duro. Um deles, Jacob Coxey, que possuía uma companhia de ferragens em Massillon, Ohio, pediu que o governo usasse uma moeda não lastreada em ouro para financiar as obras públicas. Desconsiderado como um socialista fanático, Jacob, junto com seu filho Legal Tender Coxey, liderou o "Exército Coxey", uma procissão de umas centenas de desempregados numa marcha em Washington.

Mas o presidente não estava bem. Grover Cleveland, no seu segundo mandato, sentia-se tão nervoso a respeito do ânimo público que, quando seu médico diagnosticou um câncer de boca e maxilar e lhe comunicou que precisaria se operar, ele manteve seu estado de saúde em sigilo, para que não perturbasse ainda mais os mercados. No iate *Oneida*, os cirurgiões retiraram grande parte de seu maxilar, enquanto o barco se movia suavemente para fora do porto de Nova York.

Tudo isso tornou os seiscentos acres da Exposição Mundial de Colombo em Chicago mais, e não menos, necessários como um brilhante espetáculo de fé no futuro da América. Se metade do país estava debilitada, a outra metade foi a Chicago. Vinte e sete milhões de pessoas passaram pelos portões em Jackson Park entre maio e o fim de outubro. A Westinghouse (um pouco para o desgosto de Thomas Edison) forneceu a iluminação elétrica; uma White City [Cidade Branca] com a obra dos arquitetos mais notáveis e inventivos da América — Charles McKim, Henry Cobb e Louis Sullivan entre eles — adornava o centro com cúpulas Beaux-Arts e salões lampejantes. Nos pavilhões nacionais e "étnicos", era possível ver dançarinas de hula do Havaí (as ilhas que Cleveland se recusara a anexar) ou rendeiras de Bruges. Mas depois de fazer o circuito respeitoso das exposições nobres, a maioria dos grupos se dirigia a Midway Plaisance, o parque de diversões do empresário de entretenimento Sol Bloom, onde podiam dar risadinhas do show erótico "árabe-egípcio" etnicamente incorreto, galgar 61 metros no céu com a Roda-Gigante de George Ferris (a primeira no país), ver, emudecidos, Eadweard Muybridge mostrar suas imagens de Locomoção Animal, e experimentar a sedutora série de maravilhas para o lanche então, pela primeira vez, à disposição do público: chiclete com sabor de fruta! SUPIMPA! Se tivessem vontade, poderiam realmente escutar o historiador Frederick Jackson Turner declarar que estava finda a democracia da fronteira, antes de passarem ao show de Buffalo Bill Cody como garantia de que veriam Touro Sentado e os domadores de cavalos antes que fosse tarde demais. Mas, no meio de todo o alarido de ragtime e honky-tonk (Scott Joplin estava lá, bem como John Philip Sousa)* e de diversão eletricamente carregada, milhões após milhões de visitantes formavam fila para ver um pequeno e quieto emblema da América que tinha existido e, eles esperavam, sempre existiria.

O Pavilhão Idaho era no seu centro uma cabana de toras; reconhecidamente a mais grandiosa e a mais ricamente decorada cabana de toras imaginável, brilhando com tapetes e tapeçarias finamente tecidos, todos com temas indígenas e do Oeste, além de pesadas mesas e aparadores torneados nas salas de Recepção, estranhamente separadas, dos Homens e das Mulheres. Alguns de seus designs em madeira e metal inspiraram os primórdios do movimento Arts and Crafts no país. Mas sua mensagem, apreciada por milhões, dizia que, entre as modernas maravilhas e a suntuosidade, a verdadeira América ainda era a simplicidade da cabana de toras e, apesar de toda a imensidão assustadora de uma Nova York ou uma Chicago, o coração do país batia nos abrigos mais rudimentares. "As crianças que vêm aqui", dizia um relato, "devem ver estas salas, porque elas ensinam a lição do crescimento de nossa civilização nacional e como, passo a passo, os homens abriram o seu caminho na vida, além de falar um pouco sobre os custos dos luxos que hoje desfrutamos. Quando as fundações de uma civilização nacional são desnudadas diante dos nossos olhos, somos capazes de julgá-las com maior sagacidade [...] a funda-

---

* Scott Joplin (1867-1917): famoso compositor de músicas no ritmo de ragtime; John Philip Sousa (1854-1932): maestro de banda e compositor célebre por suas marchas militares patrióticas, entre as quais "Star and stripes forever" (1896), considerada oficialmente a marcha nacional dos Estados Unidos. (N. T.)

ção está aqui na choupana e na cabana de toras." A percepção de que ainda havia algo sólido a que se agarrar, enquanto a economia americana se desintegrava ao seu redor, não poderia ter sido mais importante para os milhões que se perguntavam se haveria fartura no futuro da América. Estava perdido para sempre o sonho do fazendeiro pioneiro, 160 acres de terra boa para cada família disposta a curvar as costas na lavoura?

Os milhares enfileirados na planície vazia e poeirenta da Faixa Cherokee na manhã de 16 de setembro certamente não pensavam assim. Bem no outro lado da língua de terra chamada Faixa Cherokee, os repórteres, procurando arrancar um belo número arredondado para seus leitores no Leste, afirmavam 100 mil participantes; certamente bem mais do que os 42 mil lotes que deviam ser distribuídos naquele dia. Ia ser, diziam, a última grande Corrida.* Não sobraria nada do Território Indígena depois que a Faixa tivesse sido repartida, portanto essa era a última tentativa de participar da abastança. Se fossem rápidos, tivessem sorte e conseguissem apresentar sua reivindicação num dos cartórios de registro de terras, eles levariam a família para a planície, ergueriam para si próprios uma casa de adobe, plantariam um pouco de milho e permaneceriam talvez cinco, seis anos, apenas até possuírem de novo o bastante para seguir adiante. Quem sabia quanto tempo os bons tempos na pradaria durariam?; quando viria a próxima grande seca?

As companhias ferroviárias tinham se apropriado das melhores terras, quando o governo vendera milhões de acres, e depois haviam promovido a migração para o Oeste e a vida em fazendas sobre a planície com a maior intensidade possível. Venham para o Kansas, diziam seus jornais e panfletos, o lugar mais chuvoso da América, fértil e verde. Para lá se mandaram os simplórios das cidades; qualquer coisa para escapar das casas de cômodos, e a ferrovia os tinha em seu poder. Os fazendeiros precisavam das ferrovias, e dos bancos rurais que elas possuíam, para lhes adiantar dinheiro com que comprar as ferramentas, as sementes e uma junta de bois. Eles precisavam dos armazéns

---

* As corridas pela terra (*land runs*) eram uma das formas utilizadas pelo governo no século XIX para atribuir lotes de terra a famílias interessadas. (N. T.)

de secos e molhados para as suas provisões, e precisavam da própria ferrovia para levar suas colheitas aos moinhos e aos mercados.

Ali estava uma última chance de conseguir um pedaço de terra que o pessoal da ferrovia não tinha reservado. Assim, eles não podiam virar as costas para a Corrida, todos esperando inquietos na fila, prontos, uma vez disparado o canhão, para avançar com fúria o mais rápido possível. Enfileirados na pradaria, estavam todos os tipos de transporte para levar um homem até onde precisava ir rápido: carroças, charretes, carros de duas rodas, além de toda espécie de cavalo, inclusive o de ferro, um trem fumegando nos seus trilhos, carregados de homens dependurados dos vagões do gado, fazendo algazarra.

Mas nenhum índio. A Corrida da Faixa Cherokee seria outra despedida, mas dessa vez eles não estavam derramando lágrimas. Com a demanda, primeiro por pasto de gado e depois por lavoura, a nação tinha arrendado e depois aos poucos vendido a maior parte dos seus acres restantes na Faixa, a leiva pouco generosa, muito compacta, que de qualquer modo nunca tinha feito grande coisa por eles. Os 12 mil que sobreviveram à Trilha das Lágrimas sob a liderança de John Ross viram confirmados os seus piores receios sobre o Grande Deserto Americano. A paisagem não poderia ser mais diferente dos morros e vales que tinham deixado para trás na Geórgia e no Tennessee. O que havia ali era só um infindável planalto, coberto de capim rasteiro e duro. Nenhuma árvore quebrava a força dos ventos que sopravam do norte, cortando-os como facas no inverno, queimando-os no verão. Eles podiam apascentar gado e caçar bisão, mas as tribos já ali existentes — os osages em particular — viam a área como sua reserva e não ficaram nem um pouco felizes com a chegada de um povo estrangeiro ao seu meio. Muito cedo a matança em massa executada pelos americanos tinha acabado com os rebanhos de búfalos, os esqueletos espalhados pela pradaria. O veado e o castor já não eram vistos em nenhum lugar. Os índios ficaram reduzidos a caçar com arco e flecha lebres e galos silvestres da pradaria. O mais difícil de tudo é que tinham perdido os rios e cascatas de seu antigo mundo, a água enviada pelo Grande Espírito para fazer as safras crescerem. Esse lugar era seco. Quando chovia, o que era raro, a água desaparecia no barro duro, atulhado de capim; uma terra tão dura que cavá-la era guerreá-la.

Os anos depois de 1840 foram sombrios para os cherokees. Eles passaram da perda inconsolável de sua erradicação à impossibilidade de replantar a terra em Oklahoma. Os Dançarinos dos Espíritos ressurgiram entre eles, e com seus cachimbos fumegaram os sonhos das nuvens brancas inchadas de chuva que pairavam sobre as montanhas verdes perdidas do Leste. De Washington, eles aprenderam a não esperar senão traições impiedosas. Assim, quando em 1861 tiveram de fazer uma escolha, escolheram a Confederação, porque a única coisa que alguns deles ainda possuíam eram seus escravos. A decisão fatal aumentou as suas calamidades. Em 1866, acabaram sem escravos e sem o domínio dos acres que Jackson lhes prometera, em troca de sua remoção, que seriam seus para sempre. Agora eles tinham de fazer um pacto de novo, que dava ao governo o direito de assentar outros índios — quantos eles estavam trazendo para esse descampado? — sempre que quisessem; e de coagi-los a desistir dos títulos de terra para vendas, caso surgisse essa necessidade. Assinaram quase sob a mira do fuzil e continuaram a comer a sua amarga porção. Um a um os seus conselhos foram postos de lado, até que na década de 1890 já não restasse quase nada de sua antiga liberdade, exceto a sua língua, a sua religião e os seus cavalos e cães. Mas esse pouco significava ao menos que ainda eram cherokees.

Índios como eles, tentavam dizer à América, eram povos do Leste. Ao longo das gerações tinham aprendido bastante sobre a terra para saber como eram diferentes o Leste e o Oeste. A leste do meridiano 100, eles podiam esperar bastante chuva para cultivar cereais; a oeste, nunca podiam confiar no tempo. Às vezes chovia, mas mais frequentemente não. Assim, a maior parte da nação cherokee começou a viver a leste do meridiano 96, deixando as largas extensões do que era chamado sua Faixa para aqueles que as quisessem comprar ou alugar. Os criadores de gado queriam, porque precisavam de pasto para seus rebanhos, incontáveis centenas de milhares de *longhorns* — raça de gado de chifres longos —, criados para alimentar o hábito do bife na América, empuxados do Texas para o fim das linhas férreas no Kansas. Os texanos estavam prontos a pagar uma bela soma pelo arrendamento da terra indígena, e os cherokees, contentes em aceitá-la. Mas em 1886-7 houve um inverno tão brutal, nevasca após nevasca, que o gado fora enterrado vivo nos monstruosos montes de neve, quase 80% dos animais morrendo na pradaria. Em todo caso, o gado estava se tornando menos lucrativo. Na sua ganância, os criadores tinham apascentado gado em demasia, danificando a pradaria de capim rasteiro, de modo que a quantidade de terra necessária para alimentar um único bezerro aumentara mais e mais, chegando a quase cinquenta acres na época das nevadas de 86. A atividade desmoronou; e, em seu lugar, vieram centenas de milhares de migrantes, alguns da cidade, alguns direto dos navios, apenas com uma junta de bois, mulas, e talvez um dólar de ouro para começar o cultivo de milho e feijão. Se a terra próxima ao meridiano 100 e além desse marco parecia demasiado seca para cultivar qualquer coisa, eles tinham sido informados por pessoas respeitadas que "a chuva seguia o arado"; que, só por estarem ali em grande número e mexendo um pouco na terra ao redor, podiam tornar o ar mais frio e mais úmido. Os preços pela pradaria incultivável na parte oeste dos Territórios Indígenas começaram a subir e nunca estacionaram.

Os cherokees tinham suas dúvidas quanto aos homens brancos fazerem chuva, mesmo com a ajuda da Dança e dos espíritos. O seu pessimismo parece ter sido confirmado pela brutal seca de 1890, que foi seguida por outros três anos contínuos de calor sem chuvas. Assim, quando surgiu a oferta de 8 milhões para vender os seus acres restantes na Faixa, por que não aceitariam a proposta? O conselho se reuniu; e a oferta foi aceita sem muito pesar.

Era quase meio-dia. Segundo os cartórios de registro de terras, havia 42 mil lotes, de 160 acres cada um, à disposição daqueles que participavam da Corrida. Seth Humphrey e seu irmão não estavam dispostos a começar a trabalhar como fazendeiros, por piores que fossem os tempos; eles tinham vindo com as suas bicicletas pelo divertimento agitado e turbulento. Nada os havia preparado para multidões; alguns "Adiantados" que tinham chegado ali à frente da Corrida faziam sua reivindicação desafiando todos os demais a ficarem roxos de raiva; milhares de homens dormindo sobre cobertores estendidos no capim rasteiro ou em barracas improvisadas; por toda parte os relinchos e o cheiro de um número muito maior de cavalos do que jamais se avistara fora de um acampamento do Exército; os estalos e tinidos de rodas e eixos, charretes e carretas. E agora eles estavam ali e a locomotiva também, com seus passageiros loucos dependurados dos vagões de gado e gritando como se pudessem mover o cavalo de ferro bem rápido, se ao menos tivessem chicotes de ferro! A fileira de cavalos, carretas, homens e mulheres estendia-se por quilômetros. Algumas centenas de soldados tinham sido colocadas ali perto para assegurar que a Corrida não se transformasse numa espécie de batalha desordenada. "Eu à toa conjeturava", escreveu Seth, "como eles conseguiriam se esquivar da arremetida; era o que eles talvez também estivessem conjeturando."

Faltando cinco minutos para o meio-dia, as tropas receberam uma ordem e apontaram os rifles para o céu. A ideia era que um canhão colocado na ponta leste da Faixa dispararia, e depois as tropas dispostas de lado a lado da linha retomariam os estampidos. Quando os cronômetros se aproximaram do meio-dia, Humphrey deu um jeito de avançar sorrateiro uns cinquenta metros na frente da multidão, entre os cavalos e o trem, e viu cerca de 8 mil, na sua linha de visão de cerca de três quilômetros, começando a se agitar com suas rédeas e esporas. "Enquanto permanecíamos parados, tontos pelo que víamos, os rifles dispararam e a linha rebentou com um imenso estrondo de estalidos. Aquele momento ensurdecedor de quilômetros de cavalos estremecendo no seu primeiro salto para a frente foi uma dádiva dos deuses, e nunca se verá de novo nada igual. No instante seguinte estávamos num aperto de veículos, que passavam zunindo por nós como uma calamidade [...]."

Ao final da Corrida nas novas municipalidades de Enid, Perry e Woodward, havia homens postados em cartórios improvisados de registro de terras, com pena, tinta e livros contábeis sobre suas mesas de cavaletes; homens de chapéus pequenos, sem casacos porque estava quente naquele dia de setembro. Longas filas serpenteavam pela rua poeirenta atrás deles, os *boomers* [Aqueles Em Busca de Rápido Progresso] que tinham participado da Corrida, surpreendentemente muito poucos praguejando, bebendo ou dando tiros, mas esperando sua vez de reivindicar seus 160 acres de América. Não importava que os acres fossem de capim rasteiro e compactado, nem que a terra fosse de um tipo em que a enxada não podia prevalecer; de qualquer modo eles não conseguiam ver muita coisa do solo, pois o exército de cavaleiros havia levantado uma tempestade de poeira que toldava a visão, a terra pulverizada subindo fina ao céu e descendo às ruas de Enid, arranhando os olhos de homens esperançosos.

37. A IGREJA DA IRRIGAÇÃO

Cento e sessenta acres era muito e ainda assim insuficiente, John Wesley Powell dizia a quem quisesse ouvi-lo no Congresso de Irrigação reunido em

Los Angeles em outubro de 1893, cerca de um mês depois da Corrida na Faixa Cherokee . Era o meridiano 100 que fazia toda a diferença. As fazendas na "zona úmida" a leste, ou aquelas nas regiões mais secas que se beneficiavam da irrigação intensiva, não necessitavam dos sagrados 160. Mas aquelas a oeste deviam se contentar com os pastos e necessitariam de mais de 2500 acres para ter alguma chance de sucesso. O principal, dizia Powell repetidas vezes, era que a agricultura devia ir até onde estava a água. Por mais que fosse a favor de utilizar as águas dos rios por meio de represas e valas, os reservatórios alimentados por correntes d'água naturais só podiam fazer um tanto. Onde havia pouca provisão de água, como a pradaria além do meridiano 100, o sensato era criar "ranchos de pastagens" extensos, com água para não mais que vinte acres de plantações. E Powell acreditava que os recursos hídricos no Oeste árido eram preciosos demais para serem deixados aos cuidados do mercado, o que com toda a probabilidade significava o tipo de companhias que haviam sido arruinadas no colapso ferroviário econômico de 1893. (De fato, as companhias fundadas durante o grande desenvolvimento da irrigação para produzir e vender água eram elas próprias notoriamente instáveis e insolventes, subestimando com frequência os custos de capital fixo e o tempo que seus clientes levavam para se tornar fazendeiros viáveis.)

As opiniões de Powell foram consideradas heréticas repetidas vezes; um desafio aos deuses plutocráticos da Era Dourada, cujas fortunas foram construídas sobre economias de escala, integração vertical e preços fixados por cartéis. A noção de que o governo — local ou federal — devia ser agora o administrador da água, exatamente quando tinha esvaziado milhões de acres de terra não colonizada, estarrecia os homens das companhias. Mas, vindas do major John Wesley Powell, era preciso dar algum crédito a essas opiniões, porque ele era um herói americano, soldado, explorador e cientista, o diretor do Serviço Geológico dos Estados Unidos, alguém que não fazia distinção entre bravura física e intelectual; uma estirpe que estava se tornando tão rara quanto o bisão das Grandes Planícies.

Em 1890, 90% da população dos Estados Unidos vivia na sua metade Leste. Com as cidades pequenas para conter tanta gente, era impossível que qualquer estadista americano previdente — como o jovem Theodore Roosevelt, por exemplo, que tivera uma experiência pessoal no Oeste — não visse a transformação da região numa terra agrícola propícia aos colonos como a resposta para muitos dos problemas da nação. Mas eles tinham de escutar o major Powell. Filho de um pregador itinerante em Illinois, John Wesley era em grande parte autodidata em história natural, o que lhe permitiu, depois que a batalha de Shiloh lhe arrancou um braço, tornar-se primeiro mestre-escola e depois professor universitário. Em 1869, ele realizara o impensável ao conduzir uma expedição de quatro barcos de seis metros, três barcos de carvalho, um de pinho, por 1600 quilômetros do notoriamente letal Colorado, partindo de seu afluente de enganosa placidez, o rio Green no norte de Wyoming, e passando pela magnificência e terror vertiginosos do Grand Canyon, até então visto apenas de sua beirada. Powell sobreviveu à provação de múltiplas viradas de borco, tempestades violentas e quase-inanição na travessia do cânion, embora três membros de seu grupo tivessem decidido, depois de um período particularmente angustiante na água, não continuar a avançar. Os seus corpos, provavelmente mortos pelos índios shivwits, foram encontrados no alto dos penhascos.

Assim, Powell tinha uma história formidável para contar, e ele a contou de maneira superlativa. *The exploration of the Colorado river and its canyons* tornou-se um clássico instantâneo, a sua peculiaridade calculada nos tons mutáveis de suas vozes. Às vezes o nosso herói de um só braço quer se apresentar como o seco e impessoal geólogo, etnógrafo e naturalista: "O baixo deserto, com suas montanhas desoladas, que tem sido assim descrito, está nitidamente separado da região mais elevada do platô pelo Escarpamento Mogollon [...]"; mas ele escorrega facilmente para uma prosa poética à la Bartram: "Milhares desses pequenos lagos com águas cor de esmeralda profundas e frias estão abrigados no seio dos penhascos das montanhas Rochosas". Quando fala de seus companheiros de viagem, Powell se torna um ironista tão mordaz quanto Twain, e com a mesma pincelada observadora de um romancista mestre. Descreve o seu irmão, "o capitão Powell" (em relação ao seu major), como "quieto, temperamental e sarcástico, embora às vezes anime o acampamento à noite com uma canção. Nunca se surpreende com nada, o seu sangue-frio nunca o abandona, e ele sufocaria a garganta de um vulcão a jorrar fogo, se achasse que a fera não estava brincando. Nós o chamamos 'Velho Sombrio'". Quando precisa, nos momentos de clímax do drama, Powell sabe como torcer e retorcer a sintaxe do texto, como se ela fosse carregada pela corrente violenta. Ele tinha acabado de passar por duas quedas-d'água no rio, a primeira de uns meros três metros, depois caiu noutra de quinze metros: "Passo ao redor de um grande penhasco, bem a tempo de ver um barco bater numa rocha e, ricocheteando com o choque, adernar e encher de água o seu compartimento aberto. Dois dos homens perdem seus remos; o barco balança desgovernado e é carregado em grande velocidade, o costado para cima, por alguns metros, quando, batendo a meia-nau noutra rocha com grande força, é quebrado em dois e os homens são jogados no rio".

Mais do que apenas uma odisseia americana através do desfiladeiro aquoso do inferno até emergir do outro lado, a história de Powell e de sua navegação bem-sucedida pelo rio sugeria que talvez houvesse mais de um modo de domar o ingovernável Colorado. Depois do levantamento e acúmulo de conhecimentos, veio a especulação prática. Talvez esse rio pudesse ser até represado, forçado a recuar para dentro de reservatórios, a partir dos quais a água alimentaria os canais de irrigação que, no clichê da época, fariam o deserto florescer. A cabeça de Powell estava cheia de possibilidades hidráulicas, mas o seu *Report on the lands of the arid region of the United States*, escrito originalmente para o Cartório Geral de Registro de Terras do governo e publicado por ordem do Congresso em 1878, advertia que apenas 3% do Oeste podiam ser transformado em terras agrícolas sem a irrigação. Mesmo que o Colorado e outros rios do Oeste, como o Snake, pudessem ser represados e canalizados, apenas uma fração minúscula da imensidão da região seria viável para a agricultura, muito menos capaz de sustentar novas cidades no Arizona, em Nevada e no sul da Califórnia.

Powell não pretendia espatifar as esperanças dos visionários da irrigação, mas, como a água era um recurso tão precioso no Oeste, achava que a única maneira de ela ser racionalmente utilizada era por meio de fazendas cooperativas e de relativa pequena escala, do tipo que vira funcionar nas comunidades mórmons em Utah — a própria definição de uma paisagem arável pouco promissora. Os mórmons tinham mantido o mercado fora de seus projetos de irrigação, haviam distribuído os recursos de modo cuidadoso e equitativo e, como resultado, tinham criado um modelo de como proceder com sucesso em circunstâncias adversas, modelo com o qual Powell achava que o resto da América podia aprender muito. O problema era que sua abordagem eminentemente sensata e baseada na comunidade, a noção de que a água era um re-

386

curso publicamente partilhado, atingia em cheio o espírito dos tempos, que era comercial, tecnológico e individualista ao extremo.

Powell pensava na água como um meio de revigorar a democracia corrupta e esgotada: um recurso local, de que se devia prestar contas; um laço que manteria unidas as comunidades. Qual era a alternativa: a continuação da guerra amarga entre o capital e o trabalho no Oeste? Mas, para políticos como o grande Bill Stewart, de Nevada, isso tornava Powell, que estava evidentemente "embriagado com o poder e surdo à razão", um inimigo do modo de vida americano. Para o bem dos "pioneiros que estão desenvolvendo o país", Stewart declamava embaixo de seu chapéu Stetson branco, Powell precisava ser reprendido e seu Levantamento da Irrigação interrompido antes que pudesse fazer mais estragos. Era tudo muito simples para homens como Stewart. Aplicar o conhecimento da engenharia hidráulica até a mais intratável das regiões, *domar* os rios, e haveria água em abundância para os fazendeiros do Oeste nos vales quentes do sul da Califórnia — Sacramento e San Joaquin. Eles poderiam produzir não só milho, mas alfafa para alimentar o gado; pêssegos, ameixas e laranjas; e legumes em quantidades ainda inimagináveis. Com base em seu sucesso, surgiriam as cidades na planície. Suas mesas teriam abundante fartura e seus jardins seriam verdes para sempre.

Essa, em todo caso, era a visão de um jornalista, William Ellsworth Smythe, para quem a América moderna significava resolver problemas impossíveis. Smythe era filho de um rico fabricante de calçados de Massachusetts, mas havia perdido a sua parte da fortuna familiar numa empresa editorial fracassada. Para se reestabelecer, Smythe foi trabalhar para uma companhia agrária que o enviou ao Novo México, onde ele testemunhou parte do mesmo método comunitário de tratar a água que os mórmons tinham utilizado, pela boa e simples razão de que os latinos no Oeste haviam tratado seus poços e valas do mesmo modo. Como editor do *Omaha Bee,* Smythe viajou para Nebraska durante o primeiro ano da grande seca de 1890, onde cenas de fazendeiros matando a tiros o gado que estava morrendo de sede, e abandonando as fazendas por não terem nenhum tipo de água, gravaram-se na sua memória. "O espetáculo do homem sem terras e da terra sem homens", escreveu, "é o bastante para levar os anjos às lágrimas."

No ano seguinte, Smythe fundou uma revista a que deu o nome de *Irrigation Age* e participou de um congresso inicial de todas as partes interessadas

— fazendeiros, engenheiros e pessoal do governo — em Salt Lake City, que ele promoveu como um modelo para o resto do Oeste. Já se tornara mais um cruzado que um incentivador. A sua política, afirmava na *Age*, seria "defender a causa da irrigação; acompanhar o rápido progresso da ciência em descobrir os recursos aquáticos do Oeste, estimular o povoamento dos belos vales, das planícies estendendo-se ao longe e dos férteis planaltos do Oeste árido, assim que fosse realizada a melhoria da terra; explicar e ilustrar ao fazendeiro os empregos e benefícios da água [...] do Kansas à Califórnia e de Manitoba ao México". A visão de Smythe sobre o que a irrigação poderia ser capaz de fazer por 100 milhões de acres do Oeste, e assim para o futuro dos Estados Unidos, era épica, mas, como Powell, ele pensava em termos mais sociais que macroeconômicos. O importante sobre os projetos de irrigação era a quantidade de atenção detalhada que eles necessitavam, para prevenir o assoreamento de canais e valas, a sua obstrução por entulho e vegetação. Uma grande companhia comercial com mão de obra diarista nunca obteria o mesmo tipo de sucesso que fazendas familiares ou cooperativas de pequenas cidades assegurariam por meio de seu empenho pessoal na nova agricultura.

Dois anos mais tarde, em Los Angeles, um evento muito maior foi deliberadamente marcado para coincidir com o último mês da Exposição em Chicago, na qual o passado, o presente e o futuro agrário da América haviam estado proeminentemente em exibição. Smythe imprimiu 100 mil cópias de um número especial de *Irrigation Age* para distribuição em Chicago, e, como vieram para Los Angeles delegados da Rússia, Austrália e Peru, não era inteiramente vaidade fútil chamar a ocasião de um Congresso Internacional da Irrigação. Na entrada da Ópera, onde foi realizada a convenção, duas grandes bombas-d'água foram postadas como guardiãs da transformação americana, que Smythe acreditava estar prestes a acontecer. A cascata de notícias calamitosas dos negócios só deixava Smythe mais decidido a promover a irrigação como um meio de avançar; e de modo controverso, a transferir parte da responsabilidade pela irrigação da iniciativa privada para o governo. Ele disse no seu discurso de abertura:

> Estamos assentando hoje a pedra angular da República da Irrigação. Não será assentada com a avareza, nem cimentada com a ganância. Isso não seria adequado; pois um povo que vive em vales ensolarados guardados por montanhas eternas é

sempre o defensor da liberdade. Assentaremos a superestrutura desse edifício pela linha de prumo da justiça e da equidade. Escreveremos sobre a sua branca pedra angular: "Consagrado à Igualdade do Homem". Inscreveremos sobre seu arco especialmente sólido estes dois sinônimos: "Irrigação e Independência".

Era realmente uma ópera grandiosa. Podia-se conjeturar o que Powell, a quem fora solicitado um discurso para o congresso não uma mas duas vezes, pensava sobre a retórica enlevada de Smythe, especialmente em vista do que ele devia fazer: jogar água fria em todo o ardor retórico. O primeiro discurso de Powell foi em grande parte uma reminiscência de sua expedição épica pelo Colorado; e a intensidade dessas memórias foi tamanha que o ato de discursar o exauriu a ponto de gerar dúvidas quanto a se ele daria a sua segunda palestra sobre as perspectivas atuais. E, quando Smythe escutou o que Powell tinha a dizer, é possível que seu desejo fosse ter permanecido no seu quarto de hotel. Pois não podia haver um contraste mais gritante entre o espírito obstinado dos delegados de *Irrigation Age* e as palavras cautelosas do carrancudo Powell. Ainda que todas as águas do Oeste fossem utilizadas como eles gostariam, disse ele, elas não poderiam fazer mais do que irrigar uma porção diminuta da região. Era criminoso trazer colonos para o Oeste com promessas que não seriam, nem poderiam ser, cumpridas, e em todas essas questões deveria ser acatada a sua regra de ouro de que as fazendas deviam ir até onde estava a água, e não o caminho inverso. "Cavalheiros", continuou, "talvez seja desagradável que eu lhes apresente esses fatos. Hesitei muito, mas finalmente concluí que devia fazê-lo. Eu lhes digo, cavalheiros, vocês estão acumulando uma herança de conflitos e litígios dos direitos relativos à água, pois não há água suficiente para abastecer a terra."

Não era o que os delegados tinham vindo escutar em Los Angeles. O pessimismo imprevisto de Powell parecia estar em desacordo não só com o espírito de realizações invencíveis dos delegados, mas com o próprio entusiasmo passado de Powell quanto a represar os rios e criar reservatórios, alimentados por cursos de água naturais, com os quais abastecer campos e residências. Os comentários do patriarca foram interrompidos por vaias e explosões orais de discordância zangada. Embora surpreso com o ataque de Powell ao movimento prematuro de incentivar o desenvolvimento da região, o próprio Smythe tinha muito respeito pelo velho major para provocar uma briga pública. Mas a fé apaixonada de Smythe numa irrigação que transformasse o Oeste continuou feroz. Essa seria a verdadeira resposta da América ao pânico, à raiva e ao derrotismo que haviam tomado conta do país naquele ano de colapso econômico. Messiânico no seu otimismo nacionalista, Smythe disse aos leitores de seu livro *The conquest of arid America* que ele tinha sido escrito "para todos os americanos otimistas [...] para os que buscam um lar e que, sob a liderança da nação paternal, devem lutar corpo a corpo com o deserto, traduzir a sua aridez cinzenta em campos e jardins verdejantes, banir o seu silêncio com o riso das crianças. Essa é a estirpe dos homens que tornam a República possível, que mantêm a lâmpada da fé acesa durante a noite do comercialismo corrupto [...]". O livro apresentava "o que está sendo feito pela parceria de Deus com a humanidade para terminar um importante recanto do mundo [...]". A perspectiva nos anos 1890 talvez parecesse sombria para projetos tão grandiosos, mas os exércitos dos desempregados em marcha, o medo e a depressão circundando as cidades da América, tudo constituía ainda mais razão para avançar, pois

> quando o Tio Sam põe a mão numa tarefa, sabemos que ela será feita. Nem mesmo a histeria dos tempos difíceis pode assustá-lo e assim afastá-lo do trabalho. Quando ele acena com a mão para o deserto e diz "Que se faça a água!", sabemos que o rio obedecerá ao seu comando. Sabemos ainda mais — sabemos quando virá a água, quanta terra será melhorada, quantas casas serão construídas. Podemos até calcular com precisão quantas cidades surgirão e onde elas estarão [...].

Powell morreu em 1902, e naquele mesmo ano Theodore Roosevelt assinou a Lei Nacional da Recuperação da Terra, que talvez devesse mais ao otimismo irreprimível de Smythe do que à ênfase do major na conservação local. Pois, como acontecia frequentemente com Roosevelt, a lei levou o governo federal a se envolver profundamente num dos setores mais cruciais da economia. Embora TR tivesse de se afastar do patrocinador entusiasmado do projeto de lei, o senador Francis Newland, para quem com uma penada o governo havia "nacionalizado a água", uma nova agência usaria agora a renda dos impostos para empreender uma série extensa de projetos hidráulicos por todo o Oeste. A maioria deles envolveria a criação de represas e reservatórios, a partir dos quais um fornecimento sistêmico de irrigação poderia ser disponibilizado aos fazendeiros em áreas — como o vale Imperial crestado no sul da Califórnia — que do contrário nunca teriam sido capazes de cultivar cereais e frutas. Um Bureau da Recuperação da Terra então proveria a água e seria reembolsado com os lucros das fazendas recuperadas e produtivas, embora a taxas pesadamente subsidiadas. No sentido de que ambos tinham esperado que a irrigação fosse demasiado preciosa para deixar aos cuidados das forças habituais do mercado, e de que alguma intervenção pública seria necessária só para realizar com sucesso a imensa obra de represamento e criação de reservatórios e canais, tanto Powell como Smythe poderiam sentir satisfação por terem indicado aos Estados Unidos uma nova direção. Durante ao menos uma geração, não foi vergonhoso trabalhar para o governo, assim como nos dias de Montgomery Meigs trabalhar para o Corpo de Engenheiros do Exército dos Estados Unidos era considerado uma honrosa vocação.

Nos anos antes e depois da Primeira Guerra Mundial, engenheiros talentosos se aglomeraram na agência de recuperação de terras, impregnados daquela energia "posso-fazer" que Smythe tinha esperado que reanimasse tanto o espírito de engenhosidade científica quanto o do serviço público nos Estados Unidos. Mais de seiscentas represas foram construídas nos primeiros trinta anos de existência da agência, culminando nas realizações espetaculares de Grand Coulee e Hoover, a última das quais criou postos de trabalho para milhares de desempregados e toda uma cidade em torno do sítio da construção. Milhões de acres tornaram-se passíveis de cultivo. Pêssegos, toranjas, trigo e alfafa, tudo prosperou. E nesse sentido, a visão de Smythe foi concretizada e os americanos estavam agora comendo frutas e legumes vindos de lugares em que não seria natural cultivá-los.

Por fim, profundos aquíferos em estratos fósseis — desconhecidos de Powell — seriam perfurados em busca de água, e nada parecia estar além dos poderes da igreja da irrigação. Mas, por outro lado, se consideramos as "marcas circulares da banheira" ao redor das paredes de rocha do lago Mead, que medem o fato indiscutível de que o reservatório está operando apenas com 60% da sua capacidade, Powell não parece ter acertado assim tão longe do alvo. Algo tem de ser feito, e tanto Powell como Smythe teriam concordado que o melhor que se tem a dizer de uma situação desesperadora é que ela força os cidadãos a reconsiderar o que o governo, que age em seu nome e com o seu dinheiro, deve ou não deve fazer.

38. A CASA FANTASMA

Avançávamos suavemente pelas estradas secundárias no leste de Colorado procurando áreas para filmar, como um cão de caça segue o rastro do animal selvagem, de lado a lado, farejando excrementos: "Ali"; "Não, ali"; "Que tal *ali*?". Em nossos dias leva-se muito tempo para sair dos "subúrbios em expansão" de Denver que se estendem ao longo da autoestrada, as belas montanhas cor de lavanda sempre no horizonte a oeste, correndo paralelas à estrada. É o lugar aonde os turistas vão, quando se dirigem para as estações de esqui nas montanhas Rochosas, ou em caminhadas pelo campo no verão até o Divisor Continental. Pike's Peak colocará você uns bons 3650 metros nas alturas, e você se sentirá, porque está, no topo do mundo.

Eu já estivera ali mais de uma vez e até montara um cavalo; pelo menos acho que era um cavalo, tão derreada estava a pobre criatura com a carga de incontáveis caubóis urbanos que já transportara que sua barriga quase roçava a terra. Éramos professores universitários a cavalo; em liberdade condicional de uma manhã de duras provas com executivos de empresa que Precisavam Conhecer Locke e Hobbes, e, por que não?, até Maroon Bells. Subimos com nossos confiáveis corcéis, quando minha égua, velha mas cortês, sentiu de repente que era, por uma última tarde, a potranca brincalhona que devia ter sido um dia e saiu da trilha dos Ph.Ds., galopando como se nunca mais quisesse ouvir uma só palavra sobre John Maynard Keynes. Partiu morro acima e várzea abaixo, e pelos prados da montanha, carregando-me com ela. Rédeas? Que rédeas? Agarrei-me como pude, sobretudo na sua velha e generosa crina negra, e depois de algum tempo deixei de achar que minha vida corria perigo. Finalmente — cinco minutos mais tarde — a égua achou que já interpusera bastante distância entre ela e o rodeio filosófico, e Peggy (Pégaso para vocês) e eu ficamos por fim a sós no Colorado. Os dois relinchávamos felizes. Leve-me aonde você quiser, ó alada, pensei e possivelmente disse (tinha sido uma longa manhã), e obedecendo ela avançou um pouco mais por uma clareira de choupos tremedores e saiu sobre um penhasco que mirava escarpadamente o vale abaixo. Puxei os freios como pude, assim como os velhos filmes de John Wayne tinham ensinado. Surpreendentemente, "Ô" pareceu funcionar. Então, sem avisar apareceu outro cavaleiro, talvez a nove metros de distância sobre uma pequena elevação no campo, a sua silhueta escura contra a luz do entardecer nas montanhas Rochosas. Para minha surpresa ele então teve aquela atitude, reclinou-se na sela, tirou o chapéu de caubói e abanou-o em saudação no ar. "Aiôô!", veio o grito. Era isso. O Oeste e eu éramos Um Só. "Ooooopa", gritei de volta entrando no espírito da coisa. Houve uma pausa. Depois veio o golpe fatal, tão mortal como se ele tivesse sacado a arma antes de mim. "Aquele seu argumento sobre a teoria da soberania de Hobbes esta manhã... Muito *perspicaz!*" Tudo acabado. Eu tinha sido abatido pela teoria política do contrato. Mergulhei na sela. Peggy e eu voltamos desalentados para a trilha, onde os cavaleiros conversavam animadamente sobre Ingmar Bergman. "Onde é que você estava?", um deles me perguntou gentilmente. "Oh, apenas um pouco a oeste", disse eu, aceitando o meu lugar na estrutura das coisas. "O que é hoje à noite, Schubert ou Bartók?" Peggy bufou e emitiu aquele aroma penetrantemente fétido como só os cavalos sabem fazer. Eu sabia como ela se sentia.

Mas estávamos filmando um Colorado diferente, além da linha interminável de pátios de madeireiras e depósitos de acessórios e artefatos que acompanham a expansão do subúrbio. Percorrendo 160 quilômetros na direção leste, as montanhas se tornam não mais que a beirada denteada de uma serra no horizonte ao longe, e ali diante e ao redor de nós, 360 graus, não existe senão um oceano de terra escura, as Grandes Planícies estendendo-se centenas de quilômetros através do Kansas e entrando ao sul no enclave de Oklahoma, outrora a Faixa Cherokee, a terra que os participantes da Corrida de 1893 haviam galopado para comprar. Pouca coisa continua a existir por aqui — há mais fazendas abandonadas do que em funcionamento —, mas os campos estão arados e produzirão um pouco de trigo mais tarde na estação. De vez em quando as asas esqueléticas de um pequeno cata-vento, ainda ali à procura de água muito tempo depois da partida dos fazendeiros, estrondam e gemem. O silêncio só é quebrado pelo ronco de um caminhão distante do qual sentimos o cheiro antes de avistá-lo; o inesquecível bafo ruim de aves engradadas vindo do veículo que passa chacoalhando, deixando para trás uma trilha de fedor atmosférico no doce ar de primavera.

Apesar de seu nome, as planícies não são totalmente planas. De vez em quando o terreno incha e se eleva; nada mais que uma onda suave, mas o bastante para que a estrada se distraia com uma ou duas curvas. Ao redor de uma dessas curvaturas chegamos perto de uma vila chamada Hereford, e ali, no cume de uma dessas elevações, estava o que outrora tinha sido uma casa de fazenda. De uma certa distância, os elementos básicos pareciam mais ou menos intactos, liofilizados pelo inverno da pradaria; o telhado inclinado para deixar a neve escorregar; as telhas escuras de madeira imbricando-se ao longo do lado; a dispersão de casinhas de madeira nos fundos: um chiqueiro; um galinheiro. Mas quando se pisava pelas bolas de amarantos rangedoras que tinham vindo parar contra a cerca podia-se ver que o lugar era mantido em pé por nada mais que os escombros de sua própria ruína; os destroços estilhaçados de uma vida que persistia no meio do nada, assim a sua acusação resistia contra o céu de Colorado como alguém que não queria ou não podia parar de chorar.

Bem, havia muito que chorar. As tempestades de poeira que varreram as planícies na década de 1930 surgiam como uma praga bíblica, e nas suas montanhas marrom-acinzentadas de poeira aérea pulverizada carregavam junto com elas toda esperança de participar da fartura americana que os fazendeiros no oeste de Oklahoma, no Kansas, no enclave do Texas e no leste do Colorado algum dia alimentaram. Remover a poeira depois da passagem de uma dessas tempestades devia ser semelhante aos efeitos de um ataque nuclear, os corpos do gado, cegado e sufocado, estendidos pelo terreno em dunas de poeira soprada pelo vento. A poeira voadora se depositava em camadas por toda parte dentro da casa e, por mais que se esfregassem os cantos, ela voltava tornando a roupa de cama cinzenta, cobrindo o linóleo sobre a mesa um instante depois de ter sido limpado, alojando-se nas orelhas das crianças até causar dor. À noite era preciso levantar e tomar um copo de água com gosto ruim, apenas como precaução para não ser sufocado dormindo, dada a quantidade de poeira que entrava durante as horas de sono.

O pessoal das fazendas das planícies do Oeste tinha experimentado muitas dificuldades, mas nunca nada como isso. Num minuto, o céu no alto estava azul-claro; aquele azul esmaecido e desbotado das pradarias; no momento seguinte, uma parede monstruosa de escuridão aparecia no horizonte, às vezes com 9 mil metros de altura, ganhando força com o vento. Com bastante frequência não havia nenhum som, enquanto a parede se movia implacavelmente na direção da cidade ou da casa; só às vezes, lá no fundo da cidadela da poeira voadora, havia o ronco baixo de um trovão e o lampejo amortalhado de um raio. Não havia lugar a que se podia correr com suficiente rapidez; não adiantava amontoar as crianças no velho Modelo T, pois todos poderiam ficar soterrados pela parede de poeira. A única coisa a fazer era levar todos para dentro de casa, enquanto a escuridão rolava sobre tudo, apagando a luz, o manto sufocante de poeira sibilando por toda fenda e cavidade, caindo com o silêncio da neve sobre a cadeira da vovó, a pia da cozinha, a cama do casal. Lá fora os animais morriam e os campos ficavam soterrados. A vida nas Altas Planícies estava finda.

Como é que acontecera? Como é que o *"bowl"* [vasilha], que seu entusiasmado promotor Thomas Hart Benton insistira que não era o Grande Deserto Americano, mas uma verdadeira cornucópia de iminente fertilidade, se transformara no Dust Bowl [Vasilha de Poeira]? A primeira geração de lavradores enfrentara tempos difíceis para ter algum sucesso com a terra; a irrigação prometida nunca apareceu, e ninguém sabia dos profundos aquíferos subterrâneos, muito menos tinha os meios de chegar até eles. Muitos haviam falido junto com as primeiras companhias de irrigação. Apareceram novamente os criadores de gado do Texas, que dessa vez deram um jeito de não danificar as pastagens com um número excessivo de reses. Mas, por outro lado, a "lavoura seca" — arar profundamente, cobrir o solo com seu próprio pó, depois manter alguns dos campos sem cultivo durante o verão para reter a umidade — parecia oferecer toda uma série de novas possibilidades para plantar com sucesso com menos água. O torrão recém-rachado e quebrado, descobriu-se, era receptivo ao trigo, um plantio que ninguém tinha considerado possível nas planícies "semiáridas" do Oeste. Mais ainda, as condições do mercado internacional eram perfeitas, com a produção doméstica da Europa despedaçada pela Primeira Guerra Mundial e pelo caos do pós-guerra. A demanda subiu exorbitantemente. Os fazendeiros que tinham suportado os tempos difíceis da década de 1890 e a primeira década do século xx se viram na posição pouco familiar de tirar proveito dos preços dos cereais sempre em ascensão.

Mas, se quisessem lucrar apropriadamente com a oportunidade, precisavam da ajuda de maquinaria pesada e do grande capital. Os antigos dias do arado eram coisa do passado. Agora o necessário eram tratores e os grandes arados de discos que se moviam pela terra compacta de capim rasteiro, de modo pouco profundo e rápido, arrancando as raízes e deixando um pó fino, a camada superficial solta tornando a semeadura mais fácil. Na outra ponta do processo, uma nova geração de máquinas de ceifar e debulhar, especialmente as McCormicks, podiam passar por um campo numa fração do tempo necessário nos antigos tempos da lavoura manual. Farejando grandes ganhos financeiros, apareceram os bancos oferecendo o crédito necessário para alugar ou — em parceria com fazendas vizinhas — comprar as máquinas. Hipotecas podiam ser arranjadas, agora que a alta repentina do trigo havia valorizado as terras, ou então adiantamentos eram dados em função das futuras safras. Os bons tempos estavam bem próximos. Era tudo tão possível. Mas por que os caipiras ficariam com todo o sucesso? Assim pensavam os especuladores observando o preço do trigo subir mais rápido que o da terra. Eles tinham os recursos para comprar imensas extensões de terra, arar e colher numa escala industrial, a escala que o agronegócio merecia. Esqueçam o antigo sonho de Jefferson do agricultor democrata e seus cem acres. Este era o século xx.

Entram em cena os forasteiros. Nunca chegaram a ser mais forasteiros que Hickman Price, que em 1931 deixou o seu salário de 50 mil dólares da Fox Film Corps em Hollywood para comprar 25 mil acres da melhor terra do enclave do Texas. Tudo estava numa escala em que ninguém mais podia competir: meio milhão de alqueires de trigo; as 25 máquinas de ceifar e debulhar pintadas de prateado brilhante, com letras colossais escrevendo o nome do grande homem; os cem caminhões que levavam o trigo para os elevadores de cereais em Kress; a patrulha da colheita com motocicletas, roncando ao redor dos campos para verificar se tudo estava dentro dos conformes, e retornando com informações ao quartel-general de HP se não estava; as 250 unidades de manutenção móveis, carregando seus apetrechos para dormir, que podiam ser armados dia e noite, se algum dos tratores ou alguma das máquinas de ceifar e debulhar quebrassem.

Alguns fazendeiros eram até mais prósperos. James Jelink, do condado de Greeley, Kansas, tinha 28 mil acres produzindo 620 mil alqueires por ano, meras catorze máquinas de ceifar e debulhar e vinte tratores. Mas ele também possuía o seu próprio elevador de grãos. E havia também o prodigioso Simon Fishman, que viera da Lituânia na década de 1880, com doze anos, concluíra que havia pequenos Fishmans demais circulando pelo Lower East Side e fizera todo o percurso até as Altas Planícies, onde viajara pela região como os judeus faziam, vendendo um pouco disto e um pouco daquilo. Mas, por aquela época, um culto da Terra devido à Zona de Residência russa produziu um grande número de judeus que queriam tentar a sorte nas Altas Planícies em vez de na

Palestina: Benny Goldberg em Dakota do Norte, ou Samuel Kahn no condado de Holty, Nebraska, que misturava trigo com criação de gado e outras culturas, o suficiente para que fosse saudado por toda parte como Kahn, o Rei da Cebola. Encorajado, Simon Fishman tornou-se fazendeiro em Nebraska, e deu-se bem a ponto de ser eleito prefeito de Sydney no estado, antes de se mudar para Tribune, Kansas, onde estabeleceu um império de trigo que despachava 1 milhão de alqueires por ano tanto da sua fazenda como das vizinhas.

E, como geralmente acontece, os barões do trigo pagaram o preço de seu sucesso: superprodução, preços desabando; muitos deles falindo, a começar por Hickman Price, que, depois de apenas alguns anos de superprodução, foi levado à falência por uma loja de ferragens à qual devia meros seiscentos dólares, os quais, mesmo assim, não puderam ser pagos. Mas foram os pequenos proprietários que enfrentaram profundas dificuldades, pois para comprar equipamento hipotecavam aos bancos uma colheita e sua terra, que então valia uma fração de seu valor nos anos do boom da década de 1920. Muitos eram executados, reduzidos ao trabalho assalariado.

No entanto, a partir de 1931, não havia muita coisa em que trabalhar. Secas de um tipo que ninguém jamais vira em toda a sua vida atingiram as Altas Planícies. Aquela umidade que fora possível manter embaixo dos torrões de terra quebrados era uma lembrança distante. O trigo escureceu e morreu. A pradaria com seu capim rasteiro transformou-se num amontoado de cinzas de projetos queimados estendendo-se até o horizonte de Oklahoma. E depois, em 1933, a situação piorou. Os ventos começaram a soprar, e já não havia vegetação para quebrar a sua força, ou impedi-los de sugar o pó preto-marrom que era tudo o que restara da camada superficial do solo. Nasciam as tempestades pretas.

O pior de tudo aconteceu em 14 de abril de 1935, quando cerca de 300 mil toneladas de poeira voadora escureceram os céus em todo o percurso desde o leste de Colorado até Washington D. C., onde o especialista em conservação do solo de Franklin Roosevelt, Hugh Bennett, estava prestes a depor perante um comitê do Congresso sobre a necessidade de restaurar a integridade da pradaria de capim rasteiro, antes que dela nada mais restasse. Na sexta-feira, dia 19, Bennett apareceu anunciando, enquanto o céu sobre Washington se tornava cor de cobre sujo, que todos estavam prestes a testemunhar o que havia matado toda uma era de cultivo agrícola. Enquanto a tempestade sujava as janelas do Capitólio, Bennett, a natureza ajudando a sua argumentação, anunciou: "Disto, cavalheiros, é que eu estava falando. Lá vai Oklahoma".

Uma semana mais tarde a Lei de Conservação do Solo foi aprovada, financiando um exército de 20 mil nas Planícies, que tentariam uma restauração da terra; plantar árvores como meio de quebrar os ventos (um exercício vão na zona semiárida) e oferecer algum alívio às multidões de destituídos e desabrigados. À Faixa Cherokee, que apenas quarenta e poucos anos antes presenciara a Corrida dos cavalheiros para reivindicar a sua participação na prosperidade do celeiro da nação, vinham agora os cronistas da agonia agrária americana: cineastas como Paré Lorentz, cujo *The plow that broke the Plains* [O arado que depredou as Planícies] é ainda um documentário de trágica beleza; fotógrafos como Walker Evans e Dorothea Lange, cujas imagens de rostos sujos de poeira heroicamente delineados, mães e crianças parados na frente de vigamentos quebrados de casas meio enterrados em dunas de poeira, jamais abandonam quem as tenha visto; escritores como John Steinbeck e Archibald MacLeish, que compreenderam que o que desaparecera era mais do que apenas um momento da história agrícola da América, antes um ideal simples que nascera com a própria República, e com o sonho de Jefferson de uma República democrática dos cidadãos do solo.

"Acho que devemos filmar uma cena com a câmera dentro da casa", disse o diretor, abrindo um daqueles seus sorrisos que desarmam qualquer pessoa. Atrás dele estava a casa em ruínas no entardecer da planície. "Dê uma olhada; veja o que você acha." Eu me aproximei com cautela e sentimentos mistos. Parecia — como frequentemente parece — indecente estudar as ruínas da desgraça de alguém; é como sentar confortavelmente sobre o seu túmulo. Mas fui impelido pelo tipo de curiosidade forense da qual nenhum historiador que se respeite pode prescindir. Qualquer espécie de degrau até o que restara do quarto da frente havia muito desaparecera. Usar uma caixa do equipamento para se alçar sessenta e poucos centímetros a fim de entrar na casa significava estender o braço no meio de vidro quebrado, madeira esfrangalhada e pregos de sete centímetros. Mas consegui. E ali estava eu, dentro do corpo morto e quebrado do sonho. A parte terrível não eram os nacos de reboco desmantelado pendentes do que restava do teto, nem as áreas de madeira podre no chão que estavam agora abertas para a terra abaixo, e sob as quais alguma coisa corria precipitada. A pior parte era que, por todo esse entulho, era muito fácil ver a vida que outrora fizera desse lugar um lar. Fragmentos esfarrapados e sujos de papel de parede tinham criado alegria no quarto da frente. Além do vão da porta, seu marco intacto, tinha existido uma cozinha, a chaminé ainda de pé, e na sua frente um buraco com paredes de tijolos que devia ter sido uma fria despensa. No fundo do madeiramento estavam os antigos restos enferrujados de um colchão de molas, pequenos pedaços do estofo pendendo do arame. Fiquei ali escutando o cachorro de estimação latir lá fora; a mãe chamando os meninos de volta para casa no entardecer; a janela emoldurando o fazendeiro no alto do seu trator antes que a luz desaparecesse; escutando sons que não estavam ali.

Estávamos guardando nosso equipamento, quando passou uma picape e parou. "Vocês conhecem fulano de tal?", disse a voz da caminhonete, que pertencia a uma mulher de face aberta e amistosa nos seus quarenta anos. Confessei que não, conjeturando se a próxima pergunta não seria o que estávamos fazendo ali, sendo fulano de tal o dono da terra em que nos encontrávamos. Mas nas Altas Planícies, uma vez percebido que ninguém está ali para fazer mal, eles não interrogam. Perguntei sobre a história da terra e ela ficou feliz em me contar, sim, a casa estava havia muito abandonada e ela não sabia bem por que não tinha sido demolida até então; e, sim, a casa sobrevivera de algum modo às tempestades de poeira, e fora consertada "um pouquinho", só para ser derrubada de novo por todos os tempos ruins, e agora era apenas um lugar da família onde as crianças vinham montar seus cavalos nas férias de verão, os pais cuidando para que não rastejassem pela casa e com isso se machucassem. "Então a família ficou na casa depois das tempestades?", perguntei.

Oh, claro; deram um jeito de resistir, sabe; por aqui não somos do tipo que desiste fácil. Mas vou lhe contar, foi por pouco, bem pouca coisa entre a família do meu marido — eles se estabeleceram aqui nos últimos anos do velho século — e essa história de quase morrer de fome. Agora o meu marido, ele diz: Katie, nós poderíamos viver de capim rasteiro, se fosse preciso, mas isso é apenas bravata. Agora olhe ao redor; ninguém imaginaria todas essas dificuldades hoje, não?

Katie partiu, com uma pequena lufada petulante de poeira levantada pelas rodas traseiras da sua caminhonete, como se nos alertando contra a complacência indevida. Olhei através do brilho dourado do pôr do sol para os campos arados, os mesmos que tinham se elevado ao céu, como um gênio malévolo. Mais cedo eu tivera uma amostra do que eles podiam fazer, quando peguei um punhado de terra e, antes que me desse conta, o vento soprou o pó bem nos meus olhos, cegando-me por segundos, e precisei de muitas horas e copos d'água jogados no rosto para conseguir ter os olhos limpos de novo. Agora os campos pareciam o sonho de felicidade de todo fazendeiro. Andorinhas faziam acrobacias vistosas no céu; uma lebre fugia precipitada para uma cerca distante; o ar do anoitecer recendia a uma abundância a germinar. Foi então que pensei em Woody Guthrie, o rapaz do Oklahoma a cantar uma canção de estrada:

I'm blowing down this old dusty road
I'm blowing down this old dusty road
I'm blowing down this old dusty road, Lord, Lord
And I ain't gonna be treated this way

I'm goin where the dust storms never blow
I'm goin where them dust storms never blow
I'm goin where them dust storms never blow, blow, blow
And I ain't gonna be treated this way

[Estou sendo soprado por esta velha estrada empoeirada
Estou sendo soprado por esta velha estrada empoeirada
Estou sendo soprado por esta velha estrada empoeirada, Senhor, Senhor
E não vou ser tratado deste jeito

Vou aonde as tempestades de poeira nunca sopram
Vou aonde essas tempestades de poeira nunca sopram
Vou aonde essas tempestades de poeira nunca sopram, sopram, sopram
E não vou ser tratado deste jeito]

39. INCREMENTE ESTE GRAMADO

Eu tinha dez anos e estava na primeira fila do Golders Green Hippodrome. O final do primeiro ato: todo o elenco, Curly e Laurey; caubóis e agricul-

400

tores, já sem brigas; todos amigos agora, de mãos dadas e caminhando para a frente do palco banhados em luz brilhante; o público em êxtase na plateia; os pelos da minha nuca se eriçando.

O—o—k—la ho ma,
Where the wind comes sweepin' down the plain
And the wavin' wheat can sure smell sweet,
When the wind comes right behind the rain...
We know we belong to the land
And the land we belong to is so grand!
And when we say:
Yeeow! Ayipioeeay!
We're only sayin'
"You're doin' fine, Oklahoma!"
Oklahoma, O. K.! *

[O—o—k—la ho ma,
Onde o vento passa impetuoso pela planície
E o trigo ondulante pode exalar um perfume tão doce
Quando o vento vem logo atrás da chuva...
Sabemos que pertencemos à terra
E a terra a que pertencemos é grandiosa!
E quando dizemos:
Yeeow! Ayipioeeay!
Estamos apenas dizendo
"Muito bem, Oklahoma!"
Oklahoma, o. k.!]

Esse musical era muito apropriado para a Broadway e para a América de 1943, em guerra havia dois anos, as canções "Beautiful morning" e "Surrey with the fringe on top" apagando, por uma noite ao menos, a lembrança dos cascos de navio incendiados de Pearl Harbor e a ansiedade diante da invasão

---

* Versos de canção que faz parte do musical *Oklahoma* (1943), incorporados depois ao hino oficial do estado. (N. T.)

italiana; um conto de fadas das Altas Planícies, providenciado por Richard Rodgers e Oscar Hammerstein II, dois judeus de Nova York que, é seguro especular, pouco sabiam do Rei da Cebola de Nebraska ou de Simon Fishman, o barão do trigo do Kansas, pilotando triunfalmente a máquina de ceifar e debulhar com seu chapéu diplomata de aba virada e seus suspensórios elegantes.

Muitos dos habitantes reais de Oklahoma estavam vivendo entre os cherokees, que por fim tinham conseguido uma trégua da história, tendo se mudado para a extremidade leste do estado relativamente livre das tempestades de poeira, multiplicando-se o suficiente para se tornarem, no século XXI, a nação nativo-americana mais populosa nos Estados Unidos. Ou, se tivessem realmente sorte, poderiam estar vivendo perto de Oklahoma City e do poço a jorrar petróleo que explodiu em 1930, ardendo por onze dias antes de ser controlado. Mas os habitantes de Oklahoma, que o mundo conhecia das narrativas de Steinbeck e das fotografias de Dorothea Lange, eram os "okies", para quem as Altas Planícies já não eram um lugar onde ganhar a vida com muita dificuldade. Um deles, Babe Henry, ainda o chefe de um negócio de pneus no vale Imperial do sul da Califórnia, um octogenário de cabelos prateados com um brilho no olhar, confirmou que os Joad em *As vinhas da ira* e o que eles tinham passado não eram apenas uma invenção da imaginação compassiva de Steinbeck. Toda esperança de trabalho desaparecera, em fazendas ou outros lugares; assim os Henry partiram, pela estrada 66, a mãe paralítica e o irmão mais velho de Babe, que ficou inválido devido à poliomielite, na cabine do caminhão, enquanto os outros dois meninos fizeram toda a viagem na carroceria, cuidando para que as cordas que prendiam a pouca mobília que tinham não se soltassem.

Todo mundo sabia que os fazendeiros precisavam de trabalhadores para colher as frutas e os legumes, e, como as leis de imigração mais rigorosas tinham estancado o fluxo de mexicanos (mesmo aqueles que eram na verdade chineses), os okies e os refugiados das tempestades de poeira teriam de dar conta do trabalho. Recebiam uma ninharia de salário, um dólar por dia, e viviam em condições de grande pobreza; mas pelo menos comiam. Como milhares de outras no vale, a família de Babe Henry sobreviveu numa "casa-barraca"; o chão e as paredes de madeira até cerca de 1,20 metro, o resto do espaço coberto com lona. Mesmo precisando do seu trabalho, os californianos não ficaram muito entusiasmados com os migrantes no seu meio. Babe recorda que o macacão revelava sua origem no pátio da escola, envolvendo-o em brigas com meninos que o chamavam de okie, como se isso significasse alguém que não estava familiarizado com os elementos básicos do século xx. "Tudo bem que nos chamassem disto e daquilo. Eu não sentia vergonha de onde tinha vindo", e o brilho do pequeno menino valente no pátio da escola torna a aparecer. "Uma coisa boa sobre o vale Imperial é que temos sol e temos água. Podemos plantar o ano todo por aqui."

No dia em que falamos com ele, não havia o que discutir sobre o sol. Estava fazendo cerca de 50° C, mas ao longo da estrada, a partir da Henry Tire Store, os pulverizadores de irrigação se moviam suavemente pelos campos. Uma safra colossal de cereal estava sendo colhida, para que o resto da América pudesse desfrutá-la na primavera, e não no verão. Era a última das terras de fantasia da abundância americana; o fim da viagem pela estrada. Depois dos Campos Elísios cherokees de Bartram, depois dos sonhos do trigo ondulante dos participantes da Corrida pela terra, surgia a sementeira do vale, permanente durante todo o ano, cortesia do All-American Canal, um daqueles que se tornaram possíveis com a Lei da Recuperação das Terras de 1902. Mas uma olhada na paisagem nos dois lados do canal — à esquerda, dunas que podiam estar na Mauritânia; à direita, algo mais semelhante ao Weald de Kent ou Vermont — permite perceber a louca impossibilidade de tudo, o tipo de coisa que deixava Powell instigado. O canal é alimentado pelo Colorado pouco antes de o rio desaguar no Pacífico; e, embora eles estejam cultivando os produtos da irrigação mais intensiva do mundo, para que a América possa ter seus morangos e seu feijão no inverno, os fazendeiros têm a seu dispor uma quantidade de água pesadamente subsidiada bem maior que o seu consumo. Rio acima, em Nevada, anos de seca, pouca neve derretida e grande consumo urbano reduziram o lago Mead, o grande reservatório criado pela represa Hoover, a menos de 60% da capacidade ideal. A evaporação nos verões cada vez mais tórridos carregou ainda mais água para o céu azul de Nevada. Os que andam de jet-ski pelo lago não se importam, mas se dessem uma olhada veriam os cascos abandonados de velhos barcos de passeio presos na lama endurecida onde outrora havia água. Uma vegetação de grama e juncos com um pouco de folhagem cresce sobre o leito seco, cobrindo o constrangimento dos barcos com suas delicadas folhas verdes.

Algo, alguém tem de ceder: ou os fazendeiros vendem ou abrem mão de parte da sua cota dos lotes da bacia do Baixo Colorado, ou os canos de Phoenix, Los Angeles e San Diego vão secar. "A nossa água não está à venda", foi a resposta dura que recebi de um velho fazendeiro do vale Imperial, ainda que, como acontece com a maioria dos fazendeiros, sua terra esteja arrendada ao agronegócio. O jogo de soma zero entre interesses concorrentes era exatamente o que o profético Powell quisera evitar. Ele passara toda a sua vida nas águas, ou pensando sobre as águas, do Colorado e outros rios do Oeste, e via nas prudentes economias que eles prescreviam um modo de o Oeste americano criar um senso comunitário numa nação que ele acreditava estar precisando muito disso. Um revigoramento em todo o senso de autodeterminação local.

É por essa razão que eu adoraria tê-lo ao meu lado em Las Vegas. Até levaria o major de um só braço à Faixa e à noite de 24 horas dos hotéis de fantasia, e, antes que ele pudesse fugir dos ruídos robóticos dos caça-níqueis, eu lhe teria apontado as massas d'água que estão por toda parte em Las Vegas — os Piratas da Lagoa Caribenha, a imitação dos canais de Veneza, as piscinas do tamanho do Brooklyn — e explicado que elas representam o triunfo da reciclagem, toda gota constituída de "água cinza" múltiplas vezes usada, e, sem que eu entrasse em detalhes, ele teria compreendido exatamente o que eu queria dizer.

E então, se ele tivesse se mostrado razoável, eu teria levado o major à Las Vegas real, a quilômetros de distância da Faixa, o único lugar em que ele teria se sentido em casa: a fonte das próprias "veigas" (*vegas*), em torno da qual a pequena cidade foi originalmente fundada; a água que os índios e os espanhóis usavam para nutrir seus cereais e feijão e da qual bebiam. Que ainda ali se encontre é um tanto maravilhoso, mas ao seu redor está agora o Las Vegas Springs Preserve, um dos lugares mais belos e inspiradores dos Estados Unidos: alguns acres de jardim do deserto; plantas suculentas, cactos e outras plantas viçosas que podem ser cultivadas com um mínimo de água; espécies inteiramente naturais no sul de Nevada. Pelo jardim serpenteiam belas trilhas; e delicadamente sobre elas ergue-se o Desert Living Center educacional, onde milhares de colegiais de Las Vegas aprendem um pouco sobre o passado e o futuro de sua água; a possibilidade de vida num mundo superaquecido. Às sextas-feiras no verão há Mozart e vinho branco, mas os enfeites culturais não devem enganar ninguém. No coração de todo esse empreendimento está a South Nevada Water Authority [Autoridade da Água do Sul de Nevada], e a pessoa que a dirige é Pat Mulroy, que, disso não há dúvida, teria sido um páreo duro para John Wesley Powell e William Ellsworth Smythe.

Sendo meio americana-irlandesa e meio alemã, Mulroy tem uma força de aço e um charme em proporções exatamente equilibradas. Ela veio da Alemanha para Las Vegas em 1974, antes que a máfia saísse da cidade, chegando tarde demais certa noite para discutir sobre quartos. Aquele que ela conseguiu alardeava ter uma cama circular e um espelho no teto. Mulroy, que está na meia-idade e ainda é extraordinariamente bela, não fazia ideia de que existiam coisas assim. De manhã, ela se levantou da cama redonda, deu uma olhada no deserto pouco incrementado lá fora na janela e pensou que estivesse em Marte.

O seu Marte definitivamente tinha água, e desde 1989 ela dirige a Water Authority, que, sob o disfarce de seu nome cívico sem expressão, representa o rumo mais esperançoso para o futuro da América, não dominado nem pelo poder bruto do mercado, nem pela autoridade despótica e distante do governo federal. Nas negociações, Mulroy tem contribuído para sua área metropolitana em desenvolvimento, e junto com outros no Baixo Colorado tem conseguido fazer com que haja convergência dos interesses locais e comuns. Ela acha que os estados da bacia do Baixo Colorado (mais o México, que segundo as condições do acordo de 1922 possui uma parte) não têm escolha. Certamente Las Vegas, que tem agora uma população residente de 400 mil pessoas e uma invasão anual de *40 milhões* de turistas, não tem alternativa senão ser ecologicamente saudável, se quiser sobreviver. Começa com o princípio "se chega aos esgotos, é reciclada", mas Mulroy também foi pioneira na construção de canos que levam qualquer escoamento de tempestades (pois há tempestades) e desperdício extra diretamente de volta ao lago Mead. Nos anos 1990, era possível intermediar acordos "bancários" com estados como o Arizona, pelos quais a sua cota do lençol freático não utilizada seria comprada pela necessitada Nevada. Postos em ação, num determinado ano o Arizona tomaria menos água do seu lençol freático e a quantidade correspondente da sua cota ficaria então disponível para Nevada no lago Mead.

Mas isso foi antes da primeira seca moderna de magnitude quase catastrófica, em 2002. Depois dessa ocorrência, nem a Califórnia nem o Arizona tinham água sobrando para negociar um acordo bancário sobre águas. Eram necessárias medidas drásticas em Las Vegas, se a cidade quisesse sobreviver. Mulroy então decidiu que, como o consumo interno doméstico e comercial era quase todo de água cinza, precisava-se de um pouco de incentivo educacional para lidar com o desperdício externo. Seus alvos foram dois dos espaços mais sagrados da vida americana: o campo de golfe e o gramado. Depois de 2002, os moradores de Las Vegas receberiam um dólar para cada trinta centímetros quadrados, se diminuíssem seu gramado e o substituíssem por um paisagismo "xerigráfico", isto é, sem irrigação [do grego "xero", "seco"] do deserto; as espécies nativas e os jardins de pedras em exibição no seu Preserve, todos os quais requerem apenas uma rega mínima de gotejamento. O paisagismo xerigráfico é agora um grande negócio por todo o Sudoeste. Mas a cada semana é possível ver os caminhões da Authority de Pat Mulroy levando embora leivas em cilindros, que parecem rocamboles. Os clubes de golfe em toda a área metropolitana arrancaram tudo além das áreas adjacentes ao local do jogo, dentro e perto da parte lisa do campo, e da mesma forma substituíram a vegetação por grama artificial ou por paisagem do deserto. Se parece uma ação mais simbólica que substantiva, não é. Mulroy me lembra que 70% de todo o consumo de água no sul da Califórnia vai para o uso externo dentro-da-terra, sobretudo em jardins, parques e campos de golfe, onde desaparecem irrecuperavelmente.

Fora da cidade, começando no lago Mead, Mulroy e seus engenheiros hidráulicos construíram uma série de "minirrepresas" escalonadas, onze delas para regular o fluxo do precioso reservatório de acordo com qualquer requisito das condições de uma determinada estação ou ano. A alvenaria e o concreto usados para as represas é entulho da demolição dos velhos hotéis dos grandes dias da máfia. Assim, aqueles depravados antros de iniquidade, The Dunes, The Desert Inn e The Sands, onde Sinatra cantava, Martin bebia e todo o Rat Pack* se comportava como ratos, receberam uma segunda vida como recursos que possibilitam a vida verde. A sugestão de toda essa santidade talvez faça

---

* Rat Pack [Bando de Ratos] era o nome que Frank Sinatra (1915-98) e um grupo de amigos cantores e/ou atores, que se apresentavam com frequência nos hotéis e cassinos de Las Vegas, deram a si mesmos nas décadas de 1950 e 1960. Faziam parte do grupo Sammy Davis Jr. (1925-90), Dean Martin (1917-95), Peter Lawford (1923-84), Joey Bishop (1918-2007) e algumas mulheres, como Shirley McLaine (1934-), Judy Garland (1922-69) e Marilyn Monroe (1926-62). (N. T.)

suas sombras buscarem um Jack Daniel's forte, só com gelo; mas, desde que as pedras de gelo sejam água cinza congelada, quem se importa?

Pergunto a Pat se ela acha que a América virá a Las Vegas para aprender, dentre todas as coisas, a sobreviver ao aquecimento global, em vez de como ganhar muito dinheiro nas mesas de pôquer. Ela me fita por um momento com aqueles olhos claros irlandeses e nórdicos, relaxa, sorri e diz: "É a próxima geração; nossos filhos". Posso ver que ela tem os seus, delineados naquele exato momento na sua imaginação. "Eles querem sobreviver. E nós queremos que eles sobrevivam, não?"

40. MOINHOS DE VENTO

Voando de San Diego para casa em Nova York, e passando sobre o sul de Sierra Nevada, eu me lembrei de uma viagem na direção oposta ao lado de Grigory, o russo. Foi nos primeiros tempos da glasnost e era a primeira vez de Grigory nos Estados Unidos. Ele estava a caminho de um congresso de matemática, acho que em Stanford. Depois de algumas palavras polidas de apresentação mútua, ele ensaiando seu inglês fraturado, recaímos nas atitudes habituais: ler, bisbilhotar a bandeja da refeição à procura de alguma coisa que se aproximasse de comida. De vez em quando Grigory, que ocupava o lugar perto da janela, procurava olhar para qualquer pedaço da América que estivesse passando lá embaixo. E como era um desses dias milagrosamente claros, costa a costa, havia muita América para contemplar. Além dos Grandes Lagos, sobre Nebraska e seus círculos de irrigação, o hábito tornou-se mais que olhar. O russo virava três quartos do corpo na cadeira e pressionava a face de pelos ruivos contra a janela como uma criança tentando alcançar uma exposição de Natal numa loja de departamentos. Quando a paisagem se tornou não só pitoresca mas espetacular, e as coroas de neve rasgadas das Rochosas se ergueram na moldura da janela, Grigory tornou-se inquieto, quase agitado. Não parava de fitar Colorado e Utah com uma intensidade tão estranha que comecei a me sentir culpado por não estar olhando com igual atenção. Ainda mais porque estava então escrevendo um livro sobre paisagem. Era um voo matutino, que devia aterrissar em San Francisco por volta da uma hora da tarde, mas, como o jato voava para oeste, o interior do avião tornara-se escuro, a maioria dos passageiros optando por dormir ou abaixando suas cortinas para ver filmes. Acabei descobrindo que era essa escuridão do avião ao meio-dia que estava perturbando Grigory, uma falta de luz que ele achava incompreensível quando havia a beleza da terra a observar além daquelas janelinhas cheias de pontos. Quando cruzamos o lago Tahoe e os pinheirais em que Mark Twain acidentalmente tacara fogo, foi enfim demais e ele interrompeu sua agitação silenciosa. "AH", disse bem alto, virando-se para mim e indicando com um gesto desdenhoso os que cochilavam, "essas pessoas, por que DORMEM? Por que não VEEM? Por que não COMPREENDEM? Isto pertence A ELAS! Elas deviam apreciar este TESOURO como ouro; você lhes diga, você deve lhes dizer agora, acorde todo mundo e lhes diga, vamos, sim, vejam, TESOURO." "Bem que gostaria", disse eu, "mas eles estão realmente em *De volta para o futuro*."

Grigory, que talvez tivesse estado profundamente imerso em Dostoiévski em algum momento, atormentava-se que o avião cheio de dóceis passageiros, os pescoços espichados para os monitores de vídeo, caíra na cilada de alguma espécie de terra do nunca moral e estética; que eles pudessem não dar valor à América, à sua história e à sua geografia, preferindo uma soneca. O presidente àquela época era também famoso por gostar de fazer a sesta, e inevitavelmente Grigory (que devia ser mais chegado ao tipo insone) passou animado da topografia para a política. Ele queria uma democracia bem acordada e, se fosse necessário sacudir as pessoas para arrancá-las de seu cochilo infantil, que as sacudissem. Mas o que não consegui lhe dizer foi que, embora às vezes parecendo perdidos em torpor, a provação de uma grande desgraça sempre provocará um despertar americano. Nada como bater numa cova de baixa pressão para tornar os passageiros vividamente conscientes da paisagem lá embaixo.

É esse o caso em 2008? No momento, o aeroplano América tem perdido altitude; o reflexo do choque entrou em ação; e, se os passageiros não estão gritando de terror, tampouco estão cochilando. O que estão fazendo é *olhando* com atenção para a América — todo o pacote de história, economia, geografia, poder — como se sua vida dependesse disso, como de fato depende. E estão considerando qual dos dois homens que lutam pelo seu voto parece ter mais o jeito de um presidente que possa de algum modo encarnar todo o pacote americano e, ao fazê-lo, chamar o país de volta a um senso de propósito comum, como fizeram todos os grandes ocupantes da Casa Branca. No caminho de recuperar esse senso precioso, facilmente malbaratado, de comunidade nacional, muitos golpes duros serão dados e recebidos, exatamente o que os Pais Fundadores prescreveram: a tempestade de argumentos sobre o destino e a história da América, sem os quais as eleições não passam de muitas trocas de técnicas de propaganda. Algo mais está acontecendo desta vez: a República está gritando para ser refeita. Possível? A besta pesadona do poder americano, tão grande e desajeitada, tão surpresa quando suas boas intenções causam estragos e o mundo se ofende, conseguirá executar este último ato de autotransformação? Vivi nos Estados Unidos metade da minha vida e julgo por mim, é possível, embora nada seja mais uma aposta segura. Mas — e espero que isto não represente um choque para o leitor que chegou até este ponto — a glória da vida americana é sua complexidade, uma palavra que não é habitualmente associada com os Estados Unidos, mas ainda assim verdadeira. Da riqueza dessa complexidade provêm, sempre, alternativas rejuvenescedoras. Os hamiltonianos prejudicaram você nos últimos oito anos? Bem, você sabe onde procurar reparação. A Anglo-América acha que está descambando numa reconquista hispânica? Tente lembrar que a América sempre foi partilhada entre as culturas latina e angla.

Mas o que essa riqueza de alternativas significa é que, por mais calamitosa que seja a perspectiva, é impossível pensar nos Estados Unidos num fim de linha. Provocados, os americanos sabem mudar de direção com muita rapidez, abandonam hábitos de uma vida inteira (verifiquem a lista de espera para comprar carros Smart), convertem indignação em ação e, antes que você se dê conta, há todo um novo Estados Unidos na vizinhança.

Isso, também, os Pais Fundadores esperavam: que nada estaria além da reinvenção americana exceto a sua Constituição, e esta, claro, também podia ser emendada. Mas, se o país sair em disparada dos portões de suas várias calamidades com um senso inflamado de renovação nacional, será porque seu povo recorre tão incessantemente à vida e à sabedoria de seus ancestrais. O hábito da história na América não tem nada a ver com reverência e tudo a ver com a eternidade que eles atribuem a suas histórias; momentos que possuem realmente datas e mortos a eles ligados, mas que de algum modo vazam para o presente. Eles se sentem a respeito de Lincoln como nos sentimos a respeito de Shakespeare; o som é antigo, a fúria é agora. Foi surpreendente que quase todo mundo com quem falei ao longo desta viagem pelo tempo e país americanos tenha invocado mais cedo ou mais tarde Jefferson ou Du Bois, Teddy Roosevelt ou FDR, Reagan ou Hamilton, como se não houvesse distância entre eles e os YouTubers, uma distância que, ao longo de muito tempo, inexiste. É como se, nos momentos mais urgentes de decisão americana, o tempo histórico se dobrasse sobre si mesmo e todos os seus protagonistas formadores ali estivessem, como um coro de fantasmas, para testemunhar e instruir.

Às vezes o passado e o futuro tropeçam um no outro nas maneiras mais improváveis. Recentemente, o flagelo dos democratas, o bilionário do petróleo T. Boone Pickens, nascido em Holdenville, Oklahoma, não muito longe dos cherokees, partidário de George W. Bush e financiador dos Swift Boatmen, que passaram a campanha de 2004 denegrindo a honrosa ficha de John Kerry na Guerra do Vietnã, tornou-se, para o horror da maioria de seus aliados naturais, um entusiasmado Verde. Não é necessariamente o desabrochar de uma percepção do planeta em perigo que explica essa conversão. Pickens espera ganhar muito dinheiro com as reservas de água que sua companhia Mesa Water está armazenando para o futuro; precisamente o tipo de capitalismo agressivo que teria enfurecido Powell pela "avareza". Mas Pickens tem declarado em público que a era do petróleo terminou, e que o melhor é que a América abra logo os olhos para esse fato. As perfurações no Refúgio Nacional da Vida Selvagem no Ártico ou em qualquer outro lugar, diz ele, não reduzirão consideravelmente o déficit de energia do país. Assim, em vez disso, o homem do petróleo está desenvolvendo no Texas o que será a maior fazenda de vento do continente, milhares e milhares de moinhos de vento para gerar energia para todo o Sul e o Sudoeste. Completamente louco, dizem os críticos; o velho ficou gagá.

Considerando essa improvável reviravolta, penso noutra pessoa que encontrei em 1964 na minha primeira viagem à América. Depois da convenção em Atlantic City, meu coeditor e eu nos dirigimos de novo para o sul até Washington e fomos de ônibus a Williamsburg, Virgínia, ou, como a maior parte da América a chama, a Williamsburg Colonial. Era tudo o que eu esperava e menos: soldados ingleses de casaco vermelho treinando com seus mosquetes, homens de perucas, uma porção de canecas de estanho para cerveja. Muito século XVIII, pensei, mas ainda não o suficiente. Assim, meu amigo e eu escapamos para o lugar onde íamos passar a noite, que veio a ser — por razões

410

que não lembro (mau sinal) — o hospício local. Não entre os pacientes, mas com o hospitaleiro diretor e sua esposa, que, ao saber que eu estava estudando história em Cambridge, me bombardeou com perguntas sobre Oliver Cromwell que eu lamentavelmente não estava preparado para responder, embora tivesse arriscado uma opinião de que o boato de Cromwell ser um judeu secreto era provavelmente infundado. Mas o preço da hospitalidade foi permanecer acordado até tarde e falar muito do Longo Parlamento.

A manhã, entretanto, foi uma dádiva americana, panquecas e um sol brilhante entrando pelas janelas misericordiosamente não chumbadas. Antes de partir, fizemos um passeio pelo terreno. Alguns dos pacientes estavam alegremente ocupados em cuidar do jardim; varrendo um pouco; capinando muito. Um deles estava inclinado sobre algo que não constava absolutamente da botânica de Bartram: um pequeno moinho de vento de plástico; uma ventoinha. Era um homem pequeno com uma cabeça calva, perfeitamente redonda, óculos sem aro e um sorriso endiabrado que se virou para mim, enquanto dava umas palmadinhas no topo da ventoinha e fazia girar as pequenas pás vermelhas, levantando-se depois e aproximando-se. "Gostaria de ver meus moinhos de vento?" Falou com uma vivacidade tão misteriosa que respondi: claro, e ele me guiou ao redor do jardim, onde entre gerânios e budleias havia mais e mais; uma grande quantidade de suas pequenas ventoinhas. A cada ventoinha redescoberta, seus sorrisos tornavam-se mais ensolarados, até que por fim ele chegou bem perto de mim, exalando um cheiro forte de sabão institucional, e num sussurro confessional disse: "Olhe, aposto que você quer saber por que estou plantando meus moinhos de vento". Não era preciso responder. Ele prosseguiu. "Veja, ninguém sabe disso, mas posso lhe contar, porque você parece um garoto inteligente, posso lhe contar que uma noite, quando o vento estiver" — e ele juntou um indicador gorducho a um polegar róseo — "exatamente ASSIM, vai atingir, atingir todos os meus moinhos de vento, e você verá se todo este lugar não vai decolar e aterrissar em algum ponto onde todos seremos FELIZES." E deu uma risadinha e saiu pulando pelo caminho arenoso até outra moita de arbustos. E pensei: aí vai o tipo de americano de Jefferson, alguém que imagina que "o cuidado da felicidade humana, e não a destruição da vida, é o primeiro e único objetivo do bom governo". E o que, realmente, há de tão louco nisso?

Bibliografia

PARTE I: GUERRA AMERICANA [pp. 39-150]

BOONER, Robert. *The soldier's pen: firsthand impressions of the civil war*. Nova York, Hill and Wang, 2006.

CHERNOW, Ron. *Alexander Hamilton*. Nova York, Penguin Press, 2004.

CRACKEL, Theodore J. *West Point: a bicentennial history*. Lawrence, University Press of Kansas, 2002, e Londres, Eurospan, 2003.

EAST, Sherrod E. "Montgomery Meigs and the Quartermaster Department". *Military Affairs*, vol. 25, nº 4, inverno 1961-2.

ELLIS, Joseph. *School for soldiers: West Point and the profession of arms*. Nova York, Oxford University Press, 1974.

FAUST, Drew Gilpin. *This republic of suffering: death and the American civil war*. Nova York, Knopf, 2008.

GIUNTA, Mary A. (org.). *A civil war soldier of Christ and country: the selected correspondence of John Rodgers Meigs, 1859-64*. Urbana, University of Illinois Press, 2006.

HANCOCK, Cornelia. *South after Gettysburg, letters of Cornelia Hancock from the army of the Potomac*. Filadélfia, University of Pennsylvania Press, 1937.

HARPER, John Lamberton. *American Machiavelli: Alexander Hamilton and the origins of U. S. foreign policy*. Cambridge, Cambridge University Press, 2004.

HOFSTADTER, Richard. *The paranoid style in American politics and other essays*. Cambridge, Massachusetts, Harvard University Press, 1965.

KAGAN, Robert. *Dangerous nation: America's place in the world, from its earliest days to the dawn of the 20th century*. Nova York, Knopf, 2006.

KAPLAN, Justin. *Mr. Clemens and Mark Twain*. Nova York, Simon & Schuster, 1991.

KARNOW, Stanley. *In our image: America's empire in the Philippines*. Nova York, Random House, 1989.

KRAMER, Paul A. *The blood of government: race, empire, the United States & the Philippines*. Chapel Hill, University of North Carolina Press, 2006.

LINN, Brian McAllister. *The U. S. army and counterinsurgency in the Philippine War, 1899-1902*. Chapel Hill e Londres, University of North Carolina Press, 1989.

MCDONALD, Robert M. S. (org.). *Thomas Jefferson's military academy: founding West Point*. Charlottesville e Londres, University of Virginia Press, 2004.

MILLER, David C. *Second only to Grant, quartermaster general Montgomery C. Meigs*. Shippensburg, Pensilvânia, White Main Books, 2000.

MILLER, Stuart Creighton. *Benevolent assimilation: the American conquest of the Philippines, 1899-1903*. New Haven e Londres, Yale University Press, 1984.

MORRIS, Edmund. *Theodore Rex*. Londres, HarperCollins, 2002.

ONUF, Peter S. *The mind of Thomas Jefferson*. Charlottesville e Londres, University of Virginia Press, 2007.

PHIBBS, Brendan. *The other side of time: a combat surgeon in World War II*. Boston, Little, Brown and Company, 1987, e Londres, Hale, 1989.

SAMET, Elizabeth D. "Great men and embryo Caesars: John Adams, Thomas Jefferson and the Figures-in-Arms", in Robert M. S. McDonald, *Thomas Jefferson's Military Academy: founding West Point*. Charlottesville e Londres, University of Virginia Press, 2004.

SILBEY, David J., *A war of frontier and empire: the Philippine-American War 1899-1902*. Nova York, Hill and Wang, 2007.

STUART, Reginald C. *The half-way pacifist: Thomas Jefferson's view of war*. Toronto e Londres, University of Toronto Press, 1978.

THOMAS, Emory. *Robert E. Lee: a biography*. Nova York e Londres, W. W. Norton, 1995.

TWAIN, Mark. "To the person sitting in darkness", *The complete essays of Mark Twain,* ed. Charles Neider. Nova York, Da Capo Press, 2000.

WEIGLEY, Russell F. *Quartermaster general of the Union army*. Nova York, Columbia University Press, 1959.

YALOM, Marilyn, fotos de Yalom, Reid, *The American resting place*. Boston, Houghton Mifflin Co., 2008.

PARTE II: FERVOR AMERICANO [pp. 151-251]

AHLSTROM, Sydney E. *A religious history of the American people*. New Haven e Londres, Yale University Press, 2004.

BILLINGSLEY, Andrew. *Mighty like a river: the black Church and social reform*. Oxford e Nova York, Oxford University Press, 1999.

BLUE, Frederick J. *No taint of compromise: crusaders in antislavery politics*. Baton Rouge, Louisiana State University Press, 2005.

BOLES, John B. *The great revival: beginnings of the Bible Belt*. Lexington, University Press of Kentucky, 1996.

BOYER, Paul S. *When time shall be no more: prophecy belief in modern American culture*. Cambridge, Massachusetts, e Londres, Belknap Press of Harvard University Press, 1992.

BREMER, Lenni (ed.). *Jefferson and Madison on the separation of Church and State: writings on religion and secularism*. Fort Lee, Nova Jersey, Barricade, 2004.

CROSS, Whitney R. *The burned over district: social and intellectual history of enthusiasm*. Nova York, Octagon Books, 1981.

DREISBACH, Daniel L. *Thomas Jefferson and the wall of separation between Church and State*. Nova York e Londres, New York University Press, 2002.

FAIRCLOUGH, Adam. *Better day coming: blacks and equality 1890-2000*. Nova York e Londres, Penguin, 2002.

FINNEY, Charles G. *Lectures on revivals of religion*. Londres, Simpkin and Marshall, 1840.

FREY, Sylvia, e WOOD, Betty, *Come shouting to Zion: African American Protestantism in the American South and British Caribbean to 1830*. Chapel Hill e Londres, University of North Carolina Press, 1998.

HIGGINSON, May Thacher (ed.). *Letters and journals of Thomas Wentworth Higginson, 1846-1906*. Nova York, Da Capo Press, 1969.

HIGGINSON, Thomas Wentworth. *Army life in a black regiment*. Mineola, Nova York e Newton Abbot, Dover Publications and David & Charles, 2002.

HOFSTADTER, Richard. *Anti-intellectualism in American life*. Londres, Jonathan Cape, 1964.

LAMBERT, Frank. *The Founding Fathers and the place of religion in America*. Princeton e Oxford, Princeton University Press, 2003.

LEVY, Leonard W. *The establishment clause: religion and the First Amendment*. Chapel Hill e Londres, University of North Carolina Press, 2004.

MARSH, Charles. *God's long summer: stories of faith and civil rights*. Princeton, Princeton University Press, 1997.

MATTHEWS, Donald G. *Religion in the old South*. Chicago e Londres, University of Chicago Press, 1977.

MCKIVIGAN, John, e SNAY, Mitchell (eds.). *Religion and the antebellum debate over slavery*. Athens e Londres, University of Georgia Press, 1998.

MEACHAM, Jon. *American gospel: God, the Founding Fathers, and the making of a nation*. Nova York, Random House, 2006.

MORGAN, Edmund S. *Roger Williams: the Church and the State*. Nova York, W. W. Norton, 2007.

NOLL, Mark A. *The civil war as a theological crisis*. Chapel Hill, University of North Carolina Press, 2006.

NOONAN, John T. *The lustre of our country: the American experience of religious freedom*. Berkeley e Londres, University of California Press, 1998.

PETERSON, Merrill e Vaughan, Robert C. (eds.). *The Virginia Statute for Religious Freedom: its evolution and consequences in American history*. Cambridge, Cambridge University Press, 1988.

RABOTEAU, Albert J. *Canaan land: a religious history of African Americans*. Oxford, Oxford University Press, 2001.

_____. *Slave religion: the invisible institution in the antebellum South*. Oxford, Oxford University Press, 2004.

SNAY, Mitchell. *Gospel of disunion: religion and separatism in the antebellum South*. Cambridge, Cambridge University Press, 1993.

WILLIAMS, Heather Andrea. *Self-taught: African American education in slavery and freedom*. Chapel Hill e Londres, University of North Carolina Press, 2005.

WILSON, Charles Reagan. *Baptized in blood: the religion of the lost cause 1865-1920*. Athens, University of Georgia Press, 1980.

YELLIN, John Fagan e Van Horne, John C. (eds.). *The abolitionist sisterhood: women's political culture in antebellum America*. Ithaca e Londres, Cornell University Press, 1994.

PARTE III: O QUE É UM AMERICANO? [pp. 253-344]

ABBOTT, Grace. *The immigrant and the community*. Nova York, The Century Co., 1917.

ALLEN, Gay Wilson, e ASSELINEAU, Roger. *St. John de Crèvecoeur: the life of an American farmer*. Nova York e Londres, Viking, 1987.

ANBINDER, Tyler. *Nativism and slavery: the northern Know-Nothings and the politics of the 1850s*. Nova York, Oxford University Press, 2002.

BAILYN, Bernard. *The peopling of British North America: an introduction*. Nova York, Knopf, 1986.

BALDWIN, Neil. *Henry Ford and the Jews: the mass production of hate*. Nova York, Public Affair, e Oxford, Oxford Publicity Partnership, 2001.

DE VOTO, Bernard Augustine. *The year of decision, 1846*. Londres, Eyre & Spottiswoode, 1957.

FRANCAVIGLIA, Richard V., e RICHMOND, Douglas W. (eds.). *Dueling eagles: reinterpreting the U. S.-Mexican War, 1846-1848*. Fort Worth, Texas Christian University Press, 2000.

GLAZER, Nathan, e MOYNIHAN, Daniel Patrick. *Beyond the melting pot: the Negroes, Puerto Ricans, Jews, Italians, and Irish of New York City*. Cambridge, Massachusetts, e Londres, MIT Press, 1970.

GÓMEZ, Laura E. *Manifest destinies: the making of the Mexican American race*. Nova York, NYU Press, 2007.

GONZALEZ, Gilbert G., e FERNANDEZ, Paul A. *A century of chicano history: empire, nations, and migration*. Nova York e Londres, Routledge, 2003.

HANDLIN, Oscar. *The uprooted: the epic story of the great migration that made the American people*. Boston, Little, Brown and Company, 1973.

HARDIN, Stephen L. *Texian Iliad: a military history of the Texas revolution, 1835-1836*. Austin, University of Texas Press, 1994.

HAYNES, Samuel W., e MORRIS, Christopher (eds.). *Manifest destiny and empire: American antebellum expansion*. College Station, Texas A & M University Press, 1997.

HIGHAM, John. *Strangers in the land: patterns of American nativism, 1860-1925*. Nova York, Atheneum, 1963.

HUDSON, Linda S. *Mistress of manifest destiny: a biography of Jane McManus Storm Cazneau, 1807-1878*. Austin, Texas State Historical Association, 2001.

KWONG, Peter, e MISCEVIC, Dwsanka. *Chinese America: the untold story of America's oldest new community*. Nova York, The New Press, 2005.

LEE, Erika. *At America's gates: Chinese immigration during the exclusion era, 1882-1943*. Chapel Hill e Londres, University of North Carolina Press, 2003.

MARTÍNEZ, Oscar J. *U. S.-Mexico borderlands: historical and contemporary perspectives*. Tucson e Londres, University of Arizona Press, 1994.

MASSEY, Douglas S. (ed.). *New faces in new places: the changing geography of American immigration*. Nova York, Russell Sage Foundation, 2008.

MONTEJANO, David. *Anglos and Mexicans in the making of Texas, 1836-1986*. Austin, University of Texas Press, 1987.

NGAI, Mae M. *Impossible subjects: illegal aliens and the making of modern America*. Princeton, Princeton University Press, 2004.

OLMSTED, Frederick Law. *A journey through Texas; or, A saddle-trip on the southwestern frontier*. Nova York, Dix, Edwards & Co., 1857.

PFAELZER, Jean. *Driven out: the forgotten war against Chinese Americans*. Nova York, Random House, 2007.

PHILBRICK, Thomas. *St. John de Crèvecoeur*. Nova York, Twayne Publishers, 1970.

PORTES, Alejandro, e RUMBAUT, Rubén G. *Immigrant America: a portrait*. Berkeley e Londres, University of California Press, 2006.

SAXTON, Alexander. *The indispensible enemy: labor and the anti-Chinese movement in California*. Berkeley, University of California Press, 1975.

SOLNIT, Rebecca. *Storming the gates of paradise: landscapes for politics*. Berkeley e Londres, University of California Press, 2007.

ST. JOHN DE CRÈVECOEUR, J. Hector. *Letters from an American farmer*. Ed. Susan Manning (1782, reedição da Oxford University Press, Oxford, 1997).

TELLES, Edward E., e ORTIZ, Vilma (eds.). *Generations of exclusion: Mexican Americans, assimilation and race*. Nova York, Russell Sage Foundation, 2008.

TRUETT, Samuel. *Fugitive landscapes: the forgotten history of the U. S.-Mexico borderlands*. New Haven e Londres, Yale University Press, 2006.

TRUETT, Samuel, e YOUNG, Elliott (eds.). *Continental crossroads: remapping U. S.-Mexico borderlands history*. Durham, North Carolina, Duke University Press, 2004.

WALDINGER, Roger (ed.). *Strangers at the gates: new immigrants in urban America*. Berkeley, University of California Press, 2001.

WATTS, Stephen. *The people's tycoon: Henry Ford and the American century*. Nova York, Knopf, 2005.

WEBER, David J. *The Mexican frontier, 1821-1846: the American southwest under Mexico*. Albuquerque, University of Mexico Press, 1982.

_____. (ed.). *Foreigners in their native land: historical roots of the Mexican Americans*. Albuquerque, University of Mexico Press, 2003.

WHEELAN, Joseph. *Invading Mexico: America's continental dream and the Mexican War, 1846-1848*. Nova York, Carroll & Graf, 2007.

ZEH, Frederick. *An immigrant soldier in the Mexican War,* trad. de William J. Orr. College Station, Texas A & M University Press, 1997.

ZOLBERG, Aristide. *A nation by design: immigration policy in the fashioning of America.* Cambridge e Londres, Harvard University Press, 2006.

PARTE IV: ABUNDÂNCIA AMERICANA [pp. 345-411]

BRANDS, H. W. *Andrew Jackson: his life and times.* Nova York, Doubleday, 2005.

DUNAR, Andrew J., e MCBRIDE, Dennis. *Building Hoover dam: an oral history of the Great Depression.* Nova York, Twayne Publishers, 1993.

EGAN, Timothy. *The worst hard time: the untold story of those who survived the great American dust bowl.* Boston, Massachusetts, Houghton Mifflin, 2006.

HINE, Robert V., e FARAGHER, John Mack. *The American west: a new interpretive history.* New Haven, Yale University Press, 2000.

LAMARR, Howard (ed.). *The new encyclopedia of the American west.* New Haven e Londres, Yale University Press, 1998.

MCLOUGHLIN, William. *After the trail of tears: the Cherokees' struggle for sovereignty, 1839-1880.* Chapel Hill, University of North Carolina Press, 1993.

_____. *Cherokee renascence in the new Republic.* Princeton, Princeton University Press, 1986.

PERDUE, Theda (ed.). *Cherokee editor: the writings of Elias Boudinot.* Knoxville, Tennessee University Press, 1983.

POWELL, John Wesley. *The exploration of the Colorado river and its canyons* (1875, reedição da Dover, Mineola, Nova York, 1961).

_____. *Report on the lands of the arid region of the United States* (1878, reedição da Harvard University Press, Cambridge, 1983).

REISNER, Marc. *Cadillac desert: the American west and its disappearing water.* Londres, Pimlico, 2001.

SMYTHE, William E. *The conquest of arid America.* Nova York e Londres, Harper, 1900.

STEGNER, Wallace Earle. *Beyond the hundredth meridian: John Wesley Powell and the second opening of the west.* Boston, Massachusetts, Houghton Mifflin, 1954.

WORSTER, Donald. *A river running west: the life of John Wesley Powell.* Oxford, Oxford University Press, 2001.

_____. *Dust bowl: the southern plains in the 1930s.* Nova York e Oxford, Oxford University Press, 2004.

Agradecimentos

Este projeto constituiu uma viagem pelos Estados Unidos, tanto por seu território quanto por sua história, e o que lhe insuflou vida foi a disposição de muitos americanos, alguns no burburinho da vida política, outros fora dela, para conversar comigo sobre como viam o momento histórico na vida de seu país. Sem esse empenho, o livro teria resultado bem menos satisfatório. Uma lista exaustiva de todos eles ficaria do tamanho da lista telefônica de uma cidade pequena, mas faço questão de expressar meu agradecimento, em especial, às seguintes pessoas: a família do suboficial Kyu-Chay, já falecido; os cadetes Larry e Amber Choate, da Academia Militar dos Estados Unidos em West Point; Mark Anthony Green, do Morehouse College; Katrina e Fred Gross; Vergie Hamer; Richard "Babe" Henry; o pastor Johnny Hunt; Dana Cochrane e Lou Stoker; os generais reformados Montgomery C. Meigs, Fernando Valenzuela e Ricardo Sánchez; David Phylar; Ruth Malhotra; Jack e Jim McConnell; Charles McLaurin e Pat Mulroy, do Serviço de Águas do Sul de Nevada; Rick Noriega, da Câmara dos Representantes; Epifanio Salazar; o reverendo Raphael Warnock, da Igreja Batista Ebenezer, em Atlanta; o reverendo Jim White.

Dois bons amigos, Andrews Arends e Alice Sherwood, foram de extrema generosidade ao dedicarem bastante tempo a leituras minuciosas dos originais, o que tornou o livro muito melhor do que seria sem a prestimosa atenção crítica que deram ao trabalho.

A inflexibilidade do calendário eleitoral fez com que levar a bom termo tanto o livro quanto uma série para a televisão fosse tarefa muito complicada. Por isso sou muito grato, mais que de costume, a meu agente literário e amigo Michael Sissons por sua convicção inabalável de que o trabalho poderia ser concluído e por seu entusiasmo animador ao ler o original à medida que este avançava. Sou grato também pelo interesse que Caroline Michel, da agência PFD, demonstrou pelo livro e por sua gentileza em ler trechos dele à medida que eu os redigia. Will Sulkin, diretor de The Bodley Head Press, foi heroico em sua disposição de ajustar o cronograma habitual de produção, de modo que filmes e capítulos pudessem, de alguma forma, ser feitos juntos, e agradeço profundamente sua dedicação ao projeto durante o prolongado período entre o planejamento e a conclusão. Tenho também uma dívida de gratidão para com muitas outras pessoas na The Bodley Head pela paciência e eficiência com que se ajustaram a um difícil programa de trabalho, principalmente Lizzie Dipple, Tessa Harvey, David Milner, Drummond Moir e Laura Hassan. Gail Rebuck já sabe o quanto aprecio suas manifestações de fé em mim. Agradeço também a Juliet Brightmore por seu auxílio inestimável com relação às ilustrações.

Alex Cummings e Ester Murdukhayeva, da Universidade Columbia, prestaram uma ajuda extraordinária com relação a certas pesquisas iniciais para as partes do livro referentes a religião e imigração. Alan Brinkey, reitor de Columbia, teve a fineza de me conceder, professor na universidade, a licença necessária para a finalização do projeto, e, num sentido mais geral, sou grato a muitos colegas e amigos no Departamento de História da universidade por sua ajuda fraternal e sua experiência durante os últimos anos, sobretudo aqueles especializados em história americana, principalmente Elizabeth Blackmar, Eric Foner e Kenneth Jackson, que trataram com gentileza um intruso em sua disciplina.

Na BBC, Glenwyn Benson, Roly Keating, George Entwistle e Eamon Hardy foram defensores entusiásticos do projeto desde seus primórdios, e Eamon fez críticas muitíssimo construtivas a montagens iniciais dos filmes. Minha agente para a televisão, Rosemary Scoular, foi uma rocha de resistência, além de boa amiga, orientando-me nos momentos mais difíceis da criação desta obra em dois meios diferentes, e sem seu apoio constante talvez todo o projeto não tivesse chegado ao fim. Tive a sorte de trabalhar com uma equipe capaz e criativa na Oxford Films and Television, que incluiu dois diretores de excepcional talento, Sam Hobkinson e Ricardo Pollack. Sou agradecido também a Hilary Grove, Susannah Price, Matt Hill, Dirk Nel, Paul Na-

420

than, Merce Williams, Glynis Robertson e meu diligente amigo — e cúmplice atrás do visor da filmadora — Neil Harvey.

Mais ainda que habitualmente, sou grato pela tolerância de minha família — Ginny, Gabriel e Chloe — durante o longo tempo em que me devotei a este livro e à série de tevê. Eles sabem que o projeto não poderia ter começado, e muito menos terminado, sem sua paciente afeição. Agradeço também a Mike Pyle por sua contribuição à soma de energia e entusiasmo pelo gigantesco projeto.

Devo muito, mais do que posso expressar em palavras, a meu caro amigo e colega Nick Kent, da Oxford Films. Por uma feliz coincidência, sua ideia de que talvez eu quisesse tocar um grande projeto para a televisão americana coincidiu com um desejo meu, menos articulado, na mesma linha. Em nenhum momento Nick hesitou enquanto minha ideia, bem mais idiossincrática, de ligar o passado com o contemporâneo ganhava forma, e ele foi o parceiro e colaborador ideal durante a elaboração da obra: uma pessoa dotada de exuberância intelectual, capaz de prestar apoio criativo e de resfriar a cabeça muitas vezes febril do escritor-apresentador, quando as coisas iam mal e também quando iam bem. Charlotte Sacher foi a alma e o coração de *O futuro da América* — pesquisadora prodigiosa e brilhante; colaboradora e amiga nas locações; e crítica perspicaz da prosa cinematográfica e da literária. Em ambos os meios, o produto final tem uma dívida imensurável com Charlotte, embora ela não possa ser considerada responsável por nenhuma das inevitáveis deficiências da obra. Este livro é dedicado, carinhosamente, a Nick e a Charlotte — parceiros igualmente imprescindíveis nesta aventura pelo passado e pelo futuro.

Agosto de 2008

Créditos

TEXTOS

pp. 347-8: *On the road*, de Jack Kerouac © 1955, 1957 by Jack Kerouac; reproduzido com a permissão de Penguin Books Ltda.; Penguin Group (EUA) e A. M. Heath.

p. 400: Letra de "Goin' down the road feeling bad", de Woody Guthrie © 1960 by Hollis Music Inc., Nova York; reproduzido com a permissão de The Richmond Organization.

p. 401: *Oklahoma*, de Richard Rodgers e Oscar Hammerstein II © 1943 by Williamson Music. Copyright renovado. International Copyright Secured. Todos os direitos reservados. Usado com permissão.

IMAGENS

Capa. *Bandeira*, 1954 (data no verso), de Jasper Johns (1930-). Nova York, Museum of Modern Art (MOMA). Encáustica, óleo e colagem em tecido fixado sobre madeira, 42 1/4 x 60 5/8' (107,3 x 153,8 cm). Doação de Philip Johnson em homenagem a Alfred H. Barr Jr. 106.1973. © 2009. Imagem digital, The Museum of Modern Art, Nova York/Scala, Florença. Licenciado por AUTVIS, Brasil, 2009. *Três bandeiras*, 1958, de Jasper Johns (1930-). Encáustica sobre tela; total: 30 7/8 x 45 1/2 x 5 polegadas (78,4 x 115,6 x 12,7 cm); moldura: 32 x 46 3/4 x 5 polegadas (81,3 x 118,7 x 12,7 cm). Whitney Museum of American Art, Nova York; presente de cinquenta anos de Gilman Foundation, Inc., The Lauder Foundation, A. Alfred Taubman, Laura-Lee Whittier Woods, 80.32. Licenciado por AUTVIS, Brasil, 2009. *Mapa*,

1961, de Jasper Johns (1930-). Nova York, Museum of Modern Art (MOMA). Óleo sobre tela, 6' 6' x 10' 3 1/8' (198,2 x 314,7 cm). Doação de mr. and mrs. Robert C. Scull. 277.1963. © 2009. Imagem digital, The Museum of Modern Art, Nova York/Scala, Florença. Licenciado por AUTVIS, Brasil, 2009.

1. Library of Congress, Washington D. C.
2. National Portrait Gallery Smithsonian Institution, Washington D. C. / foto Scala, Florence.
3. National Portrait Gallery Smithsonian Institution, Washington D. C. / foto Scala, Florence.
4. © Corbis.
5. © Getty Images (Time Life Pictures / National Archives).
6. © Corbis.
7. Library of Congress, Washington D. C.
8. Library of Congress, Washington D. C.
9. © Corbis.
10. © Getty Images (Time Life Pictures).
11. © Corbis.
12. © Corbis.
13. © Eve Arnold / Magnum Photos.
14. Cortesia dos curadores da Boston Public Library / Rare Books.
15. Oberlin College Archives, Oberlin OH.
16. *Religious experience and journal of mrs. Jarena Lee*, Jarena Lee (frontispício da edição de 1849), cortesia de The Library Company of Philadelphia PA.
17. © Corbis.
18. © Getty Images (Time Life Pictures / Library of Congress).
19. *Reminiscences of my life in camp*, Susie King Taylor, 1902.
20. © Corbis.
21. © Corbis.
22. © Corbis.
23. © Getty Images (Time Life Pictures / National Archives).
24. © Corbis.
25. © Corbis.
26. Cortesia de The Bancroft Library, University of California, Berkeley CA.
27. Sweetwater County Historical Museum WY.
28. © Corbis.
29. Collections of The Henry Ford, Dearborn, MI.
30. © Corbis.
31. © Getty Images (Time Life Pictures / National Archives).
32. © Corbis.
33. Natural History Museum, Londres.
34. © Getty Images.
35. © Corbis.

36. Private Collection / Bridgeman Art Library.
37. Musée Franco-Américain, Blérancourt / Bridgeman Art Library.
38. © Corbis.
39. © Corbis.
40. © Corbis.
41. Library of Congress, Washington D. C.
42. © Getty Images (Ethan Miller).

Índice remissivo

Abbott, Edith, 334

Abbott, Grace, 333-5, 337, 342-3; *The immi-grant and the community*, 333-4, 336-8

Abernathy, Ralph, 166

Abizaid, general John III, 134

Abraham Lincoln, USS, 18

Abu Ghraib, prisão de, Iraque, 76, 144

Adams, Charles Brooks, 144

Adams, Henry, 144

Adams, presidente John, 37, 65, 67-8, 72, 174, 195, 197, 204, 262, 292

Adams, presidente John Quincy, 292

Addams, Jane, 333-4

Afeganistão, 18, 43-5, 76, 79

afro-americanos: canto, 154, 162-3, 231, 233-5; comentário de Franklin, 278-9; e a Reconstrução, 236; educação, 214, 237; igrejas e religião, 165-6, 213-8, 220-7, 238, 240-5; *ver também* direitos civis, movimento pelos; escravos/escravidão; Hamer, Fannie Lou; Lee, Jarena; Metodistas Episcopais Africanos

Aguinaldo, Emilio, 142

Alabama, 36, 92, 119, 153, 165-6, 214, 226, 238-9, 247, 248

Alabama Publishing Company, 239

Alaman, Chuck (Khalil), 342, 344

Alamo, Texas, 290, 301

Albert, príncipe consorte, 292

All-American Canal, 403

Allen, Ethan, governador de Vermont, 274

Allen, reverendo Richard, 217, 219, 220, 244

Allen, Robert, 109

Allen, senador George, 19

Altas Planícies *ver* Grandes Planícies

ambientais, políticas, 354, 356

American, The, 308

americanos nativos: cherokees, 54, 92, 119, 131, 290, 357-76, 380-2, 402-3, 410; chickasaws, 362, 369; choctaws, 290, 360, 362, 369; comanches, 287; creeks, 290, 360, 362, 367, 369; oneidas, 264, 268; osages, 380; pokanokets, 180; seminoles, 118, 369; senecas, 268

Anderson, Robert, 97

André, Major, 43, 57

Antietam, batalha de (1862), 113, 147

Apalaches, 122, 176, 179, 207, 329; minas de carvão, 246

Arizona, 157, 299, 325, 386, 405

Arlington, Casa de, 49, 50, 128

Arlington, Cemitério Nacional de, 44, 48, 128, 138, 147, 150; Dia dos Veteranos (2007), 41-4, 48; túmulos dos Meigs, 48, 150

Arnold, Benedict, 53, 57, 63, 71

Arthur, presidente Chester, 321

Associação Antiescravidão, 228

Associação Missionária Americana, 235

Atlanta, Geórgia, 168, 245; Igreja Batista Ebenezer, 240-4

Atlantic City, Nova Jersey: convenção democrata de 1964, 36, 159, 161-3

Atlantic Monthly, 233, 329

Atta, Mohamed, 172

Aurelia, MS, 155

Austin, Moses, 286-7

Austin, Stephen, 287

Backus, Isaac, 200

Bahía Grande, 283

Baker, Lafayette, 127

Baltic (vapor), 326

Barlow, Joel, 54, 204, 208, 262

Bartholdi, Frédéric Auguste, 325-6

Barton, Clara, 120

Bartram, John, 357

Bartram, William (Billy), 357-62, 366, 371, 385, 403, 411; *Travels*, 360

batistas, 171-2, 176, 178, 198, 203, 205, 214, 225-6; afro-americanos, 224-5; brancos pobres, 245-7

Beatles, os, 162

Beauregard, Pierre, 49, 99-100, 102, 105, 128

Beavers, Farley, 179

Bee, Fred, 309-10, 322-3

Beecher, Lyman, 305

Beecher, reverendo Henry Ward, 235

ben Israel, Menasseh, 188

Bennett, Hugh, 397

Bennett, James Gordon, 297

Benton, Thomas Hart, 395

Beveridge, senador Albert, 141

Biden, senador Joseph R., 29

Birmingham, Alabama, 165, 238, 247

Bloom, Sol, 378

Boas, Franz: *The mind of primitive man*, 331

Boothe, Charles Octavius: *Cyclopedia of the colored Baptists of Alabama*, 226, 238

Boston, Massachusetts, 14, 16, 22, 60-2, 124, 161, 181-4, 228, 271, 273, 274, 295, 304-5, 307, 332, 352; *Daily Advertiser*, 307; Latin School, 352

Bourne, Randolph, 332

Boykin, general William, 173, 175

Braddock, general Edward, 60

Bradley, general Omar, 77, 133, 149

Brady, Mathew, 105

Bragg, general Braxton, 44, 49, 99-100, 118, 128

Breckinridge, Sophonisba, 335

Bremer, Paul, 77

Bristed, John, 270

Brooks, Benjamin, 323

Brown, Gordon, 256

Brown, John, 92, 229

Brownsville, Texas, 257-8, 282-3, 285

Bryan, Andrew, 224, 244

Bryan, Jonathan, 225

Bryan, William Jennings, 142, 247

Buberl, Caspar: friso, 138

Buchanan, Pat, 278

Buchanan, presidente James, 88, 91, 299

Buckley, William, 353

Buffon, Georges Leclerc, comte. de, 271

Bulfinch, Charles: e Capitólio, Washington D.C., 87-8

Bull Run, batalhas de (1861, 1862), 49, 104-5, 108, 110, 120-1, 147

Burgh, James, 200

Burlingame, Tratado (1868), 309

Burns, Anthony, 228

Burnside, general Ambrose, 111, 112; carta de Meigs a, 111

Bush, presidente George H. W., 354

Bush, presidente George W., 18, 20, 27, 32, 77, 135, 171, 242, 255-8, 354-6, 410

Butler, Nicholas Murray, 332-3

Butrick, reverendo Daniel, 375

Calhoun, John C., 87-8, 292, 298

Califórnia, 288, 294, 296, 299, 307, 311-5, 317, 321-2, 324, 356, 386-8, 391, 402, 405-6; imigrantes chineses, 311-3, 315, 317-9, 321-3; mineração de ouro, 311

California Central Railroad, 314

Cambridge Opinion, 155, 159

Cameron, Simon, 101

Caminho Branco *ver* Meigs, Return Jonathan, Sênior

Canadá, 29, 53, 63, 65, 80, 273-4, 293-4

Carlos I, rei da Inglaterra, 185

Carlos II, rei da Inglaterra, 186-7

Carmichael, Stokely, 165

Carnegie, Andrew, 139

Carolina do Sul, 50, 93, 97, 155, 175, 204, 214, 225, 227, 229, 231; *ver também* Charleston

Carr, Peter, 199

Carter, Jimmy, 353-5

Castries, Eugène-Gabriel de la Croix, duc de, 272

católicos, 142, 196-7, 205, 290, 304-8

Central Pacific Railroad, 310, 313-6, 320

Chamberlain, Joseph, 139, 146

Chaney, James, 158, 165

Chang, José, 325

Charleston, Carolina do Sul, 50, 91, 97, 100, 124, 126, 204, 213, 225, 358, 360; Igreja Metodista Episcopal Africana, 213; sinagoga, 204

Chateau d'Yquem (vapor), 326

Chattahoochee, rio, 92

Chattanooga, 117-8, 366; batalha (1863), 117, 234

Cheney, Dick, 19, 41, 48, 135, 354

Cherokee Strip Run, Oklahoma (1893) *ver* Faixa Cherokee

cherokees, índios, 54, 92, 119, 131, 290, 357-76, 380-2, 402-3, 410

Chicago, 24, 110, 136, 138, 154, 166, 240, 304, 307, 320, 328, 333, 335, 336-7, 377-8, 388; Exposição Mundial de Colombo (1893), 138, 328, 377; Hull House, Halsted St., 333-5

Chickamauga, batalha de (1863), 117

chickasaws, índios, 362, 369

chippewas, índios, 51

choctaws, índios, 290, 360, 362, 369

Church, Frederic Edwin, 116

Cícero: *Pro Flacco*, 30

civil, guerra *ver* guerra civil americana

Clarke, John, 184, 186

Clay, general Lucius D., 77

Clay, Henry, 372

Cleveland, presidente Grover, 138-9, 326, 330, 377

Clinton, presidente Bill, 19-20, 25, 169

Clinton, senadora Hillary, 14, 23-5, 29, 31-3, 241-2

Cobb, Henry, 377

Coburn, Tom, 195

Cody, Buffalo Bill, 378

Coke, sir Edward, 181-2

Cole, Thomas, 116

cólera, epidemia de, 84, 224

Collinson, Peter: carta de Franklin a, 280

Colorado, 299, 321, 392-3

Colorado, rio, 356, 385-6, 389, 404

Colt, Samuel: revólveres, 110

Columbia (vapor), 213

Columbus, Geórgia, 92, 101

comanches, índios, 287

Compra da Louisiana (1803), 282

Concord, batalha de (1775), 60

429

Condorcet, Nicolas de Caritat, marquês de, 261

Confederação/exército confederado, 49, 50, 91, 97-8, 100, 102, 105; e cherokees, 381; e morte de John Meigs, 49, 126-7; falta de suprimentos, 107-8; meninos soldados, 123; uniformes, 101

Congresso Internacional da Irrigação, Los Angeles (1893), 383, 388-9

Connecticut Magazine, 54

Constantino, imperador, 181

Constituição americana, 71, 189-90; Décima Quarta Emenda, 157, 236; Décima Quinta Emenda, 157-8, 236; Primeira Emenda, 173-5, 191-2, 198, 205, 242

Corcoran, William Wilson, 116

córnicos, mineradores de estanho, 315-6

Corpo de Engenheiros *ver* Exército, EUA

Courrier de l'Europe (navio), 272

Coxey, Jacob, 377

Coxey, Legal Tender, 377

Craig, irmão, 177-8

Cravath, Erastus, 236

creeks, índios, 92, 290, 360, 362, 367, 369

Crèvecoeur, America-Francès *ver* Otto, America-Francès

Crèvecoeur, Guillaume-Alexandre (Ally), 265, 268-9, 271

Crèvecoeur, J. Hector St. John de, 262-76; *Letters from an American farmer*, 259-60, 265-6, 270, 275-7

Crèvecoeur, Mehitable Tippet, 261, 265-9, 271, 273

Crèvecoeur, Philippe-Louis, 265, 268, 272-4

Crocker, Charles, 314, 316, 320-1

Crocker, Edwin Bryant, 314

Crockett, David, 372

Cromwell, Oliver, 185-8, 227, 229, 411

Custer, general George, 126

Custis, George Washington Parke, 49

Danbury, Connecticut, 53, 205

Darwin, Charles, 139, 246

darwinismo social, 139, 331

Davies & Davis, srs. (editores), 270

Davis, Jefferson, 49, 58, 85, 88, 97, 115, 128, 245

Davis, Lanny, 24, 25; *Escândalo: como a política do "Te Peguei!" está destruindo os Estados Unidos*, 25

Davis, Varina, 128

Dearborn, Henry, 361, 364-5

Dearborn, Michigan: Escola de Inglês, 340; Ford Motor Co., 339; muçulmanos, 342, 344

Declaração de Independência dos Estados Unidos, 71, 94, 114, 165, 195, 214, 244, 288

Democratic Review, 295

Denver, Colorado, 321, 392

Des Moines, Iowa: *caucus* de 2008, 13-37

Despertares *ver* Grandes Despertares

"destino manifesto", 295

Detroit, Michigan, 81, 341

Dewey, almirante George, 141

DeWine, senador Mike, 19

Dia da Memória, 43-4, 147

Dickey, reverendo James, 210

Dickinson, Emily, 237

direitos civis, movimento pelos, 36, 154, 157, 159, 161-3, 165, 214, 238, 241, 249

Dixon, Thomas, Jnr: *The Clansman*, 245

Dodd, Chris, 29

Donaldson, James, 109

Doublehead (chefe cherokee), 365

Douglas, senador Stephen, 95, 294

Douglass, Frederick, 239, 244

Du Bois, W. E. B., 144, 224-5, 227, 231, 234, 237-8, 241, 243, 410; *As almas da gente negra*, 224, 227, 231, 233

Durand, Asher, 116

Eastland, senador James, 159, 163

Easton, Langdon, 109, 117

economia, 22, 138, 247, 286, 354, 376, 390

Edison, Thomas, 140, 144, 239, 377; Vitagraph, 140

Edito de Milão (313), 181

Edwards, Anderson, 227

Edwards, Curly, 325

Edwards, Haden, 288

Edwards, Jonathan, 198, 209

Edwards, senador John, 29

Eisenhower, presidente Dwight D., 16, 59, 77, 133, 149

Elliott, Charles, 293, 294

Ellison, Cilida, 344

Ellison, congressista Keith, 344

Emerson, Ralph Waldo, 294, 329

energia, políticas de, 353-4, 356-7

England, Lynndie, 76

Erie Railroad, 109

Escola Livre Fisk para Negros, Nashville, 235, 245

escravos/escravidão: e a guerra civil, 92-4, 114, 230-1; e a proclamação de emancipação de Lincoln, 114, 230; e canto, 226-7, 230-1, 233-5; e religião, 205-6, 214-5; movimentos abolicionistas, 208, 211-3, 288; no Texas, 292, 294, 295; proprietários de *plantations* nos Estados Unidos, 49, 50, 71, 92; rebeliões, 63, 213; *ver também* afro-americanos

estradas de ferro *ver* ferrovias

Evans, Walker, 398

Evarts, William Maxwell, 326

Everett, congressista Edward, 307, 372, 374

Exército da União, 101-2, 119, 227, 229

Exército de Cumberland, 117

Exército, EUA: Corpo de Engenheiros, 50, 52, 78-81, 84, 91, 96, 391; tortura de prisioneiros, 143-4; *ver também* Exército da União

Faixa Cherokee, Oklahoma (1893), 379-80, 393, 398

Falwell, Jerry, 172

Faust, Drew, 46

Fellowes, capitão Gustavus, 273-4

Ferguson, Adam, 278

Ferris, George, 378

ferrovias, 109, 138, 313, 320, 337, 379

Filadélfia, Mississippi, 164-6

Filadélfia, Pensilvânia, 84, 190, 304, 317; Igreja Metodista Mother Bethel, 224, 238; Jarena Lee em, 217-8, 221, 224

Filipinas: anexação pelos EUA e guerra, 136-7, 140-6

Fillmore, presidente Millard, 307, 308

Finney, Charles Grandison, 208, 210-1, 214, 225; *Lectures on revivals*, 210

Fishman, Simon, 396-7, 402

Fisk Jubilee Singers, 236

Fisk Singers, 234-5

Fitzgerald, Scott F.: *O grande Gatsby*, 351, 352

Floyd, John B., 88-91, 93

Flynt, Wayne, 248

Ford Motor Company, Dearborn, 339

Ford, Henry, 339, 341; *The international Jew: the world's foremost problem*, 341

Forrest, general Nathan Bedford, 245

Forte Jefferson, Flórida, 90, 92

Forte Pickens, ilha Santa Rosa, 98-9

Forte Sumter, Carolina do Sul, 91, 97, 100

Forte Taylor, Flórida, 97

Forte Wayne, Indiana, 81

Fothergill, dr. John, 357

França, 65, 67-70, 72, 262, 264, 270-5, 293, 326, 348; *ver também* Revolução Francesa

Franklin, Benjamin, 73, 262, 277, 303, 349; *Information to those who would remove to America*, 350; *Observations concerning the natural increase of mankind*, 279

Fredericksburg, Virgínia, 120-1

Fredonia, República de, 288

Frelinghuysen, senador Theodore, 372

Frontinus, Sextus Julius, 84-5

furacão Katrina, 17

Galveston, Texas, 293

Gardner, Albert, 143

Garrison, William Lloyd, 292
Geary, Thomas, 323
Genet, Edmund, 70
George III, rei da Inglaterra, 71
George, Henry, 318
Georgetown, Carolina do Sul, 85, 127, 231; Universidade, 132, 160
Geórgia, 54, 78, 92, 94, 101, 108, 114, 117-9, 215-6, 229, 237, 242, 357-8, 361, 363-4, 367-8, 371, 373-4, 376, 380; cherokees, 92, 357, 361-5, 380; corrida do ouro, 371, 376; *ver também* Midway; Woodstock
Gettysburg, batalha de (1863), 107, 120, 147, 234
Gettysburg, Discurso de, 44, 112
Gilmore, Patrick: "Johnny vem marchando para casa novamente", 47-8
Gist, George, 370
Giuliani, Rudy, 33
Gladstone, W. E., 234
Goldberg, Benny, 397
Goldwater, senador Barry, 157, 159, 163-4
Goode, Virgil, 344
Goodman, Andrew, 158, 165
Gore, Al, 354-5
Goss, Angela, 241-3
Goss, Fred, 241, 243
Grã-Bretanha/britânicos: antiescravidão, 292; e a anexação do Texas pelos EUA, 292-4; e a guerra civil americana, 112; e a religião, 174, 182, 184, 187; e o Canadá, 80; e os franceses, 60, 66-7, 262, 264; guerra de 1812, 47, 54, 71, 80, 292; *ver também* guerra revolucionária americana
Graham, Billy, 244
Graham, Franklin, 244
Grandes Despertares, 153, 197-8, 207, 246
Grandes Planícies/Altas Planícies, 384, 393, 396-7, 399, 402
Grant, Madison, 327, 333; *The passing of the great race*, 327, 331
Grant, presidente Ulysses S., 111, 114, 117, 119-20, 122, 234

Greeley, Horace, 102, 114, 373, 396; "Oração dos vinte milhões", 114
Green, Mark Anthony, 241, 242
Green, reverendo Beriah, 207
Gretna, Louisiana: polícia, 17
Griffith, D. W.: *Nascimento de uma nação*, 245
Grimké, Angelina, 212
Guadalupe Hidalgo, Tratado de (1848), 299-300, 311
Guantánamo, baía de, 19
guerra civil americana (1861-65), 37, 43, 46-7, 106, 109, 133, 292; baixas, 112, 120-1, 128, 138; causas, 97; comandantes confederados, 91, 99-100, 115; comandantes da União, 113; e os britânicos, 112; exércitos comparados, 101-2, 107, 108; soldados afro-americanos, 114
Guerra de 1812, 47, 54, 80, 292
Guerra de Independência Mexicana (1810-21), 285, 288
Guerra do México (1846-8), 28, 79, 83, 86, 90, 239
Guerra Hispano-Americana (1898), 140-1, 144
Guerra Revolucionária Americana/Guerra de Independência americana (1775-83): assinatura do tratado de paz, 272; e Crèvecoeur, 267-9, 273; e índios cherokees, 363; e Newport, RI, 189; e West Point, 56; escravos alforriados, 225, 273; métodos britânicos, 81
Guerra Russo-Japonesa (1904-05), 135
Guerras Mundiais: Primeira, 59, 333, 391, 395; Segunda, 133
Guthrie, Woody, 400

Hagel, senador Chuck, 19
Hale, Edward Everett, 307
Hall, Prescott Farnsworth, 327
Hamer, Fannie Lou, 154-5, 159, 162-4, 213, 244, 248-50

Hamilton, Alexander, 59-69, 133, 136, 139, 409-10
Hancock, Cornelia, 120-1
Harpers Ferry, Virgínia Ocidental, 92, 123, 229
Harrison, Peter, 189
Harrison, presidente Benjamin, 138, 323
Harte, Bret: "The heathen Chinee", 319; *The luck of Roaring Camp*, 319
Harvard e ex-alunos, 18, 22, 159, 228, 237, 327, 332-3, 352, 372
Haupt, Herman, 110
Havens, Benny, 57, 103
Hayes, presidente Rutherford B., 157-8, 237
Hazlitt, William, 267
Hearst, William Randolph, 140-1, 144
Helvetia (vapor), 326
Henry, Patrick, 201-2, 213
Henry, Richard "Babe", 402
Higginson, Thomas Wentworth, 227-31, 233, 237
Hill, Christopher, 179
Hitler, Adolf, 341
Hoar, senador George Frisbie, 142, 144
Hooker, general Joe, 117-8
Hoover, represa, 356, 403
Hopkins, Mark, 313
Horseshoe Bend, batalha de (1814), 372
Houdetot, madame d', 271
Houston, Sam, 290, 293
Huckabee, Mike, 27, 32, 34, 169-71
Hudson River School, 116
Humphrey, senador Hubert, 163, 165
Humphrey, Seth, 382
Hunt, major Henry, 104
Hunt, pastor Johnny, 167-8, 172, 175
Huntingdon, Collis P., 313
Huntingdon, Samuel P., 332
Hussein, Saddam, 132

Igreja Batista Ebenezer, Atlanta, 240-4
imigrantes, 68, 82, 160, 168, 189, 257-8, 277-9, 281-2, 285-6, 288-9, 297, 302, 304-7, 312, 323-4, 327, 330, 332-40, 352, 368; restrições e sistema de cotas, 326-31, 333, 335-8
imigrantes alemães, 277-9, 291, 294, 302-3, 305-6
imigrantes chineses: Lei de Exclusão dos Chineses (1882), 321, 324; mineiros, 309-10, 312, 322; na Califórnia, 311-3, 315, 317-9, 321-25; operários de ferrovia, 313, 315-6
imigrantes galegos, 335-6
imigrantes gregos, 338
imigrantes irlandeses, 276, 277, 305-7, 314-6, 328-9
imigrantes italianos, 328-9, 337
imigrantes judeus e comunidades judaicas, 177, 196, 214, 246, 329, 331, 333, 339; e exclusão de cargos públicos, 194, 204; em Newport, RI, 187, 188, 191-3; nas Altas Planícies, 396; opiniões de Ford sobre, 341
imigrantes libaneses, 343
imigrantes lituanos, 328, 337, 339, 396
imigrantes mexicanos, 284, 324-5
imigrantes muçulmanos, 342, 344
imigrantes poloneses, 331, 334, 335, 339
imigrantes russos, 336
imigrantes sírios, 328, 343
imigrantes tchecos, 330, 337
índios *ver* americanos nativos
Instituto Oneida, Nova York, 207
Iowa, 13-5, 17-8, 22, 27-9, 32-5, 169, 336; *caucus* (2008), 13-37
Iraque, Guerra do, 18, 20, 44, 59, 73-7, 133, 135, 343
irrigação, 383-4, 386, 388, 390-1, 395, 403, 406-7
Irrigation Age (revista), 388-9
Irving, Washington: *Vida e viagens de Cristóvão Colombo*, 92

Jackson, general Thomas (Stonewall), 245
Jackson, presidente Andrew, 209, 290-1, 329, 367, 369-70

James, William, 237, 332
Jay, Tratado (1794), 67
Jefferson, presidente Thomas, 37, 66, 70, 78, 87, 133, 186, 205, 245, 286; discurso de posse, 37; e escravidão, 205-6, 213, 339; e Estatuto de Liberdade Religiosa da Virgínia, 194-5, 197-8, 200-6, 213; e fundação de West Point, 59, 66, 70-2, 78-9, 133; e guerra revolucionária americana, 70, 268; e imigração, 281; e índios, 362-7, 371; e Revolução Francesa, 64-5, 70, 274; e Universidade da Virgínia, 73, 195, 206; em Newport, RI (1790), 200; esboços da Declaração de Independência, 70, 94, 194-5, 266; filosofia de guerra, 132-3, 135; nomeação de Return Jonathan Meigs, 54, 361, 369; *Notas sobre o estado da Virgínia*, 200, 207, 280, 282; opiniões sobre religião, 174, 194-5, 198-201, 203-5, 344
Jelink, James, 396
Jenkin, William, 214
Johnson, dr. Samuel, 270
Johnson, presidente Andrew, 130
Johnson, presidente Lyndon B., 37, 134, 156-7, 163, 333
Johnston, Joseph, 49, 99-102, 108, 128
Jones, Anson, 293
Jones, Charles Colcock, 215-6
Jones, Mary, 215
Joplin, Scott, 378
Judge, Jack, 14-8

Kahn, Samuel, 397
Kallen, Horace, 332, 334, 337, 342
Kames, Henry Home, lorde, 278; carta de Franklin a, 349
Kansas, 228, 344, 379, 381, 388, 393-4, 396-7, 402
Katrina *ver* furacão Katrina
Kearney, Dennis, 320, 327
Kennedy, presidente John F., 15, 156, 161, 353; *A nation of immigrants*, 333
Kennedy, senador Edward (Teddy), 162

Kennedy, senador Robert, 157, 162
Kentucky, 207, 210-1, 214, 224, 263, 297, 303, 335
Kerouac, Jack: *On the Road*, 348
Kerry, John, 410
King, Martin Luther, 36, 154, 158, 164, 165, 240-2
Kipling, Rudyard: "Segure o fardo do homem branco", 142
Kirkham, tenente Ralph, 298
Know-Nothing, os, 306-8
Knox, general Henry, 62-3, 70, 363
Knudsen, Gunnar, 135, 136
Koopmanschap, Cornelius, 312
Ku Klux Klan, 158, 245
Kucinic, Dennis J., 29
Kyu-Chay, suboficial, 44-6

L'Enfant, Pierre, 83-4
La Haye, Tim: *Deixados para trás*, 172
La Rochefoucauld, François de, 262
Lafayette, marquês de, 61, 127
Landes, David, 22
Lange, Dorothea, 248, 398, 402
Las Vegas, 404-7
Las Vegas Springs Preserve, 404
Laud, arcebispo William, 182
Lawrence, D. H., 267
Lawrence, Myrtle, 248
Lay, Kenneth, 355
Lazarus, Emma, 193, 259
Lee Quong, 325
Lee, Erika, 324
Lee, general Robert E.: como herói, 245; e a rebelião de John Brown, 92; e Meigs, 50-2, 79-80, 115, 128; no exército confederado, 49, 99-100, 107, 113, 115, 119-21; *ver também* Casa de Arlington
Lee, Jarena, 216-8, 220-6, 244
Lei de Conservação do Solo (1935), 398
Lei de Estrangeiros, 68, 282
Lei de Exclusão dos Chineses (1882), 321, 324

Lei de Remoção dos Índios (1830), 371
Lei de Sedição (1789), 68
Lei do Escravo Fugido (1850), 228, 307
Lei dos Direitos Civis (1964), 157-8, 237
Leland, John, 205, 331
Lewis, Mabel, 235
Lexington, batalha de (1775), 60, 358
Liga Anti-imperialista, 142
Liga das Nações, 338
Liga de Proteção aos Imigrantes, 335
Liga de Restrição à Imigração, 326, 328
Lincoln, presidente Abraham: aconselhado por Meigs, 100, 102, 105, 111; assassinato, 128; defeitos, 115; discurso de posse, 95; divulga a proclamação da emancipação dos escravos, 114, 230; e batalha de Antietam, 113; e começo da guerra civil, 97, 100; e estrada de ferro, 313; e Fredericksburg, 120; e Guerra do México, 297, 299; e John Meigs, 121, 127; e McClellan, 112-3; eleito presidente, 91, 95; manda Meigs a Chattanooga, 117
Little, tenente, 271, 273
Locke, John: *Cartas sobre tolerância*, 200
Lodge, senador Henry Cabot, 141, 144, 327, 330, 338
Logan, general John, 43
Long, John, 140
Long, Stephen, 371
Longstreet, James, 49
Lorentz, Paré: *The plow that broke the plains*, 398
Los Angeles, 320, 353, 356, 384, 388-9, 404; Congresso Internacional da Irrigação (1893), 383, 388-9; pogrom chinês (1871), 320
Los Angeles Times, 353
Loudin, Fred, 234, 235, 236
Louisville, Kentucky: tumulto (1855), 303
Lowell, presidente A. Lawrence, 332-3
Lowery, Joseph, 166
Lua, pousos na, 353
Lyon, The (navio), 182

MacArthur, general Arthur, 143
MacArthur, general Douglas, 59, 133
Macaulay, lorde, 305
MacLeish, Archibald, 398
Madison, presidente James, 71, 194, 197-8, 202, 367
Maginot, Linha, 148
Mahan, Alfred Thayer: *A influência do poder marítimo na história*, 139
Mahan, Dennis Hart, 78, 81, 139
Maine, USS, 140
Malcolm X, 165
Marinha, EUA, 139, 141
Marlowe, W. D., 249
Marquis, Samuel, 340
Marshall, Andrew, 225
Marshall, general George C., 77
Marshall, James, 311
Marshall, John, presidente da Suprema Corte, 373
Martin, George, 127
Masham, sir William, 182
Mason, John Mitchell, 204
Massachusetts, 19, 21, 37, 61-2, 120, 141-2, 144, 173, 180-1, 184, 190, 194-7, 200, 205, 224, 228, 237, 278, 297, 305, 327, 372, 387; Constituição de, 195, 201
Maxey, Fred, 247
McCain, senador John, 19, 32, 58, 75, 257, 355-6
McCallum, Daniel, 110, 117
McClellan, general George, 105, 112-5, 117, 147
McCray, Mary, 224
McDowell, Irvin, 102, 104-5
McGlashan, Charles, 321
McHenry, James, 69
McKim, Charles, 377
McKinley, presidente William, 140-3, 147
McLaurin, Charles, 249, 250
McLoughlin, William: *Cherokee renascence in the new Republic*, 364
Mead, lago (Nevada), 356, 391, 403, 405-6

435

Meade, general George, 107, 120
Medina Ridge, batalha de (1991), 132
Meigs, Charles, 55, 93, 103, 106, 119, 131
Meigs, Elizabeth, 52
Meigs, Emlen, 126
Meigs, Grace, 366
Meigs, Henrietta Hargreaves Stewart, 92
Meigs, Henry Vincent, 92-3, 97, 119, 213
Meigs, John Rodgers: caráter, 123-5; cartas de seu pai, 103, 115; em Bull Run, 104-6; em West Point, 102; forma-se em West Point, 121; impedimento de admissão a West Point, 89; morte, 126-9; no Exército, 121-3; túmulo, 48, 129
Meigs, Josiah, 54, 131
Meigs, Louisa Rodgers, 48, 80, 82, 98, 103, 105-6; cartas de John Meigs a, 122-3, 125; e a morte de John, 129
Meigs, Mary Montgomery, 55, 78, 81, 121
Meigs, Montgomery (m. 1944), 148, 149
Meigs, Montgomery C.: banido para Forte Jefferson, 90; caráter, 80-2; casamento e filhos, 81-2; como intendente-geral, 101-2, 107-11, 116-7; conflito com Floyd, 88-9; construção de forte, 81; desdém por generais, 110-3; desgosta-se com formados de West Point confederados, 49-50, 99-100; e assassinato de Lincoln, 128; e batalha de Bull Run, 105-6; e começo da guerra civil, 91, 94, 98; e morte do filho, 49, 126-9; e seu filho, 102-3, 115, 122-3; em Chattanooga, 117; em Fredericksburg, 120-1; em West Point, 55-6, 59, 79; encomenda o túmulo do filho, 48; guarnece Santa Rosa, 98; horror à escravidão, 92-4, 114; impressiona-se com Lincoln, 95; inauguração do Cemitério Nacional de Arlington, 48, 50, 128; morte e sepultamento, 48, 138; na Geórgia com o exército de Sherman, 118; nascimento e infância, 54-5; no Corpo de Engenheiros com Lee, 50-2, 78-9; proporciona abastecimento de

água a Washington, 84-5, 87; recruta soldados negros, 114; supervisiona o trabalho no Capitólio, 87-8, 95, 110
Meigs, Montgomery C. (n. 1945), 131-2, 134, 150
Meigs, Montgomery, Jr., 126
Meigs, Return Jonathan, Jr., 54, 361
Meigs, Return Jonathan, Sênior, 52-3, 61, 81, 92, 94; e remoção de cherokees, 119, 131, 361-9; morte, 369
Meigs, Vincent, 52
Melrose, Iowa, 14, 15
Melville, Bertrand de, 274
metodistas, 179, 214, 217, 224, 226, 245
Metodistas Episcopais Africanos, 217
México: abolição da escravatura, 288; Cidade do México, 81, 286, 289, 296-8
MFDP ver Partido Democrata da Liberdade do Mississippi
Midway, Geórgia, 215-6, 226
Mier y Teran, general Manuel de, 286, 288-9
Milton, John, 185
mineiros/mineração, 246; chineses, 309-10, 312, 322; ver também ouro, mineração de
Mississippi, 114-5
Mississippi, rio, 50-1, 100, 349, 366
Monroe, James, 260-3
Montanha Lookout, batalha de (1863), 118, 120, 147
Montcalm, general Louis-Joseph de, 264
Montgomery, Alabama: Convenção Batista de Pessoas de Cor, 239
Monticello, Charlottesville, Virgínia, 71, 206-7, 340, 344
mórmons, 173, 386-7
Morse, Samuel: *Foreign conspiracy against the liberties of the United States*, 305
Mosby, John Singleton, 126
Moynihan, Daniel Patrick, 159-61
Moynihan, Liz, 161
muçulmanos, 169, 204, 343-4; imigrantes, 342, 344
Mulroy, Pat, 405-6

Murray, juiz Hugh, 322, 332
Muybridge, Eadweard, 378

Napoleão Bonaparte, 68-9, 110, 282
narragansetts, índios, 180, 184
Nation, The, 332
National Cordage Company, 376
National Review, 353
Navarro, José Antonio, 290
Nelson, almirante Horatio, 69
Nevada, 33, 299, 311, 313, 356, 386-7, 403-5, 407
New Braunfels, Texas, 302-4
New Hampshire, 32, 135
New Market, batalha de (1864), 122-3
New York Daily Times, 298
New York Herald, 145
New York Herald Tribune, 318
New York Observer, 305, 376
New York Sun, 295-6
New York Times, 32, 326
New York Tribune, 102, 141
Newland, senador Francis, 390
Newport, Rhode Island, 184, 187-91, 194, 200; comunidade judaica, 187-8, 191-3; visita de Washington e Jefferson (1790), 189-93, 200
Nixon, presidente Richard, 16
"No Hellers", 176, 178-80
Norquist, Grover, 355-6
Nova Orleans, batalha de (1814), 369
Nova York: 11 de Setembro, 18, 19, 33, 45, 77, 172, 194, 343; cemitério de Sleepy Hollow, 43-4, 333; Central Park, 317; chegada de judeus (1654), 188; epidemia de cólera (1831), 224; estátua da Liberdade, 326; igreja de São Pedro, 274
Novo México, 288, 296, 353, 387

O'Sullivan, John Louis, 295
Obama, Barack, 18, 30-7, 153-4, 166, 236, 238, 241-2, 344; e questões religiosas,

166, 175, 240-2, 244, 344; no *caucus* de Iowa (2008), 29-35
Oberlin Evangelist, 208
Ohio, 19, 47, 54, 56, 78, 80, 118, 207, 209, 211, 224, 237, 244, 347, 350, 361-2, 377
Oklahoma, 160, 195, 348, 371, 381, 393-4, 397-8, 402, 410
Oklahoma (musical), 400, 401; *ver também* Faixa Cherokee
Olmsted, Frederick Law, 298, 300-3, 317
Omaha Bee, 387
oneidas, índios, 264, 268
ópio, tráfico de/ Guerra do Ópio, 293, 318, 325
osages, índios, 380
Otto, America-Francès Crèvecoeur (Fanny), 262, 265
Otto, Guillaume-Louis, 262
ouro, mineração de, 311, 371, 376
Overland Monthly, 319

Paine, Tom: *Senso comum*, 259, 281
paisagismo xerigráfico, 406
Pancoast, dr., 103
Panteras Negras, 165
Paris, Tratado de (1898), 145
Parks, Benjamin, 371
Partido Democrata, 15, 36, 95, 159, 237, 242, 306, 320; convenção de Atlantic City (1964), 36, 159, 161-3; e os *caucuses* de Iowa (2008), 18, 20, 23, 26-33
Partido Democrata da Liberdade do Mississippi (MFDP), 159, 163-4; *ver também* Clinton, Hillary; Obama, Barack
Pattison, general, 268-9
Paul, congressista Ron, 14, 19, 26, 32, 33
Paulo, são: Epístola aos gálatas, 165
Pease, Elisha M., governador do Texas, 300
Penn, William, 186
Pensilvânia, 19, 30, 55-6, 83, 84, 107, 109, 116, 156, 160, 168, 176, 186, 207, 224, 237, 259, 267, 278-80, 329, 350, 360
Pensilvânia, Alemães na, 280

Pettiford, reverendo: *Teologia no casamento*, 239

Pfaelzer, Jean, 321

Philadelphische Zeitung, 279

Phillips, Samuel, 239

Pickens, T. Boone, 91, 97-8, 100, 410

Pierce, presidente Franklin, 85, 88

Pierson, Sidney Herbert: "Hoje os escravos [...]", 325

Pinckney, Charles Cotesworth, 204

Pio IX, papa, 306

Pixley, Frank, 321

Plumb, J. H., 159-60

Pocahontas, Virgínia Ocidental, 246

pokanokets, índios, 180

policiais, forças: e imigrantes (Chicago), 337; e negros (Indianola), 250; Gretna, Louisiana, 17

Polk, presidente James K., 294-7, 299

pombos bravos, 266

Porter, Maggie, 235

Potomac, rio, 83, 85

Powderly, Terence, 323, 327

Powell, John Wesley, 383-4, 389-90, 403; *Report on the lands of the arid region of the United States*, 386; *The exploration of the Colorado river and its canyons*, 385

Price, Hickman, 396-7

Primeira Guerra Mundial *ver* Guerras Mundiais

Princeton e ex-alunos, 15, 55, 215, 327, 333

Pritchard, "Gullah" Jack, 214

Projeto Verão no Mississippi ("Verão da Liberdade"), 158-9, 165

Providence, Rhode Island, 184-6, 190

Pulitzer, Joseph, 140-1

puritanos, 52, 181-2

quacres, 178, 279

Raboteau, Albert, 226

Randolph, Peter, 226

Rankin, John, 211-3, 225; *Cartas sobre a escravidão*, 211

Rankin, Thomas, 213

Raven, Virgínia: templo Macedônia da Igreja Universalista Batista Primitiva, 176-9

Reading and Pennsylvania Railroad, 376

Reagan, Nancy, 256

Reagan, presidente Ronald, 19, 353-4, 410

"rebelião do uísque" (1791), 47, 62

Recuperação da Terra, Lei Nacional da (1902), 390-1

Reid, senador Harry, 258

religião: e afro-americanos, 165-6, 213-8, 220-5, 227-8, 240-5; e Grandes Despertares, 153, 197-8, 207, 246; *ver também* batistas; católicos; Jefferson, Thomas; Lee, Jarena; metodistas; Obama, Barack; Williams, Roger

republicanos, 18-20, 32-3, 37, 72, 85, 99, 142-3, 171, 247, 282, 333; e *caucus* de Iowa (2008), 18, 20-2, 32; *ver também* Bush, George W.

Revolução Francesa, 64, 70, 274

Revolução Gloriosa (1688), 305

revolucionária, guerra *ver* guerra revolucionária americana

Rhode Island, 185, 187-8, 190, 192, 194, 196; *ver também* Newport; Providence

Rhodes, Cecil, 146

Richardson, Bill, 29

Richmond, Virgínia, 111, 120, 122

Ridge, major, 370

Robespierre, Maximilien, 25, 262

Rochambeau, almirante Jean-Baptiste de, 189

Rochosas, montanhas, 294, 313, 385, 392-3, 407

Rock Springs, Wyoming: mineiros chineses, 308-10, 321-2

Rodgers, comodoro John, 48, 81, 102, 126

Rodgers, Robert, 123

Rodgers, William, 127

Rohrbach-lès-Bitche, França, 148

Romney, governador Mitt, 19, 21-2, 27, 32, 33

Roosevelt, presidente Franklin D., 15, 397

Roosevelt, presidente Theodore, 13, 42, 135-7, 139-40, 142, 146, 148, 247, 327, 352, 384, 390; assina a Lei Nacional da Recuperação da Terra, 390; como membro da Cavalaria Voluntária, 26, 136, 140; criticado por Twain, 145-7; e anexação das Filipinas pelos EUA, 136-7, 142-4; recebe o Prêmio Nobel da Paz (1906), 135

Rosencrans, general William, 117

Ross, Edward Allsworth: *The Old World in the New*, 331, 333, 343

Ross, John, 370, 380

Rousseau, Jean-Jacques, 271

Ruleville, Mississippi, 159, 164, 248

Rulison, dr., 124-5

Rumsfeld, Donald, 19, 135, 173

Sacramento Reporter, 316

Sale, George, 344

Salem, Massachusetts, 180, 183

Salt Lake City, Utah: congresso de irrigação (1891), 388

San Antonio, Texas, 74, 76, 285, 290-1, 301-3

San Francisco, 309, 312, 317-8, 320, 323-5, 407

Sánchez, general Ricardo, 76; "Mais sábio na batalha", 77

Sánchez, José María, 285

Santa Anna, general Antonio de, 289, 290

Santa Rosa, ilha de *ver* Forte Pickens

Santayana, George, 237, 332

Santorum, Rick, 19

Sauer, Christopher, 279

Savage, Michael, 258

Savannah, Geórgia, 100, 108, 215, 224-5, 358

Saxton, Alexander, 321

Saxton, general Rufus, 227, 229

Schlesinger, Arthur, 162

Schwerner, Michael, 158, 165

Scott, general Winfield, 79, 95, 100, 102, 297, 375

Scruggs, Otis, 171

Seattle, Washington, 310, 321

Seguin, José, 290

Segunda Guerra Mundial *ver* Guerras Mundiais

Seis Companhias, sociedade, 312, 314, 320, 323

Seixas, Benjamin, 191

Seixas, Gershon, 191

Seixas, Moses, 191, 193

Selma, Alabama: St. Phillip Street Church, 239

seminoles, índios, 118, 369

senecas, índios, 268

Seton, William, 268-9, 273

Seward, William, 97-8, 100-1, 128

Shaw, Leonard, 363

Shay, Daniel, 62

Shenandoah, vale do, Virgínia, 48, 102

Sheppard, Ella, 234, 235

Sheridan, general Philip, 124, 126, 127

Sherman, general William T., 82, 101, 108-11, 117-8

Shifflet, Hillory, 47

Shuttleworth, Fred, 165

Sigel, general Franz, 122

Simmons, William, 245

Smith, Amanda, 224

Smoky, montanhas (Geórgia), 361

Smythe, William Ellsworth, 387-91, 405; *The conquest of arid America*, 390

Sonora, Califórnia, 311, 325

Sousa, John Philip, 378

South Nevada Water Authority, 405

Spencer, Herbert, 139, 331

spirituals, 231, 234-5, 243

Spotsylvania Court House, batalha de (1864), 120

Springstein, B. C., 325

St. Louis, Missouri, 50-1, 78, 304

Stanford, Leland, 313-4, 316

Stanton, Edwin, 109, 111, 113, 127

Steinbeck, John: *As vinhas da ira*, 402

Steinberg, Joe, 160

Steuben, general Friedrich Wilhelm von, 61

Stevenson, Adlai, 15-6

Stewart, Bill, 387

Stony Point, batalha de (1779), 53, 81

Storm, Jane McManus, 295

Story, reverendo, 248

Stowe, Harriet Beecher, 216, 305

Strobridge, James H., 314-6, 320

Stuyvesant, governador Pieter, 188

Sullivan, Louis, 377

Sumner, William, 337

Sunday, Billy, 246

Sutter, John, 311

Sutton, Jim, 28

Sutton, Robert, 233

Tacoma, Washington, 310, 321

Taft, presidente William H., 330

talibãs, 200

Tancredo, congressista Tom, 257-8

Taney, Roger, 95

Tappan, Lewis, 213

Taylor, presidente Zachary, 83-4, 297, 307

tejanos, 286, 290-1, 300, 302, 304

Tennessee, 47, 54, 117, 207, 291, 294, 361, 364, 367-8, 371-2, 374, 376, 380

Texas, 74, 79, 134, 257, 282, 285-6, 288-96, 300, 302-4, 381, 394-6; anexação pelos, 291-300; fazenda de vento, 410; Guerra de Independência (1835-36), 289; imigrantes alemães, 302-3; imigrantes americanos, 285-8; imigrantes mexicanos, 284; *ver também* San Antonio

Thatcher, Margaret, 256

Thayer, Sylvanus, 57-8, 78, 139

Thoreau, Henry David, 267, 299

Tilden, Samuel, 157, 237

Tillotson, George, 47

Tocqueville, Alexis de, 23, 33, 174, 351, 366

Tolbert, general William T., 124

Touro, Isaac, 188

Truckee, Califórnia, 310, 321

Truman, presidente Harry, 15, 59

Tucídides: *História da Guerra de Peloponeso*, 59

Turgot, A. R. J., 271

Turner, Frederick Jackson, 328, 352, 378

Turner, Nat, 214

Twain, Mark (Samuel Clemens), 144-7, 318, 385, 408

Tyler, presidente John, 292

Ullmann, Daniel, 308

Union Pacific Railroad, 308, 310, 313

unitaristas, 174, 195, 227

Universidade Columbia, 332, 333

Universidade da Virgínia, 73, 195, 206

Utah, 299, 316, 386, 407

Valenzuela, general Alfredo ("Freddie"), 74-5

Van Buren, presidente Martin, 292, 375

Vane, sir Henry, 184-5

Vauban, Sebastien, 81

Vaux, Calvert, 298

Veney, Bethany, 224

Vermont, 118, 138, 263, 274-5, 403

Vesey, Denmark, 213, 225

Vidal, Gore, 37

Vietnã, Guerra do, 19, 42, 44, 75-6, 132, 134, 160, 410

Virgínia: escravidão, 206, 214, 226, 340; Estatuto de Liberdade Religiosa (1786), 194-5, 197-8, 200-4, 206, 213; Instituto Militar, 124; shirtmen, 61; *ver também* Cemitério Nacional de Arlington; Fredericksburg; Harpers Ferry; Monticello; Raven

Vitória, rainha, 234, 292, 302

Walker, David: "Um único grito universal", 214, 243

Walker, Francis A., 327, 329

Walker, Robert J., 296
Wall Street Journal, 340
Walter, Thomas U., 87-8
Wang, Jinghzao, 352
Ward, Robert DeCourcy, 327
Warnock, reverendo Raphael, 241, 243-4
Warren, Charles, 327
Washington Post, 355
Washington, Booker T., 237-8
Washington, D.C., 82, 98, 100, 160-1, 224, 234; abastecimento de água, 84-5, 87; Capitólio, 83-4, 86-7, 89-90, 95, 99, 110, 129, 131, 374, 398; Casa de Corcoran, 116; Edifício das Pensões, 138
Washington, estado de, 313, 321
Washington, presidente George, 49, 70, 99; e guerra com a França, 67-8; e impostos e rebeliões, 62-3; e índios cherokees, 361, 363; e recursos para West Point, 63; morte, 69; na guerra revolucionária americana, 53, 57, 60, 272; solicita um exército de "voluntários", 68; visita a Newport, RI, 189-90, 193
Watner, Jowls, 171
Watson, Tom, 329
Watts, Isaac: hinos, 176
Wayne, general "Louco" Anthony, 53, 81
Webster, Daniel, 87, 372
Webster, Noah, 54
Weld, Theodore, 212, 214, 225, 292
Welsh Tract, batistas do, 176
Wesley, John, 198, 209
West Point, Academia de, 48-50, 52, 56-9, 63, 68-9, 72-3, 77-9, 81, 89-90, 93, 97, 99-100, 102, 104, 106, 109, 112, 115-7, 121, 124, 128-9, 13-3, 139, 143, 149, 229, 292
White, Robert, 234
Whitefield, George, 198, 209

Whitman, Walt, 294-5
Wilderness, batalha de (1864), 120
Wilentz, Sean, 28
Wilhelm I, kaiser, 139
Williams, Jonathan, 73
Williams, Mary (*née* Barnard), 182
Williams, reverendo Richard, 220
Williams, Roger, 180-1, 189, 191, 196, 200; *The Bloudy tenet of persecution for cause of conscience*, 185; *The Bloudy Tenet yet more bloudy*, 191
Wilson, presidente Woodrow, 330, 333, 336, 353
Wilson, senador Henry, 120
Wilson, Washington, 226
Wimbs, Addison, 239
Winona, Mississippi, 159
Winthrop, governador John, 181, 183, 195
Wirt, William, 373
Wirtz, Willard, 160
Wise, John H., 324
Wong Kim Ark, 324
Wong Sic Chien, 308
Wood, general-de-divisão Leonard, 140-1
Woodstock, Geórgia: Primeira Igreja Batista, 166-8, 171, 240
Woolwich: Academia Militar Real, 65-6
World, 145
Wright, reverendo Jeremiah, 166, 240, 243
Wyoming, 299, 308-9, 313, 321, 355, 385; *ver também* Rock Springs
Wyoming (vapor), 326

Yale e ex-alunos, 25, 54, 146, 327, 333
Yorktown, batalha de (1781), 61, 64

Zanesville, Ohio, 244
Zangwill, Israel: *The melting pot*, 341-2

ESTA OBRA FOI COMPOSTA EM DANTE PELO ESTÚDIO O.L.M. E IMPRESSA EM
OFSETE PELA RR DONNELLEY SOBRE PAPEL PÓLEN SOFT DA SUZANO PAPEL
E CELULOSE PARA A EDITORA SCHWARCZ EM MAIO DE 2009